KB265490

현대시에 비친 20세기
비평적 개관

The Twentieth Century in Poetry
by Peter Childs

이 번역서는 동아대학교 학술연구번역지원 공모과제로 선정되어 동아대학교 번역총서 제101호로 출간되었음.

현대시에 비친 20세기
The Twentieth Century in Poetry
비평적 개관
A Critical Survey

피터 차일즈 지음 / 최영승 옮김

도서출판 **동인**

내 부모님인 존 차일즈(John Childs)와
패트리샤 차일즈(Patricia Childs)에게 바칩니다.

목 차

1997년 8월 19일자 『타임즈 고등교육 판 부록』(*Times Higher Educational Supplement*)에서 영어영문학회(English Association)[1) 총무인 피터 배리(Peter Barry)의 말이 시를 가르치는 일이 문학을 전공하는 학과에서는 점점 더 "위협을 받고" 있다는 주장과 함께 인용되었다. 그는 이러한 추세를 규격화(modularisation)와 학습자들의 선택의 폭이 넓어지고 그 수가 증가하고 있는 이유 때문이라고 생각한다. 이 말은 오늘날 강요로 시 학습을 할 필요가 없어진 학습자들이 좀처럼 시 학습을 선택과목으로 수강하고 있지 않다는 뜻이다. 이런 현상에는 어쩌면 두 가지 주요한 요인이 있다고 보는데, 첫째, 학습자들이 시를 형식과 의미와 관련 있는 어려운 대상으로 생각하고 있다는 점이고, 두 번째는 학습자들이 시를 사회와 분리시켜서

---

1 영어영문학의 교수와 학습을 통해서 영어영문학의 이해와 지식을 넓히고 학술발표와 강연 및 출판을 통하여 교수법의 개발 및 교육효과의 증대를 위해서 1906년에 보아스(F.S. Boas)와 브래들리(A.C. Bradley)를 비롯한 소수의 영문학 교수와 학자들에 의해 창립된 학회이다. 존 골즈워디(John Galsworthy), 할리 그랜빌-파커(Harley Granville-Barker), 케네스 클락(Sir Kenneth Clark) 및 조지 스타이너(George Steiner) 등의 쟁쟁한 학자들이 회장을 맡아서 학회를 발전시켰으며, 현재 많은 회원과 펠로우(Fellows) 및 영국에 여러 지회를 두고 있는 국제기구로 1993년 이후 레체스터 대학교(the University of Leicester)에 본부를 두고 있다.

보고 있다는 점이다. 그들에게는 오히려 길이가 더 길고 다성화음적(polyphonic) 담론인 소설2) 속에서 사회가 더 적절하게 다루어져 있는 것처럼 보이기 때문이다.

『현대시에 비친 20세기 – 비평적 개관』(*The Twentieth Century in Poetry: A Critical Survey*)은 한편으로는 사회와 역사 및 내러티브(narrative)와 시 사이의 관계를 구성함으로써 이러한 경향에 맞서려는 시도인 셈이다. 이 책의 전제 사항은 시가 현재 높은 비율의 문학 강좌의 핵심문제가 되고 있긴 하지만, 대부분 소설과 연관시켜서 빈번히 제기되고 있는 젠더(gender)와 인종 및 민족적 아이덴티티(identity), 정치와 계층 등에 대한 여러 문제를 탐사하는데 효과적으로 사용될 수 있다는 사실이다. 물론 역으로 말해도 해당되겠지만 이 같은 문제들은 사회의 역사라는 측면에서 시의 분석에 도입되어야 한다.

결과적으로 내 주요 목표는 모든 시가 역사를 통해서 생산되고 소비되며, 사회와 아이덴티티에 대한 우리의 이해를 구성하고 있는 담론들을 상호 텍스트적(intertextual)으로 직조한 일부라는 사실을 확신하는 일이다. 시가 역사와 관련하여 접근될 수 있는 다양한 층위들을 제시하기 위해서 이 책의 전반부의 여러 다른 장들은 저마다『황무지』(*The Waste Land*)와 같이 한 편의 시와, 예이츠(W.B. Yeats) 같이 한 사람의 시인, 1930년대와 같이 10년 단위의 한 시대, 제 1차 세계대전과 같은 한 사건을 비롯하여 조지왕조의 시(Georgian poetry)처럼 하나의 양식을 다루고 있다. 어느 정도 장마다 지니는 복잡성은 시의 복합성을 나타내고 있으며, 엘리엇(T.S. Eliot)과 예이츠 같은 모더니스트(modernist)에 대한 좀 더 면밀한 논의는 다른 장 논의들보다도 간단하지가 않으며 훨씬 더 이론적이다. 책의 후반부의 장들은 시를 통해서 전후의 영국사회의 분열상과 사회 재구축의 모습을 기술하고 있는데, 두

---

2 타자의 담론이 주인공의 의식과 말에 은밀히 담겨있는 상태를 다성화음적이라고 말하는데, 타자의 목소리가 담겨 있는 소설을 흔히 다성화음적 소설이라고 부르고 도스토옙스키(Dostoevsky)를 그 대표 작가로 꼽는다. 이런 이유로 바흐친(Mikhail Bakhtin)은 도스토옙스키를 최상의 소설가로 인정하고 있다.

장은 시의 "주류"에 대한 시대중심의 논평을 제공하고 있으며, 다른 두 장은 가장 혁신적이고 사회와 밀접히 관련된 시를 점점 더 증가하여 생산하고 있는 "대안적인 흐름"인 여성 시와 "탈식민주의"(post-colonial) 시에다 집중하고 있다.

이와 같은 짧은 개론서에 심지어 아주 유명한 20세기 영국시인들에 대해서조차 적당한 분량을 할애한다는 일은 불가능하다. 예를 들어서 테드 휴즈(Ted Hughes)나 딜런 토마스(Dylan Thomas)도 아주 간략하게 언급되어 있을 뿐이다. 그러나 아주 일반적으로 학습되는 많은 수의 시편들과 시인들 및 전집들은 고려의 대상이 되도록 선별되었으며, 이 책의 전반적인 접근법에 더 많은 관심을 두어야 할 것 같은 텍스트들이 제공되면서 그 수는 증대되고 있다. 접근가능성의 목적 때문에 예로 든 작품들은 대부분의 경우, 가능한 한 잘 알려진 시인들의 작품들이 논의되고 인용되고 있으면서도 널리 구할 수 있는 시 전집에서 발췌한 것이다. 중요한 개인적 표현으로서 보다는 오히려 사회적 담론에 게재한 문학적 참여로서 텍스트들을 위치시키려는 이 책의 의도에 맞추어서, 세심한 분석들이 아주 다양하게 이루어져 있지만, 장황할 정도로 정밀하게 해석되거나 인용된 시들은 거의 없다.

필자는 원고의 상당부분을 읽어준 마이클 스토리(Michael Storry)와 에드먼드 커식(Edmund Cusick)에게 감사를 표하고 싶다. 저작권을 허락해 준 데 대해서는 다음의 분들과 회사에 고마울 뿐이다. 러드야드 키플링(Rudyard Kipling)의 「폭풍의 소용돌이」("The Storm Cone")와 「여성이라는 종족」("The Female of the Species") 에 대해서는 내셔널 트러스트(The National Trust)3)의 와트(A.P. Watt)에게, 그리고

---

3 내셔널 트러스트는 세 명의 빅토리아시대 박애주의자였던 옥타비아 힐(Miss Octavia Hill)과 로벗 헌터 경(Sir Robert Hunter) 및 캐넌 론슬리(Canon Hardwicke Rawnsley)에 의하여 1895년 창립되었다. 무분별한 개발과 산업화로 인해 위협받고 있는 영국 전역의 농어촌과 해안 및 건물의 보호를 목적으로 현재 600마일 이상의 해안과 200여 채 이상의 건물들 및 정원을 포함하여 248,000헥타르(612,000에이커)에 달하는 아름다운 전원지역을 사들여 보호하고 있다. 이들은 영구적으로 내셔널 트러스트 소유로 되어있으므로 안전한 상태에서 일반인들에게 개방되어 있다. 정부의 도움 없이 300만 명에 달하는 회원의 회비와 후원금으로 국토의 보전을

프레다 귀아르(Fred D'Aguiar)의 『영국 국민들』(*British Subjects*)과 셀리마 힐 (Selima Hill)의 『개의 신체에서 고동치는 심장들: 신시 선집』(*Trembling Hearts in the Bodies of Dogs: New and Selected Poems*), 피터 리딩(Peter Reading)의 『시 전집2: 1985-1996 시편들』(*Collected Poems 2: Poems 1985-1996*), 토니 해리슨 (Tony Harrison)의 『뷔』(*V*), 사이먼 아미타쥐(Simon Armitage)의 『줌!』(*Zoom!*), 피터 디즈베리(Didsbury)의 『헐의 정육업자』(*The Butchers of Hull*), 린튼 퀘시 존 슨(Linton Kwesi Johnson)의 『방울소리와 시간: 시 선집』(*Tings an' Times: Selected Poems*), 앤로우즈(Anne Rouse)의 『선셋 그릴』(*Sunset Grill*), 조 샙콧(Jo Shapcott)의 『아기 전기도금하기』(*Electroplating the Baby*), 벤저민 제파니아 (Benjamin Zephaniah)의 『도시 성가』(*City Psalms*) 속의 시편들에 관해서는 블러 댁스 문고(Bloodaxe Books)에, 또한 휴 맥다이아미드(Hugh MacDiarmid)의 「글래 스고우의 슬럼가에서」("In the Slums of Glasgow")와 엘리자벳 대류쉬(Elizabeth Daryush)의 『시 선집』(*Selected Poems*)에 대해서는 카카넷 출판사(Carcanet Press) 에, 프레다 귀아르의 「화난 마마 닷」("Angry Mama Dot")과 「마마 닷에게서 온 편 지」("Letter from Mama Dot")에 관해서는 샤토 앤 윈더스(Chatto & Windus)사에, 루이스 맥니스(Louis MacNeice)의 「백파이프 음악」("Bagpipe Music")과 엘리자베 스 제닝스(Elizabeth Jennings)의 「대답」("Answers") 속의 시구인용은 데이빗 하이 엄(David Higham)에게, 루이스 맥니스의 『시 전집』(*Collected Poems*)과 조지 서순 (George Sassoon)의 허가를 얻어서 지그프리드(Siegfried) 서순의 저작권이 있는 서 순의 「되받아치기」("Counter-Attack") 속의 시행인용은 페이버 앤 페이버(Faber and Faber) 출판사에, 존 베츠만(John Betjeman)의 「웨스트민스터 애비에서」("In Westminster Abbey")에 관해서는 존 머레이(Murray)에게, 데이비스(W.H. Davis)의 『시 전집』(*Collected Poems*)의 「천국」("Heaven")에 관해서는 조나선 케이프

위해 지속적으로 보호가치가 있는 지역을 매입하여 보호하고 있다.

(Jonathan Cape)에게, 「이 멋진 기계」("This Excellent Machine")에 관해서는 존 레먼(Lehmann)에게, 피터 포터(Porter)의 『시 전집』(*Collected Poems*)에서 선별된 시행과 앤 스티븐슨(Ann Stevenson)의 「러브 레터」("A Love Letter") 및 1982년 카버나프(P.J. Kavanagh)가 편집하여 출간한 『아이버 거니 시 전집』(*Collected Poems of Ivor Gurney*)에서 재인용 인쇄한 1982년 거니 재산의 유일한 수탁인(Sole Trustee of the Gurney Estate 1982)인 로빈 헤인즈(Robin Haines)의 저작권이 있는 아이버 거니의 「잉글랜드의 프로이센인들에게」("To the Prussians of England")에 관해서는 옥스퍼드 대학 출판부(Oxford University Press)에, 아울러 토마스 하디(Thomas Hardy)의 「두 대상의 수렴」("The Convergence of the Twain")과 「1924년 성탄절」("Christmas 1924")에 대해서는 페이퍼맥(Papermac)에 고마움을 표한다. 멧브 맥거키안(Medbh McGuckian)의 『꽃의 대가들과 다른 시편들』(*The Flower Masters and Other Poems*)(1993)의 시행은 저자와 갤러리 출판사(The Gallery Press)의 친절한 허가를 얻어서 재인쇄되었다. 마지막으로 싱클레어 스티븐슨(Sinclair Stenvenson)이 저작권을 갖고 1992년 출간된 시 데이 루이스(C. Day Lewis)의 『시 전집』(*The Complete Poems*)의 시행들의 인용은 시 데이 루이스 재단(The Estate of C. Day Lewis)의 허가를 받았다.

우리는 저작권이 있는 자료들을 다시 사용하는데 따른 허락을 얻으려고 백방의 노력을 경주해왔다. 그럼에도 불구하고 만일 적정한 고마움의 표시가 이루어지지 않았다면, 우리는 간과하고 빠뜨린 부분에 대해 알려 주십사고 저작권 소유자분들에게 정중히 부탁드리는 바이다.

19세기 영국 자유주의의 상징인 빅토리아 여왕이 20세기를 시작하는 해인 1901년에 서거했지만 19세기의 잔재가 일거에 사라져 버린 것은 아니었고, 19세기의 유산들은 여전히 20세기의 영국의 발목을 잡고 있었다. 1899년 보어전쟁은 영국제국주의와 자유주의가 더 이상 유용할 수 없음을 상징적으로 보여준 사건으로 영국 근·현대사에 있어서 하나의 기점이 되는 사건이었다. 번영의 최정상에 이르렀던 겉모습과 달리 19세기말 빅토리아 영국자유주의는 심각한 도전에 직면해 있었다. 높아지는 실업률과 농산물가격의 하락, 그리고 거듭되는 경기불황은 자유주의에 대한 심각한 회의를 가지게 하기에 충분했다. 영국은 최고의 군사대국이자 경제대국이었지만 후발 산업 국가들의 경제적·군사적 추격이 만만치 않았다.

20세기는 선거와 함께 시작되었고 영국은 두 번의 세계대전을 겪은 후 정치와 경제 분야에서 많은 변화가 있었다. 정치적으로는 보수당과 자유당의 양당구조가 보수당과 노동당의 구조로 바뀌었고, 경제적으로는 19세기 동안 지켜져 왔던 자유무역체제가 보호무역체제로 바뀌었다. 이밖에도 1928년 여성도 남성과 동일한 보통선거권을 갖는 획기적인 일이 있었다. 이러한 변화들이 일어나게 된 영국자체의 내부적인 배경과 세계사적으로 일어난 역사적 사건들이 어떻게 영국내의 상황에 영향을 미치게 되었는지에 대한 문제의식을 표출하고 있는 시를 읽어가면서 시대와 사회를 논의하는 작업은 재미있는 일이다.

정치면에서 앞으로 전개될 내용은 시대가 바뀌면서 집권했던 내각의 특성과 그들이 주장하고 펼친 정책들이 무엇인지, 그리고 그러한 정책들이 어떠한 배경에서 수립되었는지에 대해서도 시를 통해서 설명이 가능할까? 특히, 20세기 들어서면서 처음 생긴 노동당의 정치적 성격을 규명하고 노동당이 지지될 수밖에 없었던 시대적 맥락을 시인들은 어떻게 고찰하고 있을까? 경제는 정치적 상황에 항상 민감한 영향을 받을 수밖에 없기 때문에, 시대의 헤게모니를 가지고 있는 집단의 계급적 성격을 분석하여 변화되는 정책들이 그들의 이권과 어떻게 관련되었는지도 시가 알려줄까? 특히 전쟁을 하는 중에도 교육 및 의료 등 다른 대중의 삶과 밀접하게 관련된 복지정책을 수립하는 정부의 모습을 볼 수 있는데 이것이 과연 대중을 위한 진정한 배려였는지 그 정책의 정치적 배경이 있었는지도 시구와 함께 따져보고 분석해볼 수 있을까? 그리고 19세기 말부터 진행된 영국의 경제적 쇠퇴의 원인과 세계 대공황을 거치면서 영국이 어떠한 정책적 변화로 위기를 극복할 수 있었는지도 생각해 볼 수 있을까? 그리고 전쟁을 겪으면서 등장한 여성과 노동 계급의 정치적 지위가 어떠한 이유로 높아지게 되었고, 백인이외의 인종들이 어떤 대우를 받아왔는지에 대해서도 시인은 생각해 보았을까?

이 책은 20세기 사건들을 통해서 영시를 살펴보고 시편들에서 20세기를 묘사하고 있는 부분들에 대한 분석과 해석을 통해서 영국 역사를 설명하고 있다. 또한 20세기의 영시뿐만 아니라 시 속에 나타난 20세기에 대한 담론체계까지도 논의하고 있다. 수많은 문학 강좌들이 젠더와 인종 및 민족성, 정치, 사회계층 등의 문제들에 대한 논의와 탐사를 포함하고 있으나, 대부분의 강의가 소설장르를 이용해왔다. 그러나 이 책은 모든 시가 역사를 통해서 생산되었고, 또한 역사를 통해서 소비되었기 때문에 사회와 개인의 정체성을 이해하는데 유용한 기능을 하고 있다. 이 책은 조지 왕조의 시인들에서부터 전쟁 시인들, 그리고 엘리엇과 예이츠, 1930년대 시인들과 여성시인 및 북아일랜드 시인들과 흑인 영국시인들에 이르는 시인별 스펙트럼에다 여러 시집들이 표현하는 다양한 주제들을 다루면서, 영시와 영문학강좌가 사회·역사적 맥락에서 정치와 경제를 이해하는 문화적 틀의 역할을 시험하는데 도움을 주고 있다.

역자는 이 책을 번역하면서 시인들마다의 키와 톤을 조율하는데 역점을 두고 노력을 기울였으나, 모자라는 능력의 한계만 인식하는 결과에 그치고 말았다. 주석을 달아 독자의 이해를 구하기도 했으나, 그래도 부족한 점이 많다. 너그러운 이해를 바라면서 영국문화나 영국문학, 그리고 영국 현대사 및 영국사회의 이해를 한꺼번에 아우르는 팀티칭에는 더할 나위 없이 훌륭한 저술임을 확신하면서 단순히 소개하는 것만으로도 즐거웠음을 솔직히 밝힌다.

마지막으로 한국어 번역권을 준 러틀리지(Routledge)에 고마움을 표하며, 이 책을 흔쾌히 출간해준 도서출판 동인의 이성모 사장님과 임직원 여러분들에게 심심한 감사의 말씀을 드린다.

2008년 12월   옮긴이

당신은 묻겠죠, 속물이 아니면 누가 서정시와 사회에 관해서 말할 수 있겠냐
고?

[아도르노(Adorno) 1989]

책 제목이 가리키고 있는 바와 같이, 이 책은 다음의 두 가지 사항을 시도해 보
려고 한다. 하나는 1900년 이후 시가 역사적 사건에 참여해왔던 방식을 스케치하는
일이며, 나머지 하나는 그 시대가 생산한 시를 통해서 그 한 세기의 담론을 구성해
보는 일이다. 하지만, 시를 사회로부터 떼어내서 보는 일은 어느 정도 비평적 실천에
서 피할 수 없는 "독서습관"이 되어왔다. 테리 이글튼(Terry Eagleton)은 "시가 모든
문학 장르(genre)들 중에서 역사로부터 가장 확실하게 봉인된 것이며, '감수성'이 가
장 순수하고 가장 덜 사회적으로 오염된 형식으로 작용할 수 있는 것"임을 목격하고
있다(Eagleton 1983: 51). 문학 장르 중에서 시는 가장 개인적이고 가장 정서적이며
내성적으로 보이며, 가장 덜 사회적이고 정치적으로 보인다. 만일 소설이 많은 인물
들을 편성하고 극이 대화를 통해서 기능한다면, 마치 고립된 작가가 개인적 메시지
(message)를 고독한 독자에게 전달하듯이, 시는 가끔은 거의 밀봉된 채 외부세계로

부터 봉인되어 있는 듯 보인다. 그러나 단지 낭만주의자들을 놓고 보면, 이러한 반역사적 관점이 셸리(P.B. Shelley)의「무정부라는 가면」("The Mask of Anarchy")이나 바이런(Byron)의「심판에 대한 비전」("The Vision of Judgment")에 대한 분석에 의해 확실하게 좌절될 지도 모른다. 이들은 내용이 비록 상상적이긴 하나 당대의 정치에 명백히 관여하고 있는 시들이며, 케네스 베이커(Kenneth Baker)의 시집인 『시로 쓴 페이버 판 영국역사서』(*The Faber Book of English History in Verse*)에 실린 다양한 시편들로서 아무리 빈약하다고 하더라도 시를 통해서 사회적 사건에 대한 반응을 담은 시를 자리에 두고 역사적 담론을 구성하려는 어떤 시도를 나타내고 있다. 또 다른 관점에서 우리는 또한 인쇄술 발명이후에야 비로소 시를 읽는 일이 점차적으로 (1960년대 이후에 공연 시에 대한 관심의 증가로 말미암아 부활된) 보다 전통적인 시 독서활동을 대신하게 되었다는 사실을 기억할 필요가 있다.

그러나 이것이 시와 사회와의 근본관계이며 시의 공공연한 메시지나 그 사회적 수행에 대한 관심을 통해서보다는 양자를 이어주는 다른 방식이기도 했다. 반면에 시가 쓰여 지게 된 사회적 상황에 대해서는 그다지 자주 논의하지 않았으나, 그럼에도 불구하고 그 소재는 그 시대나 이념, 신념, 확신 및 태도의 산물이 되었다. 한편, 우리가 시의 형식이라고 부르는 것 또한 당대의 기호나 정설에 의해 양식화되기도 했다. 소넷은 사랑시의 이상적 형식으로 보인다든지, 약강 5보격이 영어에 최고의 리듬을 제공하는 듯이 보였다. 형식은 실상 자율적이지도 못하며 내용과 구분될 수도 없었다. 왜냐하면 문학사나 지배적 이념구조나 작가와 독자의 관계에 의해 형성되기 때문이다(Eagleton 1976b: 26)

20세기의 지배적 견해는 1920년대에 엘리엇이나 리차즈(I.A. Richards)와 같은 비평가의 참여이후 시의 의미가 지면위의 활자에 존재하게 된 것이다. 이 말은 작가의 전기와 같이 외부 혹은 무관계한 지식은 시의 의미나 자질을 밝혀내는데 필요가 없다는 뜻이다. 분명한 예술품으로 자족적인 시는 작가와 독자 및 역사와도 떨어져서 존재한다. 이런 관점 아래에 있는 신념은 잘 만들어진 시는 훌륭한 탐정소설마냥 독자의 이해에 필요한 모든 단서들을 몸소 지니고 있다는 것인데, 실제로는 그것을 부인한다고 하더라도 작가에게 다시 한 번 더 진리를 두고 있다는 이론이다. 즉 시의 언어와 형식으로 작가가 의도했던 의미를 구현하는데 작가가 성공하고 있느냐에 진리를 두고 있는 것이다. 시는 공통적인 주제를 지니고 있으므로 작가의 사명은, 독자가 사실 작가의 방법론과 성공을 말하고 시를 평가하는 일인 반면에, (필연적인 죽음, 그만두지 않고 다시 하는 사랑, 전쟁의 영광/공포) 등과 같은 보편적인 주제를 표현하는데 시의 모든 양상을 복합적으로 통일시키는 일을 성취해내는 것이다. 신비평(New Criticism)은 이러한 접근법에 이름을 부여하여 아이러니(irony)와 역설의 가치를 정함에도 불구하고 둘 다 시의 의미를 지나치게 경직되게 고정시키고 물질적인 생산과 소비의 여건을 무시하는 듯이 보인다[4]. 다른 이론들은 특정한 시간과 공간에서 "지면 위의 문자"로부터 자유로운 의미를 생산한 특별한 시와 특정한 문화적 상황에서 독자가 만나는데 의미를 두기도 하고, 대신에 의미를 사회적 언어와 역사적 담론의 과정에다 두기도 한다[5]. 다른 말로 하면 1850년대의 독자는 1990년대의 독자와는 다른 의미를『햄릿』(Hamlet)에다 부여할 것이고 델리(Delhi)의 독자는 오슬로(Oslo)의 독자와는 다르게 키플링(Kipling)의 시에 반응할 것이다. 마찬가지로 호르헤 루이 보르헤스(Jorge Luis Borges)는 단편소설에 대해서 그의 예에 따라 말하는데,『돈키호테』(Don Quixote)가 17세기 스페인인(Spaniard)이 아닌 20세기 프랑스인(Frenchman)에 의하여 쓰여 졌다면 아주 다른 의미를 지닐 것이라고 주장한다[6]. 문학의 생산시기에 역점을 두면, 비평가들은 또한 대개 당대에 쓰여 진 텍

---

4 신비평은 그 이름을 1941년 발간된 존 크로우 랜섬(John Crowe Ransom)의 논문모음집에서 따 온 것이다. 이 용어는 1920년대부터 1960년대까지의 영문학연구에서 지배적이던 텍스트에 나타난 정확한 어휘를 분석하는 일에 성실하고 엄격하게 치중하는 방법을 통합하여 많은 비평가와 연구방법을 망라하는데 사용되었다.

5 이 문제에 대한 보다 상세한 논의는 이 책(Easthope 1983)을 참조할 것.

스트와 "역사적 저술"과를 확연히 구분 짓고 있다.

　문학과 역사의 관계를 고려할 때 우리는 추가로 역사와 영어라는 제도적 학문에서 비롯된 많은 근자의 이론가들이 양자 간의 전통적인 경계에 회의를 가져왔다는 사실을 명심해야 한다. 문학 비평가들은 점점 더 역사적 관점들을 병합하여 분석하는 동안 헤이든 화잇(Hayden White)과 같은 역사가들은 모든 역사학서지의 구성적 성격을 주장해 왔는데, 그것은 다시 말해 담론과 억측, 은유, 원근적 구도와 심상 등의 사용인 것이다[7]. 모든 글은 역사적이건 시적이건 간에 시간적인 한 지점의 한 장소에서 출간되어서는 거의 변치 않는 당대의 특정한 청중들에게 전해지는 것이다. 다시 말해서 우리가 시와 역사를 분명히 구분할 수는 없다는 뜻이지만 우리는 양자가 언어와 사회적 상황으로 구성되었다는 사실을 기억해야 할 것이다. 텍스트와 사건 사이의 차이에 대한 비슷한 의문이 일어났다. 만일 솜므(Somme)전투나 1968년 올림픽(Olympics)과 같은 사건[8]이 책이나 영화 속에 있는 일련의 서술이나 진술로서 우리가 접할 수밖에 없다면, 다른 어떤 텍스트와의 차이점은 실제세계에서 특정한 발생사에 근거를 두고 있음을 우리가 수용함으로써만 분명해지는 것이다. 우리는 단지 작성되거나 기록된 언술, 즉 텍스트를 통해서 사건에 근접하게 되는 것이다.

　우리가 역사를 주관적이기보다는 훨씬 객관적으로 인식하게 만드는 것은 부분적으로는 역사가 기술된 "형식"이다. 이와 관련하여 캐서린 벨지(Catherine Belsey)는 문학을 연상시키는 담론과 역사의 차이점을 비평가 에밀 벤베니스트(Emile Benveniste)가 구분한 것을 설명하고 있다.

6　이 내용은 보르헤스의 책(1970) 속의 「키호테의 저자, 피에르 메나르」("Pierre Menard, Author of the *Quixote*")에 있음.

7　이 문제들에 대한 짧지만 완벽한 개요는 1991년에 발간된 젠킨스(Jenkins)의 책을 참조할 것.

8　1968년 멕시코시티(Mexico City) 올림픽을 열흘 앞두고 멕시코 정권은 군부를 동원해 수도 한복판에서 학생시위를 유혈 진압해 수백 명이 숨졌다.

역사는 화자의 중재 없이도 여러 사건들을 명확히 서술한다. 역사에는 너와 나에 대한 진술은 없다. 사건 자체가 스스로 서술하는 듯하다. 반면에 담론은 화자와 청자, 즉 대화 속의 '너'와 '나'를 가정하고 있다.

(Belsey 1980: 71)

이런 점에서 전기는 역사와 나란히 위치한다. 역사는 한편으로는 피터 애크로이드(Peter Ackroyd)와 같은 작가가 자기가 쓴 딕킨스(Dickens)와 같은 작가들의 "생활 담론"(life narratives)에서 전기라는 장르의 형식으로 실험을 꾀하려는 이유인 것이다. 그는 상상적 대화와 추정한 상황 및 자기 자신의 삼인칭서술에 일인칭 개입을 시도함으로써 그렇게 한다.

일반적으로 3인칭 전지적 화자의 현존은 시대나 주제에 대한 여러 가지 경쟁적인 언술이 될 가능성이 있음에도 불구하고, 항상 "역사"를 거의 권위적으로 특권을 부여할 것이다. 마찬가지로 일인칭 서술은 시가 종종 그러하듯이 독자가 화자의 입장과 동일시되므로 정서적 반응을 겪게 된다. 애써서 강조하는 관련 요지는 역사가 시의 소재가 될 수 있듯이 시는 역사 안에서 생산되어 역사와 붙어 다니는 역사의 일부이다. 예를 들어서 셰익스피어는 어쩌면 리처드(Richard) 3세의 가장 친숙한 이미지들을 제공하고 있다. 결과적으로 이 책은 역사를 시적 텍스트와 나란히 간주하고 있다. 그러나 우리가 이미 논쟁해왔듯이 역사 역시 텍스트적이며, 내가 컨텍스트(context)에 관해서 말할 때, 텍스트와 컨텍스트 사이의 차이는 실로 한 집단의 텍스트와 다른 집단의 텍스트사이의 차이, 즉 텍스트와 상호텍스트 사이의 차이인 것이다9). 이는 모든 것이 텍스트적이라는 말이므로, 우리가 다른 절대적 의미로 역사를 환기시킬 수는 없다. 이유는 다음과 같기 때문이다.

---

9 이러한 믿음은 자크 데리다(Jacques Derrida)의 작품에서부터 가장 잘 알려져 있으며 "텍스트 밖에는 아무 것도 없다"고 그가 정리하고 있는 견해를 표명하는 우회적인 방식이다.

우리가 과거를 회복하길 희망할 수 있는 모든 것은 과거에 대한 다른 재현물
이다. 그러나 한편의 시를 실재에 대한 광범위한 서술로 당대의 다른 글과
비교할 수 있다면, 우리는 과거를 다른 부분적 관점과 겨루는 세상에 대한
부분적 관점의 구체적 표현, 즉 보편적인 것이 아닌 정치적인 것으로 이해하
기 시작할 수 있다.

(Barrell 1988: 12)

우리가 이 서론에서 간략하게 살펴 볼 필요가 있는 또 다른 전통적인 구분은
사회와 개인 간의 구분인데, 집단적 체험인 역사와 개인적 표현인 시와의 차이점을
종종 연상시키는 구분이다. ('사실'과 '감정'이 비슷하게 정렬된 상반성 역시 논의될
수도 있다.) 이는 여러 가지 방식으로 고려되어야 한다. 낭만주의 이후 개인은 시에
서는 특히 특권을 받은 범주가 되었는데, 작가가 실재위로 거울을 들고 있는 대상으
로가 아닌 내적인 등불로부터 빛을 생성하는 대상으로, 즉 투영체로서의 개인이 아
니라 샘으로서의 개인으로 인식되었던 것이다. 영감과 감정 및 개인의 재능은 사회
적 규범이나 가치보다 훨씬 더 중요하게 다루어지게 되었다[10]. 「도버 비치」("Dover

---

10 이 부분에 대한 상세한 논의는 에이브럼즈(M.H. Abrams)의 저서인 『거울과 등불』(*The
Mirror and the Lamp*)을 참조할 것. 에이브럼즈는 이 책의 제목에서 비평사를 그 특성상
거울(mirror)과 등불(lamp)이라는 두 가지 상징물로 표현했다. 우선 각각의 개념을 살펴보면
거울은 사람의 눈을 통해서 본 것을 사람의 마음속에 그대로 상(像)으로 만들어주는 반사경
(reflector)의 의미를 나타내고 있으며, 등불은 빛의 투광기(projector)로 간주되어, 작품을 보
는 독자나 관객의 수용적 태도를 상징한다. 이것은 실제로 사물을 인식하는 내면의 눈, 다시
말하면 혜안과 같은 비슷한 개념이다. 바라보는 사람의 각도와 태도에 따라 얼마든지 비치는
상의 모습은 달라질 수 있기 때문이다. 에이브럼즈는 이러한 거울과 등불의 개념을 가지고,
비평의 역사를 설명하고 있다. 과거부터 18세기까지는 단순히 비치는 자연의 관찰대상을 그
대로 모방했으므로 상을 보여주는 거울에 해당하며, 19세기부터 현대까지는 개인의 불빛에
따라 사물이 여러 가지로 인식되어 질 수 있는 것처럼 개성에 따라 작품이 다르게 수용될
수 있으므로, 등불과도 같은 측면에 해당한다고 기술하고 있다. 그러니까 거울과 등불이라는
기표는 비평의 탄생에서 현대에 이르는 전 과정을 나타내고 있는 상징이다.

Beach")에서 잃어버린 매슈 아놀드(Matthew Arnold)의 정신은, 마치 로렌스(D.H. Lawrence)가 우주에 대한 유일한 단서는 개인이라는 존재 안에 내재한 개인의 영혼 (Lawrence 1971: 150)이라고 주장하듯이, 이러한 고립을 표현하고 있다. 자아의 승리는 사회주의적 집단주의와는 구분되는 경쟁과 기업가에 의존하는 자본주의사회의 원리와 같은 다른 이데올로기로 읽혀질 수 있다. 다시 자유 개인주의적 전통적 부르조아(bourgeois) 인본주의에 대한 공격으로 토릴 모이(Toril Moi)가 썼듯이, 현대 서구사회는 신성과 유사한 관계에서 작가에 대한 개념을 정형화시켰다. 이 인본주의적 이데올로기에서 자아는 역사와 역사적 텍스트의 유일한 저자인 셈이다. 인본주의적 창조자는 남근을 지닌 남성으로 능력이 있다. 자기 세계와 관련해서는 신이며 텍스트와 관련해서는 저자이다(Moi 1985: 6-8). 이와 대조적으로 최근의 비평이론과 문화이론은 개인이 사회로부터 분리될 수 없으며, 사람들의 견해는 자신의 자족적 생각에서 만들어지는 것이 아니라 그들이 태어나면서 자기 정체성(그들의 자기 인식 내지는 인정)과 겨루는 담론들에서 만들어진 산물임을 강조하고 있다. 또한 이 책에서 조사된 시대는 대량국가 확장의 시기이자 새로운 글로벌 기술과 다민족 조합의 시대이므로, 시민과 시청자 및 고객이나 소비자의 편을 드는 개인이라는 범주가 필요 없게 된다.

20세기 시를 들여다보기 위해 시도하는 한 가지 방식은 특별한 순간에 여론에 영향을 준 유명한 시 전집들을 통해서다. 즉, 20세기는 비록 논쟁적이기는 하지만, 시인들과 그들 세대의 시들을 자리매김한 주요 시 전집들로 구분될 수가 있다. 시전집의 유행은 19세기 후반부의 시모음집의 원형인 폴그레이브(F.T. Palgrave)의 『최상의 영어노래와 서정시를 엄선한 골든 트레저리』(*The Golden Treasury of the Best Songs and Lyrical Poems in the English Language*)[11](1861)에 의해 설정되었는데, 이 책은 정전을 서정시에 국한시키려는 시도를 했다. 오늘날까지도 플레어 애

---

11 제목이 너무 길어서 일반적으로는 『골든 트레저리』라고만 부른다.

드콕(Fleur Adcock)과 토니 해리슨(Tony Harrison)과 같은 최근의 작가들도 포함하여 업데이트되어 여전히 출간되고 있다는 사실이『골든 트레저리』의 권위적 지위를 여실히 보여주고 있다. 그러나 폴그레이브의 책은 아서 퀼러-카우치(Arthur Quiller-Couch)가 편집한 원래의『옥스퍼드 영시집』(*Oxford Book of English Verse*)에 의해 1900년 이후의 한정적인 시 모음집으로 규정되어 밀려나고 말았다. 그런데 이 기간에 폴그레이브는 옥스퍼드대 시교수가 되었으며, 퀼러-카우치는 1912년에 케임브리지(Cambridge)대학의 최초의 에드워드 7세 영어영문학 전공교수(King Edward VII Professor of English Literature)로 임용되었다. 20세기 시인 중에서 처음으로 중요한 시모음집은 에드워드 마쉬(Edward Marsh)의 초영국적(ultraEnglish)인 『조지왕조의 시 1911-1912』(*Georgian Poetry 1911-1912*)였으며, 곧 이어서 1914년에 에즈라 파운드(Ezra Pound)의 반영국적(unEnglish)인『이미지스트』(*Des Imagistes*)가 나왔다. 이들 두 권의 책은 혁신적이긴 하지만 폭 넓게 대중적이지 못한 모더니스트(modernist) 작품에서부터 앨저넌 메슈언(Sir Algernon Methuen)의 현저하게 조지언적(Georgian)인『현대시 선집』(*Anthology of Modern Verse*)이 1921년에서 제2차 세계대전사이에 거의 80여회나 거듭 인쇄되었다는 사실로 판단해 볼 수 있을 정도로 지속적인 호소력을 지녔으며 아주 나무랄 데 없으면서도 평범했던 조지왕조 시인들의 시에 이르기까지 폭 넓게 향후 15년 동안이나 시의 양극이 되었음을 명확히 했다.

1930년대는 마이클 로버츠(Michael Roberts)가 편집한 3권의 아주 훌륭한 좌익 모음집(left-wing collections)들이 주로 괄목할 만 했다. 또한『새로운 서명』(*New Signatures*)(1932)과『새로운 나라』(*New Country*)(1933) 및 오랫동안 인기가 지속된『페이버 현대시집』(*Faber Book of Modern Verse*)(1936) 등으로 구성된 이 출판물들은 오든(W.H. Auden)을 의심할 나위 없이 시간을 노래한 저명한 시인으로 규정하는데 도움이 되었다. 결과적으로 오든과 루이스 맥니스(Louis MacNeice) 및 스티븐 스펜더(Stephen Spender)와 세실 데이 루이스(Cecil Day Lewis)는 "맥스폰데이"(MacSpaunday)라는 이름으로 몇몇 사람들에 의해 조롱하는 투로 묶여서 당시에 "30년대 시인"으로가 아니라 "새로운 나라"의 시인으로 또한 알려졌다. 엘리엇과 전쟁 시인들 및 예이츠와 전전의 시가 지닌 몇 가지 양상들에 대한 감탄은 "영국시"를 분리하고 있었던 보수적인 조지왕조 스타일과 급진적인 모더니스트 스타일을 이어주는 가교를 형성했을 지도 모르는 새로운 시를 암시했던 것이다. 『새로운 서명』은 곧 바로 해롤드 먼로(Harold Monroe)의 너무 이르면서도 어쩌면 좋지 않은 시기에 나온 『20세기 시』(*Twentieth-Century Poetry*)(1929)를 과도한 것으로 여기게 한 신선한 문학적 방향을 효과적으로 알려주었다.

제2차 세계대전 이후 허만 페쉬만(Hermann Peschmann)의 회고적인 『시의 목소리: 1930-1950』(*The Voice of Poetry 1930-1950*)을 필두로 시작하여 많은 수의 영향력 있는 시모음집들이 출간되었다. 그러나 최초의 아주 중요한 것은 "무브먼트"(The Movement) 시인들의 출현과 특히 필립 라킨(Philip Larkin)의 부상을 예고한 로벗 캉퀘스트(Robert Conquest)의 1956년도 판 『새 시편들』(*New Lines*)이었다. 캉퀘스트의 개관서는 일종의 선언서처럼 보였는데, 자기가 선별한 시인들에 대한 회화적 문체와 형식적 보수 성향을 옹호하면서 헨드리(J.F. Hendry)와 버논 왓킨스(Vernon Watkins), 노먼 맥케이그(Norman MacCaig) 및 니콜라스 무어(Nicholas Moore)와 같은 1940년대의 "묵시록"(Apocalyptic)파 시인들을 특히 공격하였다[12]. 캉퀘스트의 책에 응수하여 알바레즈(A Alvarez)는 1962년에 『새로운 시』(*The New Poetry*)를 출간하였으며 실비아 플라스(Sylvia Plath)와 같은 시인들을 전경화 하여 1966년에 재간하였다. 한편으로는 그 논쟁적인 머리말의 표현 때문에 『새로운 시』는 곧 현대시가 당대 사회에 참여해야 한다고 주장함으로써 『새 시편들』에 대해 반

12　묵시록파 시인들의 앤솔러지(anthologies)로는 『새로운 묵시록』(*New Apocalypse*)(1939)과 『백인 기수』(*The White Horseman*)(1941) 및 『왕관과 낫』(*The Crown and the Sickle*)(1943)이 있다.

응을 보인 알바레즈와 함께, 주요한 전후 앤솔로지로 자리 잡게 되었다. 비록 1962년에 펭귄(Penguin) 출판사가 『펭귄 현대시집』(*Penguin Book of Contemporary Verse*)이라는 케네스 앨럿(Kenneth Allot)의 1950년대 시모음집을 이제 1918년부터 1960년까지를 포괄하여 다시 출시했고 1965년에 데이빗 라잇(David Wright)의 『20세기 중반: 영시 1940-1969』(*The Mid-Century: English Poetry 1940-1960*)를 출간하였지만, 알바레즈의 책은 그 논쟁적이면서도 의제가 설정된 서문과 함께 중요한 모음집으로 남게 되었다[13]. 1970년에 펭귄출판사는 에드워드 루시-스미스(Edward Lucie-Smith)의 큰 『1945년 이후의 영시』(*British Poetry Since 1945*)를 출간하였는데, 이 책은 엔라잇(D.J. Enright)의 『옥스퍼드 현대시집 1945-1980』(*Oxford Book of Contemporary Verse 1945-1980*)이 그랬던 것처럼 반복해서 개정되었으나 항상 아주 다르게 보였다. 가장 영향력이 컸던 시 모음집은 면밀하게 초점이 모여진 "그 시대의 것"처럼 보였던 출판물들이었다. 1982년에 블랙 모리슨(Black Morrison)과 앤드루 모션(Andrew Motion)은 폭넓은 대중적 승인을 얻기 위해 다음 앤솔로지인 『펭귄 현대 영국시집』(*The Penguin Book of Contemporary British Poetry*)을 출간했는데, 이 시집은 20명의 시인들을 단순히 모았다기보다는 아주 양식 있게 고른 선집이었다. 이 책이 밝힌 목표는 알바레즈의 앤솔로지 명성이 쇠퇴했음을 나타내고 서사와 극단적인 은유 및 관찰과 포스트모더니즘(postmodernism)으로 특징 지워진 또 다른 새로운 시의 윤곽을 그려내는데 있었다. 그 이후부터 시출간은 많은 변화를 겪어 왔는데, 그중 가장 주목할 만한 것은 어쩌면 영국 남동부에서 떨어진 지속된

---

13 이들 주요한 간행물들 중의 또 다른 하나는 전전의 10년간을 약술하고 있는데, 그것은 로빈 스켈튼(Robin Skelton)의 1964년 판 『1930년대의 시』(*Poetry of the Thirties*)이다. 제국에 대한 어떤 언급도 없고 한 여성시인만 언급한 스켈튼의 책은 30년간 1930년대의 시 모음집 결정판이었다. 이 책은 여성을 다루었다는 점에서 1967년에 출간한 앨런 로드웨이(Allan Rodway)의 『1930년대의 시』(*Poetry of the 1930s*)보다 나으며, 성공하는 바람에 펭귄출판사는 고무되어 스켈튼의 후속 모음집인 『1940년대의 시』(*Poetry of the Forties*)를 출판했다.

영향력 있는 출판사들의 부상인데, 특히 뉴캐슬(Newcastle)의 블러댁스 문고다. 1993년에 알바레즈의 책을 그대로 흉내 내고 1982년 판 펭귄앤솔로지를 전복시키려는 시도로 마이클 헐스(Michael Hulse)와 데이빗 케네디(David Kennedy) 및 데이빗 몰리(Morley)는 블러댁스 시 모음집인 『새로운 시』를 출간했는데, "1980년대와 1990년대의 브리튼 섬(the British Isles)에서 출판된 가장 훌륭한 시라고 믿어지는 작품들을 나타내고" 있다. 이 책은 모리슨과 모션의 책이 등용한 20여 명의 시인들을 전혀 다루고 있지 않으며 서론의 글을 통해 이상하게도 동질화 하면서(homogenising) 새로운 응집력과 "영국시의 종족별 구분"의 종식을 주장하고 있다.

　　1980년대 이후에는 일반시민에 대한 그와 같은 몸짓에 반대하여 앤솔로지의 정략이 신랄하게 논쟁의 대상이 되었으며 훨씬 더 대안적이거나 지역적인 모음집 혹은 특수한 앤솔로지들도 많이 출판되었다. 심지어 팰라딘(Paladin)의 『새로운 영국시』(*The New British Poetry*)(1988)와 같이 아주 중요한 목적을 지닌 모음집들은 시 선택의 과정에서 젠더와 민족성(ethnicity)을 강조하고 있다. 인도와 아프리카(Africa)의 영어로 된 시집들은 이보다 오래 전부터 접할 수 있었으나, 조사해보면 1989년의 『힌터랜드』(*Hinterland*)와 1986년의 『펭귄 카리브지역 영시집』(*The Penguin Book of Caribbean Verse in English*)과 같은 카리브(Caribbean)지역의 시 모음집들처럼 최근에 성장을 보이기도 했다. 1980년대 이후에는 예를 들어서 『페이버 현대 여성시집』(*The Faber Book of Contemporary Women's Poetry*)(1987)과 『블러댁스 현대 여성시인 집』(*The Booldaxe Book of Contemporary Women Poets*)(1985)과 같이 여성들만의 모음집들 또한 급격히 늘어났다. 이들은 다른 시장여건에 부응하고 있었지만, 또한 『펭귄 현대 영국시집』처럼 백인 남성이 지배적인 앤솔로지의 전통이 지닌 헤게모니(hegemony)에 대한 도전이기도 했다. 『펭귄 현대 영국시집』에는 흑인시인은 한명도 없고 여성시인은 5명밖에 없는데, 그것도 셰이머스 히니(Seamus Heaney)의 20편과 크리스토퍼 레이드(Christopher Reid)나 톰 폴린(Tom

Paulin)의 11편과는 상반될 정도로 여성시인 개인당 시는 7편을 넘지 않고 있다. 그러한 특수성은 젠더나 민족, 성, 지역 또는 장르의 정치성을 인정하는 시모음집들의 편을 들어 보편성을 거부하고 있다. 분명한 획기적인 앤솔로지에 대한 기호는 블러댁스의『새로운 시』에서처럼 살아있지만, 많은 편집인들이 유리한 계층적인 질서를 도입하는 일을 피하고 있다. 캐럴 루멘스(Carol Rumens)는 어쩌면 "선도자들을 골라내고 그 밖의 다른 사람을 뒤처지게 탈락시키는 순서를 정하고 싶은 욕구는 영국 남성 앤솔로지에 있는 특유한 기벽"이라고 주장했다(Longley 1996: 9).

　바로 이 간결한 요약을 통해서 가장 분명한 메시지는 앤솔로지들이 서로 간에 대해 반응을 보였는데, (사람들의 관심에서 벗어난 많은 모음집뿐만 아니라) 널리 인정을 받고 수용된 모음집이 저마다 이전의 편집자가 옹호한 시관(the view of poetry)에 도전하는 길을 모색했다[4]. 시 앤솔로지에는 "새로운"이라는 말이 가장 보편적인 형용사로 남아 있다. 그 세대의 최선봉에 섰던 시인들이 현대시 모음집을 완성하도록 종종 요구받았다는 사실 또한 주목할 가치가 있다. 비록 그 시대의 기준이 되는 교재가 되지 못했지만, 그런 모음집들은 예이츠의『옥스퍼드 현대시집 1892-1935』(*Oxford Book of Modern Verse 1892-1935*)(1916)와 오든의『옥스퍼드 가벼운 시집』(*Oxford Book of Light Verse*)(1939) 및 라킨의『옥스퍼드 20세기 영시 모음집』(*Oxford Book of Twentieth-Century English Verse*)(1939)과 히니와 휴즈(Hughes)의『딸랑 주머니』(*The Rattle Bag*)(1985)에서부터 플레어 애드콕의『페이버 20세기 여성시집』(*Faber Book of Twentieth Century Women's Poetry*)(1987)에 이르기까지 많다. 폴그레이브의『골든 트레저리』와는 달리, 영향력 있는 20세기의 앤솔로지들은 일반적으로는 신흥시인들을 적게 선택하여 그들이 새로운 세대를 형성한다거나 시적 감수성의 변화를 맡고 있다는 주장을 펴는 그런 모음집들이었다.

14　이는『영향력의 불안』(*The Anxiety of Influence*)(1973)에서 정전속의 모든 시인들이 (마치 '선배'를 타도하길 바라면서) 이전에 앞서간 사람들의 그림자 속에서 시를 쓴다는 해럴드 블룸(Harold Bloom)의 견해를 보면 고려할만한 가치가 있다.

1900년 이후의 시를 소개하는 일을 시작하는 두 번째 방식은 20세기 문간에 서서 소설로 꼭 같이 저명해진 두 명의 영향력 있는 시인들인 하디(Hardy)와 키플링(Kipling)을 생각해 보는 일이다. 뒤의 장에서 살펴 볼 예이츠와는 별도로 이 두 사람은 20세기의 시작과 더불어 가장 중요한 인물들이다. 그들은 많은 공통된 부분을 지녔는데, 민요나 시가형식에 대한 관심과 방언에 대한 관심에서 그렇고 키플링이 "수많은 사람들"(uncounted folk)이라고 부르고 있는 대상에 관한 관심에서도 그렇다. 하지만 그들도 역시 1900년에 민족적 정체성이라는 지배적인 소견의 양극을 나타내고 있다. 비록 웨섹스(Wessex)에서 하디가 발견했던 것만큼 키플링이 서섹스(Sussex)에서 영국다운 모습을 점유하려 했다고 하더라도, 지방적이고 목가적인 시로 과거를 보면서 전통이 침식되어가는 것을 탄식한 하디는 키플링의 거의 탐욕적인 제국주의적 비전과는 상반된 양면적인 현대의 민족적 아이덴티티를 제안하고 있다. 이는 어쩌면 키플링이 복합적이고 전형적인 인물들을 이용하고 있는 반면에 하디는 개성화 한 인물들을 말하는 듯 보였기 때문이다. 단연코 당대의 가장 성공한 대중적인 작가였던 키플링은 식민지연구의 학문적 활동에 너무도 빈번히 제한시키고 있는 제국과의 연관성 때문에 학계에서 시인으로서는 여전히 종종 주변화 되어 있다. 1942년 오웰(Orwell)의 논평은 아주 오랫동안 적용되어 왔다.

> 문학 분야에서 3세대 동안에 걸쳐 문명인이라면 누구나 그를 경멸했는데, 20세기말에는 그런 문명인의 십중팔구는 잊혀 졌고, 키플링은 어떤 의미에서는 여전히 거기에 그대로 살아 남아있다.
>
> (Orwell 1965: 45)

언젠가 오든이 말했듯이, "시간"이 정말로 "키플링과 그의 생각을 용서했던 것이다." 그렇듯 1995년에 키플링의 「만일」("If")이 비비씨(BBC)의 국민여론조사에서 좋은 시로 선정되었다[5]. 다음 장에서 논의할 대다수의 시인들에 대해서 키플링은 현대문학의 천재로서 그들의 작품을 판단하는 반대기준을 제공하고 있다. 비록 그가 이후의 작가들보다도 훨씬 더 융통성 있는 작가라고 하더라도, 키플링의 강한 리듬과 단조로운 노래는 많은 시인들에게는 제국주의와 민족적 정체성이라는 그의 빈번한 주제가 그렇듯이 자기들 시의 모델이 되고 있다. 반대로, 자신의 저술인『토마스 하디와 영국시』(*Thomas Hardy and British Poetry*)(1973)에서 도날드 데이비(Donald Davie)는 하디가 워즈워스(Wordsworth)와 테니슨(Tennyson)의 작품에서 발견된 과거의 영시를 에드워드 토마스(Edward Thomas)와 오든 및 필립 라킨으로 이어지는 20세기 시의 가상적 추세와 이어주는 20세기 전환기의 중요한 작가라고 종종 주장되고 있다. 이 담론에서 1920년대 모더니즘(modernism)의 쇄신과 실험은 영국시나 영국 모더니즘의 중심이 아니라, 비록 하디가 "이미지스트들(imagists)에게 길을 보여주었다"고 하더라도 미국인인 파운드와 엘리엇에 의해서 촉발된 유럽적인 전환의 핵심이 되었다16). 비록 하디가 자신의 평판이 좋지 않은 마지막 소설인 『비운의 주드』(*Jude the Obscure*) 이루 1898년까지 시 출간을 시작하지 않았지만, 수년간에 걸쳐서 시를 써오고 있었다. 시인으로서의 그의 영향력은 1910년 이후에 아주 강하게 느껴졌다. 어떤 이들에게는 그는 자연시인이었고, 다른 이들에게는 기계시대의 작가였다. 그는 소원해진 아내인 에마(Emma)가 죽은 후에 쓴 1912년부터 1913년까지의 연시로 가장 잘 알려졌다.

비록 키플링과 하디가 이 시기에 대한 개관에서 거의 논의되지 않고 있지만 그 둘은 모두 양차대전 사이 동안에 시작활동을 양호하게 계속할 수 있었는데, 키플링은 1930년대 중반까지 계속했다17). 양자 모두 20세기 "진보"가 낳은 변화에 감동을

---

15 여기서 언급된 오든의 시행은「예이츠를 추모하며」("In Memory of W.B. Yeats")에서 인용되었다.

16 영국 모더니즘에 관해서는 홉스봄(Hobsbaum)(1970)을 참조할 것. 하디가 모더니스트들에게 길을 보여주었다는 주장은 영향력 있는 현대소설가이자 시인이며 비평가인 포드 매덕스 포드(Ford Madox Ford)의 견해이었다(Schmidt 1979: 24).

17 예를 들자면, 양자모두 1900-1950년 사이의 시에 대한 데이(Day)와 도처티(Docherty)의 시모

받지 못했다. 제1차 세계대전을 회고하면서 하디는 「성탄절: 1924년」("Christmas 1924")에서 기독교인의 위선에 대한 이러한 짧은 통렬한 반응을 전달했다.

'지상에 평화를!' 이라고 말했다. 우리는 노래한다,
평화를 가져오도록 백만 성직자를 향한다.
2천 년간의 미사를 마친 후에
우리는 독가스처럼 멀리도 갔다.

'Peace upon earth!' was said. We sing it,
And pay a million priests to bring it.
After two thousand years of mass
We've got as far as poison-gas.

1932년에 키플링은 예언적인 시 「폭풍의 소용돌이」를 쓰면서 다가올 전쟁을 예견한다.

기다려! 폭풍과 폭풍사이의 고요함이
폭풍이 다가옴을 알린다, 지나감이 아니라;
직면한 위험보다 더 한 것이
우리의 절망적인 내일이 될 수도 있다.

Stand by! The lull 'twixt blast and blast
Signals the storm is near, nor past;
And worse than present jeopardy
May our forlorn to-morrow be.

음집(1995)이나 1900-1930년 사이의 영문학 환경(context)에 대한 벨(Bell)의 모음집(1980)에서 사망이외의 것은 언급되지 않았다.

일천 페이지에 이르는 시 모음집에서 저마다 이들 다산의 작가들은 20세기의
문간에 걸터앉아 있는데, 어떤 의미에서는 빅토리아 시대 문인들이며 다른 의미에서
는 모더니스트들이다[8]. 그들은 또한 제1차 세계대전의 시인들이기도 하다[9]. 그러
나 하디와 키플링은 1900년에는 이미 기성작가들이었다. 양자가 모두 이어지는 10
년 동안에 형편없는 후계자와 모방자들을 맞을 수밖에 없었다. 하디의 지역사회에
대한 감정과 키플링의 연방에 대한 감정은 영국"민족"이나 그 영광스러웠던 역사
및 탁월한 업적 등에 대한 유쾌하지 못한 찬사가 되었다. 하디의 개인들과 키플링의
대표자들은 모든 사람들이 인위적이고 집단적인 성격 때문에 어떤 특별한 것도 언
급될 수 없는 사람들에 대해서만 공유할 수 있는 추상적 이념인 "민족"과 "국가"가
되어버린 것이다. 사회적 혁명이나 국제적 전쟁을 향해서 경솔하게 치닫는 이 전전
의 시기에 걸맞은 표상은 에드워드적인 자부심이 가득 차 있으나 재난을 맞게 되는
타이태닉(Titanic)호인 것처럼 보인다. 이 배의 손실을 노래한 하디의 시 「두 대상의
수렴」("The Convergence of the Twain")은 이 사실을 잘 표현하고 있다.

　　　그래서 멋진 배가
　　　키, 우아함, 그리고 색깔이 성장함에 따라,
　　그늘 진 고요한 먼 곳에서 빙산 또한 성장했었다.

　　　무관심한 듯 그들은 보였다.
　　　어떠한 인간의 눈도 볼 수 없었다
　　그들 최후의 역사의 친밀한 용접을.

　　　And as the smart ship grew

18　하디의 위치에 대한 리뷰는 이전의 편집본과 여러 의견들에 관해 도움이 될 만한 개관과 비평
　　적 논평을 포함하고 있는 위도우슨(Widdowson)의 시 편집본(1997)을 참조할 것.
19　실킨(Silkin)의 책(1987)은 저마다에 상당한 공간을 할애하고 있다.

In statue, grace, and hue,
In shadowy silent distance grew the Iceberg too.

Alien they seemed to be:
No mortal eye could see
The intimate welding of their later history.

대부분의 문학사에서, 20세기 초 문학발전의 중단(hiatus)은 전쟁시인들이 도전하고 모더니스트들이 종식시켰다고 생각된다. 앤터니 이스트호프(Antony Easthope)(1983)는 자기의 저서인 『담론으로서의 시』(*Poetry as Discourse*)에서 모더니스트의 시는 약강음보의 사용을 회피함으로써 전통적인 시 낭독방식을 전복시키고 있다고 주장한다.

> 그런데, 텍스트와 역사와의 직접적이고 자연스러운 관계에 대한 관념은 폐기처리 되어야 하는 순진한 경험주의에 포함된다. . . 텍스트가 실제 역사를 직접적으로 나타낸다고 생각할 수 없듯이 어휘의 의미도 상호 연관된 대상이라고 상상할 수 없다. 마치 어휘와 대상이 상호 연결된 전류를 기다리는 두 개의 양극체로 인접해 있듯이, 다른 것들 가운데서도 언어는 분명히 대상들을 가리키고 있지만, 어떤 단순한 관계에서 보면 그렇게 나타내고 있지 않기도 하다.
>
> (Eagleton 1976a: 70)

이 책은 역사를 따라 20세기 영국시를 읽기 위한 시발점을 제공하고 있지만, 독자들은 또한 더 나아가서 언어의 복합성과 문학과 역사 자체의 범주들 모두를 문제화 시키고 의문시 하도록 자극을 받게 된다.[20]

---

20 이 책은 시인과 시편들의 선택에서 아주 선별적이며, 대부분의 경우 아주 평범하게 연구한 것에 초점을 맞추고 있다. 영국과 미국 시인들을 망라하는 20세기의 실질적인 개관을 보려면 퍼킨스(Perkins) 책 1976년판과 1987년판에서 찾을 수가 있다.

"Union Jacks in every part"
Pre-war and Georgian Poetry

"온 세상에 휘날리는 영국국기"
전쟁 전과 조지왕조 시대의 시

영국인의 가슴을 채우는 하늘은
온 세상에 휘날리는 영국국기이다.
아일랜드의 하늘은 옛 하늘이다,
사탄이 여러 사람의 두개골을 부셔 버렸을 때.
스코틀랜드인은 다가올 자신의 하늘을 지니고 있다―
창조주가 아무 말이 없다고 할 만한.
웨일즈인의 하늘은 노래를 부르고 있다―
어느 누가 아픔을 느끼거나 욕을 하건 상관 않고

[데이비스(W. H. Davis), [천국]("Heaven")]

The heaven that fills an English heart,
Is Union Jacks in every part.
The Irish heaven is heaven of old,
When Satan cracked skulls manifold.
The Scotsman has his heaven to come―
To argue his Creator dumb.

The Welshman's heaven is signing airs—
No matter who feels sick and swears.

(Reeves 1962: 35)

서론

이 책은 20세기의 역사와 시에 관한 이야기를 대충 연대순으로 그리고 꼭 필요한 것을 선택하여 다루고 있다. 이러한 의도는 시를 미적인 판단, 형식의 변화들, 그리고 개별 시인들의 전기적인 요소들보다는 20세기의 두드러진 중요 사건들을 통해서 비춰지는 시에 그 초점을 맞추는 것이다. 이 1장에서 대략적으로 그려보고 싶은 내용은 20세기 초반에 있은 에드워드 7세의 왕위계승과 1910년에서 1차 대전에 이르기까지의 조지 5세의 초기 재위기간의 것으로 그 범위가 제한된다.

1901년, 빅토리아 여왕(Queen Victoria)이 사망했을 때, 영국은 비록 한 세기의 끝, 즉 60년간의 통치기간이 막바지에 다다랐을 시기, 또 보아 전쟁(the Boer War)이 끝나는 시기 그리고 한층 증가된 대영제국의 활동이라는 두 가지 요인들이 전 세계에서 영국이 맡은 역할에 다시 관심을 갖도록 자극했지만, 영국은 그 전부터 가지고 있었던 국가 정체성에 매료되어 있었다. 많은 작가들은 빅토리아 여왕의 죽음과 19세기의 끝이 동시에 일어났다는 것에 의미를 부여하고 있다. 웰즈(H.G. Wells)는 "빅토리아 여왕은 큰 서진(書鎭)처럼 영국에 걸터앉아 있어서 그녀가 사망하고 난 후에도 세상 모든 것들이 사방으로 날려 돌아 다녔다"고 썼다(Millard 1991: 2). 예이츠의 특이한 견해에 의하면, "1900년에 모든 사람들은 그들이 탄 죽마에서 내려 왔다. 누구도 블랙커피를 탄 압생트(absinthe)[1]를 마시지 않았다. 아무도 미치지 않았다. 아무도 자살을 하지 않았고, 아무도 캐톨릭(Catholic) 교회에 가지 않았다.

---

1 프랑스산 독주

. . . 빅토리아적인 것(Victorianism)은 없어 졌다"(Yeats 1936b: xi-xii)는 것이다. 다른 사람의 것으로는, 국가 정체성에 대한 관심을 보여줄 1890년대의 '과학적인' 근거가 있는데, 그 후 몇 십 년간에 걸친 도시로의 대량 이동, 사회적인 타락에 대한 여러 이론들은 영국의 자유민(향사) 가문이 건전치 못한 대도시의 환경에 점차적으로 적응을 하고 있다고 주장했다.

시에 있어서, 한 세기의 전환은 국가 운명에 대한 여러 의견들을 통하여 분명히 그 특징을 알 수 있다. 헨리(W.E. Henley)의 『영국을 위하여』(*For England's Sake*)가 1900년에, 윌리엄 왓슨(William Watson)의 『영국을 위해』(*For England*)가 1904년에, 그리고 로렌스 비년(Laurence Binyon)의 『영국과 그 밖의 시편들』(*England and Other Poems*)이 1909년에 나왔고, 그해에 매스터맨(C.F.G. Masterman)은 그의 유명한 사회보고서인 『영국의 여건』(*The Condition of England*)(Millard 1991:27)을 출판하였다. 하지만 왜 대대로 물려받은 문화와 국가를 스스로 따져보고 조사하는 이런 일들이 갑자기 터져 나왔을까? 변화를 가속화시킨 내적인 촉매제들 말고도, 이때는 대영제국으로서의 자부심뿐만이 아니라 불확신의 시대였기 때문이다. 왜냐하면 세력을 확장해가던 대영제국이 재정적인 부담을 떠안게 되었고, 일반적인 여론과는 달리, 보아전쟁(1899-1902)이 영국도 질 수 있다는 것을 증명해 주었기 때문이다. 20세기의 초반 몇 십년간은 또한 정부가 빈곤에, 실업에, 그리고 일반 대중들이 관리되고, 지배를 당하고, 그리고 치안유지를 받아야 한다는 생각에 기여를 한 투표에 영향을 미쳤던 법규로서 세력을 확장하던 시기였다. 이것은 몇 가지 측면에서 볼 때, 사회 진화론(문화와 문명은 실제로 종의 진화에 필적할 만큼의 발전을 이룬다는, 즉 가장 성공적인 민족들은 변화하는 환경에 가장 잘 적응하는 사람들이라는 것과 같은 그러한 이론)에 관심을 보였던 19세기후반에 이루어졌던 작업이었다.

1900년에서 1914년까지의 문학은 사회적인 정체성과 국가의 자부심이라는 유사한 문제들에 관심을 가졌다. 그리고 이러한 관심사들로 인해 특별한 시기로 두드러지게 된다. 새뮤엘 하인즈(Samuel Hynes)는 20세기 초와 1차 대전 사이의 시기는 "그 이전의 것과 이후의 것을 분리하려는 의식과 그러한 의식을 표현하는 문학모임을 가지고" 있는 문학의 시대로 만드는 특징들을 가진 것처럼 보인다고 주장한다 (Hynes 1972: 1).

일반적으로, 그러한 문학모임은 드라마, 그리고 특히 소설에 의해 다루어 질 것이다. 이 시기는 배리(Barrie)의 『피터 팬』(*Peter Pan*)과 그레이헤임(Grahame)의 『수양버들 속의 바람』(*The Wind in the Willows*), 포스터(E.M. Forster)의 『하워즈 엔즈』(*Howards Ends*), 키플링(Kipling)의 『푹 힐의 퍽』(*Puck of Pook's Hill*), 그리고 웰즈의 『폴리씨의 내력』(*The History of Mr. Polly*)과 『토노번게이』(*Tono-Bungay*)와 같은 영국을 배경으로 한 소설들이 나왔던 시기였다.

이러한 모든 작품들에 나오는 도시들의 구체적인 침해행위들은 위험에 처해있지만 영속적이고 목가적인 시골풍의 영국과 대조를 이루고 있다. 전국적으로 팽배해 있는 위협과 상실감 역시 시에 나타나고 있다. 그리고 시에 나타난 변화는 어떤 인물들의 죽음을 통해 아마 가장 잘 드러날 것 같다. 비록 다른 기성 작가들이 20세기까지 잘 살아왔다 하더라도 매슈 아놀드(Matthew Arnold)는 1888년 사망하였고, 로벗 브라우닝(Robert Browning)은 1889년에 그리고 테니슨(Tennyson)은 1892년에 사망하였다. 단테 로제티(Dante Rossetti)와 크리스티나 로제티(Christina Rossetti) 둘 다 1894년에는 이미 사망하고 없었다. 이렇게 역사와 문학에 있어 중요한 시기에 새로운 지도자가 한 명쯤 나왔으면 하고 기대했었지만, 전면에 나와 그 모습을 드러내어서 엄청난 인기를 누렸던 시인들은 그저 과거를 찬양하고 과거와 자신과의 관계를 칭송하고자 하는 사람들에 지나지 않았다. 1901년에서 1919년, 에드워드 왕 시대의 시인들은 그들보다 앞서 가버린 모든 것들을 아주 많이 생각하고 있었다. 현 질서를 존중하는 것과 관계가 있는 그들의 시들은 대체로 애국적이고, 보수적이고, 제국주의적이며 모방적이었다.

한 가지 예로서, 2번이나 국회의원에 입후보했던 유명한 토리(Tory) 당원 기자이자, 1896년에서 1913년 사이에 계관시인의 자리에 까지 올라있었던 앨프릿 오스틴(Alfred Austin)을 꼽을 수 있다. 1898년에 그는 그의 첫 시집인『영국의 노래』(*Songs of England*)를 출판했고, 그 보다 4년 앞서, 가장 성공적인 그의 저서『내가 좋아한 정원』(*The Garden that I Love*)을 출판하기도 했었다. 하지만, 그는 당시의 사람들에게 크게 인정을 받지 못했으며 후손들도 그에 관한 이야기를 거의 하지 않고 있다. 그리고 그의 뒤를 이어 계관시인의 자리에 올랐던 로벗 브리지즈(Robert Bridges)는 그 역시 훌륭한 시인이었지만, 자신의 시보다는 제라드 맨리 홉킨스(Gerald Manley Hopkins)의 글이 세상의 빛을 볼 수 있도록 해주었다는 이유 때문에 아주 감사한 마음으로 그를 기억하게끔 해 주었다. 오스틴의 시들 중에「누가 영국을 위해 죽을 수 없나」("Who would not die for England!")라는 제목이 붙어 있는 시가 하나있다.

이 위대한 생각,
대대로 전해 내려오는 영광스런 세월을 통해
불후의 신전사원의 조각된 둥근 천장 옆에,
그리고 외로운 야만인들의 땅에 만들어진 집 없는 무덤,
집은 없지만 잊혀 지지 않은, 그래서 전율케 할 수 있다
긴급함을 알리는 소리로 사람들의 마음을,

위축되고 품위 없는 삶에서 그렇게 갑작스럽게
그들은 고상함이 극을 이루는 곳까지 오른다, 그리고 쫓아낸다
안전하고 나른한 의자를, 품에 안기 위해
영원한 쌍둥이인 의무와 죽음을.

This great thought,

Through centuries of Glory handed down

By storied vault in monumental fane,

And homeless grave in lone barbaric lands,

Homeless but not forgotten, so can thrill

With its imperious call the hearts of men,

That suddenly from dwarf ignoble lives

They rise to heights of nobleness, and spurn

The languid couch of safety, to embrace

Duty and Death that evermore were twin.

존 루카스(John Lucas)는 오스틴을 그저 "우스꽝스럽고 자질이 부족한 시인"이라고 묘사한다. 그의 다른 시들은 「영국을 칭송하며」("In Praise of England"), 「영국으로 돌아와서」("On Returning to England"), 그리고 「왜 영국은 보수적인가」("Why England is Conservative")와 같은 제목들을 가지고 있다. 『영국의 노래』에서 오스틴은 그의 핵심이 되는 중요 용어로 그가 의미하고자 하는 것에 대한 주석을 달아 놓는다.

> '영국'으로, 똑같은 의미를 그리고 편리하게 사용할 수 있는 다른 명칭을 찾아 내지 못했기 때문에, 그것은 대영제국과 아일랜드뿐만이 아니라, 캐나다, 호주, 남아프리카, 그리고 [빅토리아]라는 이름만 들어도 대영제국과 혈족관계가 있는 이들이 느끼는 전율을 사람들이 금방 느낄 수 있는 세계 모든 곳을 다 가리킨다.
>
> (Millard 1991: 28)

오스틴이 여기서 실리(J.R. Seeley)의 『영국의 신장』(*The Expansion of England*)

(1883)과 찰스 딜크(Charles Dilke)의 『대영제국의 문제점』(*Problems of Greater Britain*)(1890)에서 주장하듯이, 지구의 네 귀퉁이까지 영국이라는 '민족'을 퍼뜨리고자 하는 19세기 후반의 강한 제국주의적 충동의 일부로도 볼 수 있다. 영국의 중심으로서의 런던과 전 세계 각 지역에서 영어를 사용하는 사람들의 상업적인 통합을 보고자 했던 실리에게 있어서, 역사의 목적이라는 것은 오스틴에게 있어 시의 목적과 아주 유사했다. 그것은 가르치는 것뿐만이 아니라 영감을 불어넣고 개종을 시키기 위한 것이다. 실리는 다음과 같이 설명했다.

> 과학은 방법적인 면에서 과학적이어야 하는 반면에 실용적인 목적도 추구해야 한다는 것이 바로 내가 가장 좋아하는 금언이다. 말하자면, 그것이 그저 과거에 대한 독자들의 호기심을 만족시켜주어야 한다는 것이 아니라 현재를 바라보는 그들의 견해와 미래를 내다보는 그들의 예상을 수정시켜 주어야 한다. 이제 이러한 금언이 확실하다면, 영국의 역사는 우리들이 미래에 관해서 생각하도록 그리고 우리들에게 주어진 운명을 점칠 수 있도록 하는 방식으로 영국에서 일어나는 일들의 일반적인 경향을 보여주어야 한다.
>
> (Seeley 1883: 1)

하지만, 실리와 오스틴이 가진 애국적인 열정만으로 지적인 토론을 했던 것은 아니다. 그러한 시각과는 달리, 우리는 이와 상반되는 견해를 가질 필요가 있다. 이것이 어네스트 다우슨(Ernest Dowson)과 아서 시먼스(Arthur Symons)와 같은 1890년대의 데카당(Decadent)파에 속하는 시인들의 견해다. 영국의 이런 아방가르드(avant-garde)적인 심미주의자들이 강조하고 있는 것은 문체와 센세이션(sensation)이다. 경험들의 의미가 아닌 경험들이 가진 강렬함과 달콤함에 대한 강조였다. 국수주의자, 남권주의자, 그리고 단체주의자들의 담론에 맞서 개인이 가진 가치관들을 옹호하고 국제주의와 모더니즘의 실험적인 작업에 영향을 주며 그 시대의 성적으로 그리고 사회적으로 지배적이었던 경향들에 대한 도전장을 제시했던 이들이 바로 데카당파들이다. 데카당파들은 과학과 기술에 있어 당시의 많은 진보들과 유사한 영국의 미학에 있어 중요한 변화들을 일으켰던 "예술을 위한 예술"(art for art's sake)이라는 혁명과도 같은 것을 제안했다. 예술에 있어, 제이콥 엡스타인(Jacob Epstein), 엘리엇, 에즈라 파운드, 윈덤 루이스(Wyndham Lewis), 그리고 로렌스(D.H. Lawrence)의 노력에도 불구하고, 모더니즘 세력은 전쟁이 끝나고 나서야 비로소 영국에서 감지가 될 정도였다. 그때가 되어서야, 비평가인 리비스(F.R. Leavis)가 그의 저서『영시의 새로운 방향』(*New Bearings in English Poetry*)(1932)에서 주장하듯이, 영국에서 "리듬에 대한 현대적인 인식이 내적인 연소엔진에 의해 가동되기 시작했다"고 말할 수 있었다(Leavis 1972: 24). 그 동안, 카프카(Kafka)는『심판』(*The Trial*)을, 프루스트(Proust)는『과거의 것들을 기억하며』(*In Remembrance of Things Past*)를 쓰고 있었다. 보들레르(Baudelaire), 말라르메(Mallarme), 베를레느(Verlaine), 그리고 랭보(Rimbaud)는 이미 불어시를 번역했다. 미술에서는, 피카소(Picasso)와 브라크(Braque) 및 뒤샹(Duchamp)과 다른 화가들이 표현과 원근법이라는 기본적인 원리들을 뒤집어 놓고 있었다. 1910년 런던에서는 처음으로 열렸던 후기 인상파의 전시회가 영국인들을 당황시켰지만, 사실 그 보다 2년 후 파리에서는 최초의 미래파 전시회가 있었다. 쉔버그(Schoenberg)의 첫 무조(無調) 작품이 1909년에 나왔고 스트라빈스키(Stravinsky)의『봄의 제전』(*Rite of Spring*)이 4년 있다가 연주되었다.

영국과 영국 문학은 다른 유럽의 국가들과 비교해 볼 때, 과거에 더 몰두하고 있는 것 같았다. 새뮤엘 하인즈는 에드워드 시대의 시작을 음침한 분위기, 우울 그리고 향수(鄕愁)로 그 특성을 기술하고 있다. 한 세기의 끝, 너무 나이가 많아 전대(前代)의 왕을 기억할 수도 없는 한 군주의 죽음, 생활패턴들에 있어 경제적인 그리고 사회적인 대변혁이 절정에 달했다는 것 등이다.

그가 말하기를, 에드워드 시대의 사람들은 전환의 시기에 살고 있음을, 후기 낭만주의적 빅토리아조의 시들을 뒤에 남겨 두고 떠나가지만, 또 어딘지 모를 새로운 곳으로의 여행을 시작하고 있음을 알고 있었다. 20세기는 왠지 상서롭지 못한 기분으로 시작되었고, 엘리엇으로 하여금 다음과 같은 결론을 맺게 한다.

> 20세기의 첫 10년을 지나면서 상황은 확실히 그전과 달랐다. 영국에서나 혹은 미국에서도, 능력이 최고조에 달했고, 자신의 작품이 새로운 어법을 갈망하는 젊은 시인에게 길을 제시할 수 있는 그런 시인이 있다고 나는 생각할 수 없다.
>
> (Hynes 1972: 9)

또 다른 나라

나는 20세기로 전환하는 시기에 있어 가끔은 무심코 혹은 실수로 그 시대의 시를 통해서 굴절되는 사회적이고 정치적인 양상들 중의 일부를 생각해 보고 싶다. 도시화, 성(gender), 교육과 제국[2] 등이다. 1880년에는 20퍼센트 정도가 도시에 거주했던 것과 대조적으로, 1890년에는 잉글랜드(England)과 웨일즈(Wales)의 인구 62퍼센트가 도시에서 살았다. 어떤 유럽강국도 이러한 인구 이동을 경험하지 못했었다. 독일에서는 도시거주 인구가 28퍼센트, 프랑스에서는 26퍼센트였다(Hobsbawm 1987: 343). 하지만 이러한 도시로의 인구 재배치는 특히, 도시를 시의 적당한 주제로 사용하기를 꺼려하는 영시에서 그러한 일반적인 전원생활을 이상화하는 작업과 함께 동시에 생겨났다. 레이먼드 윌리엄스(Raymond Williams)는 약 1880년경부터

---

2 텍스트가 배제시키고 있는 것, 즉 그 침묵과 생략은 텍스트가 포함시킨 것이 1978년 마셔레이(Macherey)의 책에서 공표된 것만큼이나 중요하다.

다음과 같은 일이 있었다고 말한다.

> '집'으로 영국을 생각하는 두드러진 현상이 있었다, 그런 특별한 의미에서의 집이란 추억이고 하나의 이상이다. '집'에 대한 이러한 이미지들의 몇몇은 런던을 중심으로 하는 것들이다. . . 하지만 대다수의 것들은 이상화된 전원의 모습을 한 영국이다: 열대의 또는 현실적인 작업이 이루어지는 메마른 장소들과는 대조되는 푸른 초원의 평화; 식민지의 규율과 소외되고 동떨어진 거주지로 인한 긴장과는 대조를 이루는 이상화된 가족들과 사회구성원들이 모인 모습. 영국의 새, 나무 그리고 강들; 자기가 살고 있는 곳의 말을 사용하는 원어민들: 이런 모든 것들은 마음속에 상상으로 그려진 그리고 실질적으로 존재하는 거류지들을 묘사하는 말들이다. 전원은, 이제, 되돌아가야 할 곳이 되었다.
>
> (Williams 1973: 281-2)

에드워드 시대에 목가적이고, 국내적인, 그리고 가정적인 것들이 계속해서 유행했던 것 같고 더불어 전쟁 전 시기에는 정치적인 생활과 경제적인 생활 그리고 과학에 있어 급진적인 여러 변화들이 많이 일어났다. 노동당(Labour Party)과 신페인당(Sinn Fein)의 창당이 있었고, 보아전쟁이 끝났으며, 그리고 1903년 에멀린 팽커스트(Emmeline Pankhurst)에 의해 여성 사회 정치연합(Women's Social and Political Union)이 만들어지고 난 후에는 여성 참정권주의자들의 조직적 운동들이 시작되었다. 미국이 포드 모델 티(Model T Ford)의 판매 개시로 일관 작업생산라인 시대를 열고 있었을 때, 영국에서는 엄청난 노동계의 불안이 있었다. 1903년 라이트(Wright) 형제들이 비행기를 처음으로 만들었고, 1909년에는 블레리오(Blériot)가 처음으로 영국 해협을 횡단하는 비행이 있었다. 과학기술은 더 이상 산업, 분배, 그리고 농업에만 영향을 미치는 것이 아니라, 가정, 개인 여행, 그리고 오락거리에도 영향력을 행사하게 되었다. 그리고 예술도 특히 카메라에 의해 제공되는 원근법과 자동차에 적응해야만 했다. 19세기 마지막 십여 년을 거치는 동안, 이미 20세기를 혁명적으로 바꾸어 놓을 기계들이 이미 발명되어 있었다. 코닥(Kodak) 사진기(1888), 전기 모터(1888), 디젤 엔진(1892), 포드 자동차(1893), 축음기(1894), 마르코니(Marconi)의 라디오(1895), 뤼미에르(Lumières)의 영사기(1895), 그리고 X-선 기기(1895)들이다. 동력장치가 달린 비행기, 녹음, 그리고 라듐(radium)의 발견이 곧 그 뒤를 이었다. 전기 주전자, 전화, 전기다리미, 그리고 냉장고와 같은 가정용품들은, 비록 그 가격이 엄청나서 잘 사는 사람들만 사용할 수 있었지만, 그래도 구할 수는 있었다. 1900년 플랭크(Planck)의 양자론 소개와 1916년 아인슈타인(Einstein)의 상대성이론의 발견으로 인해 더욱 구체화된 이론과학 역시 이 시기에 혁신적으로 대변혁을 겪었다. 문화적인 의미에서, 이 시기는 무역시장의 확대를 위한 강한 움직임에 뒤이어 전 세계적인 지식의 시대가 도래 했던 시기라고 말할 수 있다. 피어리(Peary)가 1909년 북극에 도착했고, 1911년에는 아문센(Amundsen)이 남극을 탐험했다. 전보의 발명은 전 세계로의 통신이 몇 시간 안에 이루어 질 수 있음을 의미했다. 1870년과 1914년 사이 전 세계의 철도가 5배나 증가하였고, 해상무역이 2배로 늘어나서 보다 많은 무역이 일어났고, 보다 많은 여행객들이 세계 주요도시 곳곳으로 여행하게 되었다.

그러한 변화들은 또한 경제활동과 성역할 둘 다에게 영향을 끼쳤다. 영국의 1880년대와 1890년대 사이에 여성의 34퍼센트가 노동에 종사한 것에 반해, 10살 이상의 남성들 중 83퍼센트가 임금을 받는 노동자라는 것이 알려졌다. 생활과 고용 패턴의 변화는 분명히 장소와 시간이라는 점에서 보면 가정의 밖과 안, 두 곳에 다 존재했다. 가정 내의 수입은 이제 대체로 나가서 일하는 특정 사람들에 의해 벌어들이는 것이었다. 여러 가지 점에서, 이것이 전통적인 급료 차이를 더욱 크게 만들었는데, 남자가 가족을 위해 돈을 버는 반면에 여자는 오로지 자기 자신만을 위해 돈을 번다고 생각했기 때문이었다. 여성들은 단지 몇 가지 직종에만 종사할 수 있었는데,

대체로 식품이나 직조 공장에서 일을 했다. 반면에, 만약, '고용'이라는 단어가 좀 더 폭 넓은 의미로 사용된다면, 일하는 여성의 수가 지금보다 더 늘어났을 것이다. 그들은 가정부(1900년에는 전 인구의 10퍼센트)로, 하숙집 주인, 또는 세탁부로 일했다. 이 결과는, 에릭 홉스봄(Eric Hobsbawm)의 말에 의하자면, 직업의 남성화 그리고 경제학이 '일'이라고 생각하는 것의 남성화였다(Hobsbawm 1987: 198-9). 사회경제학적인 위치에 의해 투표권이 확대되는 것과 같은 정치학에서 얻어낼 수 있는 이와 유사한 경우는 이제 여성들이 일반적으로 제외되는 것이 아니라 특별하게 제외된다는 것을 의미했다. 그러한 남성화는 문학에서도 발견할 수 있는데, 문학이 점차적으로 하나의 직업으로 인식되게 되고 그럼으로 인해 그것이 가정이라는 여성들의 영역밖에 놓이게 되었다. 이것은 다음에서 논의하게 될 것이다.

시에 관해서 말하자면, 1902년에 발표된 교육법(Education Act)에 뒤이어 정부 차원의 교육이 증가되었다는 점과 국가문화의 중요성에 대한 많은 강조들이 있었다는 이 두 가지 사항의 결합은 결국 문학을 하나의 진지한 학술적 훈련, 즉 평가받고 조직적으로 이루어져야 하는 것으로 보기 시작했다는 것을 의미했다. 이러한 현상이 만연하기 그 이전에, 문학이 제대로 평가받지 못한 이유들 중의 하나가 바로 문학연구를 남성이 아닌 여성들에게 딱 알맞은 것으로 생각했었기 때문이다. 하지만, 한 세기가 전환하는 이 시점에서 문학은 점차적으로 현실도피자의 여흥거리가 되는 대신에 행동양식들을 일러두는 규율을 가르칠 수 있는 그리고 국가 정체성을 정의할 수 있는 것으로 생각되었다. 결과적으로, '문학계'는 상업적이면서 교훈적인 다양한 관심거리들이 자리를 차지하게 되었다. 예를 들어, 1900년 『옥스퍼드 영시집』의 출현과 더불어, 20세기 초반 십여 년은 『타임스 판 문학부록』(*Times Literary Supplement*)과 옥스퍼드 대학의 세계 고전 시리즈(World Classics)물의 출간을 그리고 에브리맨(Everyman)의 간행도 보게 되었는데, 이러한 것들은 대중들에게 문학의 걸작들을 접할 수 있는 기회를 제공해 주었다. 노벨 문학상(Nobel Prize for

Literature)이 1907년에 제정되었고, 바로 그 해에 키플링이 그 상을 수상하였다. 1907년 "국가문화에 있어 영어연구가 차지하는 중요한 역할을 설명하고, 이러한 역할을 더 강화시키기 위한 목적"으로 영문학회(English Association)가 생기게 되었다(Trodd 1991: 2). 그리고 조금 있다가 살펴보게 될 영국의 에드워드 시대의 시인이었던 헨리 뉴볼트(Henry Newbolt)가 학회를 이끌어 갔다.

남성 주도적인 국가문화에 대한 계속된 강조가 1910년 학술위원회가 결성되었을 바로 그 시기에 절정에 이르게 되었다고 말할 수 있다. 남성작가들을 중심으로 만들어진 한 모임이 영국 문단에서 가장 훌륭하고 가장 중요한 것을 이루자는 목적으로 함께 자리를 가졌다. 거기에는 하디, 예이츠, 그리고 조셉 콘래드(Joseph Conrad)가 들어있었고, 그들은 남성적인 그리고 남자다운 영국 문학의 확립을 어느 정도로는 부추겼던, 저녁식사와 함께 토론을 하는 그런 클럽을 만들었다. 그들이 내린 결론들 중의 하나는 빅토리아조의 문학이 너무나 여성적이었고 도덕적이었음을 그리고 명성이 그전보다 실추된 적이 없는, 조지 엘리엇(George Eliot)과 같은 작가들이 유럽의 작가들과 비교해 볼 때, 영국소설의 발전을 방해했다는 것이었다. 이러한 것의 상당수를 여성참정권주의자 운동의 봉기와 거기에 필적할 만한 글, 그리고 신여성(New Woman)에 대한 반작용으로, 또한 키플링이 1911년 「여성이라는 종족들」("The Female of the Species")을 통해 여성들은 (세상을) "지배할 수 없다"고 주장하면서 쓴 "그녀는 자신을 위대하게 만들어줄 권력자들보다 더 많은 것을 가져다 줄 수 없다/ 어린아이의 엄마와 남자의 여자로서"(She can bring no more to living than the powers that make her great/ As the Mother of the Infant and the Mistress of the Mate)에 반대하여 쉽게 읽혀질 수 있겠다. 하지만, 바로 그해에 불평등에 대한 여성들의 항의가 절정에 달했고 여성들은 정부를 상대로 공격할 수 있었다. 1914년, 매리 리처드슨(Mary Richardson)이라는 과격 여성참정론자가 런던의 국립 미술관에 소장되어 있던 벨라스케스(Velasques)의 「거울에 비친 비너스」

("Venus at Her Mirror")라는 그림을 난도질한 일로 인해 전국각지의 박물관들은 일시적으로 문을 닫는 일이 생겼다. 그것이 분명 여성들에 대해 어떤 한 남성이 쓴 글들에 대한 공격이었기는 하지만, 정부가 에멀린 팽커스트를 처리한 태도에 대한 공격이기도 하였다.

1918년까지 계속된 여성들의 선거권 싸움은 비록 그것이 당시의 시에서 제외된 일종의 정치적 이견이기는 하지만, 그 시대에 있어 아주 중요한 사회적·문화적 측면을 보여 주는 것이기도 하다. 또 하나는 노동과 자본사이에 점차 가중되는 대립이다(1913년에는 전체 인구의 1퍼센트에 해당하는 사람들이 전체 3분의 2에 해당하는 재산을 차지하였다). 막강한 노동조합들이 광부들과 항만 노동자들이 일으킨 파업 뒤에 버티고 있었고, 그 십 여 년간에 걸쳐 1913년에는 2억 2천만 그리고 1920년에는 6억 5천만의 조합원이 가입한 영국 노동조합회의(TUC: Trades Union Congress)와 함께 노동조합원의 수가 2배로 증가하였다, 아일랜드(Ireland)에서는 독립을 위한 국수주의자들의 움직임이, 그리고 얼스터(Ulster)에서는 아일랜드 자치문제(Home Rule)에 반대하는 캠페인(campaign)이 있었는데, 몇몇 비평가들은 전쟁 전 시기를, 만약 전쟁이 일어나지 않았다면 혁명으로 치달을 뻔했던 사회적 불안과 정치적 대립이 증가했던 시기라고 보았다. 그리고 총파업은 전쟁이 선포되는 바로 그 달에 계획되어 있었다고 말했다[3].

이러한 내부적인 분열을 즉, 영국의 제국주의와 국가 정체성을 감추기 위해 사용된 주된 정치적 관심사들 역시 여성들을 제외시켰다. 1938년 후반부에 버지니아 울프(Virginia Woolf)가 『3기니』(*Three Guineas*)에서 주장하기를 여성들은 여전히 영국의 정체성을 전유하고 있는 남성적인 애국주의 바깥에 자리를 배정 받고 있다는 것이다. 1890년대 이후로 지배적인 정치적 신조인 대영제국주의는 남성(다움)이

---

3 이에 대해 가장 잘 알려진 예는 조지 데인저필드(George Dangerfield)의 『자유로운 영국의 이상한 죽음』(*The Strange Death of Liberal England*)이다.

라는 말의 동의어로 사용되는 반면, 영국 여성들은 '국외자의 사회'(Outsiders'
Society), 사실 외국인은 없지만 어떤 여자라도 결혼을 하면 '이방인'이 되기 때문에,
이 이방인의 사회라는 부분에서 그녀의 편을 들었다(Woolf 1952: 193-7). 반대로
유럽강국들의 뛰어난 엘리트에게 있어, 이 세상이란 국가, 제국, 그리고 외적인 경쟁
자들로 나뉘어져 있는 것이었다. 에릭 홉스봄은 1875-1914까지의 이 시기를 '제국
의 시대'(Age of Empire)라고 칭하였고, 이것은 부분적으로 한 세기만 지나면 거의
잊혀지고 말 칭호를 사용하여 자칭 '황제'라고 이름 붙였던 독일, 오스트리아, 러시
아, 터키 그리고 영국의 통치자들의 수가 엄청났기 때문이기도 하다. 1차 대전까지
유럽은 다음과 같았다.

> 유럽은 전 세계의 거의 85퍼센트나 되는 땅을 식민지, 보호령, 속국, 자치령,
> 그리고 영연방으로 차지하였다… 그리고 유럽에서는 19세기가 끝날 즈음 생
> 활의 구석구석 제국 적인 것이 닿지 않은 곳이 거의 없었다. 경제조직들은
> 해외시장, 원료, 값싼 노동력, 그리고 아주 많은 이익을 거둬들일 수 있는 땅
> 을 얻어내기 위해 혈안이 되어 있었고, 국가 방어와 외교정책 수립들은 (영국
> 에서) 먼 곳에 위치한 엄청난 지역들과 아주 많은 수의 속국 민들을 관리 유
> 지하는데 다 맞춰지게 되었다.
>
> (Said 1993: 6-7)

세계에서 차지하는 이러한 위치를 기념하고 축하하기 위해, 영국은 1902년 연례
행사로서 '제국의 날'(Empire Day)을 제정하였다. 이것은 아마 레이먼드 윌리엄스가
적고 있듯이 한 세기가 바뀌는 시점에서 "영국다움을 바라보는 시각이 어떻게 변하
는지"를 보여주는 가장 좋은 예가 된다. 그것은 남성화된, 규범화된 그리고 제도화
된 것 일뿐만 아니라, "그것은 외적인 대영제국의 역할로 더 많이 정의되던 1880년
에서 1920년 사이의 영국에 사실은 그 이전부터 내재되어 있던 것이다"(Williams

1979: 263). 특히, 에드워드 시대의 시 역시, 전원적인 과거의 모습으로 눈을 돌림으로서 영국다움을 정의하려는 그리고 그것의 핵심을 제국주의적 신화의 중심에 가져다 놓으려는 강한 열망에 사로 잡혀 있었다. 학술위원회(Academic Committee)와 같은 조직들이 문학의 최전선에서 여성들을 제외시킴으로서 여성참정권주의자의 운동에 반대하고 있는 것처럼 보이듯이, 이러한 전원적이고 국수주의자적인 시각은 당시의 사회적 대변동을 막아보고자 하는 노력의 일부로 볼 수 있다. 그와 같은 것들은 시에서 과거(산업노동자의 갈등이 있기 이전)의 가치관을 더 좋게 부각시킴으로써 정치적인 것을 초월하고자 하는 시도나, 시골풍경(도시에서 일어나는 싸움에 반대되는), 그리고 먼 옛날의 (대영)제국 등이다.

에드워드 시대의 영국, 에드워드 시대의 시

영국을 농업국이라고 여기는 지배적인 생각은, 대도시로의 많은 인구이동이 있음에도 불구하고, 혹은 그 때문일지도 모르지만, 새로운 세기가 되어서도 계속되었다. 전원은 1895년에 창설된 자연보호조직인 내셔널 트러스트(National Trust)에 의해 보존되어졌는데, 1897년에 창간된『전원생활』(*Country Life*)이라는 잡지에서 높이 칭송을 받았다. 이는 본(Vaughan)이 엘리자베스시대 때의 민요와 전통적인 영국민요를 한데 섞어 놓은 것에서부터, 튜더(Tudor)왕조 때의 마을 건축물을 모조품으로 만들어 놓은 것과 낭만주의적인 음악당까지도 계속해서 보존하였다[4]. 이것은 또한 현대적인 국가신화를 만들려는 시적인 시도들에서 발견되어지는 하나의 영국이

---

4 아마도 19세기 영국문화사상에 지대한 영향력을 끼친 토마스 카알라일(Thomas Carlyle)은 『역사상 영웅과 영웅정신 및 영웅적인 것에 관하여』(*On Hero, Hero-Workship and the Heroic in History*)에서 "전 영국의 실존의 시기 중에서 기이할 정도로 탁월하게 발육한 때"로 엘리자베스 시대(Elizabethan era)를 언급했다.

기도 했다. 예를 들어, 헨리의『영국을 위하여: 전쟁이 일어난 때인 1900년의 시와
노래』(*For England's Sake: Verse and songs in time of war*, 1900)에 실린 「낡은
곡조에 부치는 새로운 노래」("A New Song to an Old Tune")에는 이것을 야유하는
소리가 실려 있다.

> 셰넌, 타마, 트렌트의 아들들,
> 로시안시대의 남자들, 켄트,
> 에섹스, 웨섹스, 그리고 여러 지역의 남자들,
> 어부, 광부, 포수의 친구들,
> 책상과 물레와 베틀의 남자들,
> 귀족과 상인, 영주와 신하들이여,
> 영국의 나팔소리가 언덕과 더 먼 곳 너머로
> 울려 퍼지는 곳으로 오라!

> Sons of, Shannon, Tamar, Trent,
> Men of the Lothians, men of Kent,
> Essex, Wessex, shore and shire,
> Mates of the net, the mine, the fire,
> Lads of desk and wheel and loom,
> Noble and trader, squire and groom,
> Come where the bugles of England play,
> *Over the hills and far away!*

포괄적인 것 같지만 남성적인 영국적 특성을 꾀하려는 헨리의 시도가 전통적이
고 호전적이며 영토 확장주의자 다운 면을 지니고 있다는 점에서 당시의 많은 시들
을 전형적으로 대표해 주고 있다. 국가행사에 모든 사람들이 참여토록 호소함으로써

계층 간의 경계를 뛰어넘으려는 시도였다. 비록 그 시가 세련되지는 않았지만 당시의 분위기를 사로잡았고, 20세기가 시작될 무렵 창간된 『데일리 메일』(*Daily Mail*)과 『데일리 익스프레스』(*Daily Express*)와 같은 제국주의를 옹호하는 신문들이 주로 사용하던 것과 유사한 수사법을 사용하고 있다. 에드워드 왕 시대는 일반적으로 아주 훌륭한 소설과 극작품들을 만들어낸 시대라고 생각되는데, 이중 상당수는 변화하는 정치적 모습을 그대로 반영해 주었다5). 하지만 진부하고, 감상적이며 맹목적 애국주의적 성향을 띠는 정치적인 것에는 냉담했던 시들보다도 못한 것들이었다. 로벗 캉퀘스트는 "20세기의 첫 10여 년 동안 지어진 영국시의 개탄스러운 모습"에 대해 혹독하게 말을 한다(Millard 1991: 5). 정치적인 변화들에도 불구하고, 20세기 초반 십여 년은 간혹 위기가 다가오기 이전의 햇빛과 진보의 시대라는 특징을 지닌 시기라고 묘사되며, 특히 시는 자기만족감으로 고전을 면치 못했다. 1911년에 등장하게 될 조지시대의 시인들에 대한 글을 썼던 한 비평가는 주장한다.

> 자전거와 여성용 반바지 속옷(bloomers), 페미니즘, 패비언(Fabian) 사회주의, 그리고 타라라붐데이(ta-ra-ra-boom-de-ay)의 복잡하지 않던 에드워드 조의 시절들을 아무리 향수 어린 시선으로 돌이켜 본다하더라도, 그 시대가 한두 가지의 분명한 예외를 가지고 있기는 하지만 오로지 어떤 평범한 이류 시만을 만들어냈다고는 주장할 수 없다. 영국시의 역사상 에드워드 시대는 하나의 틈이나 중단처럼 보인다.
>
> (Ross 1967: 29–30)

나중에 영국 군대가 거둔 승리에 대한 책을 여러 권 쓰게 될 제국주의 자유당원

---

5 예를 들자면, 런던(London)의 무정부주의자에 관해서는 콘래드의 『비밀 정보원』(*The Secret Agent*)(1907)이 있고, 여성해방주의에 관해서는 웰즈의 소설인 『앤 베로니카』(*Ann Veronica*)(1909)가 있으며, 자본계층과 노동계층의 산업적 갈등에 관해서는 골즈워디(John Galsworthy)의 극 『투쟁』(*Strife*)(1909)이 있다.

인 헨리 뉴볼트 경은 조지안 시대의 시인들과 전쟁 당시 활동하던 시인들이 서로 반목하게 되었음에 대해 많이 말하였다. 뉴볼트는 샌드허스트(Sandhurst)와 울위치(Woolwich)에 있는 아주 많은 학생들을 군사 훈련소에 보냈던 두 학교 중의 하나인 클립튼(Clifton)에서 교육을 받았다. 그는 학교에 관한 시를 많이 썼고, 그 시를 통해 그는 자신이 가진 애국주의적인 이상을 세우려고 했다. 옥스퍼드는 교련규정과 의회에 대한 충성과 충절이 부족했기 때문에 실망스러운 학교였다. 뉴볼트가 20세기가 시작될 무렵이 되어서야 문학적으로 성공을 거두게 된 변호사였다는 사실은 바로 그가 글쓰기에 많은 시간을 투자할 수 있었다는 것을 의미했는데, 1900년에 그는 『월간 리뷰』(*The Monthly Review*)지를 창간하였다. 영향력 있는 인물로서 그는 1907년 영문학회장으로 선출되었고, 1911년에는 영국 학술원의 문학부에서 시를 가르치는 교수로, 그리고 1915년에는 기사작위까지 받게 되었다. 그의 가장 유명한 시들 중의 하나가 「경야」("The Vigil")이다.

> 영국이여! 그곳은 신성한 불꽃이 타오르는 곳
> 　가장 깊숙한 곳에 만들어진 제단 앞에서,
> 그대의 이름을 사랑하는 입들이
> 　그들의 희망과 그대의 희망들을 바치는 곳,
> 움직이지 않는 그대의 깃발들이
> 머리위로 그림자를 만들어내고,
> 오늘 밤 그대 옆에서
> 신이 정의를 지켜주기를 기도하네.

> England! where the sacred flame
> 　Burns before the inmost shrine,
> Where the lips that love thy name
> 　Consecrate their hopes and thine,

Where the banners of thy dead
Weave their shadows overhead,
Watch beside thine arms tonight,
Pray that God defend the Right.

이 시가 비록 1898년에 출판되기는 했지만, 1914년에 전국적으로 알려졌기 때문에 오늘날까지도 아주 잘 알려져 있는데 뉴볼트가 적기를, 사실 그때 "전국적으로 그 시가 노래로 불려지고, 암송되고, 재 인쇄되었다고 한다. 그리고 나는 기둥마다 붙어있는 감사의 글을 지금껏 가지고 있다"(Winterbottom 1986: 66)는 것이다.

'영국'이라는 단어가 나오지 않는 뉴볼트의 시는 거의 없다. 그것은 거의 주문(呪文)이 될 정도였다. "그가 '영국'을 확실하게 믿을 수 있다는 확신은 영허스밴드(Younghusband)와 헤이그(Haig)와 같은 사리사욕을 채우지 않은 병사의 희생만큼이나 절대적인 것이다. '영국'이라는 단어는 영국의 유명 인사들의 이름들이 그런 것처럼 뉴볼트시의 부적이다"(Millard 1991:26). 그러므로 그는 당시의 다른 시인들처럼 영국의 과거에 대한 향수를 가지고 있다. 그의 시는 권위를 추구하고 그것에 복종하고자 하는 강한 욕망을 표현한다. 그의 '영국'은 지명과 영웅들이 번갈아 나오는 것으로, 국가적인 특징과 특색들로 건설된다. 즉 "우수한 민족, 강한 용기를 가진 민족/ 바다를 누비는 사람들, 정복자들, 황무지에서 집을 짓는 사람들"(a race high-handed, strong of heart,/ Sea-rovers, conquerors, builders in the waste)[『섬나라 종족』(*The Island Race*)(Newbolt 1898)에서 「비전투원」("The Non-Combatant")]이 그 영웅들이다.

1862년에 태어난 뉴볼트는 1897년이 되어서야 비로소 시집을 출판하게 되는데, 바로 그해 나온 시집 『모두가 사령관, 및 다른 시』(*Admirals All, and Other Verses*)는 영웅적이고, 역사적인, 그리고 부분적으로는 히스테리 적인 서사시들, 즉 테니슨의 영향을 받은 듯이 보이는 그런 풍의 시들을 소개해 주었다. 그의 최초의 명성은 그가 앞으로 쓰게 될 찬가와 칭송 가의 기준이 되고 그 어조를 잡아준 「드레이크의 드럼」("Drake's Drum")이라고 불리는 키플링풍의 발라드(ballad)로 인한 것이었다. 토마스 하디에게 헌정된 뉴볼트의 『1897-1907 사이의 시모음집』(*Collected Poems 1897-1907*)의 표지그림은 프랜시스 드레이크(Francis Drake)의 초상화인데, 이것은 부분적으로는 뉴볼트가 드레이크를 영국이 위험에 처할 때마다 영국을 구하러 달려오는 정신을 가진 아서(Arthur)왕 때의 영웅과도 같은 인물로 보았기 때문이기도 하다. 「불 켜진 횃불」("Vitaï Lampada")이라는 그의 가장 유명한 시와 「경야」는 1898년 작 『섬나라 종족』에 실려 있다. '생명의 횃불들'이라는 의미를 가진 첫 번째 시의 제목은 불붙여진 횃불을 주자들에게 전달하는 고대 그리스(Greece)의 올림픽 (Olympic Games) 개회 행사장에 횃불을 가지고 들어가는 방법으로 계속 기억되고 있는 이어달리기에 대한 루크레티우스(Lucretius)의 인용문에서 따온 것이다. 그 시는 길이가 짧으며 제국윤리를 남학생에게 전해주는 일을 다루고 있는 일화적 성격을 띤 설화시다. 그리고 그것은 "힘차게! 힘차게! 그리고 정정당당하게 겨뤄라!" (Play up! play up! and play the game!) 라는 어린아이들이 따라 부르는 유명한 후렴구를 가지고 있다. 두 번째 시, 「경야」는 신의 '정의'(Right)와 나라를 위하여 전쟁 중에 의식(儀式)적으로 경계태세를 취해야 한다는 영국의 요구를 담고 있다. 보아전쟁이 끝나기 전 영국이 여전히 막강한 힘으로 확실하게 보장해 주는 지속적인 평화정책인 "팍스 브리태니카"(Pax Britannica)[6]를 옹호하고 있었을 때, 뉴볼트는 전쟁경험이 하나도 없었다. 뉴볼트는 그의 시를 통하여 국가의 비전을 제시하려고 하지만 그것은 특히 이상화된 그리고 향수에 어린 영국성이라는 특색을 지니고 있다. 그러한 것을 주장하고자 싶어 하는 여성들, 노동계층, 그리고 전쟁으로 인한 위협들이 있었음을 말해주는 것이다.

　　뉴볼트에게 있어, 영국민은 제국주의적 민족이며, "불 켜진 횃불처럼 평생 동안"

(「불 켜진 횃불」) 그들의 영국성을 지니고 있는 작은 섬나라에서 온 사절단이나 다를 바가 없었다. 오늘날 우리가 그 작가가 쓴 발라드가 가진 소박함, 명랑함, 그리고 낙관주의가 아닌 그 작가의 열정을 이해하는 것이 중요하기는 하지만, 사실 그것은 어렵다. 얇은 그의 첫 시집은 1897년 한 해에 20번이나 재 인쇄되었는데, 이것은 그 해에 있은 빅토리아 여왕의 제위 60주년 기념행사에 뒤이은 전국적인 분위기를 사로잡았기 때문에 가능했던 일인 것 같다. 그 다음 해『섬나라 종족』이라는 그의 책이 나왔을 때, 뉴볼트는 문화계의 큰 화제 거리가 되었고, 이로 인해 그의 시는 의회에서도 인용되고, 설교문에도 사용되었으며 버지니아 울프의 아버지이자『민족 전기문학 사전』(*Dictionary of National Biography*)의 편집자였던 레슬리 스티븐 (Leslie Stephen)과 같은 사람들에 의해서도 언급이 될 정도가 되었다(Winterbottom 1986: 45). 뉴볼트 자신은「불 켜진 횃불」이면에 깔린 철학에 대한 주석을 달아 놓았다.

> 그것은 로마의 법이었다, 특히 영국의 남학생의 요구에 딱 맞춰진. . . 우리에게 지도자가 갖추어야 할 미덕, 용기, 그리고 독립심을 요구하는; 이기적인 이익을 공동체의 이상과 민족의 미래를 위해 희생하는 것. 이에 우리는 매우 열정적으로 바쳤다. 하지만 우리는 다소 다른 것을 주었다. 우리는 우리만이 가지는 표준을, '좋은 틀'을 다음과 같이 만들어 놓았다. "매사에 품위 있고, 규율이 잘 잡혀 있는 극기적인 모습을 갖기: 절대 굴하지 않는 인내심으로, 가장 멋진 상식을 따르는 행동으로: 공적인 일에 당연한 것으로 헌신하기."
>
> (Newbolt 1932: 65)

여기서 중심이 되는 말은 '민족의 미래'이며, 에드워드 7세를 위한 연설문을 썼던 키플링이 제국시대의 국가적 염원을 겉으로 드러내었던 것처럼, 뉴볼트 역시 에드워드 왕 시대의 사회 공통적인 국가적 염원들을 많이 표현하였다. 이런 종류의 애국적인 열정을 연상하게 하는 대중적인 용어를 사용하고 있는 존 루카스는 뉴볼트가 특별히 아주 고약한, 제국주의이면서도 맹목적인 애국주의와 결혼했다고 노골적으로 말하고 있다(Lucas 1986: 61). 그리고 여러 가지 점에서, 그의 시와 가장 잘 비교될 수 있는 것들은 시집이 아니라 서정적인 편지들인데 그래서 나는 이 부분을 1차 대전 이후에 '버라이어티'(variety) 쇼와 미국적인 음악들에게 자리를 내어준, 아주 값싸면서도 쾌활한 에드워드 시대에 유행했던 오락형태였던 음악당이 가지고 있는 중요성을 말하면서 끝내려 한다(Morton 1993). 시와 비교해 볼 때, 음악당은 쇼가 끝나고 난 후 한동안 여운이 남도록 하는, 즉 휘파람으로 음을 흥얼거리고, 서정시를 노래로 부르며, 또한 철하지 않은 음악악보를 사는 것처럼, 일종의 공동체적이고 참여적인 애국주의를 제공해 주었다. 맹목적 국수주의(jingoism)라는 용어는 헌트(G.W. Hunt)의 「징고에 의해」("By Jingo")라는 노래로 인해 생겨났다. "우리는 싸우길 원치 않지만 맹목적 애국주의로, 만약 우리가 한다면, 남자들을, 배들을, 그리고 많은 돈까지도 얻었다"(We don't want to fight, but, by Jingo, ifwedo, we've got the men, we've got the ships, we've got the money, too). 이것은 '평범한 말'(plain-speaking)이 높이 평가받는, 그리고 딜케의 "더욱 더 위대한 영국"(Greater Britain)과 (1885년에 처음으로 논의되어진) 로즈베리 경(Lord Roseberry)의 "영연방대영제국"(Commonwealth)이 주는 교훈들을 이미 배운 대영제국 민족이 일상적으로 자기네들이 사용하는 말, 즉 「그들은 세상에 맞서 영어를 말하는 민족이다」("It's the English Speaking Race Against the World")와 같은 음악당에서 불려 졌던 노래들에서 흔히 찾아 낼 있는, 그런 말에 의해 정의되는 뉴볼트의 세상과도 같은 곳이다.

우리는 똑같은 혈통을 이어 받은 형제들이다
똑같은 말을 사용하는 사람들
천년동안 싸우면서도

무서움을 모르는 용감한 마음을 꼭 같이 가지고 있는
사람들은 말한다 영국민들이 앞으로 무엇을 할 것인가?
영국이 깃발을 걷어버린 체 쉴 것인가?
안돼 안돼 안돼
우리가 다시 한 번 나서서 적과 맞설 때
그것이 바로 세상과 맞서 싸우는 영어를 사용하는 민족이다.

We've brothers of the self same race
speakers of the self same tongue
With the same brave hearts that feel no fears
from fighting for a thousand years
Folks say what will the British do?
Will she rest with banners furled?
No No No
When we go once again to meet the foe
It's the English speaking race against the world.

　　영국 밖의 사람들을 꼭 같이 다 적으로 생각했던 것은 분명, 전통적인 권력에 맞서고자 했던 수없이 많은 사회적인 위협들로 인해 생긴 국가화합에 있어서의 틈을 메워 주는데 많은 도움이 되었다. 계급과 성에 대한 도전들이 후기 빅토리아 조와 에드워드 시대의 서정시들에 의해 확실히 진정되었지만 교육에 있어서의 진보는, 구질서가 쇠락하고 있음을 보여 줄 제국주의자들의 싸움에 모든 사회단체들이 나가 싸울 것을 요구받게 될 때 정치적이고 문학적인 기성체제들을 공격하는 무기로 곧 조성될 수밖에 없었다.

조지왕 시대의 사람들:
에드워드 왕조 정신과 모더니즘 사이

조지왕조의 시들이 에드워드왕조의 시를 이어받았지만 조금 이상하게도 '조지 왕조의 시'라고 하는 말은 거의 욕에 가까운 표현이 되었다. 조지왕조의 시인이라는 말은 1910년대와 1920년대에 이들이 엄청난 인기를 누렸었고 로렌스(D.H. Lawrence)와 같은 독립적인 정신을 가진 비평가들에게 칭찬을 받기는 했지만, 1930년대 이후로는 거의 모든 논평에서 그다지 훌륭하지 않은 시인이라는 말과 같은 뜻으로 사용되고 있다. 조지왕조의 사람들이 아주 보수적이고 독창성이 없는 사람들처럼 보이도록 만든 것은 바로 모더니즘을 정전으로 인정하는 일(canonization)이었다. 케네스 밀라드(Kenneth Millard)는, "'조지 왕조'라는 말은 일종의 재미없고 촌티 나는 시를 일컫는 자의적인 호칭으로 여전히 사용되고 있다"고 말한다(Millard 1991: 10). 비평가들이 18세기 초반의 시인을 추천하고 싶을 때 그들은 가끔 외양은 그 반대임에도 불구하고, 어쩔 수 없이 그 시인이 조지왕조 인이 아님을 주장함으로써 말을 꺼내야 한다고 생각한다. 조지 왕조 사람들이 꽃과 동물에 그다지 흥미가 없다고, 빅토리아조 시중에서 가장 나쁜 점들만을 그대로 베껴 썼다고, 그리고 실험적인 시는 전혀 없고 전통적인, 가끔은 발라드풍의 단순한 어법, 직설적인 구문, 그리고 틀에 박힌 운율을 가진 형식들을 사용하고 있다고 하는 것이 일반적인 생각이다. 또한 아주 다양한 영국적인 모습으로 주로 남부지역의 시골풍경에 대해 알고 있는 린다 윌리엄스(Linda Williams)는 다음과 같이 적고 있다. "조지왕조풍이라는 말은 아마도 소교구적이고, 구체적이며 빗대어 말하는 법이 없을 뿐만 아니라, 영국적인 전원생활을 높이 칭찬하는 경향을 지닌 영국시에 대한 일반적인 생각을 한 마디로 요약해 주는 것이다"(Williams 1992: 65).

대부분의 문학적인 이름표들처럼, '조지 왕조의 시'라는 말은 그리 정확한 용어는 되질 못한다. 거기에는 월터 델라 매어(Walter de la Mare), 『최고 방랑자의 자서전』(*Autobiography of a Super-Tramp*)의 저자이기도 한 데이비스(W.H. Davis), 그리고 존 메이스필드(John Masefield)와 같은 유명한 시인들이 포함되기도 하지만, 로벗 그레이브즈(Robert Graves), 루펏 브룩(Rupert Brooke), 지그프리드 서슌, 그리고 로렌스처럼 이름이 더 알려진 시인들의 작품들이 포함되기도 한다. 어떤 의미에서는 그 용어가 위에서 언급한 시인과 같은 사람들, 즉 1912년에서 1922년 사이에 만들어진 에드워드 마쉬(Edward Marsh)의 5권의 시선집인 『조지왕조의 시』(*Georgian Poetry*)에 글이 실린 사람들을 지칭하는 것이라고도 말할 수 있다. 비록 마지막에 나온 선집의 판매가 그 이전의 것에 비해 상대적으로 저조하였다. 첫 4권의 선집들이 각각 그전의 것보다 1500권정도 더 팔렸을 뿐이지만 이것은 당시의 시집들로 봐서는 엄청난 성과라고 볼 수 있다. 첫 번째 선집은 출판 7개월 만에 6판이 나갔다. 웨스트민스터(Westminster)와 케임브리지에서 공부를 한 마쉬는 유명한 공무원이었으며, 윈스턴 처칠(Winston Churchill)의 의회 서기관을 거쳐 나중에는 해군장관까지 역임하였다. 엄밀히 말해서 그는 시의 중요 특질이 명료함, 음악적임, 그리고 활기이어야 한다고 생각했던 '아마추어'(amateur)였지만 자신이 생각하기에, 제대로 평가받고 있지 못하는 메이스필드와 브룩과 같은 젊은 신인 시인들이 "머지않아 과거의 몇몇 위대한 시들이 나왔던 시대와 어깨를 나란히 하게 될지도 모르는 제 2의 '조지 시대'(Georgian period)"를 만들었다고 주장하였다. 마쉬의 서문에서는 이러한 시인들 때문에, 영국시는 "다시 한 번 더 새로운 힘과 아름다움을 되찾고"[7] 있다고 말한다. 1913년 2월호 『타임스 판 문학부록』지의 서평가를 포함하여 많은 비평가들은 이 견해에 동의하였다[8]. 반면에 윌프렛 오웬(Wilfred Owen)과 에드워드 토마스(Edward Thomas)는 자기 자신들이 조지 왕조에 더 가까운 사람들이라고

---

7 이 부분은 『조지왕조의 시, 1911-12』의 1권에 있는 마쉬의 서문에서 인용되었으며, 마쉬에 대해서는 1967년판 로스(Ross)의 책에서 마쉬에 관한 장을 참조할 것.

8 5권 모두에 대한 당대의 서평 모음집으로는 1972년 판 로저스(Rogers)의 책을 참조할 것.

생각하였으나, 사실 그 집단이 공통된 협의 사항이나 프로그램을 가지고 있었다고는 말할 수 없다. 그러나 그들이 어떤 하나의 공통된 이데올로기를 공유했다고는 말할 수 있었다. 예를 들어, 버나드 버곤지(Bernard Bergonzi)는 조지 왕조 사람들의 견해가 "더 거대한 영국, 즉 바다너머의 영국에 키플링이 보인 관심에 상반되기 때문에, 분명 그것은 편협한 영국인들의 시각"이었다고 말하고 있다(Bergonzi 1973: 148).

조지 왕조 사람들은 자연과 시골풍경과 관련된 영국에 관심을 보였지만, 뉴볼트와는 달리, 윌리엄 왓슨(William Watson) 혹은 앨프렛 노이즈(Alfred Noyes)는 한 국가로서 또는 한 '민족'으로서의 영국에는 관심을 보이지 않았다. 심지어 루펏 브룩의 전쟁시들은 영국민이 아니라 "영국이 가지고 있는 자욱한 흙먼지," "영국적인 분위기," "기존에 가지고 있던 영국의 사상들," 그리고 "영국적인 천국"을 표현하고 있다[「병사」("The Soldier")에 모두 나오는 표현]. 당시 영향력을 행사했던 시 서점인 포이추리 북샵(Poetry Bookshop)의 주인이면서 『조지왕조의 시』의 발행인이었고 『시 리뷰』(*Poetry Review*)의 창간인이며 편집인인 해롤드 먼로는 다음과 같은 결정을 내렸다.

> 시는 타고난 천재의 생각보다 훨씬 더 타고난 것이다. 우리는 열정을 수용할 수 있는 강한 능력을 가지고 있다; 우리는 침착하고 고집 센 인내심을 가지고 있으며, 결국에는 자연으로 눈을 돌리는 영국인만큼 확고한 마음을 가진 사람은 없다.
>
> (Hynes 1972: 99)

이것은 남부 중상계층의 시각이며 남성적인 시각이기도 하다. 전쟁 전 문학 사업을 하는 다른 회사들처럼 조지왕조의 선집들도 여성들을 제외시켰다. 그것에 포함되는 첫 번째 예가 바로 샬로트 뮤(Charolotte Mew)인데, 그녀는 세 번째 선집에서 먼로의 추천에도 불구하고, 마쉬에 의해 선집명단에서 제외되었다. 돌이켜 생각해보면, 그녀는 '조지왕조'의 시인들 중에서 가장 흥미로운 시인중의 한 명인 것 같다. 그리고 그녀는 적어도 하디에게 만큼은 인정을 받았는데, 하디는 "그녀가 최근에 만난 여성시인들 중에서 최고로 훌륭한 시인"이라고 표현하였다(Trodd 1991: 95).

17편의 시가 실려 있는 뮤의 시집인, 『농부의 신부』(*The Farmer's Bride*)는 1916년 먼로의 포이추리 북샵에서 출판되었다. 그 시들은 사랑의 상실과 감정의 거부에 초점을 맞추고 있는데, 이것은 뮤가 가계 대대로 유전되어 온 정신불안증을 자신도 가지게 될까봐 몹시도 두려워했기 때문이었을 수도 있고, 아니면 그녀의 온전한 정신과 레즈비언 성향(lesbianism) 사이에 갇혀 꼼짝할 수 없었던 처지 때문이었을 수도 있다. 이 레즈비언 성향의 시로 가장 잘 알려진 그녀의 「농부의 신부」("The Farmer's Bride")는 도망쳤다가 이제 다시 돌아온 아내가 자기와 함께 잠자리를 하지 않고 다락방에서 잠을 자는데, 이런 그녀에 대한 남편의 제압적 욕구의 표현인 "부드러운 그녀의 어린 솜털, 갈색,/ 그녀의 갈색 — 그녀의 눈과, 그녀의 머리, 그녀의 머리!"(The Soft young down of her, the brown,/ The brown of her — her eyes, her hair, her hair!)로 끝을 맺는다. 뮤는 결혼과 아이들에 대한 생각을 하지 않았고, 그래서 그녀의 시들은 가족생활이나 전통적인 조지왕조의 주제를 다루지 않았다. 대신에 그녀는 행상인, 저능아들, 그리고 요양시설들에 관한 것을 다루고 있다9). 그녀의 가장 긴 그리고 가장 잘된 초기 시는 「교회에 있는 매들레인」("Madeleine in Church")이라는 사색적인 명상시로서, 그 시에서 그녀는 행의 길이와 배열에 대한 실험을 하였는데, 이것은 당시 조지왕조 풍의 것이라기보다는 모더니즘에 더 가까운 방법을 통한 것이었다. 상실에 대한 일반적인 생각을 반영하는 이 시행들은 예수 (Jesus)에 대한 마리아(Mary)의 사랑을 보여주고 있다.

그리고 끝까지, 그녀에게서, 아무 말도 나오지 않는다,

---

9 핏제럴드(Fitzgerald)(1984)를 참조할 것.

그녀는 그대를 거의 못보고, 거의 듣지도 못했다:
분명 그대는 그녀가 자기 머리로 혹은 젖은 뺨에 늘어져서
그대를 쓰다듬었던 때를 알고 있다,
그리고 우리들이 좋아하는 것들을 바꿀 수 있는 그녀의 향이
머리에서 발끝까지 그대가
하루 종일 그대에게 계속해서 남아 있었지만,
심지어 그대, 그대가 우리를 죽이지 않으면, 그건 아니지.

And through it all, from her, no word,
    She scarcely saw You, scarcely heard:
Surely You knew when she so touched You with her hair,
    Or by the wet cheek lying there,
And while her perfume clung to You from head to feet all
    through the day
That You can change the things for which we care,
But even You, unless You kill us, not the way.

이 시는 육신의 세계와 정신세계의 분리 그리고 계시 없는 신앙의 어려움에 대한 것들을 생각하고 있는 시다. 뮤의 모든 시들은 그녀가 조지왕조의 사조에서 찾아낸 그리고 강력하고, 슬픈, 나아가 1927년 그녀가 자살할 당시는 더욱 더 압도적이었던 남성적 문학의 배경에서 발견한 일반적인 느낌들을 강하게 부각시켜 주는 고통, 벌, 그리고 거부의 이미지들로 가득하다. 그리고 포이추리 북삽과 그녀의 관계에도 불구하고, 뮤의 시들은 그녀의 시가 조지왕조풍의 것들과 전혀 공통점을 가지고 있지 않음을 보여주고 있다.

두 번째 조지안 선집에 들어가는 로벗 그레이브즈는 빅토리아조, 에드워드조, 그리고 데카당파들을 구분 짓는 차이점들을 통해 시인들을 요약 정리해 놓았다.

조지왕조시대가 일반적으로 추천하는 것들은 'thee'와 'thou' 그리고 'flowerer' 그리고 'whene'er'와 같은 옛날에 사용하는 어법을, 그리고 'winter drear'와 'host on armed host'와 같은 정치색을 띄는 말, 또 아주 화려한 미사여구를 버리라고 하는 식이었다. 그것은 또한 빅토리아정신에 대한 반동으로 그들의 시가 형식적으로 종교적인, 철학적인, 혹은 진보적 주제들을 피해야 했다고도 볼 수 있다. 그리고 '1890년대'에 대한 반동으로 아주 슬프고, 사악하고, 그리고 평범한 주제들까지도 피해야 했다. 조지왕조의 시들은 영국적이기는 하지만 도전적일 정도로 제국주의적이지는 않았다. 무신론이기보다는 범신론적이며, 그리고 아이들이 읽는 책만큼이나 단순한 것이다.

(Walter 1995: 19)

조지왕조의 움직임은 3가지 양상을 띤다고들 주장한다(Ross 1967). 마쉬의 첫 선집에 들어있는 시인들인 에이버크롬비(Lascelles Abercrombie)와 고든 바텀리(Gordon Bottomley) 그리고 윌프렛 깁슨(Wilfred Gibson)을 포함한 이들은 적당하게 급진적이었는데, 특히, 브룩이 (그가 사용하는 언어와 이미지 면에서) 그러하였다. 두 번째 양상은 일부 전쟁 시인들, 즉 그레이브즈와 서순과 같은 사람들을 수용하고 있다는 점이다. 하지만 세 번째 양상은 스콰이어(J.C. Squire), 에드워드 섕크(Edward Shanks), 그리고 존 프리먼(John Freeman)과 같은 '신-조지왕조 사람들'(Neo-Georgians)을 포함시켰다. 이러한 시기를 10여년 거치는 동안 조지왕조 사람들은 혁신적이며 긍정적인 소수반역자들에서 반발적이며 감상주의적인 도피자들로 바뀌었다.

후기 조지왕조 사람인들 보다 그 이전의 것을 생각하면서 그리고 훨씬 더 유명한 시들에게서 눈을 돌려서, 조지 월터(George Walter)는 조지시대 사람들로 하여금 당시의 역사와 현실을 간과하게 만들었던 그 책임에 대한 해답을 말해주고 있다. 그는 데이비스가 조지왕조 시 선집에 실린, 테임즈(Thames)강 주위를 여행한 것에 관한 「누더기옷의 윗부분」("The Head of Rags")이라는 시 한편과 두 번째 시 선집에 실린 매춘부의 죽음에 관한 시, 「낙원의 새」("The Bird of Paradise")를 썼다는 사실에 주목하였다(Walter 1995). 윌프레드 깁슨(Wilfred Gibson)도 「제라늄」("Geraniums")이라는 꽃 장사에 관한 감상적이지 않는 시를 마찬가지로 한편 가지고 있다. 그러한 예들은 '조지 풍의 사실주의'(Georgian realism)라는 이름으로 불리며 당시의 서평가들에게 인정을 받은 것들이다. 하지만 그 이후로는 거의 그렇지 못하게 되었는데, 이는 데이비스와 같은 시인조차 조지안 적인 상투적 문구들을 (clichés) 만들어 냈기 때문이다[「양」("Sheep")이라는 시를 보라]. 도입단계의 글에서 말했던 부분으로 다시 돌아가서, 개리 데이(Gary Day)가 볼 때, 개인주의자에서 전체주의적 성향자로 전환했기 때문에, 조지왕조 사람들이 주체성의 위기를 보여주었다고 생각하였다. 이 말은 그들이 인간간의 관계를 주제로 거의 사용하고 있지 않았으며 자연에 관하여, 그것도 자연을 이국적이고 신비적인 양상을 띠는 것으로 혹은 위험한 존재로 만들어 서툴게 글을 썼다는 것을 의미했다. 이와 유사하게, 자기만의 것으로 만들고 어떤 특징을 부여하고 싶은 욕구를 표현해 주는 다양한 형용사 사용을 그들이 좋아한다는 것은 자기표현에 대한 그리고 개인주의적 성향에 대한 그들의 관심을 보여주는 징후라고도 볼 수 있다(Day 1993). 이러한 것들은 루펏 브룩의 인생과 작품으로 요약될 수 있는 특징들로서, 조지시대 사람들이 그들의 첫 시 선집을 출판했을 당시, 야만성과 조잡함에 대한 비난이 그에게 꽂혔지만, 아이러니하게도 그는 나중에는 인정을 받게 되며, 대중적인 인기도 얻게 되었다.

루펏 브룩

훈련을 받지 못한 해군 중위 한 사람이 갈리폴리(Gallipoli)로 귀환하던 중에 패혈증으로 죽은 지 3일째 되던 1915년 4월 26일, 윈스턴 처칠은 『더 타임스』(*The*

Times)지에 그의 죽음을 알리는 글을 올렸다.

> [루펏 브룩]은 자신이 죽을 거라고 생각했었다. 그는 아름답고 당당하며 오랜
> 역사를 가진 소중한 영국을 위해 기꺼이 죽을 준비가 되어 있었다. 그리고
> 그는 아주 침착하게, 조국의 대의명분이 옳다는 확신으로 그리고 동포들을
> 미워하는 마음 없이 낭떠러지를 향해 전진했다.
>
> (Hibbered 1981: 38)

브룩을 전형적으로 고귀하고, 젊음에 넘치는, 그리고 아름다운 시인으로 신화화하는 것이 극에 달했다. 1915년 『시편들』(*Poems*)이라는 그의 시집에 실린, 어깨를 거의 다 드러낸 채 측면으로 서있는 그의 사진에 대해서 그의 전기를 쓴 한 작가는 "위기에 처한 조국의 필요에 딱 부합되는 시각적 이미지였다"고 말하였다(Hassall 1972: 390). 하지만 그러한 브룩신화가 계속해서 유지되고 있었던 반면에, 그의 시에 대한 존중은 전쟁이 끝난 후 얼마 오래 가지 못했다. 그리고 그의 명성도 좌파 시인들의 비평 분위기 하에 있던 1930년대에 무너져 내리고 만다. 그는 조지 시대의 가장 대표적인 시인이며 어떤 점에 있어서는 그 가치가 인정되기도 한 시인이다.

브룩은 그의 아버지가 선생님으로 재직하고 있었던 럭비(Rugby)라는 곳에서 1887년 8월 3일에 출생하였다. 고등학교 시절에는 데카당파였으며 대학시절에는 페이비언으로 활동하였던 그는 케임브리지를 졸업한 이후, 많은 곳을 여행하였다. 그리고 이러한 세계여행이 이루어지고 있는 동안에 상당수의 훌륭한 시들이 많이 나왔다. 훌륭한 젊은이라고 평가를 받던 브룩은 힘과 그가 살고 있는 시대에 대한 희망으로 가득 차 있었다. 크리켓(cricket)과 축구를 즐겨 했고, 영화배우로 그리고 학자로도 활동했던 그는 대학 졸업 후에는 자기 인생을 런던과 케임브리지에서의 문단생활로 분리하였다. 분출되는 열정으로 브룩은 첫 조지 시대 '시 선집'을 거의 혼자서 다 썼다. 『소년의 모험』(*Boy's Own Adventure*)에서 발췌한 것처럼 보이는 일

화로 마쉬는 이 첫 번째 선집의 구성에 관한 이야기를 썼다.

> 젊은 시인들 사이에서는 현대 영국 시들이 아주 훌륭하지만, 슬프게도 독자
> 들에게 무시당하고 있다는 일반적인 생각이 팽배하였다. 루펏은 어느 날 저
> 녁, 옷을 절반쯤 벗은 채 침대 위에 앉아, 자신이 멋진 계획을 생각해 냈다고
> 말하였다. 그는 12명의 시인들, 즉 남자 시인 6명, 여자 시인 6명으로 이들
> 모두 분명한 필명을 가지고 있는, 이들의 시를 골라 한 권의 시집으로 만들어
> 서 그것을 출판하려 했다... 적절하게 대중들의 코앞에 들이 민다면 의도했
> 던 효과를 만들어낼 수 있는, 좋은 기회를 가지게 될 살아있는 시인이 적어도
> 12명이나 있다고 우리 둘 다 믿었기 때문에, 이제야 출판될 목적으로 건네지
> 는 새로운 시를 사용하는 것보다 훨씬 더 간단하다는 생각이 순간 떠올랐다.
> 다음 날 (9월 20일이었다) 우리는 내 방에서 밥을 먹었다... 그리고 『조지시
> 대의 시, 1911-1912』(*Georgian Poetry, 1911-1912*)라는 제목으로 2월에 출
> 판될 그 책에 관한 계획을 세우기 시작했다[10].

이러한 일화는 브룩의 에너지와 그의 자신감을 나타내 준다. 그것은 위기에 처
한 시기에 그리고 의기소침한 시기에 번갈아 가며 나타났다. 그는 열정가이며, 심미
가이고, 그리고 사내다운 이상으로 동기를 부여받은 모험가이기도 했지만, 절망에
빠지기 쉬운 사람이기도 했다. 열정과 도피주의를 적당하게 갖춘 브룩은 1913년 5
월 1년간의 세계여행을 떠나게 되는데, 특히, 뱅쿠버(Vancouver), 피지(Fiji), 사모아
(Samoa), 뉴질랜드(New Zealand), 그리고 호놀루루(Honolulu)를 방문한다. 브룩의
걸작 시들 중의 하나의 주제가 되는 타히티(Tahiti)에서 그는 「티아레 타히티」
("Tiare Tahiti")라는 풍자적 시를 썼다.

---

10 물론 브룩이 '기고가'(contributor) 여성들을 절반으로 하려는 자기 의도에 부합되는 많은 아이
    러니(irony)가 있다. (Marsh 1942: 75)

모든 사람들이 그들의 귀 뒤에 하얀 꽃을 꽂고 있습니다. 매무아(Mamua)가 나에게 한 송이를 주었습니다. 여러분들은 귀에 하얀 꽃을 꽂는 행위의 의미를 알고 있습니까? 오른쪽 귀에 꽂은 하얀 꽃은 "나는 연인을 찾았어요"를 의미합니다. 그리고 양쪽 귀에 하얀 꽃을 꽂고 있는 것은 "나는 연인이 있어요, 그리고 또 다른 연인을 찾고 있어요"라는 뜻을 말해 줍니다. 양쪽 귀에 각각 꽂은 하얀 꽃은 타히티에서 가장 유행하는 몸치장의 한 방법입니다.

Everyone has a white flower behind their ear. Mamua has given me one. Do you know the significance of a white flower worn over the ear? A white flower over the right ear means "I am looking for a sweetheart." And a white flower over the left ear means "I have found a sweetheart, and am looking for another." A white flower over each ear, my dear, is dreadfully the most fashionable way of adorning yourself in Tahiti.

(Marsh 1942: 107)

그 일화와 판에 박힌 멋을 부리는 행동은 브룩이 사용하는 중요 주제들임을 말해주는데, 사랑을 찾는 일과 멋 부리기 및 상실과 배반을 알아내는 것 등이 주제다. 브룩은 비록 그의 시들이 낭만적인 사랑을 거부하는 성향을 가지고 있지는 하지만, 나체, 육체적인 완벽성, 그리고 신체에 그의 온 정신이 쏠려 있었다(Knight 1971). 그는 '아름다움'을 추구하는 유행에 대한 반대로 사실주의를 소개하려 했지만 별다른 말을 하지 못했다. 하인즈는 브룩을 말한다.

젊음, 사랑, 그리고 죽음의 서정 시인이다, 그는 후기 데카당파에서 초기 조지안 시대에 소질을 드러내며 활동한 사람으로 [그의] 시 대부분은 지금 어려움에 직면해 있다. . . 그것들은 하나같이 그리고 관례적인 것으로 지루하기 때문이다. 그것들은 . . . 조지왕조 시대의 위원회가 썼을 법한 시들이다.

(Hynes 1972: 145)

하지만 브룩의 시들 중 어떤 것들은 출판하기에 외설스럽고, 조잡하며, 그리고 부적당한 것들로 생각되었다(Hassall 1972: 366-7). 예를 들자면, 「질투」("Jealousy")라는 신랄한 시가 있다.

인간이 가진 좋은 것들 모두가 끝장 나 버릴 때,
그리고 젊은 시절과 깨끗함을 사랑했던 그대가 돌봐야 할 때
늙고 병들어 추해져서 제대로 가누지 못하는 휘청거리는 몸을,
그의 단단한 입술이 무기력해져 침을 입에 담아둘 수 없을 때
그리고 당신이 최악의 것, 노년의 메스껍고
구역질나는 사랑 만들기를 참아내고,
인정어린 말을 들어 줄 사랑스런 귀를 찾고 있을 때,
머리가 벗겨지고 무력한 머리를 기댄 채, 삶이 휙 지나간
그리고 사랑이, 잊혀 진 자리를 지우면서, ―
그땐 당신은 지치겠지요; 또 열정도 식어서 썩어 버리고;
그리고 그는 먼지, 먼지투성이가 될 겁니다!

When all that's fine in man is at an end,
And you, that loved young life and clean, must tend
Afoul sick fumbling dribbling body and old,
When his rare lips hang flabby and can't hold
Slobber, and you're enduring that worst thing,
Senility's queasy furtive love-making,
And searching those dear eyes for human meaning,
Propping the bald and helpless head, and cleaning
A scrap that life's flung by, and love's forgotten, ―
Then you'll be tired; and passion dead and rotten;
And he'll be dirty, dirty!

케네스 밀라드(Kenneth Millard)는 「질투」가 "한층 고양된 사랑에 대한 개념과 보통 그 사랑을 표현하는 정제된 언어와의 충돌이라는 맥락에서 읽혀져야 한다"고 생각한다. 그것은 또한 「욕정」("Lust")과 「죽은 자들의 사랑」("Dead Men's Love") 과 같은 반-사랑시(anti-love poems)에서 찾아 낼 수 있는 일종의 반응이기도 하다. 나중에 브룩은 서로 서로를 통해 자아-사랑(self-love)을 찾아내고자 하는 부부의 욕 망을 보여주기도 한다. "다른 이의 눈으로, 본다/ 자기 자신의 자그마한 얼굴을"(in the other's eyes, to see/ Each his own tiny face); 이렇게 보면 결과적으로 "눈의 공허"가 생긴다. 브룩의 유머, 가끔은 유희적이고, 또 가끔은 과격하기도 한, 그것이 종종 평가 절하되거나 간과되기도 하는데, 로벗 브라우닝의 「외국에서의 고향생각」 ("Home Thoughts from Abroad")과 같은 시들이 가진 진지함에 대한 풍자로, 그의 가장 유명한 시, 「낡은 목사관, 그랜체스터」("The Old Vicarage, Grantchester")를 살펴보는 것이 가장 좋겠다. 「낡은 목사관, 그랜체스터」는 코믹하고 편협한 세계관 을 제시해주고 있는데, 그 시의 점강법은 다음과 같은 이행연구로 요약된다. "제길! 나는 짐을 꾸릴 거야, 그리고 기차를 탈거야, / 그리고 다시 한 번만 나를 영국으로 보내 줘."(God! I will pack, and take a train,/ Anf get me to England once again.) 브룩은 「낡은 목사관, 그랜체스터」를 「감상적인 유배」("The Sentimental Exile")라 는 제목으로 부르려고 했지만, 에드워드 마쉬가 최종 제목을 골랐고, 그래서 이런 다소 농담조의 패러디가 '꿀과 홍차'(honey and tea)가 계속 공급되는 전원적인 영국 을 점잔하게 환기시키는 작품으로 더 자주 읽히게 된다. 에드워드 시대의 시들이 가 진 그런 모방적 성격이외에, 브룩은 또한 「뒤집어 본 소넷」("Sonnet Reversed")에 서처럼 이상화된 사랑에 대한 시적 이미지와 "인간의 원초적인 동물적 특성에 대한 구역질나는 매력이 고상한 인도주의적 열정들과 직면하게" 되는 방식을 비웃어 주 고 있다(Millard 1991: 165-7).

브룩이 「낡은 목사관, 그랜체스터」를 썼던 시기이지만, 그러나 인간적인 주제들을 구체화하고 해체시키는 더욱 문제시되는 반사랑 시들을 썼던 시기이기도 한 1911년부터 1912년까지 독일에 머물고 있는 동안, 그는 신경쇠약으로 고생하게 된다. 이러한 쇠락은 성과 관련된 다양한 문제들 때문이었다고 할 수 있다. 그리고 「분주한 가슴」("The Busy Heart")과 같은 시들에 나타나는 인간관계들에 대한 신뢰상실은 그가 한때 가담했던 그 유명한 블룸즈베리 학파(Bloomsbury Group)의 난잡한 보헤미안 정신(bohemianism)을 갖게 하는데 공헌한 요소가 된다.

그가 사용하고 있는 풍자와 신랄함을 분석함으로써, 우리는 브룩을 겨냥한 극도의 도락적 예술취미라는 비난들로부터 그들 떼어놓을 수 있지만, 그래도 그는 당시의 사회적 문제들을 무시했다는 점에서 여전히 가장 전형적인 조지안 시대의 작가이다.

> 에드워드 시대의 사회적인 그리고 정치적인 쟁점들(여성들의 참정권, 새로이 등장한 좌파세력, 아일랜드의 자치문제, 그리고 제국의 종식)이 가진 추잡한 현실들과 맞서 싸울 장비도 제대로 갖추지 않은 마음 좋고 낭만적인 젊은 사교계의 명사라는 브룩에 대한 관례적인 이미지를 완전하게 반박할 수 없다.
>
> (Millard 1991: 170)

브룩의 다양한 위치로 볼 때, 그는 늘 젊음을 유지하고 사내다운 자세를 가지고 싶어 하고, 그의 삶이 개인적으로 그리고 성적으로 실망을 주었던 일들로 점철되어 있었기 때문에, 그리고 그것들이 당연히 그의 시들을 부끄럽게 만들었다는 점에서 뉴볼트와 비슷하다고 말한다. 성과 노골적인 성적관심은 결국 그의 어린 시절의 순진무구했던 우정을 불안하게 만드는데 일익을 담당하게 되었다. 하인즈는 브룩을 "성숙되지 못하고(그가 가장 좋아하는 극이 『피터 팬』이었다), 지방색이 있으며, 청교도적인, 그리고 성에 겁을 먹고 '넌 왜 그렇게 불만이 많으냐?'로 항상 말을 끝냈던 폭군과 같은 어머니에게 시달린 사람"이라고 요약해서 말한다(Hynes 1972:

151). 이러한 점에서 브룩은 그의 열정과 패기에 찬 자신감 때문이 아니라 여자, 어린 시절, 그리고 몰락과 변화의 위협에 의해 밝은 미래가 삭감되어 버리는 지경에 이른 일상세계의 현실들을 처리하는 공포와 노이로제를 바탕에 깔고 있는 그의 조숙함 때문에, 여전히 그가 살았던 시대를 대표하는 사람이 되는 것 같다.

에드워드 토마스

그 시기에 아주 판이하게 다른 그리고 계속적으로 마쉬의 시 선집에서 제외되기는 했지만, '조지 시대 사람들' 중에서 아마 가장 뛰어난 업적을 이룩한 사람이 바로 에드워드 토마스(Edward Thomas)였다. 토마스는 가끔 전쟁 시인으로, 또 가끔은 조지안으로, 그리고 또 가끔은 둘 다 아닌 것으로 말해지기도 한다[11]. 여러 가지 이유에서, 그는 하디와 오든의 사이에 자리 잡은, 그리고 파운드와 엘리엇의 *프랑스 미국 적인(Franco-American)* 모더니즘에 의해 생기게 된 영국시에 있어서 벌어진 틈을 이어주는 가교역할을 하고 있는 웨일즈 시인이다. 스탠 스미스(Stan Smith)는 토마스를 영국 남부와 그의 웨일즈 조상에 대한 그의 취향사이에 사로 잡혀 있는 사회주의자적 성향을 띤 시인이라고 설득력 있게 그 특징을 말해 주고 있다(Smith 1986: 13ff.). 토마스는 명시선집에 글이 올라있는 몇 명의 조지안 시인들과 친하게 지냈고 그의 문체는 종종 그들의 것들과 연관성을 가지게 된다. 제임스 리브즈(James Reeves)의 1962년도 판 『조지 시대의 시』(*Georgian Poetry*)에는 토마스의 시들과 마쉬가 포함시키지 않은 다른 시인들과 (글을 실을 것을 거절한) 하우스먼(A.E. Housman)과 찰스 솔리(Charles Sorley)와 같은 시인들의 시들이 몇 편 포함되어 있

---

11 제임스 리브즈의 1962년판 펭귄 시 전집 『조지 시대의 시』는 스타일을 공유했다는 이유로 토마스를 포함시키고 있다. 리브즈는 같은 이유로 마쉬의 시 모음집중 하나를 제외하고 모든 시집에 들어있는 로렌스를 제외시켰다.

다. 토마스는 또한 브룩, 에이버크롬비, 그리고 로벗 프로스트(Robert Frost)와 같은 작가들과 함께 1914년에 글로스터셔(Gloucestershire)에서 모임을 가진 다이먹(Dymock) 시인[12])으로 분류되고 있다. 이들 중에는 당시 거의 인정을 제대로 받지 못했던 여성시인들 중의 한 사람인, 엘리노 파전(Eleanor Farjeon)도 포함되었다. 『내 가슴의 상처』(*Scars Upon My Heart*)에 수록되어 있는 그녀의 훌륭한 시 「부활절 월요일」("Easter Monday")(다음 장에서 이야기 할 여성들의 제1차 세계대전시라는 부분에도 포함되어 있음)은 그녀의 연인이었던, 근자에 사망한 토마스를 기리는 송덕문이다.

1878년 런던에서 태어난 토마스는 옥스퍼드에서 역사를 공부하였고, 또 그곳에서 결혼을 했다. 일생의 대부분을 영국의 남부 지역에서 보냈고 1906년부터는 햄프셔(Hampshire)에서 살았다. 그는 비록 글을 쓰는 직업이 돈을 많이 벌지 못하고, 또 그에게 고달픈 인생을 안겨 준다는 것을 잘 알고 있었음에도 불구하고, 글을 써서 생계를 유지해 나갈 결심을 하게 된다. 1897년에서 1915년까지 즉, 18년 만에 30권의 책을 썼지만, 그 중의 어떤 것도 시집은 아니었다. 토마스는 로벗 프로스트의 권유 하에 30대 중반에 이르러서야 비로소 시를 쓰기 시작하였고, 1917년 그는 그 자신의 이름을 걸고 출판한 시집하나 없이 세상을 떠났다. 프랑스로 떠나기 전 그는 그의 마지막 시를 쓰게 되는데, 그는 이미 18개월 이전에 지원부대(Artists' Rifles)[13]) 에 입대등록을 해 놓은 상태였다. 그의 모든 시는 1914년 11월에서부터 1917년 1월에 이르는 기간에 쓰여진 것들이고, 11월은 그가 최전방을 향해 떠나기 전(前)달이다.

---

12 20세기 초 글로스터셔 다이먹 빌리지에 부근에서 생활했던 시인들인 로벗 프로스트, 에이버 크롬비, 루펏 브룩, 에드워드 토마스, 윌프릿 깁슨(Wilfrid Wilson Gibson), 존 드링크워터 (John Drinkwater) 등을 말하는데, 『새로운 노래』(*New Numbers*)라는 제목의 계간지를 발간 하기도 했다.

13 영국군의 지원군 연대로서 주로 문인이나 예술가들이 지원했다.

토마스는 말했다.

> 오늘날 쓰여진 시들 중에서 최악의 시는 너무나 의도적인 것이다. 그리고 그
> 것은 또 영국적인 것도 아니다. 그것은 청중을 위한 것이다: 거기에는 친구들
> 과 연인들이 주고받는 말보다 수사학자, 낭송가 혹은 정치가의 외침이 더 많
> 이 들어 있다.
>
> (Silkin 1987: 87)

이 장(章)에서 살펴본 여러 시인들에 비해서, 토마스는 그리 인상적인 작가는
아니다. 그는 뉴볼트에 대해서 이렇게 말했다: '그의 모든 시들은 「지배하라 영국이
여」("Rule Britannia")[14]의 정교하고 필연적인 결과라고 표현할 수 있다. 그리고 그
도 「나만큼 관심 없는 이는 없어」("No One Cares Less than I")라는 시에서 브룩을
비웃고 있다. "나만큼 관심 없는 이는 없어,/ 신만이 알고 있지,/ 내가 죽을 운명인지
아닌지를/ 낯선 이국땅에서."(No one cares less than I,/Nobody knows but God,/
Whether I am destined to lie/ Under a foreign clod) 그러나 그는 그보다 더 젊은

---

14 롱리의 책(Longley 1986: 118)에서 인용된 서평으로 1902년 11월 19일자 『데일리 크로니클』
(*Daily Chronicle*)지에 게재되었음. 18세기 중엽에 영국의 해양제국을 찬양하는 작품들이 발
표되기 시작했는데, 그 중 하나가 시인 제임스 톰슨(James Thompson)이 쓴 이 노래이며, 이
가사에 토마스 아니(Thomas Arne)가 쓴 가극 오페라 「앨프렛 대왕」(*King Alfred*)에 나오는
피날레 합창의 음을 적용시켜 오늘날의 이 노래가 되었다. 이 음악은 영국의 중요한 국가행사
때마다 울려 퍼졌고 곧 영국을 상징하는 비공식 국가로 자리 잡았다. 특히 후렴구인 "지배하
라, 영국이여! 지배하라 파도를"(Rule, Britannia! rule the waves:)은 영국해군의 상징적인 문
구가 되었다. 그러나 오늘날 이 노래는 공적인 장소에서 피해지고 있는데, 그 이유는 이 노래
의 가사가 제국주의적 가사로 여겨지기 때문이다. 특히 "그대만큼 축복받지 못한 나라들은,/
반드시 차례로 그들의 폭군의 몰락에 이르니"(The nations, not so blest as thee,/ Must, in
their turns, to tyrants fall;)라고 부르는 2절은 많은 논란을 불러일으켰고, 오늘날 2절은 생략
되어 불린다.

신예 조지안 시인들이 어린아이들, 농부들, 야만인들, 옛날 사람들, 동물들, 그리고 자연에서 대체로 볼 수 있는, 그런 소박하고 원시적인 것에 대한 현대적인 사랑을 만들어낸 이들의 방법을 높이 칭송했다[15].

토마스는 시골풍경에 온 정신을 다 쏟고 있는 또 한 명의 작가이다. 하지만 그는 전 원시인은 아니다. 그의 초기 산문작품들은 우리가 앞서 이미 확인한 일종의 유산시장에 딱 맞는 것들이었다. 하지만 영국에 대한 그의 시각이 간혹 낭만적인 것이라면, 그것은 그 시대의 다른 작가들의 신화를 이야기하는 몸짓들과 거의 공통점이 없는 것이라고 볼 수 있다. 그이 시들은 우선 경험에서 나온 것들이고, 그것의 상당수는 평화로이 시골길을 산책하며 보는 지나가는 풍경들을 간결하게 기술하고 있는 연재물인 『잉글랜드의 심장』(*The Heart of England*)(1906)에 수록된 수필들과 같은 그의 다른 많은 작품들이 그러하듯이 그가 아주 좋아했던 길, 숲, 그리고 울타리를 만드는 관목들을 주로 다루고 있다. 그의 시는 별다른 수식이 많이 붙지 않는 간결한 시들이지만 그렇다고 해서 단순하다는 것은 아니다. 그것은 말이 많이 절제되고, 명상적이며, 그리고 경건한 성격을 띠고 있다. 가장 유명한 그의 시, 「팀의 황동 머리」("As the Team's Head-Brass")는 토마스의 일반적인 주제들인 자연, 사랑, 전원적인 전통, 그리고 전쟁과 같은 변화들이 만들어내는 위협을 담고 있다. (부분적으로는 미국에서 건너온 밀과 냉동육 때문에) 영국의 농촌의 생활이 쇠퇴하는 시대적 분위기가 그의 시들 중 몇 편에서 아주 뚜렷하게 드러나고 있는데, 그것의 상당수는 전원적 생활방식을 계속해서 이어가자는 것이지만, 강한 우울과 소외를 넌지시 암시하는 것들도 있다. 이 시기는 1890년 때와 같은 62퍼센트가 아니라 잉글랜드와 웨일즈의 전체 인구의 80퍼센트가 도심지에 살고 있던 때이다.

에드나 롱리(Edna Longley)는 「롭」("Lob")이라는 장시가 낭만주의와 모더니즘

---

15 스미스의 책(Smith 1983: 2)에서 인용된 서평으로 1913년 1월 『데일리 크로니클』(*Daily Chronicle*)지에 게재되었음.

을 이어주는 가교역할을 하고 있는 토마스의 중요성을 보여주고 있다고 주장한다. "그것은 영국의 전원풍경, 인물, 전통민요, 말, 그리고 문학을 역사적으로 알려주고 서로 연결시켜 준 정신을 높이 칭송하고 있다"(Longley 1986: 47).

그는 이 문처럼, 이 꽃들처럼, 이 늪처럼 영국적이다.
그리고 여덟 살 때 난로 가에 누운 갯지렁이가
내 책들 속에 기어들어 왔을 때, 이건 내가 본 사람이었다.
그는 비둘기나 갈가마귀만큼 영국에 있었다,
야생 벚나무를 즐거운 나무라고 부르면서,
장밋빛 석죽을 브리짓이라고 부르면서;
그리고 다정다감하게 그는, 내가 생각한 대로,
한 송이 꽃에게 여유 있는 사랑이라는 세례명을 붙여 주었다,
그리고 그가 엑시터에서 리즈까지 걷고 있는 동안
4월은은 모든 황새냉이 꽃들을 젖 짜는 아이라고 불렀다.

He is English as this gate, thses flowers, this mire.
And when at eight years old Lob-lie-by-the-fire
Came in my books, this was the man I saw,
He has been in England as long as dove and daw,
Calling the wild cherry tree the merry tree,
The rose campion Bridget-in-her-bravery;
And in a tender mood he, as I guess,
Christened one flower Love-in-idleness,
And while he walked from Exeter to Leeds
One April called all cuckoo-flowers Milkmaids.

그러나 레이먼드 윌리엄스는 그 시가가 다음과 같은 것을 전달한다고 말한다.

영국에 대한 꿈의 모습, 그런 모습으로 시골에서의 일과 시골에서의 반란, 외부에서 일어나는 전쟁들과 국내에서 일어나는 역동적인 전쟁들, 역사, 전설, 그리고 문학 등이 마구잡이로 하나의 감정적인 몸동작 안으로 말려들어가 있다. 롭 또는 러드(Lud), 아주 오랜 옛날의 농부 혹은 자유민(자작농) 또는 노동자: 그 모습은 이제 고정되어 있고 그 이름은 고대영국이었다.

(Williams 1973: 258)

「롭」은 하디, 클레어(Clare) 및 워즈워스와 같은 다른 많은 시인들에게서도 발견할 수 있는 영국에 대한 이미 친숙한 시각을 보여 주고 있다. 하지만 이것은 토마스와 같은 시대에 활동했던 작가들의 작품에서 찾을 수 있는 특권과 엘리트 제도들에 대한 찬양과는 아주 다르다. 토마스가 전원, 전원속의 숲, 그리고 그곳에서 할 수 있는 일들에 대한 애정을 표현하고 있지만 국가, 그것의 제도들, 공공건물들, 그리고 정치가들에 대한 그것은 표현하지는 않는다.

일반적으로, 조지조의 시들은 빅토리아조의 감상주의 그리고 1890년대의 심미주의 운동에 대한 반동이다. 한 비평가는 "그것이 마음속에 그려진 과거 영국적인 전원풍경인 '시골 오두막집들, 오래된 가구, 이끼가 낀 헛간들, 장미향 가득한 길들, 사과와 체리 과수원들'과 같은 예측 가능하게 하는 길잡이 안내표들과 같은 것에 대한 이미지들을 끌어내는, 즉 본질적으로 회고적이기 때문에 애국주의에 대한 새롭고 정열적인 글을 생각나게 하려 했다고 강하게 말한다."(John Williams 1987: 13)

그러나 토마스를 애국주의적 성향의 시인이라고 할 수는 없다. 그는 그가 사용하는 말에서 분명하다. 그렇기 때문에 추상적인 '국가'라는 말뿐만이 아니라 영국을 공립학교나 시골집으로 그 범위를 축소시키려는 의도 역시 없다. 전쟁에 참전하도록 만든 그의 동기는 바로 자신이 있는 장소와 자연에 대한 사랑이었다. 영국은 "우리 모두가 다 아는 것이다 그리고 영국에 의해 살고, 우리는 믿는다/ 영국은 착하다 그렇기 때문에, 영국을 그렇게 사랑하면서 인내해야 한다/ 그리고 우리가 우리 자신을 사랑하듯이 영국의 적을 미워해야 한다"(is all we know and I live by, and we trust/ She is good and must endure, loving her so:/ And as we love ourselves we hate her foe)[「이는 단순히 옳고 그른 문제가 아니다」("This is No Case of Petty Right or Wrong")]. 우월감이나 도덕적 공정은 없고 오로지 영국의 전원에 자리 잡고 있는 자신의 가정과 자신의 생활을 수호하고자 하는 강한 열망만 있을 뿐이다. 토마스는 "살찐 애국자에 대한 나의 증오와 함께/ 카이저(독일황제에 대한 칭호)에 대한 나의 증오가 진정한 사랑이다"(Beside my hate for one fat patriot/ My hatred for the Kaiser is love true)라고 간단하게 말한다[6]. 토마스에게 있어 영국과 영국에 대한 생각은 대영제국에 대한 희생이었다. 그에게 있어 전통은, 엘리엇에게 있어서도 마찬가지로, 책 속에 그리고 지식사에 나타나지 않고 지방 사람들 속에 그리고 알려진 장소들 속에 들어있다; 그는 한때 "영국은 집 주변의 아주 미세한 부분까지도 다 싸고도는 엄청난 면적의 체제"(Thomas 1928: 111)라고 쓴 적이 있다. 토마스는 그의 산문을 서레이(Surrey)의 농부의 것으로 만들고자 하였다 그래서 그는 가능한 한 일상생활에서 사용하는 그런 자연스러운 말에 가까운 말들을 찾게 되었다. 민요에 대한 그의 관심은 (시가 자기의식적 고백문이 되기 이전에 사용했던) 리듬과 운율들을 통해 그를 쓰고자 하는 일반적인 접근의 일부였다. 하지만 하나로 통일된 전원적인 영국을 바라보는 그의 시각은 대체로 시간에 한계를 뛰어넘는 그리고 사회적 갈등이 없는 것처럼 보인다.

국가를 칭송하는 말을 하기 보다는, 연못들, 숲, 그리고 구름들과 더불어 도로, 길, 그리고 좁다란 길들을 찬미하는 말을 하고 있다. 그러나 가장 놀라운 것은 이름에 대한 그의 애정이다. 「노인」("Old Man")이라는 시에서 약초에 대한 명칭이 두

---

16 롱리는 토마스의 견해를 초기소설인『가장 긴 여행』(*The Longest Journey*)(1907)에서 쓴 포스터(E.M. Forster)의 견해와 비교한다. "그때사람들은 제국주의적으로 생각하려고 애쓰고 있었다. 리키(Rickie)는 그들이 어떻게 그런 일을 했는지를 의아해했는데, 이유는 그가 영국보다 더 넓은 장소를 상상할 수가 없었기 때문이다. (Longley 1986: 54)

개 이상 나오고 있듯이, 그는 구체적이고, 애매모호하지 않은 지시물로서 적당한 명
사에 푹 빠져 있었다.

> 그것을 잘 아는 사람에게조차, 그 이름들
> 반쯤은 꾸며진, 반쯤은 복잡한, 그것은 사물이다:
> 적어도, 그러한 것은 이름들에 연연하지 않는 것
> 시간에도 불구하고 그럼에도 불구하고 나는 그 이름들이 좋다.

> Even to one that knows it well, the names
> Half decorate, half perplex, the thing it is:
> At least, what that is clings not to the names
> In spite of time. And yet I like the names.

「가정」("Home"), 「애들스트롭」("Adlestrop"), 그리고 「약속」("Words")과 같
은 작품들이 예가 되는 그의 시들은, 언어의 지시성을 늘 생각하고 있기 때문에, 완
전한 의미를 전달해 주는 명칭들의 능력인 기의와 기표의 결합에 대한 의문을 제기
한다. 또한 「말」("The Word"), 「그가 좋아했던 여인들」("Women He Liked"), 그
리고 「난 전에 그곳을 본 적이 없어」("I Never Saw that Land Before")에는 상징적
인 그리고 언어적인 실패의식이 있다. "이름, 오로지 이름만 나는 듣는다"(the name,
only the name I hear), "사랑받은 사람은 가끔 사물에 이름 붙이기를 하지 못한다"
(To name a thing beloved man sometimes fails), 그리고 "그는 사용해야 한다, 나무
들 그리고 새들이 그랬던 것처럼,/ 언어는 배반당하지 않는다"(I should use, as the
trees and birds did,/ A language not to be betrayed). 「노인」의 첫 행에 대한 짧은
말은 토마스가 언어를 제대로 사용하지 못해서 시에 대한 능력까지도 없음을 주장
한다. "노인, 또는 젊은 청년의 사랑, ― 이름에는 아무것도 없다"(Old Man, or Lad's

Love, – in the name there's nothing). 여건이 악화된 데 대해서 내가 앞서 말한 것에 덧붙여, 밀라드(Millard)는 전쟁이 나기 전에 이미 토마스가 고립감 그리고 소외감을 가지고 있었음을 그리고 이것들은 부분적으로 개인과 사회의 절연상태를 바라보는 그의 시각에 그 원인이 있었다고 주장한다(Millard 1991: 126). 이것으로 토마스는 그의 시대가 가진 사회적 불안의 얼마를 표현하였다. 하지만 그는 전쟁과 그 결과와 연관되어 있는 분열에 대한 것까지도 지적하였다. 토마스는 「이는 단순히 옳고 그른 문제가 아니다」 외에는 사회적이거나 정치적인 주제에 대한 글을 많이 쓰지 않았다. 시를 쓰기 이전에, 그는 『모리스 메테를링크』(*Maurice Maeterlinck*)(1911)로 글쓰기를 시작하였다.

> 주제가 무엇이건 간에, 시는 시의 주된 효과를 얻어내기 위해 독자의 인간애를 제외한 어떠한 것에도 의존해서는 안된다. 한동안은 어떤 부적절하면서도 일시적인 흥미의 도움을 받아서 즐거움을 줄 수는 있을 것이다 – 예를 들자면, 정치적인 관심; 그러나 조만간에 그것은 벌거벗겨진 채 그리고 고독하게 남겨질 것이며, 판단을 받게 될 것이다. 그리고 만약 그것이 자신만의 세상에 관한 것을 만들어내지 않는다면 그것은 세상을 이루는 한 요소인 죽음을 참고 견뎌야하는 운명에 처하게 된다.
>
> (Longley 1986: 17)

한편으로, 이것은 토마스가 강하게 반대했던 진부한, 전쟁 전 열변을 토하는 그러한 시에 대한 훌륭한 논평이다. 또 한편으로는, 이어서 나오게 될 그리고 토마스와 다른 소수의 작가들이 쓴 작품을 제쳐 두고, 감상주의와 수사학적인 것에 빠져 있던 시에 '인간성'을 재도입시킨 연유로 확실하게 지속적으로 옹호되고 있는 전쟁 시의 매력을 설명해 주는 것이기도 하다.

결론

문학사에 있어 전쟁이 일어나고 있던 기간들은 '군인 시인들(Soldier Poets)'에 의해 지배를 받는다. 하지만 아주 영향력 있는 또 다른 시 스타일이 에드워드왕조 시들과 조지왕조주의에 대한 반동으로 생겨나고 있었다. 이미지즘(imagism)이 바로 모더니즘이라는 우산처럼 모든 것을 다 씌워줄 용어아래에 형성되었던 많은 문학운동들 중 하나이다. 그리고 그것은 영국시에 이렇게 지대한 영향을 끼쳤던 유일한 것이었다고 논의되고 있다. 에드워드 토마스는 이미지스트들(imagists)을 번역가, 의역가 그리고 심지어는, 그가 한 조지안 친구에게 편지를 썼던 것처럼, '저능아'라고 생각하여 이들을 인정하지 않고 있었다(Motion 1980: 118). 하지만 전쟁 전 시들이 아주 좋지 못한 평판을 얻었는데, 이것은 에즈라 파운드와 다른 이미지스트들 그리고 모더니스트들의 작품이 영국문학의 형태와 주제를 영원히 바꿔버리려 했기 때문인데, 이 시점에서는 전쟁시인들이 어법과 정서적인 면에서 변화를 꾀하고 있었다.

이미지즘은 1909년 흄(T.E. Hulme)이 소호(Soho)거리에서 이끌고 있던 단체로서 시작되었고, 그 모임은 1917년 뉴잉글랜드(New England)에서 출판된 마지막 시선집으로 끝이 났다. 이미지즘의 신조는 논쟁적이고 규범적인 문서들에 표현되어 있다. 하지만 이러한 시인들의 강조점은 과다한 말의 사용 없이 항상 정확한 그리고 구체적인 표상에 관한 것이었다. 그들은 약강율격과 추상적 개념들을 좋아하지 않았고 대신에 자유시, 시에 있어서의 정확성, 그리고 과학적 원리들을 아주 좋아했다. 프랑스 상징주의 시뿐만이 아니라 일본의 하이쿠와 단가의 영향을 받은 '이미지'라는 개념은 간결함과 압축에 대한 그들의 선호로 요약이 된다. 파운드가 1916년의 『추억』(*Memoir*)이라는 책에서 썼듯이, "이미지는 . . . 빛이 나는 매듭 혹은 덩어리이다; 그것은 소용돌이다, 거기에서, 그리고 그것을 통해, 그리고 그것 안으로, 생각들이 끊임없이 돌진하고 있는 것이다"(The image . . . is a radiant node or cluster;

it is . . . a VORTEX, from which, and through which, and into which, ideas are constantly rushing)(Smith 1983: 3). 영국의 많지 않은 이미지스트들 중 한 사람인, 리처드 올딩턴(Richard Aldington)은 같은 해에 나온 그의 시, 「석양」("Sunsets")에 서 그들의 원칙들을 자세하게 설명하고 있다:

> 저녁에 보이는 하얀 몸
> 자주색으로 찢겨 버린다,
> 길게 트이고, 둥글게 파지며, 또 시들해져 버린다
> 짙은 진홍색으로,
> 그리고 아이러니하게도 걸려 있다
> 이슬로 만든 화관을 쓴 채.
> 그리고 바람은
> 플랜더스에서 런던너머로 불어오는 바람은
> 쓴 맛을 가지고 있다.

> 저녁에 보이는 하얀 몸
> 자주색으로 찢겨 버린다.
> 길게 트이고, 둥글게 파지며, 또 시들해져 버린다
> 짙은 진홍색으로,
> 그리고 아이러니하게도 걸려 있다
> 이슬로 만든 화관을 쓴 채
> 그리고 바람은
> Flanders에서 London너머로 불어오는 바람은
> 쓴 맛을 가지고 있다.

이 역시 전쟁시이지만 우리가 다음 장에서 살펴 볼 그런 종류의 것은 아니다. 전쟁전과 아울러 전쟁이 진행되는 동안에 모더니즘과 페미니즘(feminism)이 조지안

들 위로 살금살금 기어오르고 있었다. 이 두 가지의 아주 중요한 예가 바로 마이너 로이(Mina Loy)인데, 거트루드 스타인(Gertrude Stein)과 에즈라 파운드, 현대 미술과 미래주의, 자유시와 자유연애 이러한 것들과의 연관성으로 1910년부터 그 이후까지 당시의 악명을 샀던 시들을 썼던 급진적인 시인이다. 그것들은 「조이스의 율리시즈」("Joyce's Ulysses"), 「브랑쿠시의 황금 새」("Brancusi's Golden Bird"), 「무효결혼」("The Ineffectual Marriage"), 등 인데, 특히 「출산」("Parturition")은 노동계에서의 여성의 반박을 흉내 내는 그러한 시 형식을 가진 시이다. 그녀의 특유의 냉소적인 위트 그리고 「사랑의 노래들」("Love Songs")과 같은 시들에 나타나는 폭력적인 이미지들은 그녀의 글을 편집하던 한 사람으로 하여금 다음과 같은 말을 하게 만들었다. "에로티시즘을 매춘굴로 그 범위를 떨어뜨리는 것은 격분할 일이었다. 그리고 그렇게 하기 위해 동사, 문장구조, 구두점 표기를 하지 않는 것은 더 화나는 일이었다"(Scott 1990:133).

모더니즘에 끼친 Loy의 영향은, 변하는 심미주의에 대한 여성주의 운동에서 여성이 차지하는 역할처럼, 간혹 과소평가를 받기도 했다. 예를 들자면, 1913년 6월 15일 도라 마스든(Dora Marsden)과 해리엇 쇼 위버(Harriet Shaw Weaver)가 『신 자유인』(*New Freewoman*)이라는 그들의 논문집을 처음으로 내놓았다는 사실은 이미지즘 운동 과정에서 가장 기초가 되는 것이다. 그들은 에즈라 파운드에게 문학작품을 실을 수 있도록 사람들에게 간청하는 임무를 맡겼는데 그는 정당하게 윈덤 루이스(Wyndham Lewis), 로벗 프로스트, 윌리엄 칼로스 윌리엄스(William Carlos Williams), 에이미 로웰(Amy Lowell), 힐다 둘리틀(H. D.), 리처드 올딩턴, 그리고 다른 이미지스트들로부터 작품을 받아냈다. 1914년 『신 자유인』으로 시작하여 이후에 『에고이스트』(*The Egoist*)로 그 모습을 바꾸는데, 이것은 전쟁이 끝난 이후에도 1년간 더 지속되었던 유명한 논문誌 였다. 제임스 조이스(James Joyce)의 『젊은 예술가의 초상』(*A Portrait of the Artist as a Young Man*)이 첫 두 해에 걸쳐 연재물로 소개된 이후에, 1917년 그 논문誌의 부 편집인으로 미국에서 건너온 국외자 엘리엇이 소개되었다(Ross 1967: 60-70). 그러나 모더니스트 운동이 영국을 장악하기 이전에 제1차 세계대전이 조지왕조의 역사를 새로운 방향으로 이끌어 가고 있었다.

"Not concerned with Poetry"
World War I

"시와 관련 없는"

1차 세계대전

서론

「1914년」("MCMXIV")이라는 시에서, 필립 라킨(Philip Larkin)은 1914년에 일어난 전쟁이 순수의 소멸을 예고했다고 말했다. 여기서 라킨은 1914년의 영국 사회를 역사적인 사건들에 의해서가 아닌 그것을 기다리고 있었던 촉매제를 통해 설명해 주는 타락 전 모습에 동의하고 있다. 그것은 예기치도 못했던 전쟁의 공포를 강조하는 시각이기도 하다. 1914년까지, 약 100년 동안 유럽 강국들을 끌어들이는 그런 전쟁은 없었다. 어떤 주요 유럽강국이 어떤 비슷한 처지의 나라를 공격한 이후로 거의 50년이라는 세월이 흘렀다. 한 세기가 바뀔 때 즈음 즉, 영국의 광산에서 매년 대략 1400명이 목숨을 잃고 있었을 때, 버나드쇼(Bernard Shaw)는 "아들이 전선에 나간다고 하더라도 어머니가 그 아들을 잃을 것이라는 확실성은 없다고 1902년 한 편지에서 강력하게 주장하였다. 사실상, 석탄광산과 그것을 실어 나르는 철로광장이 전쟁막사보다 더 위험하다." 이와 반대로, 전쟁의 관점에서 볼 때, 서부 전선에 온 신참 소위의 평균 수명은 고작 3개월에 불과했다. 에드워드시대 때, 전쟁은 우발적 사건 때문에 전쟁에 관한 계획이 수립되었던 것이지, 예상 가능한 것은 아니었다. 군비로 강력하게 무장하는 것은 주로 일반국민을 위한 목적에 사용되었으며 또 그것은 국가적 자부심의 원천일 뿐만 아니라 국가의 힘을 총체적으로 통합하는 것이었다. 더 나아가, 군대는 원래 보여주기 위한 것이었지 사용하기 위한 것은 아니었다. 예이츠가 그의 시 「1919년」("Nineteen Hundred and Nineteen")에서 에드워드 시대에 대해 말했던 것처럼, 평화는 "그리고 겉만 휘황찬란한 엄청난 군대"라고 생각되었다. 에릭 홉스봄은 "세계대전이 '정말로' 일어 날 수 없는 일이라고 생각하는 믿음이 대홍수(대혼란)가 있기 전의 생활의 구조 속으로 얼마나 깊이 스며들었는가를 1914년 이후에 태어난 사람이 상상하는 일은 어렵다"고 말한다(Hobsbawm 1987: 302-4).

1차 대전에 있어 가장 놀라운 점은 그 이전에 일어났던 전쟁들과는 아주 다른 규모이다. 1899년과 1902년에 걸쳐 있었던 보아전쟁에서 영국은 거의 50만에 가까운 군인들을 고용하였다. 29만 명이 그 전쟁에서 사망하였고 여기에다 1만 6천명이 질병으로 목숨을 잃었다. 이와 대조적으로 1차 세계대전에서는 850만 명의 군인이 사망하였고 2억에 달하는 군인이 부상을 입었다.

영국시에서 1차 대전은 영국사에서도 그러하듯이, 대체로 정기 기항지로 생각되었다. 애국주의적인 시에서 전쟁에 관한 논쟁적인 시로의 전환은 어떤 엄청난 문학적 영향 때문이 아니라 역사적인 급박한 사정 때문에 생기게 된다. 얼마 전 과거에 유행하던 자기만족적인 시는 현재의 냉혹한 현실에 대항하기 위해서 없어지는 것이 필요했다. 하지만 폴 퍼셀(Paul Fussell)은 이런 변화가 있다는 것에 동의하고 있는 반면에, "신화중심적인" 것에서 탈 신화적인 세계로의 전환을 만들어낸 것으로 전쟁시를 바라보는 표준적인 시각을 공격한다. 대신, 그는 이와 거의 반대가 되는, "신화를 향한, 제식의 부활을 향한, 신비적인 것, 희생적인 것, 예언적인 것, 성사(聖事)적인 것, 그리고 보편적으로 의미 있는 것, 간단히 말해, 허구를 향해" 옮겨가고 있음을 보고 있다. 영국 병사들에게는 가장 파멸적인 전쟁이라는 사건에 대한 그의 묘사는 애련하고 동시에 정전화된 것이다. 그리고 그는 전쟁시인들이 항의해야하는 의미 없는 대학살과 신화들에 대해 간략하게 말하고 있다:

처음부터 최대의 큰 실수로 알려지게 되어 있었던, 솜므(Somme)사건은 문명 이래로 가장 큰 규모의 교전(交戰)이었다.

1916년, 6월이 끝나갈 무렵, 헤이그(Haig)의 작전계획이 끝나고 솜므를 공격할 만발의 준비가 되어 있었다. 이때 독일의 방위 전선이 절단되었다는 것 그리고 독일의 최전선이 완전히 없어졌다는 것이 분명함을 감지한 헤이그 는 1537개의 총에서 150만개의 탄피를 쏟아 내면서 일주일 내내 적군의 참 호에 폭탄을 퍼부었다. 7월 1일 아침 7시 30분, 포병대는 더 먼 곳에 있는 공격 목표물 쪽으로 이동했고 11개 사단들의 물밀듯한 공격은 전방 13마일 에 있는 참호진지에서 적군을 몰아내는 데 성공했다. 그리고 이들은 더 앞으 로 진격해 나갔다. 그리고 7시 31분 즈음, 이들과 맞서고 있던 6개밖에 되지 않는 독일의 사단들은 폭탄이 투하되는 동안에도 안전하게 기관총들을 보관 해주었던 ― 심지어는 편안하게― 그리고 아직 끊어지지 않은 방위전선 앞에 서는 질서정연하게 줄을 맞추어 그곳으로 걸어오던 공격자들을 해치우거나 이들을 교란시켰던 그런 깊숙한 곳에 자리 잡은 방공호에서 기관총들을 위쪽 으로 운반했다. 11만의 공격 병들 중에서 단 하루에 6만 명에 이르는 병사들 이 사망하거나 부상을 당했고, 그 기록은 한층 더 증가했다. 2만 명 이상의 군인들이 길 사이사이에 죽어 쓰려져 있었고 노맨즈랜드(No Man's Land)에 서는 며칠 지나지 않아 부상병들의 울음소리가 더 이상 들리지 않았다.

그러한 재앙이 일어나게 된 원인은 여러 가지가 있다. 상상력 부족이 그 하나였다. 어느 누구도 독일 사람들이 포병대가 머리 위의 땅에 폭탄을 쏟아 붓는 동안에 숨어있을 그런 방공호들을 만들어 내리라고는 상상도 못했었고, 정확히 7시 30분에 폭격이 일단 사라졌을 때 그렇게 신속하게 독일의 기관총 포 대원들이 계단을 올라와 그들의 총들을 설치할 수 있을 거라고는 아무도 생각 못했던 것도 그렇다. 또 다른 이유는 계급제도와 거기서 인정되는 임무를 받아들이는 태도에서 찾아 볼 수 있었다. 영국 군대의 정규병들은 주로 미들랜드(Midlands)출신의 노동자들 중에서 신병으로 뽑힌 '요리사 부대'(Kitchener's Army)의 단기 훈련병들에 대한 경멸을 은연중에 가지고 있었다. 작전을 짜는 사람들은 이런 중대들—66파운드나 되는 장비를 들고 돌격을 해야 하는 부담을 안고 있는— 은 너무나 단순하고 동물적인 성격을 가지고 있어서 해가 한창 떠 있을 때를 제외하고는 어떤 쪽으로도 그리고 줄을 잘 맞추어 혹은 "한꺼번에 몰려서" 반대편에 있는 참호진지들로 넘어 건너갈 수 없었다. 그 중대들은 처음부터 끝까지 돌격하거나, 총을 쏘며 맹공격하거나, 아니면 계속하여 낮은 포복으로 연발 사격하는 교전을 뒤따르는 것 같은 더욱 더 교묘한 전술들 때문에 혼란스러워 할 것이라는 생각이 들었다.

(Fussell 1975: 12–13)

그런 사건들로 인해 생겨난 여러 유형의 감정들이 국내에서의 새로운 경험들과 함께 합쳐져서 더 많은 사람들이 더 많은 시들을 쓰고 있음을 나타내주었다. 아주 많은 시들이 다른 전쟁 때보다 1차 세계대전이 진행되고 있는 동안에 쓰여 졌고, 『더 타임즈』(*The Times*)는 1915년 8월에 하루 동안 100여 편의 시들을 받았다고 전하고 있다.[17] 이런 일이 생기게 된 또 다른 이유는 바로 식자(識字)수준이 상승했다는 것이다. 그리고 이 점에 대해서는 마지막 장에서 다루어 놓았다. 거의 2천 5백 개에 달하는 학교들이 1870년 초등학교 교육법(Elementary Education Act)이 발표되고 난 뒤 영국과 웨일즈에 세워졌고, 그러는 동안 근로자 학교(Workmen's Institutes)와 전국 독서 조합(National Home Reading Union)이 성인들 사이에서 식자(識字)와 자기능력개발을 장려하고 있었다. 세계 고전집(World's Classics)들과 에브리맨 도서관 시리즈(Everyman Library series) 물들은 위대한 문학정전을 더 많이 구할 수 있게 만들었다. 퍼셀은 『옥스퍼드 영시집』(*Oxford Book of English*

---

17 *The Times* 6 August 1915: 7; Khan 1988: 3에서 인용.

Verse)이 1차 세계대전을 지나 "지배하고" 있다고 말한다(Fussell 1975: 159). 반면에, 출판된 대부분의 시들은 특히, 전쟁이 시작될 무렵 사망하고 난 후 루펏 브룩이 받은 환대에 의해 굳어진 뒤이은 평판 때문에 공무원들에 의해서 쓰여진 것들이었다. 군인들에 대한 시들을 칭찬하는 것이 전쟁에 나가 싸우는 것만큼이나 애국적인 하나의 의무가 되었다.[18]

전시(戰時)의 시

프랑스에서 아이작 로젠버그(Issac Rosenberg)는 에드워드 마쉬에게 편지를 썼다, "검열관이 그런 쓰레기들을 뒤지는 일로 성가시게 되는 일이 없을 것처럼, 나는 시들을 집으로 보내는 일이 금지되었다"(Rosenberg 1937: 312). 전쟁 때문에 오래 지속될 시가 창작되지 못할 거라고 예상했던 사람들은 비단 관리들뿐만이 아니었다. 해롤드 먼로는 "애국주의적 감상은 결코 많은 시들을 만들어내지 못했다고 주장했다. 현대전쟁은 더 그러할 것 같다"(Ross 1967: 163). 헨리 뉴볼트는 오웬의 "포탄에 충격을 받은 전쟁시들은 우리의 손자들에게 큰 감동을 줄 것"이라는 말에 동의하지 않았다(Press 1969: 147). 1914년 에드워드 토마스는 전쟁시에 관한 글을 썼다. "어떤 종류의 시들도 그렇게 빠른 속도로 사라지지 않는다. 자손들을 위해 그런 시들에서 선택할 수 있는 것은 거의 없다"(Thomas 1914: 25). 영국문학에 있어서, 1차 세계대전은 분명한 예외이다. 토마스는 전쟁시들이 찬송가들과도 같은 것이라고도 적고 있다. "그것들은 일반적인 생각들과, 그 당시 사람들의 머리 안에 차 있던 말들과 명칭들과도 잘 어울린다." 이것은 전쟁이 시작되고 나서 쓰여진 토마스의 모든 시들

---

18 예를 들어서 다음 책의 서문의 인용문을 볼 것. 1914 volume *Songs and Sonnets for England in War Time*, in Hibberd 1981: 31.

에게 적용되는 것이 아닌 것처럼, 1차 세계대전에 관한 유명한 시에만 적용이 되는
것은 아니다. 그러나 조지왕조 사람들이 전통적인 방식들로 갈등을 표현했을 때, 즉
전쟁이 시작할 무렵에 쓰여진 다수의 글에는 적용이 된다. 1914년 8월, 존 프리먼
(John Freeman)이 적기를

공통된 심장박동이 공기 중에 울려 퍼진다—
여기저기 박동 치는 영국의 심장.
그리고 영국의 모든 길들은 고귀한 사상의 신경들,
그리고 영국민의 모든 두뇌는 오로지 영국의 두뇌일 뿐;
그리고 영국의 모든 역사, 치욕 없는,
그것은 재빨리 의식을 되찾은 영국의 일부분이다.
영국의 용기가 새롭게 한 번 더 솟아오른다.

A common beating is in the air—
The heart of England throbbing everywhere.
And all her roads are nerves of noble thought,
And all her people's brain is but her brain;
And all her history, less her shame,
Is part of her quickened consciousness.
Her courage rises clean again.

  [『돌 나무와 다른 시편들』(*Stone Trees and Other Poems*)(1916) 중에서
    [제 길을 가는 별들]("The Stars in their Courses")]

유명한 저항 작가들 대부분은, 오웬과 로젠버그와 같은, 1918년까지만 해도 널
리 인정을 받거나 그들의 책이 출판되거나 하는 일이 없었다. 하지만 그들은 노래도
만들고, 회고록도 쓰고, 그리고 그 옛날의 거짓들을 폭로하려고 한 시뿐만이 아니라
소설까지 썼던, 많은 군인들 사이에서는 유명 인사들이었다. 예를 들어, 웨스트(A.G.

West)는 브룩처럼 과도하게 칭송되는 소년 병사 시인들에 대한 신랄한 공격의 글을 썼다. "오, 주여! 내가 그대들, 젊고 명랑한 남자들을 얼마나 미워하는지."

주여! 내가 그대들, 젊고 명랑한 남자들을 얼마나 미워하는지,
경건한 시가 그대들의 무덤 위에 꽃을 피운다
그대들이 무덤 속에 들어가자마자, 영양물을 공급받고
그대들의 부패로 인한, 그리고 그대들의
어머니들의, 지역교구목사들의, 대학 총장들의 눈물로 인한
소금기에 의해 그리고 분명, 어떤 천사도 밟고 지나가지 않은 곳에 그대들의
어린 미성년 시인친구들로부터 얻은ㅡ 바보들ㅡ
그들의 감상 어린 비가들로 그려진
측면으로 세워진 머리말들과 사진들; 그리고, 살아있다는 것, 그것은 나누는
것이다 죽은 자들의 짧은 불멸성을.

God! How I hate you, you young cheerful men,
Whose pious poetry blossoms on your graves
As soon as your corruption, and the tears
Of mothers, local vicars, college deans
And flanked by prefaces and photographs
From all your minor poet friends — the fools —
Who paint their sentimental elegies
Where sure, no angel treads; and, living, share
The dead's brief immortality.

1915년 찰스 솔리(Charles Sorley)는 브룩과 그 이후에 나온 전쟁 시인간의 차이를, 브룩이 죽고 난 후 그리고 자신이 죽기 전에, 몇 가지 면에서 잘 묘사하고 있다:

그는 자신 (그리고 다른 사람들)이 전쟁에 나가는 것을 아주 열정적이고, 주
목할 만한 그리고 희생적인 위업이라고 생각하면서, 자기 자신을 희생한다는
생각에 너무 집착하고 있다. 하지만 이것은 단지 이러한 요구에 순응하지 않
는 행동이 삶을 더욱 견딜 수 없게 만들지도 모르는 그런 환경의 변화에 의해
그(와 다른 사람들)에게 강요되는 행위에 불과할 뿐이다.[19]

다른 유명한 전쟁 시인들이 전쟁터에 나가는 이유를 한 번 생각해 보는 것이
도움이 될 듯하다. 윌프렛 오웬은 경험도 없고 인생을 무엇을 하며 살아야 할지에
대해서도 혼란스러웠던 사람이었다. 그리고 그는 그의 책을 출판할 것이라는 일말의
희망도 없이, 군에 입대하였다. 에드워드 토마스는 영국민을 위해서가 아니라 충분
히 싸울 만한 가치를 지니는 영국 남부 지역의 전원풍경을 자신이 사랑하고 있음을
깨닫고 "이러한 영국"을 위해서 전쟁에 참가하였다 (Thomas 1928). 서순은 말보로
(Marlborough)와 케임브리지에서 공부를 마친 후, 1914년 즈음 시인으로서 자기 자
신의 위치를 공고히 하였다. 그는 전쟁이 일어난 첫날에 군에 입대하였고 1916년에
는 전공(戰功) 십자훈장을 받았으며, 여러 번에 걸친 부상과 신경쇠약으로 고생하
였다. 그리고 그의 용기 때문에 "미친 잭"(Mad Jack)으로 알려지게 되었다. 대체로
자서전적인 성격을 지니는 서순의 『여우사냥꾼의 회고록』(*Memoirs of a Fox-
hunting Man*)(1928)에서 그려내고 있는 조지 셔스턴(George Sherston)에 관한 묘사
는 서순이 거의 즐거운 마음으로 전장에 나갔음을 시사해 주고 있다. 그가 그의 시
에서 환멸감을 표현하기 시작한 것은 아마도 '그들'을 사용하면서부터 인 것 같다.
장교계급 밖에서 일어나는 갈등을 지켜보았던 아이작 로젠버그는 그 중에서도 가장
전쟁에 나가고자 하는 적극성이 떨어지는 작가였다. 그리고 어떤 것도 전쟁을 정당
화시킬 수 없다고 주장하였다(Sisson 1967: 87). 훈련을 받는 동안 그는 일반 군인들
에게 강요되는 "무지막지하고 군국주의적인, 약한 자를 괴롭히는 비열함"에 대한 불

만을 털어놓았다(Ross 1967: 171).

불가피하게, 전쟁이 시작될 무렵 대부분의 시들은 뉴볼트의 거드름 피는 행동과 빅토리아조의 과장된 감상들이 여전히 한 데 섞여 있는 것들이었다. 스콰이어(J.C. Squire)는 전쟁 첫 달에 시인들에 대한 불만을 이야기하였다.

> 기존의 구상, 어구를, 단어를, 그리고 리듬으로 시작하고, 일정한 법칙에 의거하여 작품들을 내놓는다. 영국을 '기사다운' 것으로 생각하고, 영국의 명예를 '신성한' 것으로 그리고 영국의 정신을 '온전한' 것으로 말하고 있다. . . 드레이크(Drake)와 그렌빌(Grenville)의 정신을 상기시킨다. . . 그리고 그러한 것이 시의 공식이다.
>
> (Ross 1967: 163)

전쟁을 하나의 게임으로 그리고 시합으로 생각하였다: 영광을 획득하고 대영제국을 위해 자신의 역할을 충실히 수행하는 기회로. 결과적으로, 크리켓과 전쟁에 대한 「불 켜진 횃불」에서의 뉴볼트의 비교는 지그프리드 서순의 여러 시들에서 패러디 되었다. 예를 들자면, 「꿈꾸는 자들」("Dreamers")["공과 방망이로 그들이 할 수 있는 것들을 꿈꾸는 것"(Dreaming of things they did with balls and bats)] 그리고 「하급자」("A Subaltern")["스무 번의 달리기 경주, 그리고 마지막에 들어오는 사람"(twenty runs to make, and the last man in)]과 같은 시들이다. 이와 유사하게 다소 회의적인 성향을 띤, 토마스 하디는 1902년 「그가 죽인 남자」("The Man He Killed")라는 시에서 특색 있게 탈선적인 전쟁에 대한 시각을 이미 표시하였다. 그 시는 다른 사람들이 일으킨 전쟁에서 자신들의 계급을 위해 싸우고 있다는 사실을 나중에 깨닫게 되는 1차 세계대전 참전병사들을 예견하고 있는 것처럼 보인다. (키플링은 여러 가지 반응을 만들어 낼 수 있었지만 전쟁에 대한 그의 지배적인 주제는 "영국이 산다면 누가 목숨을 바치겠는가?"처럼 보인다.)

필립 홉스봄(Philip Hobsbaum)은 1961년에 20세기의 영국시가 네 개의 행운의 잔혹한 요행수로 고통을 받았다는 결론을 내렸다:

우선, 쓸 만한 영향을 미칠 수 있었던 한 위대한 빅토리아아인의 작품에 정반대의 중요성이 부과되었어야 했다는 것이다. ㅡ 말하자면, 하디이다. 두 번째로, 조지시대 사람들이, 대체로, 전통을 도약대가 아닌 쉼터로 생각했어야 했다는 것이다. 셋째로, 본질적으로 영국적인 현대성을 개발하고 있었던 시인들 중 세 명(오웬, 토마스, 그리고 로젠버그)이 전쟁에서 죽었어야 했다는 것이다. 그리고 그들의 출판물 역시 완전하지 못해 미루어져야하는 것이었다. 그리고 마지막으로, 엘리엇과 파운드가 미국이 아닌 여기에서 시의 기법에 있어서 꼭 미국적인 대변혁을 시작했어야 했다는 것과 그렇게 함으로써 그다지 좋지 못한 영향을 끼쳤던 이색적인 작품으로 전쟁시인들의 죽음이 만들어 놓았던 틈을 메워 주었어야 했었다. 이러한 4가지 사항들 중에서, 세 번째 것은 분명 가장 중요한 것이다.

(Hobsbaum 1961: 218)

많은 비평가들은 오웬, 토마스, 그리고 로젠버그가 전쟁 동안에도 작품을 쓰고 있었기 때문에 아주 훌륭한 시인들이라는 점에 동의하려 했다. 서순, 에드먼드 블런든(Edmund Blunden), 아이버 거니(Ivor Gurney), 찰스 솔리, 그리고 루펏 브룩과 함께 그들은 분명 가장 많이 논의되어지는 인물들이다. 이 사람들 중에서, 로젠버그와 거니는 장교로 활동한 사람이 아니다. 솔리역시 전쟁에서 사망하였고 거니는 여생의 대부분을 정신병원에서 보냈다. 그들 모두 30살도 되지 않았고, (마쉬의 1916-1917 조지시대 시선 집에도 들어있는) 로젠버그를 제외한 모든 사람들도 제임스 리브즈(James Reeves)의 1962년 *조지시대* 시인들의 시선 집에 포함되어 있다. 극소수의 예외와 함께, 이것이 바로 전쟁시인들이라는 사실을 말해주는 것이다.

군인 시인들, 그렇게 알려진, 그들은 운동이라고 할 만한 어떤 것도 만들어내지 않았음에도 불구하고 하나의 집단으로서 어쩌면 다른 어떤 사람들보다 더 광범위하게 다루어지고 있다. 또한 그들이 시인으로서가 아닌 아마추어 같은 "리듬에 서툰," 혹은 논쟁적인 사람들로서 얼마나 자주 간주되는지를 생각하면 참 이상하다. 1917년에 글을 쓴 휴 메이싱엄(Hugh Massingham)은 서순이 시를 쓰는 것이 아니라 자신이 생각하기에 분노와 경멸을 나타내기에 딱 알맞은 문체라고 여겼던 운문으로 추도문을 쓰고 있었다고 우호적으로 말하였다(Massingham 1917, Murry 1918). 존 미들튼 머레이(John Middleton Murry)도 서순의 운문들이 「역습」("Counter-Attack")에서와 같이 고통을 제외한 것들은 거의 표현하지 않았기 때문에 시가 아니라는 이와 유사한 생각을 하였다.

> 그곳은 시체로 썩어 있었다; 긴 장화가 신겨져 볼품없이
> 뻗어 있고, 참호들과 전화 중계선들을 따라 땅에
> 널브러진, 망가진 시퍼런 다리들이, 질척한 진흙 속에 있었다,
> 아래로 향한 얼굴은 밟혀서 헐렁하게 채워진 모래포대처럼;
> 그리고 벗겨져 흠뻑 젖은 엉덩이들, 헝클어진 머리타래,
> 불룩한, 엉겨 붙은 머리들이 회반죽 된 진흙에 잠들어 있었다.

> The place was rotten with dead; green clumsy legs
> High-booted, sprawled and grovelled along the saps
> And trunks, face downward, in the sucking mud,
> Wallowed like trodden sand-bags loosely filled;
> And naked sodden buttocks, mats of hair,
> Bulged, clotted heads slept in the plastering slime.

1964년 말경에, 도널드 대비(Donald Davie)는 오웬과 로젠버그를 그들이 지은 시 때문이 아니라 전쟁을 치르고 있는 나라에 대한 그들의 중요성 때문에 그들을

옹호했다:

> 영국의 독자에게 있어 [로젠버그의 「시체더미」("Dead Man's Dump")와 오
> 웬의 「지대한 사랑」("Greater Love")은 전혀 시라고 할 수 없다, 그러나 그
> 보다 못한 것이기도 하고 그 이상이기도 한 것이다; 그것들은 직접적이고 충
> 직한 중요한 국가운명의 한 시기에 대한 증인들이다. . . 국민적 정서에서 가
> 장 고조된 증표로서.
>
> (Davie 1964: 110)

그러나 만약, 우리가 전쟁시인들 간의 차이들을 생각하기 위한 개시방법을 찾고
자 한다면, 존 실킨(Jon Silkin)은, 『전투를 벗어나서』(*Out of Battle*)라는 그의 중요
한 연구서에서, 그 차이들을 네 개의 "의식 단계들"로 구분해 놓고 있다. 즉 애국주
의(예를 들어, 브룩)와 전쟁에 대한 분노와 항의 의식(예를 들어, 서순) 및 동정심(예
를 들어, 오웬)과 사회적인 변화에 대한 강한 열망(예를 들어, 로젠버그) 등이다
(Silkin 1987: 26-30).

1차 세계 대전이 일어날 즈음에 되어서, 영국을 위해 싸운다는 것은 하나의 애
국적인 의무였고 심지어는 특권이기도 하였다. 병역생활에 대한 표현이 돈을 받는
용병들의 이미지에서 토미 앳킨스(Tommy Atkins)가 등장하는 키플링의 『병영 내
무반 발라드』(*Barrack-Room Ballads*)가 나온 후에 인기를 얻은 평범한 육군병사
(Tommies)들로 바뀌었다. 병사들이 많이 부르는 노래들이 『토미의 노래』(*Tommy
Tunes*)(1917), 그리고 『더 많은 토미의 노래』(*More Tommy's Tunes*)(1918)에 수록
되어 출판되었다. "모양새가 어색한 사병들이 소대를 편성하여 쿵쿵거리며 지나간
다,/ 랙타임의 곡조에 맞춰 발걸음을 옮기려 하네"(Out clamp the clumsy Tommies
by platoons,/ Trying to keep in step with rag-time tunes)[오웬의 「호출」("The
Calls")]도 그 중 하나다. "노래들"이 육군중위들에 의해 출판되었다고 하지만 그들

의 우수성은 '시'를 썼다는 것에 있다. 장교계층은 성 조지 축일(St George's Day)에 전장에 나가기 위해 가던 중 패혈증으로 사망한 브룩에 의해 전형화 되었다. 1914년 그가 지은 전쟁 소넷에 붙여진 표제인 「병사」("The Soldier")가 1915년 부활주일에 성 바울 대성당의 수석사제에 의해 인용되기도 하였고, 그 해 5월에는 『더 타임스』에 실리기도 했다. 첫 번째 소넷은, 「평화」("Peace")라는 제목이 붙여졌는데, 전쟁에 대한 감사함을 전하는데 있어 당당하면서도 애국적이다. 영국을 위해서 싸우지 않을 사람들에 대한 연민을 느끼며, 그 8행 시구는 셰익스피어의 『헨리 5세』(*Henry V*)에 나오는 성 크리스핀(St Crispin)의 연설문을 회상시킨다.

자, 우리를 신의 명예와 어울리게 만들어 주신 신께 감사하라,
　　우리의 젊음을 지켜주시고, 우리를 잠에서 깨어있게 하신,
믿음이 가는 손으로, 환한 눈으로, 그리고 엄청난 능력으로,
　　헤엄치는 사람들이 깨끗함 속으로 뛰어들듯이, 돌아서서,
즐거운 마음으로 늙고, 추위에 시달려 지친 세상으로부터,
　　명예심이 감동을 줄 수 없는 병든 마음들을 버려라,
그리고 완전치 못한 사람들과, 더럽고 쓸쓸한 그들의 노래들,
　　그리고 사랑의 모든 공허함 들도!

Now, God be thanked who has matched us with His hour,
　　And caught our youth, and wakened us from sleeping,
With hand made sure, clear eye, and sharpened power,
　　To turn, as swimmers into cleanness leaping,
Glad from a world grown old and cold and weary,
　　Leave the sick hearts that honour could not move,
And half-men, and their dirty songs and dreary,
　　And all the little emptiness of love!

　　전쟁이 일어났을 때, 1886년 유복한 부모에게서 출생하여 말보로와 케임브리지에서 교육을 받은 지그프리드 서순은 루펏 브룩보다 전쟁에 나가서 싸우는 것에 민감한 반응을 보였다. 그의 정치적 급진주의를 동원하기 위해서 전쟁의 과격한 행동들을 취했다; 평화롭게, 그의 여우사냥에 대한 회고록에 나타나고 있듯이, 그는 계급 간의 불평등에 대해서는 거의 언급하지 않았고 그것에 대한 관심도 거의 보이지 않았다. 그의 초기 전쟁시들이 전통적인 틀에 얽매인 진부한 것들이었지만, 그의 후기 작품들은 행정 당국의 직접적인 선전자적 접근법을 채택하고 있는 듯한데, 그 행정 기관은 1918년 1월 비버브룩 경(Lord Beaverbrook)이 정보부(Ministry of Information)를 창설하면서 한창 전성을 이루었던 곳으로, 서순에게 일자리 제안이 들어 왔지만 그는 "자기가 머리에 부상을 입은 것을 제외하면 전쟁 선전운동에는 전혀 소질이 없다"고 대답했던 곳이다.[20] 이런 후기의 시들에는, 그의 주된 주제가 되어버린 전쟁이 한창이던 시기에 찾아낸 서순 자신의 즐거움이 들어 있는 것 같다. 1916년 이후에 나온 그의 시 상당수는 자신도 가졌었을 수도 있는 불안하면서도 일반인들이 만족할 수 있는 대상에 초점을 맞추고 있다. 예를 들어, 정당하고 성스러운 전쟁이 사람들을 변화시킨다는 것을 설교하는 설교문에 대한 응답으로 「그들이」("They")에 이런 구절이 있다. "'우리는 어느 누구와도 똑 같지 않다!' 소년들은 답한다./ '왜냐하면 조지가 양다리를 잃었기 때문이다; 그리고 빌은 아주 눈이 멀어버렸다'"('We're none of us the same!' the boys reply./ For George lost both his legs; and Bill's stone blind'). 이와 유사하게, 「기지 특수부대」("Base Details")는 육군소령들과 육군 장성들의 무관심을 공격하고 있다. "그리고 전쟁이 끝났을 때 그리고

20　윌프렛 오웬이 레슬리 건스톤(Leslie Gunston)에게 보낸 1918년 10월 29일자 편지를 볼 것 (Bell 1985: 360; Buitenhuis 1989: 136). 비버브룩 또한 키플링에게 조언을 구했고 그가 "권고 받은 모든 일을 택했다"고 말했다. 존 버천(John Buchan)과 아놀드 베넷(Arnold Bennett)과 같이 영향력 있는 작가들은 전쟁선전의 조직에 잘 알려진 공식적인 직책을 갖고 있었지만, 키플링은 비버브룩의 스탭진에 참여하길 거절했다.

젊은이들이 앞을 보지 못하게 되었을 때/ 나는 집으로 비틀 비틀 걸어가서 죽는다―
침대에 쓰러져"(And when the war is done and youth stone dead/ I'd toddle home
and die―in bed). 전쟁 시인들 중에서 전쟁 참호기지에서 들었을 법한 그런 일상어
를 가장 썼을 것 같은 사람이 바로 서순이다. 「공격」("Attack")에서 "제발, 못하게
해!"(Oh Jesu, make it stop!)라든지 「역습」에서 "제기랄, 그들이 우리에게 오고 있
다!"(O Christ, they're coming at us!) 등이 그 예이다. 그의 저항시들은 형식면과
이미지면 에서 단순하다. 그것들이 가진 힘은 그것이 지닌 신랄함과 풍자적이고 가
시 돋친 말에서 나온다.

서순은 솜므와 그 밖의 지역에서 겪은 그의 전쟁경험에 의해 변했지만, 또한 오
토라인 여사(Lady Ottoline)와 같은 평화주의적 성향을 띤 친구들로부터 국내에서
그가 들은 여러 이야기들에 의해서도 변화를 받았다. 이런 사람들 중에서는 버트런
드 러셀(Bertrand Russell)이 전쟁에 대한 강력한 반대의견을 내세웠던 가장 눈에 띄
는 지식인이었다. 그는 서순에게 영향을 미친 인물이었다. 하지만 서순은 전쟁 중,
모든 면에 있어서 그의 믿음을 잃어버렸고 1917년에는 그가 그의 부대장에게 보냈
고 또한 공개해 버린 전쟁지도자들에 대한 기소를 해결함으로써 그의 임무를 그만
둬 버렸다. 그가 가지고 있는 시각의 결과와 영국과 미국에서 이것들을 공개한 결과
때문에 그는 케임브리지에서 그가 맡고 있는 직위에서 해고되었고, 6개월 동안 국토
방위 법(Defence of the Realm Act)에 의해 투옥되었다.

서순에게 있어 그것은 무엇보다도 전쟁은 고상한 것이고 명예롭게 조국을 위해
죽는 것이라는 브룩의 시에 의해 정리된 "낡은 거짓말"이었다. 그리고 그것은 없어
져야만 했던 것이다. 이것은 윌프렛 오웬과는 상당히 다른 것이다. 서순은 사람들에
게 충격을 주고 그들을 감언이설로 꾀어내고 싶어 했으며, 동점심과 이해를 유발하
려 했던 오웬과는 완전히 달랐다. 1893년 탄광 철로공이었던 아버지와 문학적 학식
이 있는 헌신적이었던 어머니의 아들로 슈롭셔(Shropshire)에서 태어난 오웬은 휴전

협정이 있기 일주 전에 11월 4일 25세의 나이로 기관총에 맞아 사망하였다.

오웬의 작품은 주로 1920년까지는 출판되지 않았고 (전쟁기간동안 출판된 그의 반 전쟁시편의 총수가 가끔 과장되기도 했지만) 정치적인 시를 쓰는 것에 관심을 가졌던 오든과 스펜더와 같은 시인들이 그에게서 선봉자와 같은 모습을 보았던 1930년대에 와서 주목을 받게 되었다. 딱 4편의 시만이 그 생전에 출판되었는데, 조지시대 사람들과는 반대 입장에 섰던 모더니스트들을 지지했던 『바퀴』(*Wheels*)라는 잡지로 1919년 최초로 그에게 대중들의 관심이 쏠리도록 한 사람이 바로 이디스 시트웰(Edith Sitwell)이었다. 이런 호의적인 인정과는 대조적으로, 예이츠는 오웬을 "피와 오물 범벅인 그리고 설탕물이 묻어 끈적거리는 막대기"라고 불렀다(Yeats 1936a: 80). 예이츠는 전쟁에 대한 "수동적인 고통"은 훌륭한 시가 채택하기에 적당한 주제가 아니라고 생각했다. 그리고 이 점에서 그는 국가차원의 공적인 일들은 시로 옮길 만한 제재가 되지 않는다고 믿었던 에드워드 토마스와 공통점을 찾아냈다.

서순과는 달리, 오웬은 가끔 수사적인 의문점들을, 확실한 묘사들을, 그리고 문학적이고 종교적인 인유들을 사용한다. 예를 들어, 그는 에이브럼(Abrahm)과 아이작(Issac)을 통하여 꽤 분명하게 전쟁에 나가서 싸우는 사람들과 그들을 전쟁터에 보내는 사람 간에 생기는 세대 간의 간격을 보여주고 있다. 「노인과 젊은이의 우화」("The Parable of the Old Man and the Young")에서는 "그러나 노인은 그러지 않으려 했고, 대신 자기 아들을 살해하였으며, / 유럽의 자손들 절반을, 하나씩 하나씩 살해했다"(But the old man would not so, but slew his son,/ And half the seed of Europe, one by one)고 표현했다. 「죽을 운명의 젊은이를 위한 성가」("Anthem for Doomed Youth")에서는 "가축처럼 죽는 사람들을 위해 어떤 조종(弔鐘)들이 울리겠는가?"(What passing-bells for those who die as cattle?)라고 쓰면서 장교로서 자기 자신이 사람들을 도살장으로 데리고 가고 있다고도 느꼈다. 오웬은 자기 시와 서간문들에서 사람들이 겪는 고통과 그들을 십자가에 못 박는 사람의 고통을 목격한 목격자로 자신을 생각하면서 군인들을 예수에 비유한다.

기술적으로, 오웬은 서순에서 시작된 것이 계속해서 진행되고 있는 하나의 과정이기도 했다. 오웬은 ("good/blood"에서처럼, 마지막 모음이 아닌 마지막 자음이 있는 곳에) 아마도 끊임없이 반운(half-rhyme)과 반운 같지만 추가적으로 운을 띠는 자음들을 사용한 "groves/grieves"와 같은 이상(異狀)운율을 사용했던 최초의 시인일 것이다. 도미닉 히벗(Dominic Hibberd)은 전쟁을 묘사하기 위한 "반운과 이상운의 사용은 그것들이 불협화음의 효과와 더불어 제대로 된 운율이 만들어 낼 수 없는 효과를 만들어 내기 때문에 아주 적절하다"고 말한다. "우리는 운율이 완전하기를 기대하지만 사실 그렇지 않다"(Hibberd 1973: 34). 이와 대조적으로 1921년 『타임스지 문학부록』의 당시 서평가는 그것들이 운율일 수 있는가에 대해서 질문하였다(De Selincourt 1921: 59). 오웬의 기법은 운율을 통한 그의 실험들이 모음과 자음으로 잘 연결되어 있는 「이상한 만남」("Strange Meeting")에서 가장 잘 살펴볼 수 있다.

나는 전쟁터에서 탈출하여
티탄 전쟁들이 궁륭을 만들어 버린 화강암을 뚫고 파 놓아
아주 깊고 길어진 어떤 터널 아래에 있는 듯하다.
하지만 거기서도 신음하며 잠든 사람들 때문에 방해를 받아,
생각이나 죽음에 너무 빨리 사로잡혀 더 분발할 수 없었다.

It seemed that out of battle I escaped
Down some profound dull tunnel, long since scooped
Through granites which titanic wars had groaned,
Too fast in thought or death to be bestirred.

오웬과 서순은 에딘버러(Edinburgh) 근처에 있는 크래익로카트(Craiglockhart)

라는 "포탄쇼크를 당한" 군인들을 치료하는 병원에서 만났고, 오웬은 시에 대한 그의 충고를 받기 위해 서순에게 일시적으로 접근했었다. 비록 오웬이 서순보다 훨씬 더 훌륭한 시인이었음이 증명되었지만, 그가 1917년 8월에 서순과의 만남을 갖기 이전에는 아직 전쟁을 다룬 그의 걸작시를 한 편도 쓰지 않았다. 결과적으로 군인들을 비참한 사람들과 유령들 및 잠든 자들로 간주하고 있는 그의 시들이 다루는 주제는 곧 육체와 정신의 파괴이다. 오웬은 「즐겁고 적절하다」("Dulce et Decorum Est")에서 가스전에 대한, 그리고 「노출」("Exposure")에서는 최악의 추위를 「불구자」("Disabled")에서는 육체적 손실의 효과를 전달하면서, 전쟁참호 속의 계속된 충격을 묘사하고 있기도 하다. 전쟁이 정신에 미친 영향을 다루고 있는 그의 최고의 글은 아마도 「정신병 환자들」("Mental Cases")일 것이다:

이 사람들은 누구인가? 왜 그들은 여기 여명 속에 앉아 있나?
무슨 까닭으로 그들은 흔들어대나, 지옥의 그림자들은,
냄새나는 침을 흘리는 턱에서 혀를 내밀어 떨어뜨린 채,
사악한 해골의 이처럼 곁눈질하는 이를 드러낸 채?
. . .
항상 그들은 이러한 것을 보고 들어야 한다,
총들의 마손과 흔들리는 근육의 파열,
비교할 데가 없는 대학살, 그리고 인간의 낭비,
이 사람들이 구해낼 수 없을 정도로 두껍게 몰려 있다.

따라서 아직도 그들의 안구는 고통스럽게 그들의 뇌 속으로
다시 수축되어 들어간다, 그들이 느끼는 햇살은 피로 물들어 있는 것과 같은
것이기 때문이다, 밤은 피가 검게 된 것이다;
새벽은 선혈이 흐르는 상처처럼 열어 제치며 나온다.

Who are these? Why sit they here in twilight?

Wherefore rock they, purgatorial shadows,

Drooping tongues from jaws that slob their relish,

Baring teeth that leer like skull's teeth wicked?

. . .

Always they must see these things and hear them,

Batter of guns and shatter of flying muscles,

Carnage incomparable, and human squander,

Rucked too thick for these men's extrication.

Therefore still their eyeballs shrink tormented

Back into their brains, because on their sense

Sunlight seems a blood-smear, night comes blood-black;

Dawn breaks open like a wound that bleeds afresh.

오웬처럼, 많은 다른 작가들도 「문제 있나요?」("Does it Matter?")에서 서순이 "진흙탕에서 건져 낸 꿈들"이라고 부르는 것을 다루었다. 하지만 전쟁으로 인한 효과를 특히, 「이상한 지옥」("Strange Hells")에 나타난 그의 이미지들로, 사람들의 마음에 가장 잘 전달한 시인이 바로 아이버 거니이다. 1918년에 신경쇠약을 앓았고 1922년부터는 런던시립정신병원에 갇히게 되었던 그는 불안정한 운들을 사용하여 그리고 오웬이 이상 운율을 광범위하게 사용했던 것처럼, 전쟁의 혼란스러움을, 특히 극단의 경험에 대한 조리 있는 사고를 할 수 없는 무능력한 지성과 더불어 제시하는 특이한 문장론으로 글을 쓴다.

알려진 바와 같이, '포탄 쇼크'는 1920년대 영국의 정신의학에 있어 풀어야 할 주된 과제였다. 마이어스(C.S. Myers)에 의해 1915년에 만들어진 그 단어가 의사들 사이에서 인기가 좋았던 것은 그 단어와 꼭 같은 것을 의미하는 '히스테리아'

(hysteria)라는 단어에 비해 그것이 남자다운 음을 가지고 있다는 것과 아무래도 관계가 있는 것 같다. 포탄 쇼크는 다음과 같이 설명되고 있다.

> 갑작스럽게 일어나는 일에 아주 빠르게 반응하면서 무관심과 극도의 흥분이 교차하는 마음상태였지만 집중력 있는 사고를 할 능력은 없다. . . 그것으로 인한 효과들은 점차로 사라진다. 대부분의 경우 혈액이 4내지 5년 동안 깨끗한 상태로 흐르지 않고 있다. 그리고 여러 경우에 있어 전쟁동안 신경쇠약에 걸리지 않으려고 노력한 사람들이 1921년 혹은 1922년에 심한 치명타를 입게 되었다.
>
> (Dowling 1991:87)

1918년 말 경, 포탄 쇼크 환자들 중 8만 명이 군의관에게 치료를 받았고 1920년대에는 전쟁으로 인한 외상과 관련된 연금 신청자가 11만 4천명에 달했다. (1922년 포탄 쇼크를 조사했던 육군성 위원회는 이 용어를 사용하기를 꺼렸다. 왜냐하면 이런 증상으로 고생하는 사람들이 가지고 있는 결점보다 오히려 전쟁이 그들의 신경쇠약에 대한 책임이 있음을 이 용어가 넌지시 시사하고 있기 때문이다.) 그리고 1932년까지, 불구연금을 받고 있는 퇴역군인들의 36퍼센트는 정신적인 부상을 입은 사람들이었다. 군의관들의 첫 반응은 극단적이었다. 예를 들어, 전시에 만약 실제로 육체 부상을 입었다는 것이 발견될 수 없으면 그 사람은 총에 맞아야 했다는 것을 말해주는 것이었다. 포탄 쇼크는 겁쟁이나 명령 불 복종자를 구분할 수 없는 다수를 위한 것이었대[거니의 시 「솜므에서」("On Somme")를 참조하라]. 하지만, 의사들은 점차적으로 신경증(노이로제)에 대한 그리고 무의식에 대한 프로이트(Freud)의 이론을 끌어들이기 시작했다. 그리고 프로이트의 분석이 영국에서 상당한 용인을 얻을 수 있었던 것은 부분적으로는 이 포탄 쇼크 때문이기도 하다.

서순이 분노와 신랄함을 표현한 곳에, 오웬은 더욱 더 감정적으로 관여하는 것처럼 보인다. 그는 풍자적이거나 논쟁적이지도 않지만 그의 시들은 전쟁의 무의미성을, 즉 쓸모없다는 생각을 상세하게 기록하고 있다. "붉은 입술들은 그리 붉지 않다/ 죽은 영국인들이 입 맞춘 피로 얼룩진 돌들처럼"(Red lips are not so red/ As the stained stones kissed by the English dead)(「지대한 사랑」). 4부분으로 구성된 실큰 (Silken)의 모형도에서는, 변화를 논하고 변화를 찾고자 하는 또 다른 종류의 전쟁시 형을 취하였다.

7살 이후로 런던의 이스트 엔드(East End)에서 가난하게 성장한 아이작 로젠버그는 리투아니아계 라트비아(Lithuanian-Latvian) 출신의 유태인이었다(서순의 아버지 역시 유태인이었고, 가족들 중에서 처음으로 다른 종파인과 결혼한 사람이었다). 그는 1911년부터 1914년에 걸쳐 슬레이드 예술학교(Slade Art School)에 다녔고 1915년에는 왕실 소속 랭카스터 연대(King's Own Royal Lancaster Regiment)에 입대하였다. 전쟁은 문체나 어조 면에서 볼 때 그의 시에 큰 영향을 미치지 않았고 오히려 그의 계급과 민족적 배경이 더 중요한 영향을 미친 것 같다. 그의 시들은 병치된 그리고 이상한 이미지들을 사용하고 있다. 예를 들자면, 복잡함과 모순을 전달하기 위한 「참호의 새벽」("Break of Day in the Trenches")의 쥐 그리고 「이 사냥」 ("Louse Hunting")에 나오는 곤충들이 거기에 해당한다. 그는 오웬만큼이나 낭만적이거나 섬뜩한 사람은 아니었다. 그리고 화가에게서 기대해볼 수 있을 정도로, 그의 시는 아주 시각적이다. "여기저기 튀겨져 있는 한 사람의 뇌들/ 들것을 맨 사람의 얼굴;/ 짐이 들려진 그의 어깨에서 짐을 살며시 내려놓는다,/ 하지만 그들이 다시 보기 위해 몸을 구부렸을 때/ 물에 잠긴 영혼은 더 깊이 빠져 든다/ 인간적인 친절함 때문에"(A man's brains splattered on/ A stretcher-bearer's face;/ His shook shoulders slipped their load,/ But when they bent to look again/ The drowning soul was sunk too deep/ for human tenderness)(「시체더미」).

로젠버그는 계급과 민족성에 있어서의 편견을 예리하게 인식하고 있다. "금발의 사람들, 구리 빛의 사람들, 붉은 얼굴의 사람들,/ 동일한 혈통으로/ 모세의 달에 조수를 유지하라./그런데 왜 그들은 나를 조롱하는가?"(The blonde, the bronze, the ruddy,/ With the same heaving blood,/ Keep tide to the moon of Moses./ Then why do they sneer at me?)[「유태인」("The Jew")]. 영국의 사회적인 차별에 대한 관심 외에도, 그의 시에는 전쟁으로 인한 강요된 국가적인 차이들의 부조리 성들에 대한 이해도 있다. "우스꽝스러운 쥐, 그들이 안다면 너를 총으로 쏠 거야/ 너의 사해동포주의적인 동정 어린 행동들./ 이제 는 이 영국인의 손을 잡았다/ 너는 독일인에게도 꼭 같이 할 것이다"(Droll rat, they would shoot you if they knew/ Your cosmopolitan sympathies./ Now you have touched this English hand/ you will do the same to a German)(「참호의 새벽」). 로젠버그가 참호기지내의 상황들에 대한 여러 가지 시각을 만들어 낸 것도 장교가 아닌 보병으로서의 그의 지위 때문이기도 하다(Cohen 1975: 126-7). 예를 들어, 그는 이와 맞서 싸웠던 계속된 전투들과 관련된 전쟁 이미지들을 전개하였다. 「불사신」("The Immortals")은 선과 악 사이에서 고전 분투하는 개인의 외적인 모습을 그려내고 있는데, 그러한 고전분투 속에서 독일인들이 아니라 로젠버그가 죽여야 하는 이들이 그에게 고통을 주기 위해 돌아온다. "나는 내 힘이 다할 때까지 죽였다./ 그리고 여전히 그것들은 나를 괴롭히기 위해 일어섰다"(I killed till all my strength was gone./ And still they rose to torture me). 그리고 「참호의 새벽」에서 그는 어디서나 볼 수 있는 검은 쥐들 중 한 마리의 눈을 통해 전장을 그려내고 있다. 그리고 이러한 거리의 청소부들은 이프레(Ypres)의 한 장교에 의해 묘사되었다.

> 그들은 쓰레기 더미 속에 있는 거의 모든 것을 먹어치웠다, 탁자 보와 작전명령들까지 포함하여! 우리는 큰 고양이를 빌려 와, 그것들을 밤에 모조리 해치우기 위해 고양이를 가둬두었다. 그리고 그 다음 날 아침 고양이를 가둬두었던 곳이 비어있음을 알게 되었다. 그 쥐들이 고양이를 잡아먹었고, 고양이 뼈

를, 털을, 그리고 나머지 모든 것을 쥐구멍 속으로 질질 끌고 들어갔음에 틀
림없어.

(Fussell 1975: 49)

전쟁을 "곡식이 무르익은 들판을 관통하듯 만들어진 불타버린 곳/ 아름다운 입
에 걸맞지 않는 부러진 이"(A burnt space through ripe fields,/ A fair mouth's
broken teeth)[「1914년 8월」("August 1914")]로 묘사했던 로젠버그는 마음속으로
는 신화적인 욕망과 운명 지어진 싸움들로 전쟁을 그려내었다. 그는 가장 잘 된 그
의 시가 「전쟁의 딸들」("Daughters of War")이라고 생각하였다. 여기서 그는 인간
이 개입한 전쟁의 의미를 파악하려 애쓰고 있다.

> 이 전쟁의 인간적인 (혹은 비인간적인) 면이 가지고 있는 냉혹함에 대한 의미
> 를 얻어 내기 위해. 이것은 인간 삶의 이면도 파악하고 있다. 시의 두 번째
> 부분에서 말하고 있는 '아마존'은 애인도 없는 여자라고 생각되어 진다. 반면
> 그녀의 다른 자매들은 살해당한 후에 풀려난 남자들의 영혼들을 그들의 애인
> 으로 삼고 있다[21].

절대로 죽지 않는 아마존들은 싸움에서 죽어야만 이들을 찾아오게 되는 자기 애
인들을 기다리고 있는 동안 춤을 춘다. "연약한 손들이 인간이 처한 곤경 속에서 희
미한 빛을 받아 번쩍인다, 그리고 재의 입술들/ 울부짖는 것 같다, 빛이 바랜 슬픈
그림들 속에서처럼/ 푹 꺼진 그리고 이상한"(Frail hands gleam up through the
human quagmire, and lips of ash/ Seem to wail, as in sad faded paintings/ Far-
sunken and strange). 상실과 욕망, 사랑과 죽음을 다루는 더 유명한 작품인 「시체더
미」는 이 시에 맞춰 짝을 이루는 동반 작품을 만들어 낸다. 여기서 로젠버그는 아마

---

21 1917년 7월 30일 에드워드 마쉬(Edward Marsh)에게 보낸 편지(Rosenberg 1979: 260)

존들이 그들을 들어 올렸을지도 모르는 땅으로 다시 귀환하는 죽은 군인들을 그리
고 있다.

> 엎어진 사자들 위로 비틀거리며 지나는 차바퀴들
> 허나 그들은 아프지 않았다. 비록 자기 뼈들이 으스러졌지만,
> 그들의 닫힌 입들은 신음소리를 내지도 않았다,
> 그들은 거기에 몸을 웅크린 채 누워있다, 친구와 적군,
> 남자에게서 그리고 여자에게서 태어난 사람,
> 그리고 그들 위로 포탄이 울어대고 있다
> 매일 밤마다 그리고 지금도.

> The wheels lurched over sprawled dead
> But pained them not, though their bones crunched,
> Their shut mouths made no moan,
> They lie there huddled, friend and foeman,
> Man born of man, and born of woman,
> And shells go crying over them
> From night till night and now.

두 편의 시 모두 남자들과 여자들이 개인적으로 가지고 있는 아픔과 열망 그리
고 집단적인 고통과 더불어 산 자와 죽은 자의 차이에서 갈팡질팡하고 있고, 또한
그렇기 때문에 그 차이가 모호하게 드러나고 있다. 죽을 운명과 불멸성에 대한 이미
지에 동시에 눈길을 줌으로써 로젠버그는 전쟁의 종식, 그리고 다음 장에서 논할 예
정인 엘리엇이 『황무지』로 전후세계를 분석해 놓은 것에서 볼 수 있는 일종의 죽음
과 재생을 지적하고 있다. 이 시들은 성과 욕망의 차이들과 관련된 매력을 가진다는
점에서 서로 공통된 점이 있다. 전쟁의 전멸성과는 상치되는 재생을 만들어 내는 성

적인 충동, 그러나 그것이 남자와 여자들을 하나로 묶어주는 만큼 둘 사이를 갈라놓기도 한다.

성과 성욕

미국의 소설가 마리 폰 보스트(Marie Von Vorst)는 런던에 거주하던 영국인들이 전쟁을 열렬히 찬성했던 그 열정에 주눅이 들었지만, 루스 애덤(Ruth Adam)은 여성들에 대해서 말하고 있다.

> 그들이 할 수 있는 것은 아무 것도 없었다. 반면에 남자들은 징병 사무소 바깥에 줄을 섰고 큰 광장에서 훈련을 받았으며 입이 험한 남자들에게 맞도록 변형시킨 애국심을 일깨우는 노래들을 부르며 시골길을 행군하였다. 여자들에게는 유쾌하고 새로운 모험에 가득 찬 삶을 시작한다는 생각이 없었다.
>
> (Khan 1988: 17 and 139)

그러나 새로운 기회들에 대한 그리고 새로운 생활들에 대한 생각이 가끔씩 『내 가슴의 상처』에 수록된 전쟁기간의 여성시인들에 의해 제시되기도 한다. 그리고 여기에는 니나 맥다널드(Nina MacDonald)도 포함된다. 그녀는 "소녀들은 어떤 일들을 하고 있다/ 그들은 전에 그것을 한 번도 해 본 적이 없었다./ 버스 차장들처럼 가거라,/ 자동차나 군대 수송차를 운전하라,/ 온 세상이 뒤죽박죽이다/ 전쟁이 시작된 다음부터"(Girls are doing things/ They've never done before,/ Go as bus conductors,/ Drive a car or van,/ All the world is topsy-turvy/ Since the War began)라고 「전시의 노래를 불러라」("Sing A Song of War-Time")에서 노래한다.

노신 칸(Nosheen Khan)은 『제1차 세계대전 동안의 여성시』(*Women's Poetry of*

the First World War)에 대한 그녀의 논의에서 그녀가 낭만주의자들에서부터 불쾌감을 느끼는 사람들에게서 찾아낸 다양한 범위의 반응들을 강조하고 있다. 그녀는 자신의 책을 분할하여 전쟁 이미지와 국내에서의 그리고 전선에서의 생활에 관한 시들에 대한 분석들로 세분화한다. 앞으로 두 장에 걸쳐 전쟁을 종교와 자연에 비교하는 시들에 대해 생각해 볼 것이고, 마지막으로 논의해야 할 사항은 여성들의 슬픔과 고통에 그 초점에 맞춰져 있다. 만약 우리가 1차 세계대전 때 쓰여진, 오늘 날 대체로 많이 다루어서 읽히고 있는 남성들의 시들이 전쟁과 전쟁참호기지에서의 경험과 관련 있다는 것을 고려해 본다면, 여성들의 시들은 남자들보다 더 광범위한 주제와 전쟁동안의 인생에 대한 여러 가지 반응들 둘 다를 다루고 있다고 쉽게 주장할 수도 있겠다. 여성시인들의 시 중 일부는 남자들에 의해 쓰여진 전쟁 초기 시들의 상당수가 그러하듯이, 선전에 불과한 것도 있다. 예를 들자면, 이사벨 클락(Isabel C. Clark)의 「대 퇴각 기념일」("Anniversary of the Great Retreat") (1915)이다. "오, 영국이여, 그들의 명성을 노래와 노랫말로 불러라,/ 삶의 패배가 아닌 죽음의 승리를 누가 알았단 말이냐"(O England, sing their fame in song and story,/ Who knew Death's victory not Life's defeat). 노라 범포드(Nora Bomford)와 같은 다른 시인들은 불평등에 대한 것들에 "왜 남자들은 암흑과 맞서야 하는가, 여자들이 가만히 있는 동안에도/ 매일 살아있고 웃으며 그리고 태양을 만나기 위해"(Why should men face the dark while women stay/ To live and laugh and meet the sun each day)라고 「징병」("Drafts")에서 항의한다. 그러나 매들린 아이다 벳퍼드(Madeline Ida Bedford)의 「군수품 보상」("Munition Wages")이나 매리 가브리엘 콜린스(Mary Gabrielle Collins)의 「군수품 제조 여인」("Women at Munition Making")과 같은 시에서 예를 들자면, 가장 두드러지는 이미지는 가끔씩 열정적으로 그러나 때로는 경멸적으로 그려지기도 하는데, 새로운 직업들과 사회적인 역할들을 및 임금을 경험하는 여성들의 이미지들이다.

많은 시인들이 전쟁을 경험한 비탄에 빠진 여성들을 다루고 있는 반면, 몇몇 시인들은 전쟁과 여성과 관계에 대해 다른 여성들에게 직접적으로 말한다. 헬렌 해밀튼(Helen Hamilton)은 에멀린 팽커스트의 "선의의 전쟁"이라는 사상을 따랐던 많은 여성참정권 주의자들처럼, 제시 폽(Jessie Pope)의 시 「전화」("The Call")에 나오는 화자와 같은 "하얀 깃털을 단 행동가"인 "맹목적인 여성 애국자"(The Jingo-Woman)를 비난한다. 비록 워즈워스를 넌지시 말하고 있으며 줄지어 여러 줄의 바느질 땀들을 일렬로 늘어선 군인들의 행렬과 비교하고 있기는 하지만, 폴린 배링턴(Pauline Barrington)의 「교육」("Education")은 여성들이 그들의 아이들을 투사로 키우지 말도록 부탁하고 있다.

만일 아이가 어른의 아버지라고 한다면
장난감 총이 크루프 가의 아버지란 말인가?[22]
　　　제발 생각 좀 해 보세요!
　　　당신이 바느질을 하는 동안
　　　한 줄 한 줄.

If the child is father to the man,
Is the toy gun father of the Krupps?
　　　For Christ's sake think!
　　　While you sew
　　　Row after row.

다른 여성시인들은 전시에 남자들이 처한 상황들을 생각하고 있다. 주로, 이러한 것들은 앨리스 코빈(Alice Corbin)의 「쓰러진」("Fallen")이나 사이빌 브리스토우

22　이 시는 워즈워스의 「내 마음은 뛰누나」("My Heart Leaps")를 패러디한 것으로 크루프 가는 독일의 철강·무기 제조업자 일가다.

(Sybil Bristowe)의 「꼭대기를 넘어」("Over the Top")처럼 죽음과 참호기지들을 더 많이 다루는 시들이다. 그러나 어떤 시들, 즉 베라 브리튼(Vera Brittain)의 「해산병들에 대한 애가」("The Lament of the Demobilised")를 포함한 시들은 선정주의자들의 측면에 대해 그다지 많이 고려하지 않고 있다. "다른 사람들은 뒤에 가만히 숨어 있고 그저 하던 일을 계속했다─/ 우리들이 멀리 떠나 간 이후로 일을 더 잘 했다./ 그리고 우리가 집에 와서 알았을 때/ 그들은 이미 이루어냈고, 그래서 남자들은 그들의 이름을 높이 받들었다./ 하지만 결코 우리들의 이름은 거론하지 않았다."(others stayed behind and just go on─/ Got on the better since we were away./ And we came home and found/ They had achieved, and men revered their names,/ But never mentioned ours) 이와 유사한 감정은 전쟁동안 출판된 여성들의 시에도 적용되는데, 이는 명시선 편집자들이 "도덕적인 그리고 문학적인 발전이 문학적 감수성에 가해진 전쟁의 압박감에 좌우되는 '주류 시인들'의 정전을 바탕으로 예측된 시각에서" 시인들을 골랐기 때문이다(Featherstone 1996: 20). 전선에서 있는 사람들과 가정 내에 있는 사람들 간의 구분을 계속해서 유지하고 있기 때문에 전쟁시는 전투에 관한 것이고, 그래서 그런 이유로 군인들만이 경험할 수 있는 것과 그들에 관한 내용으로만 쓰여졌다고 생각되었다. 또한 그러한 시들의 가치는 종종 전쟁의 잔학성에 대한 극도의 인간적인 불쾌감을 전달하는 능력에 의해 평가를 받았다. 따라서 시 이면에 깔린 "위험과 혼란"으로 더욱 더 어렵게 글을 썼던 에드워드 토마스와 같은 시인들에 대한 반응들은 경시되었다(Motion 1980: 91-137). 씨슨(C.H. Sisson)은 토마스의 "전쟁에 대한 전반적 태도가 잘못되었다. . . '전쟁 시인들'은 전쟁에 대한 대중적인 감정을 반영해야 한다"고 강력하게 주장한다(Sisson 1981: 80). 여성들의 글쓰기는 또한 소위 전쟁의 '현실성'이라고 하는 것과의 관련성이 부족하다고 생각되었다. 그래서 비록 『내 가슴의 상처』가 광신적 애국주의자의 이데올로기들과 문학적인 진부한 표현들로 가득한 훌륭하지 못하지 못한 시들을 신고 있다고 재닛 몬

테피오레(Janet Montefiore)도 주장했지만, 그들의 시들은 시 선집에 수록되지 못하는 운명을 갖게 되었다[23].

그래서 여러 가지 이유로, 시인은 전쟁을 이끌어 가고 있는 기관의 선전에 반대하는 전쟁참호에서 본 것을 진실하게 표현하는 사람으로 생각된다.[24] 전선을 이렇게 강조하다보니 시에 나오는 다른 전쟁경험에 대해서는 말을 하지 않는 결과를 초래했다. 예를 들어, 여성들이 여성 직업에 종사할 수 있게 된 것은 물론 1차 세계대전 때이었다. 1911년 한 해만 해도 기혼 여성의 10퍼센트가 직업을 가지고 있었다. 전시 중에, 더 많은 여성들이 자기 자신의 일자리와 상당한 보수를 보장해 줄 임시 기회를 느닷없이 발견하게 되었다. 나나 맥다널드가 「전시의 노래를 불러라」에서 묘사하고 있듯이, "마미는 집안일을 한다,/ 가정부를 구할 수 없다,/ 군수품들을 만들러 가버렸다/ 돈을 더 많이 받기 때문이다"(Mummie does the house-work,/ Can't gey any maid,/ Gone to make munitions/ 'Cause they're better paid). 빅토리아시대 사회가 주장하는 여성적이고 감정적이며 가정적인 개인 세상과 남성적이고 이성적이며 사회적인 업무가 있는 공적인 세상간의 격차가 무너져 내리고 있다. 1915년에는 교육을 많이 받지 못하거나 아니면 형식 교육조차 받지 못한 전국의 주부들에게 많은 정보를 알려주고 아울러 그들의 시야를 넓혀줄 의도로 여성 연구소(Women's Institute)가 제정되었다. 하지만 육상에서나 공장에서의 이러한 직업들은 전쟁이 한창 진행 중인 참호기지와 꼭 같은 강렬함이 들어 있는 시를 쓸 정도의 영감을 불어넣어 줄 것 같지 않았고, '군인 시인들'도 대체로 여성들에 대한 혹평을 가

---

23 몬테피오레는 이 재판 본에 대한 그녀의 쟁점을 수정하지 않았지만 1993년 에세이에서는 그녀의 견해가 인정을 받았다(Janet Montefiore 1994: 65-70).

24 전쟁기관의 선전에 대해서 랜들 스티븐슨(Randall Stevenson)은 이렇게 쓴다. "평생 동안의 언론에 대한 의구심이 평범한 사람의 전쟁에 대한 체험이 지속되는 결과가 되었다. 활판인쇄의 가치폄하와 심지어 언어 자체에 대한 평가절하 역시 세계대전에서 비롯된다."(Stevenson 1993: 185)

하였는데, 이는 그들과 같은 사회에 속한다는 결속감이 결과적으로 '가정에서' 여성들이 새로이 가지게 된 자유에 대한 분노를 초래했기 때문은 아니다[25]. 오웬의 「불구자」와 「나의 시에 대한 변명」("Apologia pro Poemate Meo"), 서순의 「여성들의 영광」("Glory of Women"), 그리고 로젠버그의 「전쟁의 딸들」은 (제시 폽의 「전화」와 같이) 남자들이 전쟁에 나가 싸우도록 용기를 북돋는 여성들에게 적대적이었다. 그러나 이것은 전체 분위기를 일반적인 비호감, 즉 모든 여성들과, 두 번째로는, 전쟁에 나가 싸우지 않는 모든 사람들에 대한 비호감으로 몰고 가는 듯하다. 이러한 균질적인 행동에 반감을 표하는 여성시인들은 그들 자신이 맡아야할 역할을 다각적으로 보았다. "기자, 선전가, 번역가, 대변가, 풍자가, 애가시인, 치료사 그리고 공상가"(reporters, propagandists, interpreters, advocates, satirists, elegists, healers and visionaries)(Khan 1988: 4)가 그 역할들이다. 더욱 더 일반적으로, 오웬과 서순은 자기네들 생각에, 전쟁과 전쟁참호기지의 잔혹성들과 그곳에서 일어나는 현실적인 일들을 모른다고 생각하는 일반시민들에게 적대감을 가지고 있었다. 특히, 서순의 시들은 전쟁에 참여하여 싸우는 모든 사람들인 "우리들"(Us)과 장군들이나 일반 시민들, 신부들, 그리고 정치가들, 즉 전쟁에 참가하지 않는 사람들인 "그들"(Them) 사이의 구분을 만들어 내고 있는 것 같다. 이와 반대로, 샌드라 길벗(Sandra Gilbert)은 전쟁을 다루는 여성들의 글쓰기가 무의식적인 반항적 서브텍스트(subtext)[26]를 담고 있다고 주장했다. 그들의 시는 해방감뿐만이 아니라 전쟁 전 남성지배에 대한 분노와 그것으로부터 벗어나고자 하는 강한 열망에 의해 부추겨 진 것들이다(Gilbert and Gubar 1989). 물론 그러한 해방은 일부가 전쟁의 종식과 함께 찾아 왔다. 1918년에는 30세 이상의 여성들에게 투표권을 부여하였고, 1919년 성별 박탈법(Sex

---

25 폴 퍼셀(Paul Fussell)은 참호가 총 25000마일에 이른다고 추정한다. 지구를 충분히 에워쌀 만한 길이다(1975: 37). 젠더에 대한 논쟁은 다음에서 제기되어 있다. 'Soldier's heart: Literary Men, Literary Women and the Great War,' Gilbert and Gubar 1989: 301.

26 문학 작품의 배후에 숨은 의미

Disqualification Act)라고 하는 공직에 옥스브리지(Oxbridge) 출신의 여성들을 채용한다고 허락하는 부분적인 조치, 그리고 미망인들이 연금을 수혜 받을 수 있는 권리 등이 그런 것들이다.

남성들이 전시에 썼던 시로 인해, 전쟁 전의 전원에 대한 애정과 사회적인 의무를 다루었던 상당수의 시들이 동정심이나 숭배 및 열망과 같은 개인적인 감정들로 변형되었다. 이것은 전쟁시에 주로 끼친 영향력 중의 하나이다. 전원에 대한 추상적인 "공상의 사회"는, 아주 많은 남자들이 함께 모이게 되고 그들이 만난 개인들에 대한 강한 애착심을 발전시켜 나갈 때, 이보다 덜 중요한 자리로 내려앉게 된다. 따라서 전쟁에 대한 공포는 새로운 시를 쓰도록 하는 유일한 자극제다. 또한 새로운 공동체들에 대한 동료의식과 우정이 있다. 동일한 사회적 환경이 평화시기의 표현법에서 사랑 또는 욕망에 대한 선택적인 표현법을 만들어 내듯이 전쟁도 성욕을 표현하는 나름의 표현법들을 만들어 낸다. 상당수의 전쟁시들은 사랑시에서 흔히 더 많이 볼 수 있는 이미지들인 눈, 장미, 그리고 음악 등을 가지고 있다(Hibberd 1973: 44). 오웬은 「나의 시에 대한 변명」에서 다음과 같이 말한다.

나는 친구들과 친교를 나누었다—
　　오래된 노래로 행복한 연인들에 대해서 말하지 않았다.
　　사랑은 아름다운 입술과 실크처럼 부드러워 보이고 긴
　　눈을 묶어 놓은 것이 아니기 때문이다,

즐겁게, 리본이 미끄러져 풀리는,—
　　그러나 전쟁의 강한 말뚝에 감긴 단단한 철사에 묶여;
　　붕대에 감겨 피가 떨어지는 팔;
　　소총의 가죽 띠가 달라붙어 있는.

I have made fellowships—

Untold of happy lovers in old song.

For love is not binding of fair lips

With the soft silk of eyes that look and long.

By Joy, whose ribbon slips, —

But wound with war's hard wire whose stakes are strong;

Bound with the bandage of the arm that drips;

Knit in the webbing of the rifle-thong.

여성들은 여기서 제외된다. "당신들이 지옥에서 그들과 함께 하는 것을 제외하고는"(except you share with them in hell). 오웬의 시 「지대한 사랑」은 다음과 같이 시작한다. "붉은 입술은 그렇게 붉지 않다/ 죽은 영국인들이 입맞춤한 피로 얼룩진 돌만큼이나"(Red lips are not so red/ As the stained stones kissed by the English dead). 오웬은 또한 "청년들의 심장에 파고 들어가고 싶어 하는/ 무딘 소총의 탄환들"(blunt bullet-leads/ Which long to nuzzle in the hearts of lads)에 대한 글을 쓴다.

오웬의 초기 시들 대부분은 동성 간의 에로티시즘 (특히, 키스하는 것)과 종교적인 도해를 서로 혼합한다. 그는 실제로 신학을 공부했고 2년간 레딩(Reading)근처에 있는 교구의 목사보조로 일하기도 했다. 로벗 그레이브즈가 오웬을 크레익로카트 군인병원에서 만났을 때, 그는 "종교적인 배경을 갖는 이상적인 동성애자"가 되기로 결심했다고 한다(Fussell 1975: 289). 다른 많은 시인들과는 달리, 오웬은 전시의 삶을 영국에 있는 집으로 돌아왔을 때의 삶과 거의 비교하지 않았다. 대신에 남자/소년/청년 또는 단체를 너무 동일시하는 경향이 있다. 그는 엄청나게 많은 신체 기관들을 언급하고 있는데, 신체기관의 절단은 전쟁의 해체와 그의 소망의 구체화 둘 다를 암시하고 있다. 그가 표현하는 감정들은 자기희생적이고, 감정이입, 동료애, 그리고 찬양이다. 이전의 작가들이 이상적인 '영국'과 영국의 전원풍경에 대해 느꼈던 감정들을 오웬은 개인들과 관념적인 남성의 인간적인 아름다움에 대해 느꼈던 것이다.

로벗 니콜스(Robert Nichols)의 「사상자」("Casualty") 또는 로벗 그레이브즈의 「죽지 않음」("Not Dead")과 같은 예들을 염두에 두고서, 퍼셀은 1차 세계 대전 시 속에서 어느 누구나 "독특한 신체의 부드러움을, 공개적으로 젊은 남자의 육체의 아름다움을 높이 찬양할 자세를 갖추고 있음과, 남자들도 서로 사랑에 빠질 수 있음을 미안해하지 않지 않고 인정하고 있다는 사실"을 알아챌 수 있다고 말한다(Fussell 1975: 279-80). 퍼셀에 의하면 군인들이 목욕하는 장면은 "전쟁에 대한 거의 모든 기억에 나타나는 소도구 적인 장면"이 되고 있다(Fussell 1975: 299). 하우스먼(A.E. Housman)의 『슈롭셔 청년』(*A Shropshire Lad*)(1896)에 나오는 중대들의 엄청난 인기를 인식하고 있는 퍼셀은 '남자', '소년', 그리고 '청년'이라고 하는 단어들 그 각각은 분명한 동성애적 사랑의 공명을 가지고 있다고 말한다. "남자들은 주로 중립적이다; 소년들이라고 하는 말은 훨씬 더 따뜻한 느낌을 준다. 청년들이라는 말은 아주 따뜻하다"(Fussell 1975: 282). 그는 이것을 1890년대의 데카당파와 유미주의자들, 특히 아서 시몬즈(Arthur Symons), 오스카 와일드(Oscar Wilde), 에드워드 카펜터 (Edward Carpenter), 그리고 알레이스터 크롤리(Aleister Crowley)를 포함하는 동성 애자들(Uranians)이 누린 인기와 결부시킨다.

> 80년대 후반 이후 옥스퍼드와 런던에서 대체로 죄가 되지 않는 성도덕으로 소년을 사랑하는 것에 대한 매력을 증명해 보이는 팸플렛들, 시들, 스케치들, 회화 그림들, 그리고 사진 '예술 연구들'과 같은 잇단 행렬을 뿜어내는 열정적 인 일단의 소아 이상성욕자들.
>
> (Fussell 1975: 283)

반대로, 오웬은 자신은 "시에 관심이 없다"는 유명한 글을 썼다. 하지만 그가 주로 다루고 있는 주제는 "전쟁, 그리고 전쟁에 대한 연민"이다(Sisson 1981: 82). 유미주의 자들에게 있어, 주제란 시에게는 부차적인 것이었고, 심지어는 불필요한 것이기도 했다.

많은 비평가들은 보통 연민과 숭배, 즉 단순한 욕구가 아닌 감정들로 순화되기도 하는 다른 군인들의 육체적 아름다움에 대한 오웬의 관심에 대해 논의한다. 군인 자신의 정신적·육체적인 이중성에 대한 협상으로 관심을 끄는 시는 에젤 릭워드(Edgell Rickword)의 「병사가 자기 몸에게 말하다」("The Soldier Address His Body")이며, 여기서 "만약 당신이 술에 취해 비틀거린다면 나는 미쳐 버릴 거예요/ 우리, 당신과 나는 서로 함께 즐거운 시간을 보냈어요"(I shall be mad if you get smashed about/ we've had good times together, you and I)라고 말한다. 이는 상당수의 전쟁 시들과 함께 관습들을 새로운 환경 쪽으로 눈길을 돌리게 하려는 시도이다, 그래서 또 다른 이를 잃어 버렸다는 공포감을 그대로 옮겨 놓은 시는 신체적인 위협과는 분리된 주제의 관계로 변한다. 아이버 거니 역시, 서정시의 전통적인 주제들과 「사랑하는 이에게」("To His Love")에 나타난 전쟁의 파괴력 사이의 긴장을 표현하고 있다. 그 시는 자신이 잊어야 한다는 것을 알고 있는 "붉게 젖은 것"(that red wet Thing)을 가려줄 꽃들을 요구하는 것으로 끝이 난다. 대체로, 그런 시들은 강요된 분리들을 통해서 뿐만 아니라 전선에서 그리고 공장에서 새로운 동일한 사회적 환경들을 만들어 냄으로써 전쟁이 남자들과 여자들에게 억지로 성과 성관계들을 재정립하는 정도를 강조하고 있다.

결론

한편, 널리 유행하는 문학 스타일의 중요성이 과소평가 받아서는 인된다. 키플링과 뉴볼트와 같은 아주 뛰어난 귀감인물들이 있으면서도, 대부분의 시인들, 특히 여성들이 의존할 만한 대안적인 담론은 거의 없었다. 사적인 그리고 감상적인 생각을 글로 옮겨 쓰는 전통이 있었다. 그러나 후기 빅토리아 시대에는, 애국적 남자다운 근육을 지닌 기독교의 이상이 사용할 수 있는 표현의 양식들을 제한하였다. 그러한 견해들은 전시의 개인과 국가에 대한 1914년 이전의 개념이라는 말로 요약될 수 있다. 그것은 뉴볼트의 「불 켜진 횃불」에 나타나 있다. "눌려 찌그러진 개틀링 소총과 사망한 대령,/ 그리고 먼지와 연기로 앞을 볼 수 없는 연대;/ . . . 하지만 남학생의 목소리가 사병들을 다시 모아 들인다:/ '힘내! 힘내! 그리고 힘내서 싸워라!'"(The Gatling's jammed and the colonel dead,/ And the regiment blind with dust and smoke;/ . . . But the voice of a schoolboy rallies and ranks:/ 'Play up! play up! and play the game!) 뉴볼트가 전쟁을 단체경기로 생각하고 있다는 것은 중대원들이 노맨즈랜드(No Man's Land)를 가로질러 나아갈 때 그들의 앞에 나서서 축구공을 차는 평범한 연습이 그 좋은 예가 된다. 이것은 1915년에 시작되었는데, 전쟁이 끝날 때까지 직업 축구선수를 했던 더비 경(Lord Derby)이 영국의 축구선수들에게 다음과 같은 말을 했던 바로 그 해이다. "당신들은 우승컵을 놓고 서로 힘을 합쳐 그리고 서로 반대편에서 경기를 했습니다. 이제 영국을 위해 서로 힘을 합쳐 경기를 해야 합니다"(Parfitt 1990: 33). 전쟁 못지않게 시 역시도 시인이 "영국을 위한 글을 써야하는" 국수주의자 업무라고 생각되었다. 그러한 이유들 때문에, 에드워드 토마스는 참호기지에서 좋은 글이 나오리라는 희망을 거의 가지고 있지 않는다고 주장하였다.

반면에, 전쟁시들의 정전은 어느 정도로는 시의 형판이 부서져 버렸다는, 지금껏 관례적으로 사용되던 형식들이 전복되었다는, 그리고 시어가 변경되었다는 대충 이런 생각으로 구축되었다. 분명, 그러한 변화가 여성들의 시에만 생겨난 것은 아니다. (만약, 누군가가 그러한 분류에 대해 굳이 말해야 한다면) 여기서, 문체들과 주제에 관한 문제는 종종 확실하게 당시의 주류 시였던 것을 흉내 내기 좋아하는 것들이다. 그러나 전쟁시인들은 현존하는 언어를 사용하는 것이 충분하게 진실하지도 그리고 그들의 목적들을 이루어 주기에 열성적이지도 않다는 사실을 알아냈다. 다른 문체들과 시형식들이 필요했다. 틀림없이, 이것은 몇몇 시인들, 말하자면 오웬과 로젠버그같은 사람들이, 현존하는 형식들이 그것들과 상반되는 선전운동 그리고 지배계급의 가치관들과 너무 밀접한 관계를 맺고 있다는 것을 알아차렸기 때문이다(Coyle 1995).

폴 퍼셀(Paul Fussell)은 언어에 있어 이러한 변화를 '고상한' 어법의 상실로 말하고 있다. 전쟁이 끝난 후에, '절규'(ejaculation) 그리고 '교제'(intercourse)와 같은 단어들은 순수한 의미로 더 이상 사용될 수 없었다. 전쟁터에서의 '싸움', 또는 '죽음', '운명', 아니면 루펏 브룩의 말로 하자면, "붉은 것/ 젊은이의 달콤한 와인"(the red/ Sweet wine of youth)이 되는 군인들의 피라는 단어들도 더 이상 존재하지 않았다(Fussell 1975: 21-3). 어법에서의 이러한 변화는 가끔씩 암시되는 것만큼 갑작스럽거나 완전한 변화가 아니었다. 그리고 널리 알려진 바대로 예이츠가 윌프렛 오웬을 『옥스퍼드 현대시집』(*The Oxford Book of Modern Verse*)에서 빼놓으려고 했었는데, 이는 부분적으로 "그는 시인(poet)들을 '음유시인'(bards)이라고 부르고, 어린 여자아이(girl)를 '소녀'(maid)라고 부르면서 '거대한 전쟁'(Titanic wars)에 관한 이야기를 하고 있기 때문"(Yeats 1936a: 80)이었다. 예이츠 그 자신은 그런 전쟁시를 하나도 쓰지 않았고 그의 글 「전쟁시에 대한 질문을 받고서」("On being asked for a War Poem")에서 그 이유를 설명하였는데, 그 글에서 그는 자기가 생각하는 '정치가' 그리고 시인은 전쟁에 대해 논의해야 한다고 생각하지 않음을 확실하게 밝혀 두었다. 리처드 올딩턴과 같은 이미지스트들을 제외한, 모더니즘의 영향이 참호 속의 전쟁 시인들에게는 강하게 와 닿지 않았었다. 그러나 그 형식적이고 언어적인 실험들이 데이빗 존스(David Jone)가 솜므에서 사병으로서 겪었던 경험을 토대로 만들어진 아주 훌륭한 산문시 『괄호 안에서』(*In Parenthesis*)를 통해 이루어지고 있다. 1937년에 출판된 그 시는 훈련지에서 전장으로 이동하는 웨일즈 대대의 여정에 관한 복잡한 명상이다(Silken 1987: 315-40).

> 검은색을 띤 면이 깎인 쇠같이 단단한 타원형이 진균류가 폭신폭신하게 덮인 습지로 아주 느릿느릿 움직이고, 나지막한 잎사귀 아래, 방금 막 비열한 인간이 빠져 나온 곳 근처에 있는 그곳에 눕기 위해 비틀거리며 간다. 그리고 거친 뿌리 섬유질들이 가장 초록빛 나는 선조(線條)세공된 곳으로 다시 돌아온다. 그리고 던져진 흙덩이들이 하늘을 스치고 지나가는 방금 쏘아 올린 덧없는 사격들을 방해한다.

> Dark-faceted iron oval lobs heavily to fungus-cushioned dank, wobbles under low leaf to lie, near where the heel drew out just now; and tough root-fibres boomerang to top-most green filigree and earth clods flung disturb vfresh fragile shoots that brush the sky.

그러나 전쟁 동안에 확실하게 일어났던 것은 바로 진실, 의무, 그리고 권위에 대한 일반적으로 받아들여져 표준이 되는 생각들 쪽으로 태도 면에서 변화가 있었다는 것이었다. 결과적으로, 뉴볼트는 오웬과 이와 유사한 다른 시인들을 헤이그와 「노인들」("Old Men")이 겪는 진짜 두통거리를 모르는 "망가진 사람들"(the broken men)이라고 부를 수 있었다[27]. 대체로, 전쟁이 일어났을 당시 40세였던 체스터톤 (G.K. Chesterton)은 죽은 자들의 전쟁과 그들의 주인들의 전쟁간의 차이점을 요약하기 위해 직접 코믹스러운 「시골교회마당의 애가」("Elegy in a Country Churchyard")를 썼다. 그는 통치자 자신들의 "무덤이 아직 없다는 것"은 영국에게 있어 수치였다라고 결론지었다.

---

27 1924년 8월 2일자 편지발췌문을 참조할 것(Hibberd 1981: 65)

분명, 전쟁이 시작할 당시 그렇게 많은 "시민들"이 군인이 되겠다고 서명했던 한 가지 이유는 1장에서 내가 논의했던 "영국"을 보호하고자 하는 강한 열망 때문이었다. 한편으로, 이것은 온 세상을 다 알았었던 그리고 전 세계에 걸쳐 *팍스 브리태니카*를 만들어 냈던 가장 큰 제국을 통치했던 그 나라를 방어한다는 것을 의미했다. 반면에, 대부분(75퍼센트 이상)의 시인들이, 그리고 대부분의 군인들이 도시지역에 거주했다하더라도, 이러한 도시 거주민들과 에드워드 시대의 지방 사이에 형성된 유대는 있었다. 이것은 이론적으로 계층, 성, 혹은 지방에 관계없이 모든 사람들이 공유할 수 있는 유대관계였다. 이국땅을 영원히 영국적인 것으로 만드는, 브룩의 군인의 매장이 전쟁이 시작될 당시 온 나라 대부분에게 호소력이 있었다. 하지만 몇 년이 지난 후에도[28] 그와 꼭 같은 매력을 지니고 있을 것 같지는 않았다. 그때 아이버거니는 이런 시를 만들었다.

> 내가 평범한 영웅적 힘을 기억할 때
> 그리고 이프레 대기소들이 보여주는 미덕이 빛날 때,
> 그때 바보들을 위해 사내아이들이 쓴 허튼 소리들을 읽어라
> 결국 누워버린 영국의 군인들을 칭찬하며,
> 그들은 영국이 영광스럽게 새로워지고, 해묵은 얼룩에서
> 벗어날 꿈을 순수하게 꾸는 사람들이다

---

28 그와 같은 적대감을 이용한 것은 다양한 "잉글랜드"의 협의체라기보다는 지배계층이었다 윌프렛 오웬은 1917년 1월 19일자 편지에 자기 어머니에게 역겨움을 써 보냈다. "그들은 우리가 최고의 것을 유지하기 때문에 잉글랜드를 사람이 살지 않는 나라(No Man's Land)로 부르고 싶어 한다. 그곳은 이를 가는 영원한 장소와도 같다. 그 분화구들 중 한 곳에는 절망의 구렁텅이가 있을 수 있다. 소돔과 고모라(Sodom and Gomorrah)의 불길이 한 자루 양초 불을 켜지 못할 수도 있다. '잉글랜드'라고 부를 수 있는 양초를! 나는 내 집(!)을 크럽 빌라(Krupp Villa)라고 부르거나 내 아이를 곧 클로리나 포스제나(Chlorina-Phosgena)라고 부를 것이다." (Silkin 1987: 201-2) 반면에 오웬은 전쟁을 뒤에서 이끌었던 장군들을 경멸하면서도 국가는 성스러운 곳으로 간주하였다.

우리 곁에서, 치러야 할 대가를 치르는 사람은,
이프레 벌판의 겨울을 얼려 버릴 것이다.
평화를 바라는 우리의 부질없는 꿈들을 당신은 제쳐 놓는다
그리고 인간에 대한 형제애도, 왜냐하면 당신이 볼 것이니까
당신의 지배하에 있는 무장한 여자들을,
형세의 허풍을, 그녀들의 어린아이 노예들을.
우리 또한 할 말이 있을 것이다, 그리고 칼도 만들고,
영국의 삶을 위협하는 암을 잘라버릴.

When I remember plain heroic strength
And shining virtue shown by Ypres pools,
Then read the blither written by knaves for fools
In praise of English soldiers lying at length,
Who purely dream that England shall be made
Gloriously new, free of the old stains
By us, who pay the price that must be paid,
Will freeze all winter over Ypres plains.
Our silly dreams of peace you put aside
And Brotherhood of Man, for you will see
An armed Mistress, braggart of the tide,
Her children slaves, under your mastery.
We'll have a word there too, and forge a knife,
Will cut the cancer threatens England's life.

1917년 10월에 쓰여진 거니의 「영국의 프로이센인들에게」("To the Prussians of England")라는 시는 러시아 혁명에 상응하는 봉기, 즉 뉴볼트같은 시인들 그리고 헤이그와 같은 장군들처럼 암적인 존재들을 제거해 줄 폭동에 대해 경고하고 있다.

거니만이 이러한 생각을 하고 있었던 것은 아니었고, 결과적으로 전쟁이 여러 면에서 온 나라를 하나로 결속시켜 주는 것처럼 보이고 있는 동안에도 사회적 불안에 대한 전쟁전의 두려움은 사람들 사이에 그대로 남아 있었다. 1918년 10월 쳄스포드 경(Lord Chelmsford)은 조지 5세에게 편지를 띄웠다. "이곳에는 교육받은 계층이 있습니다만, 그들 중 95퍼센트가 우리와 반목하고 있습니다. 그리고 제가 감히 모든 대학의 모든 학생들이 우리에 대한 미움을 지닌 채 성장하고 있다고 단언합니다." (Bantock 1983f: 27)

전쟁을 겪고 있는 동안 대량 실업, 파업, 빈곤, 그리고 유럽전역에 걸쳐 파시즘과 공산주의가 생겨나는 것을 목격했다. 영국에서는, 사회적 경제적 난관들을 극복하기 위해 연립내각들이 형성되었다. 전쟁은 1918년 끝이 났지만 평화 시기는 대다수의 유럽인들에게 있어서는 전혀 편안한 것이 되질 못했다. 1921년에 엘리엇은 적었다.

현존하는 정당들에 대한 경멸과 민주주의에 대한 깊은 혐오감을 가지고 있는 나는 가장 참담한 우울한 감정을 느낀다. 무슨 일이 일어난다 하더라도 유럽의 파괴를 향한 또 다른 조처들이 있을 것이다. 현재의 전반적인 정치는 사람의 두뇌 속에서 광기가 자라고 있다는 생각처럼 계속된 육체적인 공포로 나를 우울하게 만든다.[29]

그는 이러한 공포감, 절망감, 그리고 불안감을 『황무지』에 쏟아 부었는데, 이 시는 재생을 희망하지만 파괴의 이미지들이 가득하다.

---

29 1921년 4월 7일자 리처드 올딩턴에게 보내는 편지에서. 도널드 대비(Donald Davie)가 인용했음(*Poetry Nation Review*, May/June, 1991: p. 24)

3

"Birth, and copulation, and death"
the 1920s and T.S. Eliot

"탄생, 그리고 성교, 그리고 죽음"
1920년대와 엘리엇

점심식사를 끝낸 후 그는 세바스챤(Sebastian)의 방에 있는 골동품 가운데서 의외로 발견한 메가폰을 들고 발코니에 나와 서 있었다. 그리고 스웨터를 입고 목도리를 두른 채, 못내 그리운 마음으로, 『황무지』(*The Waste Land*)에 나오는 구절들을 흐느끼는 것 같은 음조로 강으로 몰려드는 군중들에게 낭송하였다.

"나, 타이레시아스는 모든 것을 이미 다 겪었다"(I, Tiresias, have foresuffered all). 그는 베네치아식(Venetian) 아치를 지나서 나온 그들을 향해 흐느꼈다.

[이블린워(Evelyn Waugh)의
『다시 찾은 브라이드셰드』(*Brideshead Revisited*)]

서론

로제타석(Rosetta Stone)이 발견되고 나서 120년이 지난, 1922년에 이집트 학자장-프랑수아 샹폴리옹(Jean-Francois Champollion)이 마침내 기원전의 석판에 두 개의 언어와 세 개의 판본인 그리스어, 이집트 상형문자 그리고 유게니데스(Mr. Eugenides)의 불어와 같은 고대 이집트의 민간용 문자로 새겨진 글을 해독해 내는데 성공하였다. 그리고 같은 해에, 헤르만 로샤크(Hermann Rorschach)가 사망하였다. 스위스 정신과의사였던 그는 10개의 복잡한 잉크얼룩들로 구성된 심리테스트로 유명해졌는데, 그 검사는 잉크얼룩을 해석하여 사람들의 성격을 보여주는 것이었다. 이런 두 가지 사건이 거의 동시에 일어나게 된 우연성은 우선 20세기 초반에 해석에 대한 강한 욕구를 보여주는 데 도움이 된다. 니체(Nietzsche)의 짜라투스트라(Zarathustra)의 말로 하자면, "어떻게 내가 인간임을 참아낼 수 있는가, 만약 인간이 시인도 아니고 수수께끼를 읽는 사람이 아니라면"(how could I endure to be a man, if man were not also poet and reader of riddles)에서처럼, 텍스트, 사회적인 것들, 정신, 그리고 개성들을 풀어내어 알고 싶은 욕구를 보여주는데 기여한다. 그러나 로제타석과 로샤크 테스트에 대한 해석은 또한 두 가지 가장 파악하기 힘든 그리고 20세기의 수수께끼 같은 문학작품들이 출판된 해에 그 초점을 맞추고 있다. (전쟁에 대한 것을 언급하지 않는 시는 수록되지 않은) 마쉬의 마지막 조지 왕조시대 시선집이 나왔던, 1922년은 모더니즘이 제임스 조이스의 『율리시즈』(*Ulysses*)의 출판과 더불어 영국 소설에 나타났던 것처럼, 엘리엇의 『황무지』의 출판과 함께 영시에 결정적으로 모습을 보였던 해였다. 아일랜드(Ireland)의 국외자가 만들어낸 그 걸작은 산문 문체, 고전 신화, 그리고 언어적인 기교를 하나로 요약해 놓은 것이다. 미국의 국외자가 쓴 시는 글자들, 언어들, 상징들 그리고 상형문자들을 조금 조금씩 다 다루고 있다. 그리고 둘 다 완전한 인정을 받지 못했다. 조이스의 소설은 영국에서 몇 년간 출판이 금지되었다. 엘리엇의 시는 상당히 혹평을 받았다. 그 둘은 그것들 속에서 복잡성을 찾아내는 독자들과 이야기, 감정, 그리고 서정시체를 말장난, 박학다식, 그리고 형식주의에 종속시키는 메마른 주지주의의 사이를 갈라놓았다.

『황무지』를 쓰던 시기에 엘리엇은 "개인적인 감정으로부터의 도피"와 "몰개성"의 시를 옹호하였다. 그 시를 읽은 많은 독자들은 그 시가 문화의 단편들로 만들어진 몰개성적 잡동사니라는 생각을 떠올리게 되는데, 그것은 개인과 감정들을 무정하게 그려내고 있어서 냉정하고 무감각하게 보이기도 한다. 이러한 것의 일부를 엘리엇의 엘리트적 감수성의 탓으로도 돌릴 수 있지만, 그것의 상당수는 엘리엇이 보기에 엄격히 통제되고 기계적인 20세기 초반의 삶의 특성을 묘사하기 위한 철저한 계획 하에 이루어진 시도라고 볼 수 있다. '개인'이라고 하는 말은 '시민', 계층별 사회공동체, 대중문화에 대한 고급문화, 상업주의에 대한 종교, 광고에 대한 시, 도시와 근교의 리듬에 대한 시골의 리듬을 대신해 주고 있는 것이었다. 이것은 또한 자유주의가 집단주의자 단체와 사회법규의 세력 앞에서 그 모습을 감추었던 것처럼 영국 정부가 처한 심각한 위기의 마지막 단계다(Hall and Schwarz 1985). 1922년 영국에서 자동차 대량생산이 이루어 졌고, 같은 해 비비씨(BBC)는 매일방송을 시작하였다. 노동조합원의 수는 여전히 빠른 속도로 증가하고 있었다. 한편, 서비스산업들이 더 많은 판매원들, 보조직원들, 그리고 상점점원들을 고용하고 있은 반면에 광업, 조선업, 그리고 면화산업과 같은 오래된 산업들은 쇠퇴하고 있었다.

사회적·정치적 변화로 인해, 전쟁시인들과 『황무지』간의 간격이 파리평화회의(Paris Peace Conference)에서 베르사유조약(Treaty of Versailles)이 체결되기 전보다 더 벌어지게 되었다. 영국에서는 1918년에 발표된 국민헌장으로 인해 21세 이상의 모든 남성들 그리고 30세 이상의 모든 여성들이 투표권을 부여받았다. 1924년에 처음으로 권력을 장악하게 된 노동당은 당시에 점차로 세력을 키워나가고 있던 단체였다. 1919년에 대영제국은 영국군 장교 한 명이 수백 명의 인도인 주민들을 잔인하게 살해하라는 명령을 내렸다는 암리차르(Amritsar) 대학살로 인해 많이 동요되었다. 사람들이 1차 세계 대전을 치러 가며 간절히 원했을 그런 해방된 자유세계는 식민지들에서 생겨날 것 같지 않았다. 1921년에 있은 아일랜드 분리 움직임

(Partition of Ireland)은 대영제국의 분열을 가장 잘 증명해 주었다. 그 외의 다른 지역을 살펴보면, 1917년에 일어난 러시아 혁명이 공산주의가 유럽에서 훨씬 더 이론적 가능성이 많다는 것을 보여주었다. 하지만 미국의 경제적 능력의 증가는 영국의 국제적 지배력이 점차적으로 쇠퇴한다는 것을 말해주는 것이었다. 미국이 빠져있는 새로운 세계평화를 확실하게 유지하기 위한 일환으로 국제 연맹(League of Nations)이 1920년에 결성되었다. 같은 해에 히틀러(Hitler)는 독일에서 나치(Nazi)당을 창당하였다. 정치적이지는 않더라도, 철학적으로 그리고 미학적으로 지지할 수 없는 한 가지 시각이 있었다. 아이슈타인(Einstein)의 상대성 이론(Theory of Relativity)이 모든 절대적인 것들에 대한 믿음을 뒤흔들어 놓으며 1919년에 이미 실험에 의해 확실하게 증명이 되었고, 그 뒤를 이은 1927년에는 하이젠버그(Heisenberg)의 불확실성 이론이 나왔다. 그리고 그 이론은 무작위성이 우주를 만들어내고 있다는 것을 의미하고 있기 때문에, 물리계를 더욱 이해 가능토록 보이게 하는 것이 아니라 더 이해 불가한 것으로, 그리고 더 불확실하게 보이도록 만들어 버리게 된다. 물리계의 이해에 있어 그러한 변화는 표현의 변화도 가져오게 되었다. 미술계는 피카소(Picasso)의 「아비뇽의 처녀들」("Les Demoiselles d'Avignon") (1907)과 뒤샹(Duchamp)의 「계단을 내려오는 나체」("Nude Descending a Staircase")(1912)와 같은 작품들에 의해 새로운 방향으로 안내를 받았었다. 음조, 리듬, 그리고 음의 조화에 있어 생겨난 커다란 변화는 스트라빈스키(Stravinsky)와 슈엔버그(Schoenberg)에 의해 시작되었고, 그 사이에 영화가 몽타주(montage), 플래시 백(flashback), 속편집(fast-cutting), 그리고 빠른 속도로 진행되는 대화와 같은 문학적 기법들을 새롭게 만들어 내는 표현과 이야기하기의 또 다른 대체적 형식으로 등장하고 있었다. 그 이전에 이미 하벨락 엘리스(Havelock Ellis)에 의해 프로이트가 알려졌는데, 1909년에 처음으로 그의 책이 번역되고 이에 이어 1913년에『꿈의 해석』(*Interpretation of Dreams*)이 번역되었기 때문에 그로 인한 영향이 이제 영

국에서도 완전하게 느껴지고 있었다. 무어(G.E. Moore), 러셀, 스펭글러(Spengler), 베르그송(Bergson), 그리고 비트겐슈타인(Wittgenstein)과 같은 다른 사상가들이 질서가 잡힌, 인식할 수 있는 뉴턴(Newton)의 우주에 대한 확신을 뒤흔들어 놓고 있었다.

많은 이러한 사회적이고 철학적인 큰 변동이 『황무지』의 분열된 화자의 말속에서 분명하게 드러나고 있다. 하지만 당시의 독자들을 가장 많이 놀라게 한 것은 그 시의 형식이 아니라 그 시가 다루고 있는 중심문제였다. 엘리엇은 보험사원들에 대한 언급들(그는 그때 런던은행에 근무하였다), 출생률 조절[(1921년 맬서스주의 연맹(Malthusian League)과 마리 스톱스(Marie Stopes)가 출생률 조절을 전문으로 하는 병원을 열어 놓은 상태다], 신경쇠약(엘리엇이 스위스의 정신과 의사에게 상담을 받고 있던 때 3개월의 휴가기간을 얻어 그 시를 진전시켰다), 제대, 랙타임(ragtime)과 축음기들, 가스공장들과 인공향수들, 통근열차를 타고 일터로 가는 사람들과 상업, 마분지 상자들과 담배꽁초들, 자동차들과 브라이튼(Brighton)에서의 휴일들을 언급하는 고전의 인유들을 다양하게 만들었다. 당시의 역사적인 시각에서 볼 때, 엘리엇은 건강을 거의 다 잃은 상태라고 말할 수 있다. 사회적, 영성적, 신적, 그리고 육체적으로. 1차 세계대전의 참상을 겪은 바로 직후에, 다시 말해 영국의 노동당이 처음으로 세력을 장악하기 딱 2년 전에 쓰여진 그 시는 상실된 사회적 의미에, 영성의 재생에 대해, 여러 탑들에서부터 런던 브리지(London Bridge)에 이르는 물리적 외형의 붕괴, 그리고 정신분열[영어로 쓴 마지막 행은 히에로모(Hieronymo)의 광증에 관한 것임]에 관심을 가지고 있다. 인간의 육체에 대한 그 시의 묘사는 부패와 등창, 썩은 치아, 성적인 무능력, 그리고 비듬과 같이 좋지 못한 건강을 가장 강조하고 있다. 엘리엇이 다른 시, 「투사 스위니」("Sweeney Agonistes")에 이러한 것을 삽입하고 있을 때는 일상의 "사실들"이 단순한 출생, 성관계 그리고 죽음이라는 것으로 모든 것들이 다 말해지고 난 후이다.

이것은 일반 대중들에게 많이 알려진 그런 시는 아니었다. 존 윌리엄스(John Williams)가 전쟁시인들의 간섭에도 불구하고 다음과 같이 적고 있다.

> 전쟁이 끝난 후, 아직은 거의 알려지지 않은 엘리엇, 아방가르드운동에 관여했던 인물 에즈라 파운드, 그리고 결코 '모더니스트'의 글, 혹은 그들의 글로써 읽혀지지 않고 있었던 예이츠와 하디와 함께 시작된 '새로운' 시들은 여전히 조지시대적인 경향을 가지고 있었다. 이러한 시인들에서 추려 만든 시선집들은 1922년까지 계속해서 그 모습을 드러냈고 혁신보다는 전통이 런던 문학계를 좌우하고 있었다.
>
> (Williams 1987: 28)

이때, 대부분의 영국인들은 한층 강화된 국가에 대한 자부심을 가지고 있었다. 많은 사람들은 전쟁의 포악성이 지나간 후에 전원이 새로운 정신적 양분이 필요하다고 생각하였다. 독일의 학풍은 비애국적인 것으로 보였다. 마지막 못이 지배계층의 가치관들을 넣은 관에 쾅하고 박혀버렸다. 그리고 영국의 정체성이 공통된 문화와 언어에 의해 부활되어질 필요가 있는 것으로 보였다. 1921년 문학의 전통과 목적은 『영국의 영어 교육』(*The Teaching of English in England*)이라는 정부 보고서가 다루는 주제였다. 이런 계몽적 문서는 우리가 1장에서 살펴보았던 인물들 중의 한 사람인 헨리 뉴볼트에 의해 작성되었다. 뉴볼트가 중심이 된 위원회는 영국에 대한 연구들이 "모든 이들이 숭배해야 하는" "사원"을 세운다고 또한 대학 강의들이 영국문학에 대한 예들을 통해 사회적인 결속과 국가적 가치들을 장려하기 위해 파견되는 "사절들"이라는 결정을 내렸다. 뉴볼트는 현대적인 대학들의 증가가 "국가 산업의 모든 중요한 요지에 시라는 대사"를 파견한 것이라는 말을 하였다(Newbolt 1995). 문학이 그 보고서에서는 종교의 한 형태로 보여 지는 반면, 시는 현대적인 도시들에 대사관들을 세우고 있는 것으로 생각되었다. 뉴볼트의 제국적인 영국시처럼, 그 정신도 영토 팽창주의자적이고 식민지 개척적인 성향을 띠고 있다.

그러나 학교들이 여전히 선전의 한 형식으로 문학을 통해 영국적인 것을 가르쳤던 것과는 반대로, 대학들은 '분석'을 중심으로 하는 문학연구라는 새로운 방법을 만들어내고 있었다. 1917년에 케임브리지에서 현대적인 영문학 학위를 제정한 이후에, 1920년에 가서야 다음과 같은 일이 있게 되었다.

고등교육에서 학문적인 한 분야로서의 영국문학은 그 이전에 그것이 담당했던 역할('국가적 특성'에 대한 한 연구방향으로 생각되었던)을 털어 내고 오로지 문학작품자체에 대한 연구에만 관심을 가지는 자율적인 학문적 영역으로 그 모습을 드러냈다.

(Doyle 1982: 28)

영국문학은 1차 세계대전 후, 대학 내에서 아주 활발하게 이루어졌는데, 사실 1차 세계대전이 있기 전에는 문학을 그저 고전작품들을 엉성하게 모방한 것으로만 생각하였고, 특히, 옥스퍼드와 케임브리지에서 주로 언어와 역사에 관련되었을 경우만 쓸모가 있다고 생각되어 졌다. 가장 영향력 있는 비평가들의 모임이 케임브리지에 나타났다. 리비스(F.R. Leavis, Q.D. Leavis)나 리처즈(I.A. Richards)와 같은 급진적인 인물들과 또 다른 이들은 전쟁 전 교수들과 같은 그런 상류계층의 아들과 딸들이 아니었고 시골출신 상인들의 아이들이었다. 1920년대 전반에 걸쳐, 영국에 대한 연구는 딜레탕트들(dilettantes)을 위한 아마추어 같은 조잡한 주제에서 아주 전문적인 탐구 분야로, 학계에서 갑자기 나타나 인간다움 면에서 중요한 훈련으로 바뀌었다. 이러한 변화는 매 행에 걸쳐 시인이 사용하는 특정한 단어들을 꼼꼼하게 읽어내는 것처럼, 개인의 텍스트에 사용되는 언어로 표현되는 도덕적이고 사회적인 가치관들에 대한 세밀한 주의력에 의해 얻어진 것이었다. 그런 엄격한 정밀조사를 통해, 영국문명의 지도를 만들어 내기 위한 전통적인 요소들, 감수성들, 감정들, 그리고 초서이후의 삶에 대한 영성을 재구성할 수 있었다. 70년이 지난 지금까지도 거의 완전한 상태를 유지하고 있는 영국문학의 정전들이 잘된 글(직설적이고 "남성적인" 문체)에 대한 무차별적인 원칙에서 복잡성, 진지함, 풍부함, 감수성, 그리고 유기적인 형식들에 대한 질문들에 맞게 변화된 판단기준에 따라 이 시기의 10여년에 걸쳐 수집되었다. 훌륭한 문학은 더 이상 단순한 애국적 감정들을 조장하지 않고 대신에 독자의 정신을 앙양하고 독자를 문명화 시키는 예의범절과 도덕의 선구자로 자리매김하였다. 이것이 아우슈비츠(Auschwitz)의 공포가 수세기 동안 식민지내에서 분명하게 드러났던 것을 유럽의 지성인들에게 드러낼 때까지 지속되었던 시각인데, 그것은 세련된 문화와 가장 잔혹한 야만성이 공존하는 것이다. 비슷한 생각을 가지고 있는 사상가들에 의해 시도된 비평적 접근은 "실제비평"(practical criticism)이었다. 즉 그것은 역사적인 맥락에서 벗어나 시를 (다의성과, 아이러니, 역설 등등을 찾아) 세밀하게 분석하게끔 하는 정밀하게 읽는 연습인 "신비평"(New Criticism)으로의 발전이었다. 문학적인 예술작품은 작가의 의도로부터, 작품에 대한 독자의 사적인 반응으로부터, 그리고 사회적인 혹은 정치적인 사건들로부터 결별을 선언하게 되었다. 대신에, 시는 그 자체가 인공물로 존재하게 된다. 즉 사심이 없는 비평가에 의해 분석되는 많은 것을 담고 있는, 의미가 풍부한, 구체적인 언어학상의 대상물이 되었다.

리처즈의 저서인 『문학비평의 원리』(*Principles of Literary Criticism*)는 영어영문학 연구발전에 매우 영향력 있는 작품이다. 그에게 있어 1920년대의 시 읽기는 준 영적인 목적에 도움을 주는 것이었다. 1926년 그의 저서 『과학과 시』(*Science and Poetry*)에서, 리처즈는 종교의 쇠퇴와 과학의 우세로 인해, 시를 상상력 풍부한 업적의 가장 훌륭한 본보기로서 연구할 필요가 있다고 주장하였다. 어떤 점에서 리처즈는 엘리엇과 똑같은 현대세계에 대한 견해를 가지고 있었다. 엘리엇이 「시와 신앙」("Poetry and Belief")이라는 글에서 주장하기를, 그러한 "황폐감, 불확실성에 대한 인식, 불모성에 대한 인식"이 있으므로, "계속해서 지치지 않을 정도로 강하게 보이는 충동들이 대개는 너무 조잡해서, 멋지게 제대로 발달한 개인에게는 더 가치가 거의 없어 보인다. 그런 사람들은 따뜻함, 음식, 싸움, 술과 성만으로는 살 수 없다"(Newton 1990: 14)는 것이다. 세상이 필요로 했던 것은 정서적인, 영적인, 도덕적인, 그리고 지적인 시가 계속해서 지속되는 것이었다. 또한, 세상의 많은 것들이 분화를 겪고, 분리되고, 그리고 전쟁에 지쳐버렸던 때에, 리처즈의 저서『실제비평』(*Practical Criticism*)은 문학이 추구하는 목적이란 통일성, 의미를 통한 사상과 느낌의 연합 그리고 형식과 내용간의 관계를 얻어내는 것이라고 주장했다. 주로 문학사를 다루는 텍스트에 적용되는 이러한 시각은 다음에 다루어질 당시 모더니스트 문학에 접근하는 다른 시각, 즉 주로 막스주의자(Marxist) 시각과는 뚜렷한 대조를 이루고 있었다. 그러나 나는 많은 사람들에게 있어 엘리엇의 시가 의미하려고 하는 혁명적인 문학에 관한 것을 우선적으로 말하고 싶고 그것은 신비평으로의 '모더니스트'적 접근을 자극했던 것이었다.

모더니즘, 시, 그리고 엘리엇

도움이 될 만한 모더니즘의 정의는 다음과 같다.

모더니즘의 출발점은 20세기 서구문화에 퍼져있는 믿음에 위기가 온 때인데, 신앙의 상실, 분열과 붕괴에 대한 경험, 그리고 문화적 상징들과 표준들의 와해 등이 그런 것들이다. 이러한 위기의 중심에 새로운 과학기술들, 논리적인 실증주의에 대한 인식론, 그리고 상대론이라는 기능주의자 사상들이 있었다. 간단히 말해서, 프로이트가 구체화한 여러 가지 측면의 철학적 시각들이다. 과학과 철학의 합리주의가 전통적인 종교와 예술적 상징들이 가진 적합성을 공격하였고, 그러는 가운데 산업화된 세계의 계속 진보하는 기술은 한편으론

전쟁의 종식을 그리고 또 다른 한편으론 인간의 원자화를 만들어 냈다. 1차
세계대전 이후에 만들어진 예술은 이러한 위기가 영향을 끼친 정서적 측면을
기록하였는데, 절망, 희망 없음, 마비, 불안 그리고 무의미에 대한 인식, 혼돈,
그리고 물질적 현실의 분열 등이 그런 것이다. 자기들 고유의 종교적인, 문학
적인, 신화적인, 신비스러운, 정치적인, 혹은 실존주의자의 시각들에 딱 맞아
떨어지는 여러 가지 방법들로 예술가들은 완전한 절망으로 인한 마비에서 빠
져 나와 의미에 대한 의욕적인 탐색으로 향하였다. 질서와 형식에 대한 탐색
은 그 자신에 대한 부정으로, 즉 현대의 물질주의자들의 세계로 인해 생겨난
무질서와 분열에 대한 확실한 인식으로 시작된다. 선각자로서의 예술가는 문
화가 더 이상 만들어 낼 수 없는 것들, 즉 언어의 중재를 통해 존재하게 되는
예술적 차원에서의 상징과 의미. . . 등을 만들어 내려고 시도 할 것이다.

(Friedman 1981: 97-98)

만약 영국 문학계에 있어 어떤 한 인물이 이러한 대변동에 도움이 되었다면, 그
것은 바로 미국의 시인이자 비평가인 에즈라 파운드인데, 그는 예이츠의 개인비서였
고, 조이스의 문학적이고 재정적인 후견인이었으며, 또 엘리엇의 절친한 친구였다
(그 둘은 1915년에 만났다). 1장의 끝 부분에서 언급했다시피, 파운드는 새로운 시
가 수행해야할 첫 번째 임무가 약강 5보격의 영향력을 깨뜨리는 것이라고 주장했다.
엘리엇의 시에서 분명히 볼 수 있듯이, 그렇게 생겨난 운율의 분열은 그 시대를 말
해주는 표시로서 볼 수 있다. 에드워드 시대의 사회적 압박에서 자유로워진 세상이
되었다는 증거인 것이다. 후기 빅토리아 시대의 사람들과 조지왕조 시대의 사람들이
즐겼던 감상주의적 낭만주의 시들 이후에, 파운드는 고전주의로, 정확한 묘사 그리
고 무미건조하고 딱딱한 이미지들로 다시 돌아갈 것을 강력하게 주장하였다. 구체적
이고 객관적인 운문에 대한 이러한 옹호로 인해, 파운드와 엘리엇은 이미지스트의
모임을 만들어 낸 철학자인 흄(T.E. Hulme)이 쓴 글들에 의해 영향을 입었는데, 특
히 나중에 엘리엇이 유명한 에세이인 「전통과 개인의 재능」("Tradition and the

Individual Talent")에서 낭만주의가 지닌 주정주의에 대해 공격을 가할 수 있도록 많은 도움을 주었던 전쟁 전에 흄이 내세운 선언인 「낭만주의와 고전주의」 ("Romanticism and Classicism")[1972 (1919)]로 인해 영향을 받았다. 1912년 즈음에는 이미지즘의 설립원칙들이 파운드, 힐다 두리틀(Hilda Doolittle), 그리고 리처드 올딩턴에 의해 자리를 잡았다. 주제를 직접적으로 다루는 것이나 필요 없는 여분의 단어가 없는 것, 그리고 기계적으로 규칙에 들어맞는 작시가 아닌 음악적인 작시 등이 그 원칙들이다[30]. 흄의 어휘를 사용한 파운드는 "'이미지'란 순간적으로 지적이고 정서적인 복잡성을 나타내는 것"이라고 썼다. 엘리엇은 『황무지』를 쓰고 있을 때, 이러한 많은 사상들을 사용하였는데, 그는 지적이고 정서적인 감수성들의 새로운 통합을 요구했다. 이것들은 또 파운드에 의해 그가 그 시를 편집할 때 사용되었었다. 그리고 그때 중요한 부분의 상당량이 삭제되었다. 예를 들어, 「수사」("Death of Water")는 다른 부분들에 비해 상당한 길이를 지닌 작품이다. 고상한 문화를 위한 그의 안정책에도 불구하고, 엘리엇은 주지주의를 옹호하지 않았다. 대신에 그는 "추상적 개념들에 대한 신경과민적인 불신, 감각적 체험(sense-experience)으로 사상이 시적인 변형을 해야 한다는 고집, 시를 음악으로 생각하는 상징주의자에게는 멍에가 되는 개념을 '지니는' 구체적이고 정확한 이미지에 대한 이미지스트의 역점사항 들에 대한 찬성 의사를 표하였다"(Eagleton 1976a: 147). 다음 장에서 논하게 될 상징주의는 19세기 후반의 프랑스식 시 스타일인데, 샤를르 보들레르(Charles Baudelaire), 말라르메(Mallarmé), 그리고 영국에서 유명한 시몬즈가 저술한 책『문학에서의 상징주의 운동』(*The Symbolist Movement in Literature*)(1899)으로부터 많은 영향을 받았다. 상징주의는 물질성을 초월하여 그리고 응축된 순간이나 (때로는 신비로운) 삶의 경험이 표현되는 모습인 상징을 통해 영적인 단계에 도달하려는

---

30 파운드의 잡문 에세이 「회고」("A Retrospect")뿐만 아니라 흄과 엘리엇의 글은 모두 1972년 판 로지(Lodge)의 책에 다시 수록되었다.

시인의 시도에 있어 이미지즘의 반낭만주의적인 접근과는 아주 다르다.

　19세기의 사회적 사실주의 작가들과는 반대로, 모더니스트 작가들은 심리학, 내면 성찰, 그리고 개인의 의식에 초점을 맞추었다. 또한, 사실주의자들이 사료편찬에 사용되는 것과 유사한 일련의 방식들을 사용하여 역사를 묘사한 것에 반해, 모더니스트들은 전지적 작가시점과 제 3인칭 작가시점의 이야기 서술이 화자의 위치를 전혀 고려하지 않은 잘못된 "객관적인" 기법들이라고 생각했다. 이와 유사하게, 현재는 분명 과거에 대한 확실한 그리고 직접적인 설명을 하는 데에 항상 방해가 되었다. 『율리시스』(*Ulysess*)에서 스티븐 디덜러스(Stephen Daedalus)는 "역사란 늘 깨어나려고 애쓰는 악몽이다"라고 비관적이면서도 내향적으로 단언하고 있다. 조이스와 같은 작가들은 사회 속에서보다는 개인 속에서 더 큰 의미를 찾으면서 역사적인 이해 가능한 형식들로부터 등을 돌렸다. "우리들이 꿈을 꾸고 있을 때만이 우리가 사는 것이다"라고 콘래드(Joseph Conrad)역시 적고 있다. 모더니스트 비평은 두 가지 방식으로 이러한 논쟁점에 모더니스트 글만큼이나 활발하게 관여하고 있다. 신비평가들도 이와 유사하게 역사주의로부터 돌아섰지만, 다른 이론가들은 도덕과 지면에 나타난 단어들의 중요성이 아닌 이데올로기와 사회에 관한 논쟁을 벌이고 있었다. 이러한 논쟁은 게오르그 루카치(Georg Lukacs)와 버톨트 브레히트(Bertolt Brecht)와 같은 막시스트 작가들의 상반되는 태도에 의해 그 상황이 설명된다. 루카치의 입장은 1957년부터 시작한 그의 마지막 에세이 「모더니즘의 이데올로기」("The Ideology of Modernism")로 가장 잘 설명된다. 여기에서 그는 모더니즘이 "역사에 대한 부정"을 수반한다고 주장하고 있다(Lukacs 1972). 이것으로 그는 모더니스트 작가들이 그들을 감싸고 있는 주변상황들에 대한 사적이거나 영적인, 혹은 신비스러운 초월에 관심이 있다는 것을 뜻하려는 것이다. 그리고 그들이 쓴 텍스트에 나타나는 사회적 환경은 배경 그 이상은 아니다. 루카치는 사회적 조건보다는 인간에게 더 관심을 두는 것이 두 가지 방법에서 더 분명하다고 주장한다. 우선, 주인공은 역사적

한정성에 의해 나타나지 않는 사적인 경험에 의해 그 한계가 정해진다. 그리고 두 번째로, 개인은 세상을 만들어내지도 세상에 의해 만들어지지 않은 채 소외된다. 그런 현실에 대한 주관적 표현은 루카치에게는 아주 반동적인 그리고 문화란 역사로부터 분리될 수 있으며, 인간도 실제 물질적 상황들로부터 분리될 수 있는 것을 암시하는 반막시스트적인 것으로 보였다. 루카치는 자신이 생각하기에 부르주아 사회의 개인주의를 반영하고 있는 조이스의 역사적 정체 상태보다는 그가 변증법적인 변화에 대한 역사적 사실주의의 역동적인 표현으로 생각하는 것을 옹호하였다.

이러한 견지에 대해 반대 입장을 가졌던 극작가 브레히트는 예술의 목적이 사회적 환경을 반영하지 않고 그것들을 바꿔 놓으려는 시도라는 점에 반대하였다. 그리고 이것은 아방가르드 모더니스트 미학의 충격적 술책을 통해서만이 이루어질 수 있는 것이었다. 빈곤과 불평등과 같은 실제적인 사회조건들이 가장 사실주의적인 글에 적응된 묘사에 의해, 하지만 아주 혐오스럽고, 난폭한 그리고 불평등한 것으로 암시되는 것처럼 고정되거나 수락될만한 것으로 보여서는 안 된다. 관객들이 무대 위에 등장한 인물들과 상황들로부터 관객을 의도적으로 떼어놓는 브레히트의 극으로 그가 행하는 접근법은 여러 가지 방면에 있어 모더니스트 예술가들이 항상 (이데올로기가 아닌 형식면에서) "그것을 새롭게 만들어야" 한다는 에즈라 파운드의 언명 그 자체라고 할 수 있다. 사회적 환경이 바뀌었기 때문에, 자본주의 세력이 엄청난 변화를 겪은 형식에 맞추고 또 이것에 동화되었기 때문에, 그러한 예술적 표현의 수단은 사람들로 하여금 그들의 삶을 재평가하도록 하기 위해 끊임없이 바뀌어야만 했다. 그러한 시각으로 볼 때, 1920년대에 케임브리지 대학에서 메가폰을 통해 학생들이 실제로 비난을 퍼부었던 『황무지』와 같은 시로 인한 충격은 가장 중요한 특징이 되었다. 도전은 시에 대한 그리고 현대적인 삶에 대한 일반적인 개념들을 받아들였다.

그러나 이렇게 양극화된 의견들을 뛰어넘도록 해주는 그리고 그렇게 하여 엘리엇의 것과 같은 시에 적용될 때 빛을 발하는 다른 방식들로 모더니스트들의 글을 해석케 하는 다른 견해들도 있었다. 프랑크푸르트 학파(Frankfurt School)에 속하는 비평 이론가들 중에서도 중심인물인 테오도르 아도르노(Theodor Adorno)는 예술과 문학, 그리고 특히 모더니스트 예술이 사상을 불러일으키는 실험적 텍스트들에서는 사회에 대한 일종의 부정적인 혹은 모순적인 비평으로서 그 기능을 할 수 있다고 주장하였다. 엘리엇의 사상의 일부와 부합되는 이론들을 가지고 아도르노는 각기 다른 텍스트들이 새롭고 익숙하지 않은 삶과는 거리가 있는 개념들을 불러일으킨다고 말하였다. 그것은 모더니스트 예술의 불협화음과 분열들이 통제력과 중심을 잃은 개인 그리고 조화로움을 잃어버린 당시의 세상을 표현했다고 말하는 것이다. 전통적인 부르주아 형식들로 인한 제한으로부터 예술을 건져내고자 하는 브레히트의 옹호자이기도 한 발터 벤야민(Walter Benjamin)이 보기에는 그런 분절된 경험이 파리의 시인 보들레르의 작품 속에 반영되고 있었다. 실제로 도시생활에 대한 회화적인 묘사가 엘리엇의 『황무지』에 나오는 런던의 모습들에 영향을 주었다. 하지만, 버트런드 러셀(Bertrand Russell)에 의하자면, 이러한 묘사를 할 수 있게 만든 주된 원동력은 전쟁에서 나온 것이었다.

> 워털루(Waterloo)에서 빠져 나오는 중대들의 행렬을 본 후, 나는 런던을 실재하지 않는 곳으로 생각하는 이상한 환상을 가졌었다. 나는 다리들이 무너져 내리고 전 도시가 아침 안개처럼 사라지는 모습을 상상하곤 했다. 그곳에 사는 사람들이 환영처럼 보이기 시작했다. . . 나는 이것에 대해 엘리엇에게 말했고, 그는 이것을 『황무지』에 넣었다.
>
> (Fussell 1975: 326)

이러한 것과 관련하여 내가 논의하고 싶은 마지막 비평가는 프레더릭 제임슨 (Frederic Jameson)이다. 1982년에 나온 그의 저서 『정치적 무의식』(*The Political*

Unconscious)에서 제임슨은 모더니즘과 역사와의 관계라는 문제를 다시 거론하고 있다. 특히 그는 진실성의 원리를 토대로 하여 역사를 있는 그대로 투명하게 묘사하는 사실주의와 개개인의 각기 다른 경험과 삶에 대한 해석의 차이를 주장하는 모더니즘간의 상이함에 관심이 있었다. 제임슨은 모든 해석은 사실상 초월적이고 이데올로기 적이지만, 많은 사람들은 이것을 부정하고 "상징주의"같은 견제책략들을 통해 역사의 힘을 억누르려 한다고 말한다. 그러므로 해석의 목적은 텍스트가 가진 "정치적인 무의식"을, 그것이 억압하고 있는 역사적인 모순들과 사회의 갈등들을 꿰뚫는 데 있다. 사실, 이것은 역사가 접근할 수 있는 이데올로기적인 서브텍스트(subtext)를 이런 식으로 분석하는 것을 통해서만이 가능하다. 역사는 텍스트가 거꾸로 읽혀져야 하는 이유를 가지고 있지 않다. 이런 점으로 미루어보아, 모더니스트들이 행한 이전의 실험들은 당시의 사회문제들을 해결하기 위한 텍스트적인 전략들로 보인다. 우리는 이것이 어떻게 『황무지』에 대한 접근법으로 제대로 그 기능을 할 수 있을까에 대해 아래에서 살펴보게 될 것이다.

우선, 우리는 그가 순간에 대한 시, 시대에 딱 들어맞는 시를 쓰고 있다고 그 스스로 생각하고 있었다고 금방 말할 수 있다. 1921년, 엘리엇은 그의 에세이 「형이상학 시인들」("The Metaphysical Poets")에 적어 두었다:

우리는 현재 우리가 살고 있는 문명에 속한 시인들이 (뭔가) 다름에 틀림없어 보이는 그런 사람들이라고만 말할 수 있다. . . 시인들은 언어가 의미를 갖도록 힘을 가하기 위해서, 필요하다면 언어가 의미를 뒤죽박죽으로 만들기 위해 점 점 더 이해 가능해야하고, 더욱 더 인유적이어야 하며, 더욱 더 간접적이어야 한다.

(Eliot 1932: 289)

엘리엇에게 있어, 현재의 세상은 철학과 사회에 의해 복잡하고 다양한 것이었기 때문에 시 역시 그래야만 했다. 위에 인용된 예문이 암시하고 있듯이, 그러한 문제들 중의 하나는 바로 세상과 언어와의 관계였다. 한편, 모더니스트 작가들은 그들이 빅토리아조 때의 사람들이 그랬던 것처럼 언어를 통해 현실을 더 이상 표현할 수 없다고 느꼈다. 엘리엇은 1920년 「시인으로서의 스윈번」("Swinburne as Poet")에 다음과 같이 적었다.

> 온전한 상태의 언어가 사물을 설명하고, 그것은 언어와 사물이 구분되는 대상물에 가까운 것이다. 대상물은 존재하지 않고, 그 의미는 단지 의미의 환영이기 때문에, 뿌리째 뽑힌 언어가 주변 분위기에서 영양분을 공급받는 독립적인 삶에 적응했기 때문에 스윈번의 시에서 구별이 된다. . . . 하지만 우리에게 있어 더 중요한 언어란 새로운 대상물을, 새로운 느낌들을, 새로운 양상들을 음미해서 표현하려고 애쓰는 것이다. 예를 들어, 제임스 조이스나 그 이전의 콘래드의 소설도 그렇다.
>
> (Eliot 1932: 327)

또 한편으로는, 이러한 인용문이 암시하고 있듯이, 모더니스트들은 언어와 그것이 지시하는 대상물이 서로 서로에게 딱 들어맞을 수 있다고, 즉 서로 잘 어울릴 수 있다고 생각하였다. 모더니스트 이론은 포스트모더니즘이론이 그러하듯이 표현될 수 있는 어떤 일종의 "사실성"이 있다는 것을 대체로 의심하지 않았다. 엘리엇에게 있어, 언어가 실패한 요인은 어느 정도는 시인에게 있는 것이었다. "신통치 못한 시인은 부분적으로 사물의 세계에 살고 있고 또 부분적으로는 말의 세계에 살고 있다. 그래서 그는 결코 그 둘에게 딱 맞아떨어지는 것들을 얻어 낼 수 없는 것이다." 그리고 그것은 또한 표현방법이나 마음속에 존재하는 현실의 단편들인 낱말들에도 있다. '선율'(strain) 혹은 '미끄러지기'(slip)와 '활주'(slide)라는 단어를 골라 표현한 『4개의 사중주』(*Four Quartets*)에 나타난 엘리엇의 사상은 '산포'(dissemination)에 대한 개념과, 계속해서 불안정하고 망쳐지는 개념, 그리고 (단어들의 의미란 결코 그 단어 속이나 사물 속에 있지 않기 때문에, 다시 말해, 그것의 의미들이 각기 다른 단어 속이나 기타 등등에 있기 때문에) 의미가 산만한 글에 대한 데리다(Derrida)의 후기 구조주의자적 개념과 유사점을 가진다.

그러나 엘리엇에게 있어, 예술의 목적, 그러니까 시에 사용되는 언어의 목적은 감정을 기호화하는 것, 즉 "내적인 실제"를 표현하는 것이었다. 엘리엇은 1919년 『햄릿』(*Hamlet*)에 관해 쓴 그의 에세이에 다음과 같이 적어 놓았다.

> 예술의 형태로 감정을 표현할 수 있는 유일한 방법은 '객관적 상관물'을 찾아 내는 것이다. 다른 말로 하자면, 일련의 대상물들, 일련의 상황, 특정한 정서 의 관용적 표현을 이루는 일련의 사건들을 말한다.
>
> (Eliot 1932: 145)

『햄릿』에서 셰익스피어는 "표현할 수 없을 정도로 무서운" 것을 표현하려고 시도하였지만, 햄릿의 (어머니에 대한 자기의 혐오)의 감정이 셰익스피어가 표현하고자 했던 상황보다 더 크게 부각되었기 때문에 실패하였다. 일련의 사건들을 통해 감정을 표현하려는 것은 거의 우리가 『황무지』에서 볼 수 있는 것과 거의 다를 바가 없는 것이다. 그것은 전후 서구사회에 나타난 황폐감을 표현하려고 하는 일단의 대상물과 상황들이다. 사상과 감정의 연합은 (계획을 세밀하게 세워주는) 개인의 정서적인 경험의 지적인 계획을 제공해 준다. 시에 나타나는 일련의 이미지들과 사건들은 20세기 초반의 현대적이고, 도회적인 개인의 모습을 묘사하고 있다. 즉 사회적인 의미보다는 사적인 의미에 의해 특징 지워지는 어떤 사람이나 언어로도 제대로 적당하게 표현되지 않는 사람, 그리고 무의식과 의식이 분리된 사람과 역사와 결별하고 현대적인 도시로부터 소외당한 사람의 모습들이다.

『황무지』에 나타나는 분열과 방향감각 상실의 상당부분은 "잘못된 곳에 사용된" 언어와 대상물과 상황이 딱 맞게 연결되지 않는 것으로, 이런 긴 행들을 따라 논의될 수 있다. 하지만 엘리엇은 또한 그의 시에서 그러한 것을 할 수 있다고 생각하는 유일한 힘을 통해 어떤 하나의 구상을 이루려고 하였다. 그것이 신화다. 1923년에 엘리엇은 「『율리시즈』, 질서와 신화」("*Ulysses*, Order and Myth")라는 글에서 "당시의 역사인 쓸모없음과 무질서의 거대한 전경"에 대해 언급하였다. 조이스의 소설을 연속적으로 읽고 나서 『오디세이』(*The Odyssey*)의 지배력을 이해한 엘리엇은 이제 신화를 동시대서에 문학적인 외형과 구조를 부여하는 하나의 방법으로 보게 되었다. 그는 그것이 현재의 세상을 문학하기에 가능토록 만들어주는 유일한 방법이라고 말하였다. 이러한 시각을 통해서 우리는 아마 『황무지』를 역사와 신화를 함께 이끌어내는 것으로 볼 수 있을 것이다. 이것은, 엘리엇이 생각하기에, 시인이란 이 두 가지에 다 민감할 필요가 있다고 느꼈기 때문이다. 그는 적고 있다.

> 역사의식이란 사람으로 하여금 그와 직접적으로 연관성을 가지는 자신의 세대에 관한 이야기가 아닌 호머(Homer)에서 시작되는 유럽의 모든 문학과 그 안에서 자기나라의 모든 문학이 동시적으로 존재하고 동시적으로 질서를 형성한다는 느낌으로 글을 쓰도록 만든다.
>
> (Eliot 1972: 72)

"일시성과 무한성" 사이를 오가는 동작을 통해서만이 개인은 엘리엇이 생각하는 "전통적인" 것을 만나게 되는데, 이것은 또한 역사적이지도 않고 동시대적이지도 않은 부정적 단정을 통해서도 가능하다.

역사상의 황무지

구시대는 1915년에 끝이 났다. 1915년에서 1916년에 이르는 겨울에 구 런던
의 정신은 무너져 내렸다; 어떤 점에서는, 도시가 사라졌다. 세상의 중심으로
부터 사라져 버렸다. 그리고 식어버린 열정, 강한 열망, 희망, 두려움, 그리고
공포의 소용돌이가 되었다.

[로렌스의 『캥거루』(Kangaroo)]

    테리 이글튼은 『비평과 이데올로기』(*Criticism and Ideology*)라는 그의 저서에
서 로렌스의 전후 작품들이 후기작 『채털리 부인의 사랑』(*The Chatterley's Lover*)
에 함께 제시되는 '여성'과 '남성'의 세력이라는 정반대의 구조를 상세하게 설명하고
있다고 말한다. 그리고 그것은 이 두 가지 원리를 다 융합해서 가지고 있는 멜로즈
(Mellors)라는 인물에 들어있는 것이기도 하다. 이글튼은 로렌스가 지닌 모순들, 그
리고 자유로운 인본주의가 붕괴하는 그리고 조직적 계층구조의 등장, 사회적 원자
론, 또 산업 자본주의가 가진 기계적인 힘이라는 특징을 지닌 1914부터 1918년까지
의 중요한 이데올로기적 위기로 인하여 그것들이 강제적으로 부자연스럽게 화해하
는 모습들을 알아차린다(Eagleton 1976a: 157-61). 전쟁으로 인한 파괴에 뒤이어,
엘리엇은 이와 유사하게 1922년 초, 『황무지』에 나타나는 상반적인 것들을 한데 묶
으려는 시도를 한다. 남성과 여성은 신화적으로 양성을 다 가진 눈먼 선지자인 타이
레시아스로 합쳐진다. 그는 여성들이 남성들보다 더 성적인 쾌락을 즐긴다는 조브
(Jove)의 주장을 지지한 이후, 주노(Juno)에 의해 결국은 장님이 되었으며, 그로부터
예언능력을 선사 받았다. 엘리엇은 동양과 서양을 동시에 그의 시에 등장시켰으며,
과거와 현재, 금욕주의와 쾌락, 신화와 자연주의, 시적인 속성과 산문적인 속성, 평
범한 것과 숭고한 것, 도시와 국가도 마찬가지로 시에서 보여주고 있다. 그 시에 있
어서 특히 중요한 점은 처음으로 엘리엇이 자기의 글에서 개인 말고도 이 세상에까

지 눈길을 주면서 개인만큼이나 문명에도 관심이 있다는 사실을 보여준 것이다.

당시의 반응들은 다양했다. 엘리엇을 위해 그 시를 편집해주었던 에즈라 파운드는 그것은 "1900년대 이후 우리가 시도한 현대적인 실험적 '운동'을 정당화"시켜주는 것이라고 말했다. 리처즈도, 물론 그 역시 그 시로부터 상당한 영향을 받았었지만, 그것이 과도하게 지적이라고 생각하였다. 스티븐 스펜더(Stephen Spender)는 그것이 불필요하게 난해하고 엘리트적이며 엘리엇이 그 시를 통해 "유럽과 미국의 어떤 극소수의 지식인 계층이 처한 전후의 당시 상황을 묘사하려" 한 것 같다고 생각하였다. 그 이후의 견해는 사무엘 하인즈(Samuel Hynes)의 의견과 관련된 글에 더 많이 나타난다.

'1920년대' 다른 모든 것들에 비해 특히 전쟁을 다루고 있는 책은『황무지』였다. . . 그러므로 1부에서 만나는 두 명의 퇴역장교들, 그리고 2부에는 막제대한 릴(Lil)의 남편, 그리고 5부에서는 절규와 울부짖음이 나오는데, 엘리엇이 달아놓은 주석은 이것을 러시아 혁명(Russian Revolutions)과 동일시하고 있다. 그러나 이것 외에도 파괴된 이미지들과 충격을 받고 수동적인 그리고 신경쇠약 증세를 보이는 사람들이 가득한 이 시에 나타나는 세상이란 전쟁으로 인한 영향과 전투가 끝나버린 전장처럼 질서와 의미가 부재하는 그런 세상의 전형을 보여주는 것이다. 그리고 이 시가 사용하는 방법인 아이러니한 어조, 이미지들, 영웅과 영웅주의를 사용하지 않는 것, 반수사적 문체 등도 역시 전쟁으로 인해 초래된 결과인데, 이것은 전쟁시인들의 원칙들을 전후세계에 적용시킨 것이다.

(Hynes 1976: 25)

엘리엇은 그 시가 부분적으로는 유럽세계에 들이닥친 위기인 1917년 러시아의 황제체제가 붕괴된 것에서부터 1918년 독일 혁명으로 인해 황제 빌헬름(Kaiser Wilhelm) 2세가 축출 당한 것, 그리고 전쟁의 여파로 인해 합스부르그(Habsburg)

제국이 몰락한 일에 이르기까지 유럽의 귀족정치를 박살내버린 잇단 사건들을 다루고 있다고 말한다. 그러나 그 시는 서구문명이 물질적인 재건뿐만이 아니라 정신적인 부활도 필요하다는 것을 암시하고 있다. 그 시의 첫 부분에 나오는 (계급과 전복된 사회질서를 통해 볼 수 있는) 재생 역시 다음과 같은 것을 암시하고 있는 것처럼 보인다. 전쟁의 역경을 겪은 후, 재건과 재 발전을 위한 아픔은 꼭 있어야 한다는 것을 말하고 있다. 그리고 성적인 능력과 생식능력이 없는 불모의 서구사회의 모습을 그리고 있다. 따라서 엘리엇은 마지막 부분에 나오는 산스크릿(Sanskrit)어로 된 성명 다타, 다야드밤, 담야타(Datta, Dayadhvam, Damyata)를 표현하기 위해 동양의 종교, 즉 베다(*Veda*)의 힌두 철학에 의지하게 된다. 이것은 주라, 동정하라, 자제하라는 의미를 지니고 있다.

그 시가 가지고 있는 중요한 신화적인 틀을 감상하기 위해서, 나는『황무지』에 관한 분석을 바로 착수하여 간단히 3가지 방법으로 설명함으로써 그 시를 세부적으로 상세하게 논해 볼까 한다. 그런데 이 시들 모두는 재생이 필요한 황량한 나라라는 주제를 강조하고 있다. 하지만 그 시가 다른 것들보다 더 만족스러운 수없이 많은 여러 시각들로 읽혀질 수도 있지만, 완전하게 확신을 심어줄 만한 것이 없다는 점도 강조되어져야 하는데, 이는 어떠한 해석으로 읽힌다하더라도 텍스트의 어떤 부분들을 미리 마련해 놓고 다른 것들은 무시함으로써 일관성을 얻어낼 수 있기 때문이다.

우선, 제사(題辭)가 있다. 이것은 문명이 다시 태어나기 위해서라만 죽을 필요가 있다는 것을 우리에게 말해주고 있다. "내 눈으로 직접 항아리에 매달려 있는 쿠마(Cumae)의 무녀 시빌(Sibyl)[31]을 보았다; 그리고 소년들이 '시빌 당신은 무엇을 원하나요?'라고 묻자, 그녀는 '죽고 싶다'고 대답했기 때문이다."(For I with these my own eyes have seen the Sibyl of Cumae hanging in a jar; and when the boys

---

31 고대 그리스의 신탁을 전하는 무녀

said 'What do you want Sibyl?' she answered. 'I want to die.') 시빌은 아폴로 (Apollo)에게서 컵 모양으로 움켜진 손에 든 모래알만큼의 살아갈 시간을 부어 받았다. 그러나 그녀는 영원한 젊음도 함께 요구해야 한다는 사실을 잊어버렸다. 엘리엇은 이 이야기를 서구문명을 언급하기 위해 사용하고 있는데, 서구문명은 발전했지만 젊음을 그대로 유지하지는 못했다. 죽는다는 것이 축복일 수도 있다. 우선, 그것은 죽음이란 해방이기 때문이고, 두 번째로는 오직 죽음을 통해서 재생이 있을 수 있기 때문이다. 조브로부터 장수와 예지력을 받은 타이레시아스는 이와 유사한 입장에 놓여 있다. 지치고 피곤한 그는 "모든 것을 이미 다 겪었다"(having foresuffered all).

두 번째로, 자연스럽고 순환적인 재생에 대한 명상이 있는 시의 서문이 있다:

> 4월은 가장 잔인한 달, 죽음의 땅에서
> 라일락을 키워내고, 기억과 욕망을
> 한데 혼합하여, 봄비로
> 무딘 뿌리를 뒤섞는다.

> April is the cruellest month, breeding
> Lilacs out of the dead land, mixing
> Memory and desire, stirring
> Dull roots with spring rain.

첫 3행들 각각은 "키워내고," "혼합하여," "뒤섞는" 등의 표현으로 새롭게 태어나는 활기를 불러내는 움직임으로 끝난다. 4월은 봄의 시작을 말해주는 것이기 때문에 잔인하다. 봄은 바싹 말라버린 땅에 내려진 비로 고통스럽게 재생을 얻어내려는 고전분투를 시작하는 절기에 해당한다. 이것은 엘리엇이 생각하는 현대 세상의 이미지이며 영적인 재각성이 필요한 땅이다. 시에 나오는 물과 메마름에 대한 모든 이미지들은 다시 이러한 첫 묘사로 돌아온다. 여기에서, 그것들은 그 시의 순환하는 자연이라는 주제, 그리고 그와 똑같은 것, 즉 서구문명이 재성장을 필요로 한다는 주제와 아주 많이 닮았다. 3번째 행은 기억과 욕망을 혼합하고 있는데, 그것들은 각각 과거와 미래를, 모든 시간은 시의 현재로 다 몰리게 됨을 나타내는 것이다. 더욱이, 시에 나타나는 모든 형상들은 타이레시아스를 불러일으키는 것이라고 엘리엇은 말하고 있다. 또한 첫 부분은 『켄터베리 이야기』(*The Canterbury Tales*)의 첫 부분을 인유하고 있는데, 『켄터베리 이야기』도 마찬가지로 다양한 문체로 들려주는 4월 여행, 즉 영적인 재생을 위해 해마다 행하는 순례, 즉 켄터베리에 묻힌 베켓(Becket) 성인에게 가는 여행을 다루고 있다.

세 번째로, 부분별 제목이 있다. 엘리엇은 시의 기본적인 사상들 몇 가지를 제시 웨스턴(Jessie Weston)의 책 『의식에서 로맨스까지』(*From Rituals to Romance*)에서 묘사되고 있는 풍요예식들과 전설들에 그 토대를 두고 있다. 웨스턴은 식물의 생장을 위한 많은 의식들과 자신이 다스리는 왕국의 죽어버린 불모의 땅 때문에 성불능이 된, 성적으로 상처 입은 통치자에 관한 이야기인 아서 왕(King Arthur)의 전설들을 포함하여, 다수의 도시 로맨스를 다루고 있다. 이 시의 첫 4개 부분들에 붙여진 각각의 제목들은 죽음, 성, 그리고 불모의 사상들을 주요 테마로 삼고 있다. 「죽은 자의 매장」("The Burial of the Dead")은 한줌의 재를 관 위에 뿌리는 기독교인이 사용하는 기도서에 나와 있는 예식을 암시적으로 언급하고 있는 것이다. 따라서 그 부분은 미래에 있을 재생, 아니 더 나아가, 아주 나중의 일이지만, 부활을 모방하는 것이다. 두 번째 부분의 제목, 「체스 게임」("A Game of Chess")은 우선 토마스 미들턴(Thomas Middleton)의 『여자가 여자를 경계한다』(*Women Beware Women*)라는 17세기 극, 더 문학적으로 말을 하자면, 미들턴의 『체스의 게임』(*A Game at Chess*)이 되는데, 여기에 나오는 비앙카(Bianca)의 유혹에 대한 문학적인 인유가 된다. 그러나 우리는 체스 게임이 체스 판에서 가장 유약한 인물인 왕을 방어하는 그런 놀이라는 점도 기억해야 한다. 만약 왕을 잃어버리면, 그 게임은 끝나 버린다.[32] 체스 판에서 유일한 여자인 여왕은 체스 판에서 가장 강력한 인물이다. 『황무지』에 나오는 대부분의 인물들이 어떤 힘을 가졌는가 하는 것은 별개의 문제이기는 하지만, 그들도 여성이다. 그 여자들의 상당수는 말이 없거나 힘이 없다. 테레우스(Tereus)에게 강간을 당했다는 사실을 말하지 못하도록 혀를 빼앗긴 그리스 신화에 나오는 필로멜(Philomel)처럼 매도당하는 오필리아(Ophelia)와 코딜리아(Cordelia)와 같은 인물들이 그 예이다. 「체스게임」에서 릴과 타로카드(Tarot card)에 들어있는 벨라도나(Belladonna)와 가끔은 연관되는 사교계 여성인 마담 소소스트리스(Madame Sosostris)는 떨어지는 처우를 당한다. 마담 소소스트리스는 시빌과 같은 아무도 이야기를 듣고 싶지 않은 예언자다. 그 시에서 말을 하는 여자들은 번식에 관한 이야기를 하는 사람들이다. 성과 탄생이 바로 그 시의 주요 주제가 되며 엘리엇이 여성의 힘을 분만에 한정시키고 있다는 것은 거의 틀림이 없다. 세 번째 부분의 제목인 「불의 설교」("The Fire Sermon")는 부처의 설법에서 그 제목을 따온 것으로, 불로 인한 죽음(Death by Fire)이라고도 말할 수 있다. 이 긴 부분은 무의미한 짝짓기, 영적인 가치관 혹은 육체적인 즐거움이 결여된 방향을 잃어버린 열정에 의해 타락한 현대 세상에 대해 생각하고 있다. 이 부분은 낭비를 하지 못하도록 권고하는 동양과 서양의 신학에서 찾아낸 몇 가지 예들을 살펴보고 있는데, 여기에는 오거스틴(Augustine)의 다음과 같은 『고해』(*Confessions*)도 포함된다. "오, 나의 주여, 젊은 날의 저는 당신으로부터 너무 멀리 떨어져 길을 헤매었습니다. 그래서 저는 황무지가 되었습니다."(I wandered, O my God, too much astray from Thee my stay, in these days of my youth, and I became to myself a waste land) 이 부분의 주제는 질투, 열정, 그리고 분노와 같은 여러 형태를 띠는 파괴하고 소멸을 만들어내는 불이

---

32 체스의 규칙은 1922년에 국제체스연맹(FIDE: Fédération internationales des Echecs)의 창설에 의해 성문화되었다는 사실은 역사적으로 우연의 일이었다.

다. 그러나 재생에 대한 암시도 불로써 정화가 이루어질 수 있다는 가능성 속에 숨어 있다. 「수사」는 「불의 설교」에 반대되는 것으로 볼 수 있다. 비록 그것이 분명 물로 인한 재생을 이루려 했던 고대의 예식들뿐만이 아닌 침례를 암시하고 있기는 하지만, 그 부분은 플레바스(Phlebas)가 교환하기를 잊어버린 부분처럼 물이 정화작용과 익사시키는 두 가지 기능을 다한다는 것도 함축하고 있다. (이 부분이 죽음을 강조하고 있음에도 불구하고, 바다가 재생을 가져다줌을 암시해주는 그런 순환적 이미지들도 사용하고 있다. 그것은 노년과 청춘의 단계들과 소용돌이 및 바퀴의 회전에 대해 언급한다.)

다섯 번째 부분은 「천둥이 말한 것」("What the Thunder Said")이다. 천둥은 물론 메마른 땅에 비가 내릴 거라는 희망을 가져다주는 것이지만, 성서에 나오는 신은 우레와 같은 목소리로 말을 한다. 결국 엘리엇은 영적인 길잡이를 찾아낼 필요가 있다는 것을 주장하는 것이다. 그리고 그것은 "주라, 동정하라, 자제하라"와 같은 명령으로 들리는 것이다. 재생과 그리스도의 부활에 관한 생각들을 서로 연결시키고 있는 이 부분은 재생을 구하는 수단으로서의 탐색과 질문들로 이루어져 있다. 결과적으로, 그것은 중요한 장치가 되는 성배(Holy Grail)를 찾아 위험 성당(Chapel Perilous)으로 떠나는 기사들의 여행을 사용하고 있다. 최후의 만찬에서 쓰인 잔(성배)에 그리스도가 십자가에 못 박혔을 때 그리스도의 피가 고였었는데, 그 시는 여기서 상처 입은 지도자들인 그리스도와 어부 왕(Fisher King) 및 아서 왕(King Arthur)에 대한 다양한 신화를 현대세계에 해당하는 유사한 등가물로서 함께 섞어 놓고 있다.

그래서 이 시가 사용하는 가장 중심적인 모더니스트 기법 중 하나는 일반적으로 역사적인 이해에 정반대가 된다고 주장하는 믿음의 한 체계인 신화를 통해서 현재의 혼돈을 담아내고 있다는 것이다. 엘리엇은 식물의 생장을 비는 의식들을 포함하여 이집트의 신화, 그리고 바그너(Wagner)의 신들에 대해서 아주 상세하게 묘사를 한다. 그리고 조이스가『율리시즈』(*Ulysses*)에서 빠르게 움직이는 현대생활의 리듬에 어떤 구조를 부여하기 위해 그리스 신화를 이용한 것처럼, 엘리엇 역시 종교적인 원형들과 방대한 문화 상호간(cross-cultural) 연구서인 프레이저(Frazer)의『황금가지』(*The Golden Bough*)(1890-1915)에서 상세하게 설명되어 있는 공통된 인류학적인 관습들에 대한 언급들을 하나로 통합하려고 한다. 엘리엇은 현재 세상에는 아무런 의미가 없는 질서라고 자신이 생각하는 것을 비판하기 위한 하나의 방편으로써 현대적인 삶과 엘리자베스 조를 포함하여 고대사회의 질서간의 현저한 차이를 사용한다. 그는 시에 나타난 분열을 통해 이것을 나타내려 하지만, 신화와 알레고리도 더불어 사용하고 있다. 여기서 우리는 비록 모더니스트 글이 무의식적인 것이기는 하지만, 그것을 역사적인 세력에 대한 반응으로 생각하는 태도로 다시 되돌아가는 것이 좋겠다. 프레더릭 제임슨은 "알레고리라고 하는 것은 바로 어떤 이유에서건 간에, 사물들이 의미들로부터, 정신으로부터, 참된 인간의 경험으로부터 분리된 세상을 그려내는 지배적인 양식 혹은 그것에 대한 표현"이라고 말한다(Jameson 1971: 71). 제임슨은 발터 벤야민(Walter Benjamin)에게 도움을 받았는데, 그는「역사철학에 대한 명제」("These on the Philosophy of History")에서 알레고리는 본래 고유한 의미를 빼앗긴 현대사회가 가진 특징이라고 주장하였다. 자본주의 사회에서 효용가치는 완전히 교환가치에게 그 자리를 빼앗겼고, 현대 세상은 더 이상 의미를 일이나 물질들 속에, 혹은 감정들이나 우정에 두지 못하고 오로지 일용품들에 그 의미를 부여한다. 그것의 결과는 의미전달을 위해 알레고리에 의존해야 한다는 것이다. 이는 자본주의가 적절치 못하게 상품화하는 윤리와 가치관 때문이다. 그래서 엘리엇은 그가 영성의 상실을 상징화하기 위해 글을 쓴다는 그러한 방식으로『황무지』를 쓰고 있는데, 막시스트 비평가들은 이것이 물질적 자본주의의 소외 수단들을 반영한다고 주장한다.

　　모더니즘은 엘리엇이 도시생활에 대한 복잡하고 다양한 모습인 비현실적인 도시(UNREAL CITY)라고 부르는 것에 대한 보고서이다. 여기에서 (잊혀 지기 쉬운 눈 같은) 갈색 안개로 뒤덮인 런던의 이미지를 엘리엇은 보들레르가 매력적이고 소원한 것으로 파리를 묘사한 것에서 많이 가져 온다. 밀실공포증을 가진, 미친 듯이 광분하는, 기계적으로 행동하는 사람들을 만들어내는 인구과잉의 기계들로 가득 찬 세상 등이다. 런던은 "물밀 듯이 밀려드는 군중들"(crowds flowing)과 "떼를 지어 이동하는 무리들"(hordes swarming)이 모여 있는 곳이다. 엘리엇의 타이피스트(typist)는 "자기의 머리칼을 기계적으로 손으로 쓰다듬고"(smooths her hair with automatic hand), 그가 그려내는 도시 통근자들은 9시를 알리는 마지막 희미한 종소리가 울리자마자 일하러 가며, 그 가운데 런던 브리지가 다리를 내리고 있다. 그가 묘사하는 사람들은 죽음으로 둘러싸여 있다. 어떤 이는 정원에 시체를 두고 있다. "당신은 죽었나요, 아니면 살아있나요?"(Are you alive or not?)라고 그는 묻는다. 그리고 또 다른 이는 그녀가 "살아있는 것도 아니고 그렇다고 죽은 것도 아니다"(neither living nor dead)라고 말한다. 마지막 부분은 우리의 부고를 알리고 있으며 "살아 있었던 사람은 지금 죽어있다/살아 있었던 우리는 지금 죽어가고 있다"(He who was living is now dead/We who were living is now dying)라고 말한다. 당시의 우생학자의 이론과 점차적으로 줄어드는 출생률을 암시적으로 언급하고 있는 엘리엇은, 시 전체를 통해 퍼져있으며 또한 서로 밀접한 관련을 맺고 있음을 암시하는 계급과 성에 의한 구분을 만들어내기 위해서 성과 성욕이라는 중요 논쟁점들을 이용한다(Tate 1988). 그래서 「체스게임」에 나오는 유혹, 아름다움, 그리고 능욕의 장면들은 "넌 아이를 원하지 않는데, 왜 결혼을 해?"(What you get married for if you don't want children?)라는 말에서도 알 수 있듯이, 그 사회에 속한 여성의 신경과민적 불모성이 단서가 되는데, 이는 선술집의 여자인 릴의 낙태와 다르면서도 관련이 있다. 이와 유사하게, 이 부분의 처음에 나오는 남녀 간의 의사소통의 결여는 앨벗(Albert)과 간음한 릴에 대한 위협을 계속해서 만들어 내기도하고, 또한 섹션 뒷부분의 유기(遺棄)로 이어지기도 한다. 어떤 사회의 한 면은 "잔혹할 정도로 고요"
(savagely still)하고, 원치 않는 번식력과 강한 정욕이라는 특징을 지닌 또 다른 한
면은 다음과 같이 나타나고 있다. "그녀에는 이미 다섯 아이들이 있고, 지금은 조지
때문에 거의 죽게 되었어. . . 만약 앨벗이 당신을 홀로 남겨두고 떠나지 않으려 한다
면, 그럼 된 거야, 라고 나는 말했지"(She's had five already, and nearly died of
young George. . . if Albert won't leave you alone, there it is, I said). 데이빗 트로
터(David Trotter)에 의하면, 이 점에 대해 언급할 필요성을 가지는 이 시에는 제국
이라는 또 다른 차원이 있다는 것이다(Trotter 1988). 한 세기의 전환점에서, 도시의
타락은 일반적으로 공통된 주제였다. 그리고 그것은 만약 주변 식민지국들로부터,
즉 새로운 문화들과의 계약들로부터 원기를 회복하지 못한다면, 제국들은 중심부에
서부터 부패하게 된다는 것을 때때로 알려주는 이론이기도 했다. 영국 문화가 재생
이 필요하다고 생각하는 새로운 시각은 영국문화를 재생시키는 것을 자신들이 맡아
야 할 책무라고 보는 미국인들, 즉 파운드와 엘리엇이 주장했던 것이다. 이러한 견지
에서 볼 때, 엘리엇의 시는 부패한 런던의 모습으로 시작하여, 이 이후에 나오는 부
분들에서는 여기서 빠져나와 플레바스와 성배를 찾아 나서기 및 유마에우스
(Eumaeus)로의 긴 여정처럼 재생을 향한 여행을 떠나는 것처럼 보인다. 5부에 나오
는 "예루살렘 아테네 알렉산드리아 비엔나 런던"(Jerusalem Athens Alexandria
Vienna London)과 같이 타락한 도시들의 목록은 부패를 걱정하는 모더니스트들을
제국적인 것과 연결시키고 있다. 그러므로 엘리엇이 서양의 유물론자 타락을 해결해
줄 영적인 해결책을 구하기 위해 산스크릿이나 불교의 설법들, 그리고 우파니샤드
(Upanishads)와 같이 인도에 관한 것에 관심을 갖는 일은 아마 중요한 일일 것이다
(Trivedi 1995).

『황무지』전반에 걸쳐, 엘리엇은 모더니즘의 조건을 과거와의 철저한 단절이라
말하는 대변동과 위기에 대한 표현들을 하나로 통합하려 한다. 그러나 이 시에는

"부서진 파편들"을 하나로 모으려는, 즉 심미적 형식을 통해 "폐허"를 재건하려는 시도가 있다. 그 시의 정신 혹은, 엘리엇에게는 시인의 정신이 되는 것은 이러한 재건이 일어날 수 있는 현장이다. 포스터(E.M. Forster)는 예술의 목적이란 혼란에서 질서를 만들어 내는 것이라고 주장했으며, 또한 그는 1910년 『하워즈 엔드』(*Howards End*)에 알맞은 "유일한 연관성"이라는 모토(motto)를 사용하였는데, 이는 현대세상이 특권층과 빈곤층, 문화와 물질주의, 남자와 여자, 도시와 시골로 분리되어 있다고 느꼈기 때문이었다. 엘리엇은 대신에 습작의 경험을 정리하기 위해 고전적인 이미저리와 상징주의라는 모더니스트들이 일반적으로 사용하는 장치를 사용하였다. 만약 프레더릭 제임슨이 제시하고 있듯이, 이것이 정치와 역사에 대한 억제 책략이라면, 프로이트의 꿈의 분석에서 그가 알아낸 것, 즉 하나의 상징은 ("모순 속에 들어있는 일관성은 강한 욕망의 힘을 표현한다"는 데리다의 말에서도 알 수 있듯이) 기본적인 욕구를 충족시키려는 욕망과 또 그것을 억누르려는 욕망을 동시에 표현한다는 것은 아무런 가치가 없는 일이 되는데, 이는 그것이 어떤 것을 표현하려고 애를 쓰고는 있지만, 그 밖의 다른 것을 표현함으로써 그것이 이루어지지 때문이다. 이것은 『황무지』의 구조와 이미지들로 사회의 무질서와 역사상의 모순점들을 담아내려는 엘리엇의 시도와 일치한다. 어떠한 것도 명백한 것은 없으며, 모든 것들은 신화와 상징의 중재를 받아야 한다. 그리고 당황한 독자 앞에 흩어져 있는 파편들을 한데 담아내려고 시도하는 것은 바로 이런 "기술"이다. 프랑코 모레티(Franco Moretti)가 보기에, 그 시는 부서진 파편들, 순환들, 그리고 역사의 양식을 형성하는 반복들로서 기본적으로 정적인, 즉 바뀌지 않는 그리고 바뀔 수 없는 "자연적인" 혹은 역사 범위 밖의 구상을 보여주기 때문에 역사적 인과관계를 (억압하고 있다기보다는) 부정하는 것이다(Moretti 1988: 222). 그러나 만약 우리가 문화와 시간에 대한 엘리엇의 실험들을 신화적인 것이기보다는 우화적인 것으로 본다면, 그것들은 문학적으로 형태 짓기를 통한 당시의 혼란을 조직·편제하는 것이 아닌 만화

경 같은 현대의 삶을 표현하는 것들이 된다. 그 시의 전반에 깔려있는 불협화음은 그대로이지만, 소리와 추출물을 하나로 뚫어 묶어주는 것은 독자를 그 시가 전하는 메시지가 되는 일종의 불완전한 이해 (또는 오해)로 밀어 넣는다.

엘리엇이 비록, 시는 "사회 비판"이 아니라 "율동적인 불평"이라는 말을 하기는 했지만, 그는 현대의 삶, 즉 "지독한 쓰레기"(stony rubbish)라는 성서 인유로 그가 말하는 생활을 쓰레기취급하고 있다. 엘리자베스조인들은 기품 있는 사랑에 관해서나 아니면 클레오파트라(Cleopatra)의 황금거룻배에 관해서 글을 썼던 반면, 현대의 생활은 오로지 런던 브리지 위로 끊임없이 몰려드는 군중들과 그 밑으로 흐르는 오염된 테임스(Thames)강만을 제시할 뿐이다. 종교는 별점이나 마담 소소스트리스의 타로 카드를 이용한 예언들로 몰락해 버리고, 사랑은 설사 바람직하지 않다 하더라도 책망 잡히지 않는 애무로 떨어져 버리며, 또한 궁정 시들이 음악회관에서나 잠시 비치는 것으로 그 가치가 떨어져 버렸다. 이 시는 엘리엇이 당시 생활에 대한 자신의 지식들과 자신이 생각하는, 오로지 시를 통해 알 수 있는 과거와 비교하면서 5부 전체에 걸쳐 대중문화를 호되게 꾸짖는다. 이 시의 세 번째 부분은 엘리자베스 시대적이고 고전적인 인유들과 병치되는 일련의 현대 런던의 모습들로 이루어져 있다. 그리고 이것은 또한 두 번째 부분에 나오는 벨라도나(Belladonna)와 릴과 마찬가지로, 타이피스트의 성적인 문란함을 성 오거스틴(St Augustine)과 석가의 호색적 감정 억제와 대조시켜 놓고 있다. 이런 점에서 엘리엇은, 사상과 감정이 하나였으며, 말의 리듬이 유기적 사회에 대한 직관적 의식을 시로 표현했던 곳, 그리고 개인 각자가 질서의 원칙으로 사회적인 면에서나 종교적인 면에서 타당한 정부당국에 순종할 필요를 인식했던 그런 잃어버린 엘리자베스시대 이상향을 재건하고 싶어 했으리라 여겨지는 영국 비평계에서는 보다 폭넓은 활동가에 속한다.

그러나 엘리엇의 시가 과거의 질서에 찬성하는 상대다수 현대인들을 헐뜯는다는 해석들과, 그렇게 할 때 그것들의 통일성을 얻어내려는 노력이 못마땅할 수도 있다. 예를 들어, 모더니스트시기에 산문이 더 시적이고, 반성적인, 그리고 자의식이 강했던 것과 꼭 같이, 『황무지』와 같은 시들은 소설 풍으로 향했었다. 이런 결과, 러시아의 비평가 바흐친(M.M. Bakhtin)은 엘리엇의 시 특징들 중 몇 가지를 기술하기 위한 적절한 용어들을 제공해 주고 있다. 바흐친의 주장가운데 가장 현대적 의의가 있는 면을 데이빗 로지(David Lodge)가 요약한다.

> 바흐친의 이론에는 그가 이어성(heteroglossia)[33]이라고 부르는, 산문체 소설의 언어적 다양성과 억압적이고, 독재주의적인 편협한 이데올로기들에 대한 계속적인 비평으로서 그것이 지닌 문화적 기능 사이에 확실한 연관성이 있다. 여러분들이 다양한 담론, 즉 예의바른 것뿐만이 아니라 비속한 담론들, 문학적인 것과 평이한 일상적 담론, 문어체적인 것과 구어체적인 것들이 텍스트의 여백에 나올 수 있음을 인정하자마자, 여러분들은 어떤 한 담론의 지배에 대해. 반감을 가지게 된다. . .
>
> (Lodge 1989:22)

한 가지 문체나 목소리를 사용했고, 또 그랬기 때문에 확실하게 "단성적"이었던 이전의 대부분의 시들과는 달리, 『황무지』는 바흐친이 이어성(다양한 담론)이라고 말한 것, 그리고 다음(polyphony)(여러 목소리들)과 이의가 제기되는 의미라는 특징을 지닌다. 일반적으로 시가 다른 언어 혹은 담화의 형식을 인정하지 않는 반면, 『황무지』는 선술집 대화와 귀족들의 자서전들, 바그너와 동요들, 우파니샤드와 성경, 상업문구와 단테(Dante)와 같은 데에서 여러 종류의 말과 형식들을 교묘히 훔쳐내고 있다. 그 작품은 거의 여러 가지 발화 스타일을 사용하는 사회의 다양성을 한껏 즐기고 있다. 바흐친은 소설이란 "사회언어적인 여러 관점들 속에서 전력을 다하는 노력"이지만 그것은 엘리엇의 시에도 마찬가지로 적용된다고 말한다.

---

33 단일한 국어체계 안에서 일어나는 언어 현상

그 시에 엘리엇이 원래 붙인 제목은 디킨스(Dickens)의 『서로의 친구』(*Our Mutual Friend*)에서 나온 말인 「그는 여러 목소리로 관리한다」("He Do The Police In Different Voices")였는데, 이 말은 『황무지』가 발화의 다음을 잘 배합하고 흉내 내는 방식에 대한 확실한 설명이 된다. 바흐친은 소설의 다양성과 중요성은 엘리엇이 다른 텍스트들의 여러 조각들을 자르고, 봉합하고, 맞대어 잇고, 그리고 빗대어 말할 때 많이 나타나는 특징들인 "패러디적 양식화," "이중목소리" 그리고 "잡종성"의 특징으로 설명된다고 말한다. 이 시에는 또한 패러디와 이중의미가 가득하다. 이 시의 상당부분에서 엘리엇이 말하는 것과 의미하는 것이 다르다. 시에서 급격히 증가하는 연상들, 연관성들, 그리고 대조들로 인하여, 바흐친의 용어를 빌어, 의미는 "구심적(centrifugal)이 아니라 원심적(centripetal)"이다. 즉 그것은 중앙으로 집중되는 것이 아니라 분산되는 것임을 말한다. 이는, 상당수의 모더니스트 글들처럼, 텍스트가 다양한 읽기에 그 자신을 개방하고 심지어는 해석의 복수성을 조장하는 것처럼 보이기 때문이다.

결론

『황무지』의 대화체 읽기는 화자가 타이레시아스이건 엘리엇이건 간에 전지적 화자시점 앞에서는 다소 더듬거리는 것처럼 보인다. 텍스트의 우위를 차지하는 중심인물은 각기 다른 목소리들 사이에서 중재역할을 하고 절충적인 그 시의 문화적 파편들 위에 다채로운 논평을 써넣는다. 또한 넌지시 암시된 독자는 엘리엇의 고전인유들을 알아채고 현대생활에 대한 경멸적인 견해에 동감하게 될 것으로 기대된다. 이것은 시인의 직무에 대한 엘리엇의 생각과 연결된다. 엘리엇은 「형이상학파 시인들」("The Metaphysical Poets")이라는 자신의 에세이에서, "평범한 사람의 경험은 혼란스럽고, 불규칙적이며, 단편적이지만, 이러한 경험들은 항상 시인의 마음속에서 완전하게 새로운 것들을 만들어 내고 있다"고 말한다. 여기서 엘리엇은 시인의 경험이 어떠해야 하는 지에 관해 말하고 있는데, 그것은 그가 단(Donne)에게서 찾아낸 일종의 지성과 감성의 융합이지만 형이상학파 시인들 이후로 일반 개인뿐만이 아니라 시인들에게서도 없어져 버린 것이다. 융합과 재생의 필요성을 비는 『황무지』의 염원은 일상생활만큼이나 시에도 많이 적용된다.

대화체적 접근이 독자로 하여금 시속에 들어 있는 사회의 다양성, 잡종성, 그리고 아이러니를 읽어내도록 해주지만, 『황무지』의 지배적인 이미지들과 장면들은 추악하고, 잔인하며, 그리고 무감각한 것처럼 보인다. 그것들은 타락, 위험, 그리고 부스러기와 오염으로 둘러싸인 감수성이 줄어든 판에 박힌 삶을 보여주는 정신적 부패의 시기다. 그 시는 엘리엇의 생각에, 부활과 구원을 얻어내기 위해서 죽음을 기다리는 사회를 나타내는 특징인, 1차 세계대전으로 인해 기진맥진한 세계문명, 포탄의 충격, 휘청거림, 그리고 감각의 마비를 암시하고 있다. 그러나 이에 앞서 재정적인 몰락, 대량실업사태, 파시즘, 그리고 2차 세계대전이 자리 잡고 있었다. 이러한 것들은 20세기에 태어나서 1차 대전에 참전하기에 너무 어렸던 시인들이 정치와 관련 있는 더 절박하고 다양한 시를 쓰도록 해주었던 사건들이었다. 그러나 우리가 그들이 이루어 놓은 일을 살펴보기 이전에, 1922년이 중요한 시기였던 또 다른 시인인 윌리엄 버틀러 예이츠가 갖는 중요성을 생각해 볼 필요가 있다. 그는 그 해에 설립된 아일랜드 자유국가(Irish Free State)의 상원의원이 되었다.

"악마와 야수"

1920년대와 예이츠

서론

1940년, 예이츠(William Butler Yeats)가 사망한 다음 해에 엘리엇은 더블린 (Dublin)의 애비 극장(Abbey Theatre)에 모인 청중들에게 이렇게 말했다. "예이츠는 그의 역사가 그 자신이 살았던 시기의 역사가 되어버린 나머지, 본인들이 없이는 이 해될 수 없는 시대의식의 일부였던 소수인들 중의 한 사람이었다."(Eliot 1975: 257) 또한 그 반대도 마찬가지여서 예이츠의 글은 아일랜드의 정치적이고 식민지적인 경 험의 맥락 바깥에서 읽혀져서는 안 된다. 20세기의 다른 어떤 시인들보다 그의 작품 은 그에게는 사적인 것이기도 한 일반대중의 역사와 평행을 이룬다. "마지막 낭만주 의자"(the last Romantic)였던 예이츠가 모더니스트, 국수주의자, 그리고 탈식민주의 시인이 되었을 때, 그의 시는 사회의 격변과 나란히 전개되고 국가정체성에 대한 논 쟁을 벌이게 된다.

비록 그의 주요 작품이 엘리엇의 것과 같은 시기에 쓰였다하더라도, 예이츠는 판이하게 다른 현대 시인이다. 그의 전기를 썼던 작가들 중의 한 사람이 말한 것처럼, 예이츠는 그와 같은 시기에 살았던 사람들과는 또 다른 시간 속에 살고 있는 것 같다.

이미 선진화된 국가의 엄청난 규모의 국민들은 늘 부수적으로 따라 다니는 모든 스트레스와 많은 기회들이 있는 광역 도시권에 살고 있다. 하지만 예이츠는 이러한 상황에서 글을 쓰지 않았고, 또 그에 대한 언급도 없다. 그의 시에는 공장이나 사무실이 없을뿐더러 자동차도 거의 나오지 않는다.

(Macrae 1995: 186-7)

다시 말해, 비록 그가 국수주의적 성향을 띤 시인이기는 하지만, 당시의 정치 문제들을 신화적이고, 역사적이며, 개인적이고 정신적인 요소들만큼 그는 정치의 영향을 많이 받는 사회와 함께 뒤섞이지 않는다. 이것은 현대 산업사회의 거부로, 그리고 영국의 제국주의가 가하는 부담들에 대한 반박으로서, 또한 아일랜드의 전통들과 정체성을 새롭게 고쳐보고자 하는 시도로서, 마지막으로 그가 바랐던 정치적 민주주의가 이전의 귀족주의 질서의 계층구조로 대치되는 것을 거부하는 것으로서 등등 여러 의미로 해석될 수 있다.

이 장에서 필자는 1920년대에 나온 예이츠의 책 두 권인 『마이클 로바티즈와 무희』(*Michael Robartes and the Dancer*)(1921)라는 책과 『탑』(*The Tower*)(1928)을 살펴보려고 한다. 1889년에서 1917년 사이에 나온 예이츠의 작품은 주로 극적이고 서정적인 사랑시였지만, 전후에 쓴 글과 특히 이 두 권의 책들로, 그는 아일랜드의 정치적 상황을 다루며, 또 반란, 독립, 국수주의 및 내란에 대해 그가 가지고 있는 자신의 태도를 탐색한다. 그러나 이 글을 시작하는 서언으로서 나는 예이츠가 그의 몇몇 작품에서 퍼스나(persona)들을 채택했던 독특한 방식, 유신론과 정치문제 둘 다에 관심을 보였던 시, 신비주의적인 것 그리고 유물론적인 것들에 대해 생각해 보고 싶다.

사적인 그리고 공적인

　　예이츠는 여러 가지 방식으로 설명이 되었다. 그러나 하나로 통합된 아이덴티티에 의해서 나타나지 않았다. 리처드 엘만(Richard Ellmann)의 전기(傳記)는 신비적이고, 내성적으로 묵상하는, 그리고 선거활동을 벌이는 정치 활동가의 가장 독특한 퍼스나들을 통하여 그를 상세하게 논하고 있다. 알레스데어 맥리(Alasdair Macrae)는 훨씬 최근에 쓰인 전기에서 『옥스퍼드 판 삽화가 있는 아일랜드 사』(*The Oxford Illustrated History of Ireland*)에서 가장 많이 인용되는 이름을 가진 한 개인인 그레고리(Gregory)여사의 쿨 장원(Coole Park)의 망루에서 세상을 내려다보는 쓸쓸한 시인의 이미지들과 아일랜드 국수주의를 위해 격론하는 열정적인 웅변가간의 대조에 주목하고 있다.

　　예이츠 자신은 시인이 어떤 한 인물 또는 "가면을 쓴 사람"(mask), 즉 에드워드 핏제럴드(Edward Fitzgerald), 로벗 에밋(Robert Emmet), 그리고 영국을 상대로 일으킨 1798년 반란을 지휘했던 울프 톤(Wolfe Tone)과 같은 헌신적인 아일랜드 국가영웅들의 확고한 목적과 고독한 맹렬함을 가진 간략하게 만들어진 정반대의 자아를 채택해야 한다고 믿었다. 대체로, 예이츠는 강한 지도력을 높이 숭배하였는데, 아일랜드 블루셔츠(Irish Blueshirts)의 지도자 어인 오더피(Eoin O'Duffy)뿐만이 아니라 무솔리니(Mussolini)와 프랑코(Franco)를 지지하였다. 이렇게 하여 결국, 그는 파시즘을 옹호한다는 죄목으로 고발을 당했었다. 그리고 이는 그가 소수파에 의해 운영되는 정부를 믿었지만, 확고하게 폭력에 반대했으므로, 6년 후에는 자유국가의 상원의원이 되면서 공정하게 상쇄된다. 예이츠는 개인에 대한 모든 검열과 어떠한 계층차별도 반대하였다[34].

34　Macrae 1995: 79. 파운드는 또한 파시즘을 강력하게 인정했으며 엘리엇은 1929년 7월 『크라이테리언』지에 실은 에세이(Smith 1982: 12)에서 "실제로 파시즘에 대한" 편애를 가졌다고 고백했다.

　　이런 공적인 측면 말고도, 예이츠는 또한 낭만적 몽상가 혹은 다듬지 않고 신비스러운 유미주의자의 역할의 가치를 정하였다. 그는 때때로 두 개의 퍼스나들을 오웬 아헌(Owen Aherne)과 마이클 로바티즈라고 불렀다[35]. 로바티즈는 불가해하고 초자연적인 그의 흥미와 성적인 욕구, 그리고 이상주의라는 예이츠의 내밀한 자아를 반영한다. 반대로, 오웬 아헌은 공적인 사람이다. 덜 활동적이면서 덜 공격적이고 몽상가다운 성향이 줄어든 사람이다. 그는 로바티즈와 반대되는 인물로서, 수사가 되려고 한 신앙심 깊은 천주교 신자인 예이츠가 천주교를 전통적이고 신중한 신앙의 상징으로 사용하기도 하였다. 종교인이지만 그는 또한 때로는 그저 "작가"이기도 하다. 여기서 가장 중요한 것 중의 하나는 예이츠의 양면이 분열된 개성보다는 19세기를 거쳐 오는 과정 속에서 그대로 남아있게 된 공적인 삶과 사적인 삶 간의 분리를 합쳐보려는 협상에 대한 시도를 더 많이 표현하려 했다는 점이다. 따라서 많은 비평가들은 예이츠가 대립적인 것들 사이에서 깊이 사색하는 혹은 그 대립적인 것들 사이에 사로잡혀 있는 것으로 그의 위치를 정하고, 그래서 그의 시는 그것들 사이에 긴장을 만들어 낸다. 그러므로 「비잔티움으로의 항해」("Sailing to Byzantium")같은 유명한 작품은 부분적 소망(half-wish), 즉 시인이 생각하기에도 불가능한, 그러나 그의 상상적 공상이 한번쯤 가져 볼 만한 욕망을 묘사하는 것이라고 해야 가장 제대로 읽혀지는 것일 수도 있을 것이다. 예이츠를 봉건주의자, 속물근성의 귀족정치가, 그리고 민주주의와 현대사회 및 과학을 혐오하는 자라고 생각한 조지 오웰은 2가지 기본적인 측면이라고 본 것, 즉 그의 상징적이고 신비주의적인 시 스타일과 사회를 바라보는 우파적인 그의 정치견해를 예이츠와 일치시켜보려는 시도를 하기도 하였다.

35　예이츠의 시작 노트와 『쿨의 야생백조들』(*The Wild Swans at Coole*)의 「달의 상」("The Phases of the Moon")을 참조할 것.

신비주의라고 하는 바로 그 개념은 그것과 함께 지식이란 비밀스러운 것이어
야 하며, 소규모의 주동자들에게만 한정되는 것이어야 한다는 생각을 지니고
있다. 그러나 그와 똑같은 견해는 파시즘에도 없어서는 안될 필수적인 것이
다. 모든 사람들이 다 공평하게 참정권을 가지게 되며, 모든 대중들이 교육을
받을 것이고, 생각의 자유와, 여자들이 부권(父權)으로부터 자유로워질 것이
라는 예상에 겁을 먹는 사람들은 비밀스런 예식에 대한 편애를 하기 시작할
것이다.

(Orwell 1943: 84-5)

그의 시에서의 이러한 편애는 『마이클 로바티즈와 무희』에 대해 논의할 때 함
께 논하게 될 예이츠의 역사이론과 그의 상징주의에서 가장 흔한 것이다. 1900년,
시몬즈가 예이츠에게 헌정한 『문학에서의 상징주의 운동』(*The Symbolist
Movement in Literature*)을 출판한 이듬해에, 예이츠는 다른 어떤 누구보다 블레이
크(Blake)의 많은 영향 하에서 「시의 상징주의」("The Symbolism of Poetry")를 썼
다. 거기에서 그는 영감, 마법, 초월, 그리고 어느 정도로는 불합리에 대한 그의 믿음
을 표현하고 있다. 미적인 면에서 그는 엘리엇과는 상당히 다르다. 예이츠는 "모든
소리들, 모든 색들, 모든 형식들은 . . . 정의하기 어렵지만 정확한 정서들을 환기시
키는 데, 이는 정서라는 것이 존재하지 않기 때문이다. . . 그것에 대한 표현법을 찾
아낼 때까지. . . 시인들과 화가들, 그리고 음악가들은 인간을 끊임없이 만들어 내고,
또 원상으로 되돌려놓고 있다"고 주장했다(Yeat 1972: 30-1). 그 밖에, 「셸리시의 철
학」("The Philosophy of Shelley's Poetry")이라는 그의 에세이에서, "그것은 단지
오래된 상징들에 의해, 즉 무수히 많은 의미를 가진 상징들에 의해 . . . 아주 주관적
인 예술은 아주 의식적인 배열이 지닌 불모성과 피상성으로부터 탈피하여 자연의
풍부함과 깊이로 들어갈 수 있다"(Yeats 1964: 72)고 쓰고 있다. 예이츠는 비록 개
인적인 것이기는 하지만 외적인 힘이 항상 부여하는 정서적이고 지적인 상징들이

있다고 믿었다(Emig 1995 참조). 신비스러워서 종국에는 정의하기 힘들어지는 이런 상징들은, 자신의 생각들을 과학적으로 설명해주는 것이라고 예이츠가 생각한 융(Jung)의 집단 무의식과 유사한 방식들을 통해 공통적인 인간의 정신과 기억을 불러일으킨다. 예이츠에게 있어서, 상징들은 역사와 연관성을 갖는 것인데, 「탑」("The Tower")에서 그는 대형 기억(Great Memory)에 저장되어 있던 "과거의 사건들에 대한 이야기를 한다."(4장 부록참조)[36] 따라서 예이츠에 의하자면 시로 사람들을 감동시키는 힘을 가진 것이 상징주의라는 것이다. 그는 유기적인 리듬들, 형식에 대한 관심, 일화적 묘사의 한계와 활기찬 리듬들, 그리고 상상으로의 복귀를 원했었다. 상상은 이성이 발견하지 못했던 진리를 발견하는 어떤 방법을 가지고 있다고 그는 확신하였다(Yeats 1964: 53). 여기서, 우리는 그가 오스틴(Austin)과 뉴볼트의 시뿐만이 아니라 윌프렛 오웬과 아이작 로젠버그의 시까지도 많이 좋아하지 않았던 이유를 알 수 있다. 예이츠가 개인적으로 사용하는 시 용법들이 전문화되어 있는 반면, 상징주의는 모든 언어가 형이상학적이라는 근본적인 사실에 의존하고 있다. 그것이 묘사하는 것은 사물이나 개념이 아니다. 시몬즈가 책의 서두에 적고 있기를, "상징주의는 예이츠가 살아있는 모든 생물체를 지칭해서 불렀던 최초의 인간이 사용한 최초의 말들로 시작했다. 아니면 이보다 전에, 하늘에서 하느님이 세상이 있으라고 말했을 때 시작되었다"는 것이다. 예이츠에게 있어, 이것은 또한 하느님의 말씀이 엄청난 힘을 가지고 있는 이유를 그리고 언어가 마법, 영성, 그리고 신성한 진리와 연관성이 있다고 보는 그의 생각을 설명해주는 이유를 가장 잘 표현해 주었다.

전통적인 귀족정치 질서를 추구할 때, 예이츠가 평등주의적 사회주의 또는 진보적인 민주주의를 추구할 시간적 여유가 거의 없었다. 그러나 그 역시 여러 점에 있어서 급진적 국수주의 인물이었는데, 즉 엘리트주의와 소수에 의한 다수의 지휘에 대한 믿음에 입각한 그의 정치적 의견들만큼 아일랜드의 정체성을 세우려는 강한

---

[36] 예이츠의 에세이 「마법」("Magic") 발췌문을 볼 것(Yeats 1964: 80)

열망을 토대로 켈트(Celt) 신화를 재창조하고자 한 개척자였다. 그러므로 중요한 일
은 세상과의 관계에서, 예이츠가 자기 자신을 오웬 아헌과 마이클 로바티즈 둘 다로
보았음을 기억하는 것이다.

예이츠와 아일랜드

자기 작품을 소개할 때, 예이츠는 "시인은 항상 사적인 삶에 대해 쓴다"는 것을
제 1원칙으로 강하게 내세웠다(Macrae 1995: 67). 그러나 그는 자서전적인 요소가
예술로 변한다고도 생각하였다. 이야기와 공상 및 상징을 통해서도 그렇지만 역사에
의해서도 그렇게 될 수 있다. 유년시절부터, 예이츠의 삶은 아일랜드에서 일어났던
당시 사건들을 비롯해 영국의회가 내린 결정들과 떼어놓을 수 없다. 대사들의 이동
과도 흡사한, 계속해서 반복되는 여정으로 예이츠 가족들은 잉글랜드인과 아일랜드
인들이 아일랜드 자치문제(Home Rule)를 놓고 논쟁을 벌이고 있는 동안, 대영제국
의 주요 도시 두 곳을 반복해서 왔다 갔다 하였다. 더블린의 소수 앵글로 아일랜드
프로테스탄트 태생의 예이츠는 변호사겸 화가인 아버지와 웨스트 코스트(West
Coast)의 슬리고(Sligo)출신의 선박을 소유했던 부유한 가정에서 태어난 어머니 사
이에서 난 아들이었다. 그리고 그곳에서 예이츠는 어린 시절의 많은 휴가를 보냈었
다. 그가 태어나고 2년 후, 1867년에 예이츠 가족은 런던으로 이사를 갔는데, 이때는
예이츠가 나중에 가입했던 아일랜드 공화단체(Irish Republican Brotherhood)가 무
력으로 영국에서 독립을 쟁취하기 위한 반란을 꾀했던 바로 그 해였다. 영국인 지주
의 집들을 태워버림으로써 아일랜드에서 그들을 제거하기 위해 아일랜드 토지 동맹
(Irish Land League)이라는 단체가 마이클 대빗(Michael Davitt)과 챨스 스튜엇 파
넬(Charles Stewart Parnell)에 의해 설립되고 나서 얼마 후인, 1880년에 예이츠 가

족은 다시 더블린으로 돌아왔다. 1883년, 예이츠는 트리니티(Trinity)로 돌아가기를 거부하였고 그 대신에 미술과 시를 택하였다. 이로부터 4년 후, 그의 가족은 다시 영국으로 되돌아오고 예이츠는 런던에서 그의 작품을 출판하려 하였다. 그는 오스카 와일드, 윌리엄 모리스(William Morris), 그리고 그가 존경했던 국수주의 지도자인 존 올리어리(John O'Leary)를 만났다. 올리어리는 예이츠를 모드 곤(Maude Gonne)에게 소개시켜 주었는데, 그녀는 당시 아주 적극적인 국수주의 사회 활동가였었고 예이츠는 그녀를 마음껏 사랑했지만 그만의 짝사랑이었다(그녀는 그의 거의 모든 사랑시의 주제가 된다). 그는 또한 신지학회(Theosophical Society)와 황금새벽회 (Order of the Golden Dawn)라는 단체에 가입하였다. 이때는 벨파스트(Belfast) 거리에서 일어난 폭동의 도화선이 되었던 1차 아일랜드 자치 법안(First Home Rule Bill)이 의회에서 관철되지 못하고 좌절된 이듬해였다. 1891년 많은 아일랜드 개신교도들이 아일랜드 통일주의(Unionism)를 지지하고 더 나아가 국수주의자들에게 의심을 받고 있는 동안, 예이츠는 아일랜드 문학회(Irish Literary Society)를 만들었다.

예이츠의 정치의식과 활동이 1890년대에 많이 늘었다. 그는 보아전쟁에서 영국이 보인 행동에 반대하는 운동을 벌였고, 빅토리아 여왕이 더블린을 방문하는 것과 더불어 그녀의 즉위 60년 행사도 반대하였다. 그는 자선을 베푸는 일에도 관여하였는데, 축출의 위협을 받는 사람들에게 도움을 주었다(Macrae 1995: 67). 그는 1896년에서 1900년까지 아일랜드 공화단체의 적극적인 단원으로 활동하면서 국수주의자의 투쟁과 아일랜드에 노동조합을 조직하고자 하는 기획들을 지지하였다. 1893년에 내놓은 그의 시집, 『장미』(*The Rose*)에서 예이츠는 이미 자신을 다음과 같은 자리에 두면서 아일랜드의 정체성과 문화적으로 그리고 정치적으로 그가 보았던 운명을 확실하게 말해 두었었다. "참된 형제들/ 아일랜드의 잘못을 너그럽게 봐 주기 위해 노래를 불렀던"(True brother of a company/ That sang, to sweeten Ireland's wrong)[「새로운 시대에 서있는 아일랜드에게」("To Ireland in the Coming Times")].

여러 가지 점에서, 한 세기의 끝은 19세기 후반 켈트족과 게일족(Gaelic)의 부활에서 비롯된 영국의 지배에 대한 아일랜드의 저항에 있어 결정적인 시기임을 알려주었다. 더글러스 하이드(Douglas Hyde)는 현실적이고 반식민적인 아일랜드를 전원적 특성을 가진 본질적인 농업사회에 두면서, 게일 동맹(Gaelic League)을 1893년에 설립하였다. 그 동안, 예이츠는 민담을 모아 놓은 『켈트의 여명』(*The Celtic Twilight*)을 같은 해에 출판하면서, 켈트 문화를 바탕으로 한 아일랜드 정체성을 만들어 내는 일에 착수하였다. 그 후 15년 이상, 예이츠는 민족문학부흥(National Literary Revival)에 해당하는 새로운 아일랜드 시를 만들어 내려는 시도를 하였다. 또한 예이츠는 1893년에 출판된 블레이크의 책 3권을 편집하는 일도 하였는데, 그것을 통해 그는 상징주의에 대한 그의 관심을 더 많이 발전시켰다. 1896년에 그는 그레고리 여사를 만나게 되고, 그녀는 그의 후원인이 되었으며 예이츠를 쿨 장원에 초대하여 여름을 보내도록 하였다. 그녀는 무대에 대한 그의 흥미를 북돋아 주었고 이것으로 인해 아일랜드 국립극단(Irish National Theatre Society)을 1902년에 설립할 수 있었다. 그리고 플로렌스 호니만(Florence Horniman)의 후원으로 1904년에는 애비 극장도 문을 열었다. 1907년 애비극장에 올린 싱(Synge)의 『서쪽 나라의 바람둥이』(*The Playboy of the Western World*)의 상연은 예이츠가 입심 좋게 반대했지만 아일랜드 정신의 변화를 만들어 낸 것으로 생각되는 폭동을 야기했다. 존 올리어리의 죽음과 아울러 일어난 이런 방해가 있은 후, 예이츠는 "특별한 사람들이 없는" 그러나 "가게 주인들[과] 점원들"로 이루어진 "새로운 계층"의 활동인, "켈트"운동에서 "아일랜드"운동으로의 변화를 몹시 슬퍼하였다(Cairns and Richards 1988: 97).

다음 10년 동안, 시적인 면과 정치적인 면 및 개인적인 면에서 예이츠의 삶에 중요한 변화들이 일어났다. 예이츠의 시를 현대화하도록 부추겼던 에즈라 파운드는 1912년 아주 짧은 기간 동안 예이츠의 비서가 되었는데, 1912년은 마쉬가 첫 시선집으로 『조지왕조시대의 시』를 출판한 해였으며 또 영국 하원에서 좌절된 3차 아일랜드 자치법안을 내놓은 해였다. 1916년, 아일랜드 시민군(Irish Citizens' Army)과 얼스터 자원 부대(Ulster Volunteer Force)같은 군사단체들이 결성된 후에, 더블린에서 부활절 봉기(Easter Rising)가 다시 일어났고 더 나아가 아일랜드 국수주의에 대한 예이츠의 관심을 자극하였다. 1917년, 그는 모드 곤(가족과 떨어져 있던 그녀의 남편은 영국인에게 처형당한 사람들 중 한 사람이었다)에게 다시 한 번 더 청혼을 하였고, 그 다음에 그녀의 딸인 이슐트(Iseult)에게 청혼하였으나 거절당했고, 마지막으로 조지 하이드-리즈(Georgie Hyde-Lees)는 그의 청혼을 받아 들였다. 그 둘이 서섹스(Sussex)로 신혼여행을 가는 도중에, 예이츠는 그의 아내가 자동기술(automatic writing)을 가지고 실험해 보도록 권고하였는데, 그 글이 너무나 성공적인 것으로 판명이 되어 그는 포괄적인 시스템으로 생겨나는 "메시지들"을 만들어내는 일을 착수하였다.

1918년 12월 이먼 드 발레라(Eamon de Valera)가 이끄는 분리주의 국수주의 당인 신페인(Sinn Fein)이 선거에서 확실한 승리를 거두었다. 신페인당원들은 웨스트민스터(Westminster)에 가기를 거부한 대신, 더블린에 아일랜드 의회(the Dail)를 설립하였다. 1919년, 그들은 아일랜드가 브리튼에서 분리했음을 선언하였고, 이로 인해 생긴 전쟁에서 마이클 콜린즈(Michael Collins)는 제1차 세계대전 이전의 전쟁에 참전했던 사람들로 구성된 브리튼의 흑인과 황갈색인 부대(Black and Tans)에 반대하는 아일랜드 혁명군(IRA: Irish Republic Army)을 이끌었다. 예이츠는 국수주의자 명분을 위해, 『마이클 로바르츠와 무희』를 상세하게 논하게 될 반식민적 시들인 「부활절 1916」("Easter 1916")과 「16명의 사상자들」("Sixteen Dead Men"), 그리고 (아일랜드 민족주의의) 「장미 나무」("The Rose Tree")를 출판하면서 일하기 위해 1920년 더블린으로 돌아왔다. 1921년 7월, 전쟁이 끝나고 또 그 해 조금 있다가 북부로부터 아일랜드 자유국가를 쪼개어 분리시킬 어떤 한 조약에 서명을 하게 되었다. 데일(아일랜드 의회)에서, 그 조약은 64표 대 57표에 의해 단지 간신히 인정이 되었고, 곧이어 1922년에 내란이 일어났다. 다음 그 이듬해, 전쟁이 끝이 났던 1923년에 노벨상을 받았던 예이츠는 새로운 아일랜드 주의 상원의원으로 보다 많은 역할을 담당하게 되었지만, 로마 캐톨릭주의에 대한 드 발레라의 강조에는 당황하였다. 아일랜드적인 아일랜드 민족주의 명분, 즉 반 영국적 개신교 정체성을 확립하는 것은 "지배세력"(the Ascendancy) 또는 앵글로-아일랜드 귀족계급의 한 일원인 예이츠에게 중요하였다.

어떤 점에서, 식민지 규정을 반대하는 예이츠의 이유들이 평범한 것은 아니었다. 우선, 상반성을 기초로 하여 그는 독립을 갈망하였다. 예이츠에게 있어, 아일랜드는 본질적으로 봉건제도적인 곳이었던 반면, 잉글랜드는 현대적이고 민주주의적인 곳이었다. 아일랜드가 농업적이고 영성적인 곳이었지만 잉글랜드는 "진보"와 과학("예이츠가 몽상의 형식에 반대했던 지식의 형태")에 사로잡혀 기계화된, 물질주의에 만연된 곳이었다. 그는 1903년에 다음과 같이 썼다.

큰 도시들에서 들려오는 가락을 사용하고 오래된 관습이 아닌 학교에서 그 맛을 보는 잉글랜드 또는 다른 나라가 밀집하는 군중들을 가질지 모르지만, 한 민족을 가질 수는 없다. . . 시인은 항상 완벽한 지성인들이 국민을 표현하는 사회를 더 선호해야 한다.

(Yeats 1964: 129)

예이츠는 귀족계급이 군림하지만 "유기적 사회"에서 국민 모두가 공통적으로 가지는 문화를 연구하는 국가를 원했다. 국수주의 명분, 프로테스탄트 귀족계급, 내란, 그리고 모드 곤과 이술트 곤에 대한 그의 사랑, 조지 하이드-리즈와의 결혼, 자동기술과 신비주의와 관련이 있는 전통적인 아일랜드의 정체성과 같은 것들은 1차 세계대전이 한창이던 해와 전쟁이 끝나고 나서 그의 시가 제대로 된 모양을 갖추게 해준 가치관들과 영향력들이다. 이 시기에 그는『마이클 로바티즈와 무희』와 (이전에 쓰여진 「새로운 얼굴들」("The New Faces")과 「오웬 아헌과 그의 무희들」("Owen Aherne and his Dancers") 말고도 1920년 9월에서 1927년 3월에 걸쳐 모아진)『탑』에 채워질 많은 시들을 지었다. (1914년 11월에서 1919년 9월까지 이런 시들의 구성은『쿨의 야생 백조들』(*The Wild Swans at Coole*)에 수록된 시들의 구성과 상당히 일치되는 부분이 많았다.)[37]

『마이클 로바티즈와 무희』(1921)

1919년, 예이츠는 자신의 시에 대해 "난 문학의 형식에 대한 관심, 철학의 형식에 대한 관심, 그리고 국민성에 대한 믿음에 대한 관심 등 3가지에 관심이 있다"고 말했다(Parkinson 1970: 50). 이것 모두는 1921년에 출간된 그의 저서에서 분명히 드러났다. 그 책은 우리의 목적을 위해 간단하게 설명될 수 있는 배열을 갖추고 있다. (『탑』에 수록된 「오웬 아헌과 그의 무희들」과 마찬가지로) 첫 번째 시, 「마이클 로바티즈와 무희」("Michael Robartes and the Dancer")는 예이츠와 이슐트 곤에 관한 것이다. 그것은 교육 대 경험에 관한 논의들인 육체 대 정신과 남자 대 여자를 제기함으로써 책을 시작한다. 그 다음에 이어 나오는 3개의 사적인 시들 즉, 「솔로몬과 마녀」("Solomon and the Witch"), 「과거에서 떠올린 이미지」("An Image from a Past Life"), 그리고 「토성 아래서」("Under Saturn")들은 예이츠와 그의 아

---

37 「오웬 아헌과 그의 무희들」은 사실상 「마이클 로바티즈와 무희」보다 이전에 씌어졌다. 예이츠시의 각각의 작품구성일자는 1954년 판 엘만의 저서에서 알 수 있다.

내 조지(Georgie)와 관계있는 것들이다. 그 다음에 나오는 5편의 시들, 즉 「부활절 1916」("Easter 1916")에서 「군중의 지도자들」("The Leaders of the Crowd")에 이르는 것들은 10여 년 전에 일어난 사건들을 다루는 정치적인 시들이다. 첫 번째 시로부터 5번째 시까지는 예이츠의 양면을 혼합해 놓고 있는데, 이는 그 시들이 그와 조지의 시각을 이루는 요소들과 그의 신비한 그리고 역사적인 이론들을 함께 섞기 때문이다. 「새벽을 향해」("Towards Break of Day")는 예이츠와 조지가 가진 동일한 꿈들이 동시에 발생함을 상기시킨다. 비록 "당연한 모든 승리는/ 야수나 악마의 것"(every natural victory/ Belongs to beast or demon)이기 때문에 약간 서운한 감은 있지만, 「악마와 야수」("Demon and Beast")는 악마의 증오와 야수의 욕망이 둘 다 겉으로 드러나지 않고 잠잠한 그 순간을 즐긴다. 「재림」("The Second Coming")은 역사상 완전히 다른 새로운 시대가 올 것을 예측하고 있다. 예이츠가 사랑했던 여자들을 생각하는 「내 딸을 위한 기도」("A Prayer for My Daughter")는 앤 예이츠(Anne Yeats)가 앞으로 아름다움이나 적의의 극단들을 그대로 물려받지 않을 것이지만 "왁자지껄"하게 모든 것을 시작하는 관습적인 의식들과 예식을 높이 평가하게 될 거라는 희망을 보여주는 시다. 그리고 「전시의 명상」("A Meditation in Time of War")은 다시 아일랜드의 당파들 또는 야수와 악마처럼 서로 반목하는 당파들이 머릿속에서 사라지는 조용한 순간들에 대해 생각하고 있다. 마지막 시, 「쑤어 밸리리의 비석에 새겨진」("To be Carved on a Stone at Thoor Ballylee")은 엄숙한 공물이며 자기 자신과 조지를 위해 미래에 런던탑에 새겨질 비명이다.

이런 요약은 예이츠가 국가적인 차원에서나 지방적인 차원에서 중요한 것 같은 사건들 사이를 왕래하는 즉, 개인적인 것과 역사적인 것 사이를 쉬지 않고 왔다 갔다 하는 방식이 가진 특징을 보여 준다. 그러나 그 시들의 복잡성은 예이츠가 다루는 중요 논쟁점들에 대한 이치에 맞는 개관을 세우기 위해 적어도 그것들 중 몇 개들을 보다 더 상세하게 분석할 것을 많이 요구하고 있다.

실제보다 앞선 이론에 반대해서 사격을 개시하는 「마이클 로바티즈와 무희」("Michael Robartes and the Dancer")는 학교에서 학습된 지식(교육)과 거울을 통해 얻은 지식(묵상)을 비교한다. 로바티즈의 주장들이 계속해서 논박을 당한다 하더라도, 그것은 어느 쪽도 이기지 않는 유혹의 시다. "생각이 있는 여성"(woman of ideas)으로서의 무희의 역할에 반대하는 로바티즈는 "개인교사" 자리를 차지하기 위해 노력한다. 아름다움은 그 자신의 스승이 되어야 하고 신체로부터 학습해야 한다는 그의 확신으로 주장하는 그런 교수법에 반대하는 것처럼 다소 아이러니하기도 하다. 육체의 아름다움(무용의 동작)과 더불어 일단의 추상적인 지식(무용과 관련된 지식)을 구체화하는 사람인 무용수와 그가 논쟁 중이라는 것이 중요하다. 그녀는 그의 육체에 대한 지식의 다른 형식을 금방 받아들이는 것처럼 보이지만 완전히 납득하지 않은 상태다. 추상적 지식에 대한 그의 공공연한 비난은 이론적인 이치를 사용한다. 그녀의 모든 말은 한 가지 면에서 또는 다른 면에서 그의 논리를 능가하지만, 또 남녀 간의 시시덕거리는 게임도 같이 즐긴다. 역사적 맥락에 의해, 엘리자베스 컬링포드(Elizabeth Cullingford)가 주목했듯이, 그 시는 쾌락 또는 위험의 원인으로서의 신체를 놓고 벌이는 페미니스트 논쟁에 대해 살짝 언급하면서, 참정권 확장론자와 반참정권 확장론자 간의 논쟁을 꾀한다(Cullingford 1993: 86-92). 이것은, 아래의 3편의 시들처럼, 예이츠 인생의 성적인 측면과 영적인 측면에 관심을 보인다. 하지만 그 다음에 나오는 5편의 시들은 "오웰 아헌"이라는 예이츠의 퍼스나와 공적인 사건들, 특히 처음에는 현명하지 못한 처사라고 생각했지만 곧 영국의 제국주의에 대해 이전에 아일랜드가 보인 저항이라는 견지에서 보게 된 1916년의 아일랜드 반란(Irish Rebellion)때 일어난 사건들에 집중하고 있다. 그 반란은 국수주의 명분을 지지하는 그의 가장 유명한 시들을 쓰도록 해 준 것이었다.

앞서 나온 『책임감』(*Responsibilities*)(1914)과, 특히 「1913년 9월」("September 1913"), 패디(Paddy)에 해당하는 게일어(Gaelic)에서 파생된 아일랜드인을 지칭하

는 경멸적인 용어를 쓴 「퍼딘」("Paudeen"), 그리고 「그늘에게」("To Shade")와 같은 시들에, 예이츠의 환멸 또는 실의가 뚜렷하게 나타난다.

> 켈트 기질이 민담과 풍경을 통해 국민-국가를 연결시키는 일종의 감상주의적 관련성으로, 예이츠가 접근하도록 허락하는 곳에서 새롭고 골 깊은 그의 반-통속적 담론은 지도자들의 평범함이 그들과 민족-국가 간의 일치된 견해에 의해 정의되는 것이라 생각했던 민족-국가를 이끌어 가는 지도자들에 대한 비판을 제공하였다.
>
> (Cairns and Richards 1988: 100–1)

그러나 부활절 봉기가 있은 후, 예이츠는 아일랜드인과 영웅주의에 대한 그들의 수용력을 과소평가했다는 판단을 내렸다. 1916년 이전에는 심지어 아일랜드에 있었던 대부분의 구교도들도 완전한 아일랜드 자치를 반대하였다. 그리고 그들의 정신을 바꿔 놓은 것은 그 반란 자체가 아니라 그것에 대한 영국의 반응이었다. 예이츠도 그와 비슷한 영향을 받았는데, 특히 야만적인 보복조치들의 영향을 받았다. 영국이 독일과 전쟁을 하고 있었던 때는 국수주의자들에게 있어 독립을 쟁취하기에 딱 알맞은 이상적인 시기였던 것 같다. 6일간에 걸친 반란 기간 동안, 약 1500명의 공화주의자들이 연루되었는데, 주로 수도에 있던 사람들이었다. 그 분쟁이 노리는 중요 중심지가 더블린 우체국이었는데, 그곳은 며칠간 장악 당했고, 거기에서 패트릭 피어스(Patrick Pearse)가 아일랜드 자유국가를 알리는 선언문을 읽었다. 몇몇 국수주의자들이 그 싸움에서 사망하였는데, 이들 중 16명은 사형을 언도 받았으며 영국인이 다시 주도권을 잡았을 때, 아주 많은 수의 사람들이 투옥되었다(Freyer 1981: 62-6). 이에 대한 예이츠의 반응은 「부활절 1916」("Easter 1916")(종교적 희생이라는 의미가 중요함)이었는데, 이는 처형이 있은 지 몇 달 후에 쓰여진 것이다[38]. 그는

---

38 시의 출간내력은 복잡한데, 『마이클 로바티즈와 무희』에 아일랜드 저항운동이 처음으로 비

당시 잉글랜드에 있었는데 처음에는 그 반란에 대해 아무것도 알지 못했다는 사실에 다소 화가 난 것처럼 보였지만, 그는 그것이 곧 아일랜드에서 그가 찾아내려 한 일종의 이상주의를 표현했다고 생각하였다. 에드워드 사이드(Edward Said)는 예이츠를 제국주의에 저항하는 다른 시인들과 나란히 놓고 있다.

> 분리를 꾸미는 계획들. . . 새로운 질서를 만들어 낼 때 야기되는 폭력을 찬양하고 기념하는 것과 국수주의를 배경으로 하는 충직함과 배반을 복잡하게 섞어 짜는 것을 그가 노여워했다는 점에서 그와 유사하다. . . 탈식민주의적인 모든 시인들처럼, 예이츠는 "머리 속에 그려진" 또는 이상적 사회의 윤곽을 나타내려고 애를 쓰고 있다.
>
> (Said 1990: 86-7)

새로운 질서에 대해 양면적인 예이츠의 시는 폭력에 대한 혐오감과 그의 마음속에서 조화를 이루기 힘들다고 생각한 변화에 대한 열중이라는 두 가지를 서로 대결시켜 거기에서 이득을 얻어낸다. 이것은 또한 「내란시기의 명상」("Meditations in Time of Civil War")과 같은 『탑』에 수록된 그런 시들로 독립이후의 그의 작품에 나타나고 있다. "우리는 우리들의 가슴에 공상이라는 먹이를 먹였다,/ 그 가슴은 그 음식물로 야만스럽게 되었다."(We had fed our heart on fantasies,/ The heart's grown brutal with the fare) 헨(T.R. Henn)은 반란 이후에 예이츠에게 일어난 변화가 1차 세계 대전 이전에는 아주 중요했었던 귀족계급 문화가 아일랜드인의 삶에서 (일종의 어떤 종류의 이상인) 그 중추성을 잃어버렸음에 대한 인식의 덕분이라고 생각하였다. 예이츠가 지지했고 그것을 찬성하는 운동을 벌였던 독립운동이 미래에 대

쳐지고 예이츠가 『쿨 장원의 야생백조』에 그 사건을 포함시키지 않기로 결정했던 때인 1916년에서 1921년 사이의 아일랜드 저항운동이 있던 주요한 시기와 나란히 하고 있다. 이에 대한 논의는 「예이츠의 단식투쟁 시」("Yeats's Hunger-Strike Poem")를 참조할 것(Paulin 1992: 133-50).

한 상당수의 그의 희망들을 설명해 주는 전원주택의 전통에 대립된다는 것(예를 들어, 그레고리여사는 죽음의 위협을 받았다)은 어떤 점에서는 아이러니 했다(Henn 1984).

이 얇은 시집에 계속 이어 나오는 시들은 신화적인 것과 정치적인 것을 예이츠의 역사의 순환들과 개인적인 동기에 대한 이해와 뒤섞어 놓고 있다. "나는 소용돌이 속에서 오랫동안 뱅글뱅글 돌았다,/ 나의 증오와 욕망 사이에 있는"(I had long perned in the gyre,/ Between my hatred and desire)(「악마와 야수」). 개인적이고, 신비스러운 그의 견해들은 그가 세상을 그렇게 만연된 폭력 속으로 몰고 들어가고 있는 힘들(1차 세계대전을 한창 치르고 있을 때, 서양의 제국들과 동구유럽)이 무엇인지 밝혀내고자 할 때 그의 역사적 견해들과 섞이게 된다. 따라서 예이츠는 세상이 혼란과 부패에 빠져있다고 생각하는 엘리엇의 견해와 비슷한 입장을 취하는데, 예를 들어 그의 유명한 시 「재림」의 "모든 것들이 떨어져 나간다; 중심이 없다./ 무질서만이 세상에 만연해 있다."(Things fall apart; the centre cannot hold;/ Mere anarchy is loosed upon the world)는 부분이 그러하다. 예이츠는 20세기 초에 일어난 사건들이 역사상 중요한 시기를 미리 알려주는 전구라고 생각했다. 「재림」에서, 그는 역사를 통해 예수의 탄생으로 시작된 2000년간의 민주주의를 거꾸로 뒤집으면서 새로운 귀족계급시대를 향해 (실패나 얼레 속에서) 회전해 들어가는 서구세계에 대한 시각을 제공한다. 니체의 철학과 마술, 달의 순환들, 그리고 귀족계급의 가치관들에 의존하는 체제 속에서, 예이츠는 세상이 "소용돌이"(gyres) 또는 2000년 전으로 또 2000년 앞으로 왔다 갔다 했으며, 그리고 세상은 그가 "과학적이고 사실이 축적된 이질적 문명"39)이라고 불렀던 것의 종말로 다가가고 있다고 믿었다. 케언즈(Cairns)와 리처즈는 다음과 같이 설명한다.

---

39 이 표현은 시가 처음 출간되었을 때 예이츠의 시작노트에서 나온 것이다.

제우스(Zeus)가 레다(Leda)를 겁탈했음을 미리 알리는 그리스가 주도권을 쥐
고 있었던 귀족 정치적 시기가 기독교 시대보다 먼저 이기는 하지만, 기독교
시대는 본질적으로 기본적이거나 혹은 민주적이었다. 따라서 다음에 올 시기
는 정반대의 것 혹은 귀족 정치적인 시대일 것이고, 신격화로 발전한 민주주
의처럼, 새로운 시기도 동시에 준비되고 있었다.

(Cairns and Richards 1988: 122)

    1차 세계 대전, 러시아 혁명(Russian Revolution), 그리고 또 「부활절 1916」의
후렴구인 "지독한 미인이 태어나다"(A terrible beauty is born)와 「재림」의 마지막
두 행들에서 다루고 있는 아일랜드의 부활절 봉기와 같은 비교적 근래에 일어난 폭
력적인 분출들은 예이츠에 의해 새로운 시대가 오고 있음을 알리는 것들로 해석되
었다. 바꿔 말해, 그의 역사철학은 그에게 알맞은 용어로 세상을, 미래를, 그리고 아
일랜드의 경제 배경을 그가 이해하도록 해주었다. 당시의 사건들은 그가 간절히 바
랐던 귀족계급의 혁명을 미리 알려주는 것이었으며, 아일랜드의 과학기술상태는 그
저 아일랜드를 이상적인 그리스 질서와 더 가까운 위치에 가져다 놓았다(Deane
1985: 40).

    「재림」을 읽을 때, 그것이 『마이클 로바티즈와 무희』에서 차지하는 위치를 기
억하는 것이 도움이 된다. 휴 케너(Hugh Kenner)는 『탑』에 관한 토론회에서, 한 시
에 나오는 예이츠의 이미지들이 비록 완전하게 설명되지는 않지만, 시집 처음에서
끝까지 차례로 실린 시들 속에서 그것이 차지하는 위치를 고려함으로써 가끔 더 확
실해 지기도 한다고 말하였다(Kenner 1956). 따라서 「재림」의 "실패"(Perne)와 "소
용돌이"에 대한 언급들은 이전 시 「악마와 야수」에서부터 시작된 것들인데, 반대로
"순수의 의식"(ceremony of innocence)에 대한 개념은 그 다음에 나오게 되는 시,
「내 딸을 위한 기도」에서 확대된다. 그리고 이 시는 「부활절 1916」의 후렴구를 그
대로 흉내 낸 것이다. 「재림」에서 예이츠는 최고로 선한 대상이 "모든 신념을 잃고

있으며"(lack all conviction) 이와 반대로 최악의 대상이 "열정적인 강렬함으로 가득
차"(full of passionate intensity) 있다고 주장한다. 그러나 존 루카치는 다음과 같이
묻는다.

> 가장 최악인 사람들이 누가인가? 혁명을 일으키는 사람들? 그럴지도 모르지.
> 정치적 급진주의자들, 그리고 공산주의자들까지도? 꽤 그럴듯하지. 「부활절
> 1916」에서 예이츠가 피어스(Pearse)와 코널리(Connolly)의 가치를 인정하고
> 있기는 하지만, 그는 그 둘 모두가 공산주의자란 것을 알고 있었다. 그리고
> 「재림」의 "피로 흐려진 조수"(blood-dimmed tide)는 당연히 그 사건들과 볼
> 셰비키 혁명(Bolshevik rising) 그리고 부활절 봉기로 인한 영향까지도 또한,
> 그 이후에 있은 제정 러시아의 황제(Czar)와 그 일가의 암살에도 다 해당되
> 는 것이다. 공산주의자들과 이들을 지지하는 자들 그리고 과격한 동맹인들은
> "대중을 이끌어 가는 지도자들"(Leaders of the Crowd), "사회복지의 꿈"
> (social-welfare dream)을 꾸는 헬렌(Helens) 또는 "막연한 어떤 이상향"
> (some vague utopia)을 꿈꾸는 몽상가들이다. 그처럼, 그들은 "지붕을 쓰러뜨
> 리는 바람"(roof-levelling wind)을 마구 만들어 내는데, 이것은 제자리에 단
> 단히 서 있는, 당연히 "노쇠하지 않는 지성의 기념비들"(monuments of
> unageing intellect)을 포함한 그 모든 것들을 파괴시키기 위한 위협을 가한다.
> .. 대중 민주주의를 위해 싸워 이긴 측은 역사가 마음껏 허용한 대상들이며,
> 그리고 비록 그러한 구원이 책속에서 성취될 수 있다고 하더라도, 문명은 역
> 사로부터 구출되어야 했다. 만약, 다른 어디에서고 이런 일이 없었다고 해도
> "아름답고 숭고한 것들"(beautiful lofty things)을 기념하는 찬미는 있을 수
> 있을 것이다.
>
> (Lucas 1996: 87)

내가 이장의 서두에서 말했다시피, 예이츠는 몇 가지 퍼스나들을 제시하고 있다.
그것은 또한 여러 가지 재능을 가진 그를 역사적으로 생각해 보는데 알맞은 것이다.

아일랜드의 국수주의자, 반공산주의자, 반민주적 귀족정치가, 그리고 아일랜드에서
만큼이나 영국의 남부지역에서 많이 거주했던 주민이었기 때문에 대영제국을 이루
는 사람이라는 퍼스나로서 생각해 볼 수 있다. 아일랜드에 대한, 켈트 신화에 대한,
그리고 개신교 지배권(Protestant Ascendancy)을 가지리라는 그의 믿음에는 적어도
밀접한 논리 관계가 있다. 예이츠가 사망하고 난 후 그를 웃음거리로 만들려는 시도
들이 부분적으로 있었기 때문에, 오든은 그를 방어하는 차원에서 다음과 같은 글을
적었다.

> 처음부터 끝까지 (예이츠의 시들은) 산업주의가 만들어낸 사회적 원자화에
> 대한 일관된 저항과 그 시들이 가지고 있는 사상들과 그것들을 표현하는 언
> 어 속에 그것을 정복하고자 하는 지속적인 투쟁을 표현하고 있다. 초기 작품
> 에 나오는 요정들과 영웅들은 민간 전통을 통해 사회를 결속 시켜주는 힘을
> 찾고자 하는 시도였다; 그리고 이후 시들에 나오는 아니마 문디(Anima
> Mundi)[40]도 그와 꼭 같은 것이다. . .
>
> (Auden 1939: 62)

예이츠는 여러 가지 면으로 읽힐 수 있다. 오웰은 그를 비밀결탁 파시스트
(cypto-fascist)로 생각하고, 오든은 그를 사회 공동체를 믿는 사람으로 분류하며, 에
드워드 사이드는 예이츠의 시를 하나로 단결시키는 국가적 정체성으로 영국의 식민
주의에 대한 저항을 시작하고자 하는 시도의 일부로 이해한다. 예이츠에 대한 아주
많은 여러 관점들이 있게 된 이유들 중의 하나는 정확히 말해 그가, 어떤 기본적인
믿음들을 계속해서 가지고 있기는 했지만 그가 시대와 함께 변했다는 것이다. 『마이
클 로바티즈와 무희』의 예이츠는 회의적인 국수주의자, 즉 아일랜드 자유국가의 탄
생시기에 글을 쓴 신비적인 정치가다. 그의 다음 책은 이와는 아주 다른 시각으로

---

40 세계영혼(soul of the world), 또는 우주 혼을 말함.

만들어 졌다.

『탑』(1928)

　『탑』에는 아일랜드가 독립을 한지 얼마 되지 않는 그 몇 년간에 걸쳐, 그리고 예이츠가 완전하게 공적인 삶을 삶았던 시기에 쓰여진 시들이 수록되어 있다. 그 시집은 1920년대 예이츠 인생의 변화들을 보여준다. 더블린의 집과 골웨이(Galway)에 있는 런던탑을 오간 일, 상원의원이 된 일, 노벨상을 수상한 일, 새로운 가정생활을 시작한 일, 그리고 그의 신비스러운 이론들을 『비전』(*A Vision*)(1925)이라는 책에 담아 출판한 일 등의 변화를 보여준다. 그 시들은 개인적인 용어로 노령에 대한 분노를, 그리고 공적인 용어로 폭력에 대한 분노를 표출하고 있다. 예이츠가 63세 때 출판된 그 책의 완본은 쇠퇴에 대한 상세한 설명을 하고 있으며 덧없음, 파괴, 그리고 아일랜드의 교전에 대한 관심을 보여준다.

　아일랜드와 영국간의 조약, 즉 새로운 자유국가에게 공화국의 지위를 부여하는 것이 아니라 영연방의 자치령이라는 지위를 부여한다는 조약이 1921년 12월에 체결되었다. 프로테스탄트들이 대다수를 차지하고 있었던 북부의 얼스터(Ulster) 주들 중 6곳은 여전히 영국의 지배하에 남게 되었지만, 벨파스트에 선진 의회는 그대로 두었다. 영국이 분할해 놓은 인도와 사이프러스(Cyprus)와 같은 다른 모든 지역에서 영토 독립을 요구하는 일이 일어났던 것처럼, 아일랜드에서도 마이클 콜린즈가 이끄는 조약을 인정하는 사람들과 그것을 반대하는 이먼 드 발레라(Eamon de Valera)가 주도하는 사람들 간의 내란이 일어났다. 이런 와중에, 예이츠는 비록 1922년 새로이 시작된 아일랜드 의회의 상원의원이 되겠다고 동의는 했지만, 정치에 대한 환상에서 깨어났음은 명백했다. 예를 들어, 아일랜드에, 그의 인생에, 그리고 아일랜드의 운명에 끼친 전쟁의 영향력을 기록으로 남기기 위해, 예이츠는 "나는 증오심과, 감개무량한, 그리고 앞으로 가지게 될 공허감이라는 유령들을 본다"(I see phantoms of hatred and of the Heart's Fullness and of the Coming Emptiness)는 제목이 붙여진 부분으로 끝나는 「내란시기의 명상」("Meditations in Time of Civil War")이라는 분노와 경멸에 관한 시를 썼다. 60대를 바라보는 예이츠에게 있어, 정치도 중요한 것이었지만 예술보다는 만족스럽지 못한 것으로 보였다. 그가 문화와 전통으로 아일랜드가 통일되는 것을 보고 싶어 했지만, 전쟁은 전쟁을 계속해서 만들어내고 있었다. 예이츠는 조지와의 생활이 행복했지만, 전쟁으로 인한 파괴에 대한 긴 명상으로 자연의 무상함과 구별되는 예술의 영구함을 찬미하면서 신비스러운 믿음으로 세계사를 다시 엉키게 하는 첫 시에서부터, 상원의원으로서의 그가 교육에 대해 관심을 가지는 것과 지식의 습득에 대한 그의 이론들을 비교하는 더 추상적인 시들에 이르기까지, 이런 못마땅한 것들 모두가 『탑』에 분명하게 드러난다.

예이츠는 그의 책들을 신중하게 기획했으므로 그것들을 제대로 잘 배열하는 일은 중요하다[41]. 『탑』에서 제일 처음 나오는 시는 「비잔티움으로의 항해」("Sailing to Byzantium")로, 그것은 예이츠 자신의 도덕과 아일랜드의 폭력성에서 탈피하고 싶다는 그의 강한 열망인 자연에서 벗어나 "영원한 기교"(the artifice of eternity)로 들어가고 싶은 욕망을 드러내고 있다. 예이츠는 유럽이 이루어 낸 예술적 업적의 최정상이라고 생각하는 초기 비잔티움에 대해 이렇게 적었다.

---

41 앞에서도 언급했듯이, 휴 케너(1956)는 『탑』에 대해서 어느 정도 상세하게 이와 같이 설명하고 있다. 예를 들어서 「비잔티움으로의 항해」와 「어린 학생들 사이에서」("Among School Children") 및 「모든 영혼의 밤」("All Souls' Night")은 어떤 이유에서 시작과 중간과 끝이다. 그 작품들은 삶의 덧없음을 초월한 항구적인 어떤 것에 대한 탐사와 관련 있는 철학적 시이다.

아마 유사 이전 혹은 유사 이래로 결코, 종교적, 유미적, 그리고 실용적인 삶
이 하나였던 적은 없었다. . . 화가, 모자이크를 만드는 사람, 금이나 은으로
작업하는 사람, 종교서적들로 계몽하는 사람들은 거의 몰개성적이며, 아마도
개별적인 계획에 대한 의식조차도 없는 사람들이고, 자신들의 당면과제와 모
든 사람들의 미래상에만 몰두한다.

(Yeats 1925: 244)

예이츠는 아일랜드에게도 이와 유사한 단일성을 원했다. 그리고 그의 상당수의
작품들은 국민 문학, 신화, 그리고 극장에 딱 알맞은 형식들을 찾아 나아가는 것들이
라고 생각될 수 있다. 에드워드 래리시(Edward Larrissy)는 「비잔티움으로의 항해」
가 "아일랜드를 향한 극단적인 신랄함"을 보여주는 것이라고 주장하는데, 이는 그를
둘러싼 자연이 영원한 젊음과 재생을 축하하고 있는 동안 예이츠 자신은 노쇠하고
있었기 때문이다(Larrissy 1994: 170). 무엇보다도, 자연이나 인생에 대한 노련한 기
술 또는 통찰력을 추천하는 데 있어, 그것들의 불가분성에도 불구하고, 그것은 이
책의 나머지를 제안하는 것으로서의 역할을 한다.

예이츠가 다시금 노쇠함을 분개해 하고 육체적 성욕과 성적능력상실을 시적이
고 상상력 풍부한 잠재력으로 초월하려는 시도를 보여주었던 「탑」("The Tower")
다음에 나오는 1922년과 1923년 내란기간동안 쓰여진 일곱 부분으로 이루어진 시
는 문명을 형성하고 만들어내는 세력들에 대한 예이츠의 의구심과 관계가 있다. 그
는 폭력이 "위대함"이나 진보를 위해 꼭 필요한 것인지를 묻고 나서 그는 자신의
집, 쿨 장원의 탑, 인간이 기울인 노력의 상징이며 심지어 가장 실망스러운 시대에
생긴 욕구의 상징에 대한 확신으로 방향을 바꾼다. 그 부분들은 정말로 "내란시기의
명상들"이며 최종적인 결정을 내릴 수 없는 것들이지만 부패, 공약, 산업, 그리고 파
괴라는 주제들에 대해 깊이 생각하는 것이다.

그 뒤를 이어 나오는 시는 4년 전, 1919년 1월 아일랜드가 영국으로부터 분리하

겠다고 선언하여 일어난 전쟁과 관계가 있다.

> 예이츠의 연극적이고도 서정적인 연작시 「1919」("Nineteen Hundred and
> Nineteen")는 적어도 『황무지』만큼이나 시대를 만들어 내고 시대를 정의하
> 고 있다; 그리고 그것은 보다 더 전형적인 20세기 시로 판명되었던 것 같다.
> 대략 같은 시기에 쓰여진 . . . 그 시들은 당시 상황에 대한 비관주의나 그런
> 비관주의에 대한 거대한 역사적 시각, 또는 상상력 풍부하고 영적인 구조물
> 로서의 서구 문명이 "조금 파괴되었다"는 생각과 같이 어떤 공통된 요소들을
> 지니고 있다. 각각의 경우에, 시는 모든 적들 즉, 시의 몰락과 대치하고 있다.
> 하지만 몰락한 문명에 대한 예이츠의 비가 역시도 전쟁 시다.
>
> (Longley 1986: 18)

그 시의 원 제목은 「현재 세상에 대한 사색」("Thoughts upon the Present State
of the World")이었으며 그것은 영국의 흑인과 유색인들(British Black and Tan)이
라는 집단에 의해 저질러진, 특히, 1920년 11월, 팔에 아기를 안고 있던 앨런 퀸
(Ellen Quinn)을 총으로 쏘았던 일을 포함한 잔악한 행위인 "고트(Gort)에서의 공
포"와 같은 특정한 지역사건들에서 얻게 된 세계관을 외부에서 보충하고자 하는 시
도다. 예이츠에게 있어 전쟁은 현대세상이 실패였으며, 바람직한 문명을 향해 힘써
나아가지 않았다는 침울한 생각을 알려주는 것이었다. 첫 번째 연은 파괴에 대해 깊
이 생각한다. 아일랜드가 아닌 그리스에서의 파괴와 그리고 나서 이와 유사한 아일
랜드의 운명과 전쟁이 끝났다고 생각하는 것이 얼마나 잘못된 생각이었는지에 대한
고찰을 계속해서 제시하고 있다. "모든 치아가 다 빠졌다. . . 그리고 위대한 군 그러
나 허세를 부리는 것에 불과하다."(all teeth were drawn. . . and a great army and
a showy thing) 지금은 세계종말을 알리는 시대이며 잔혹한 시대다. 그러나 아마도
이러한 생각은 그 자체를 바꿔 놓을 수 있다. 그 다음 부분에서 예이츠는 헝겊을 들
고 뱅글뱅글 도는 중국의 무희의 육체와도 같은 역사, 즉 2000년 정도의 플라톤의

해(Platonic Year) 개념의 소용돌이 속에서 인간애를 상상한다. 3번째 부분은 역사를 관통하여 흐르고 있는 정신을 생각하고 있으며, 그리고 4번째 부분은 그것이 도착한 끔찍한 무대, 특히, 1922년 제 3차 아일랜드 자치 법안이 통과될 거라는 희망을 거부당해 생겨난 현재와 같은 영국과 아일랜드간의 갈등이라는 무대를 상상하고 있다. 5번째 부분에서, 예이츠는 낙관주의자들과 진보주의자들을 조롱하고, 나중에는 조롱하는 이를 조롱한다. 반면 마지막 부분은 암울하고, 위협적인 파괴에 대한 미래상들을 쌓아 놓고 있다. 그것은 그 시대에 대한 예이츠의 가장 침울하고 쓸쓸한 시이며 이전의 사색들과 그 뒤를 이어 나올 단시(短時)와 더불어 고려되어야 할 필요가 있는 것이다. 「바퀴」("The Wheel")는 예이츠가 그의 노령과 연관 짓고 있는 인간의 불만족과 불안함을 다룬 비유담 같은 8행시다. 그가 두려워하는 것들은 딸이 태어난 후 곧, 1919년 2월에 쓰여진 「내 딸을 위한 기도」에 표현된 희망들과 함께 혼합된다. 예이츠가 그 시기에 대해 다음과 같이 표현한다.

> 내가 살고 있는 이웃에 흑인과 유색인들 단원들이 젊은 남자들을 산채로 화물트럭에 발을 묶어 그들의 몸이 조각조각 날 때까지 끌고 다녔다. "머리 말고는 그의 어머니가 가져갈 것이 없었다"고 한 촌부가 말했다. . . 그런 모든 것에서 시작된 한 가지 분명한 사실은 상호간의 경멸이후에 자비심을 배우게 될지도 모른다는 것이다. 이제 더 이상 덕성 있는 나라는 없으며 우리들 중 가장 잘 사는 사람들은 촛불로 사는 사람들이다[42].

「레다와 백조」("Leda and the Swan")가 남성폭력을 다룬 또 다른 시이기는 하지만, 그것은 캐톨릭 관계 당국자들의 윤리적인 규약으로 아일랜드의 독립을 규정했던 아일랜드에서의 검열을 향한 공격으로도 읽혀졌다(Cullingford 1993: 142). 그 시는 역사가 중간에 개입됨으로서 종교가 변형될 때 제일 먼저 받은 큰 충격 또는

---

42 1922년 허벗 그리어슨(Herbert Grierson)에게 보낸 편지(Smith 1990: 43-4)

타격을 기록한 것이어서, 처음 보기에는 마치 아일랜드와는 아무런 관련성이 없는 것처럼 보일 수도 있다. 그러나 에드워드 사이드는 식민지의 폭력의 탄생과 반식민지 저항의 미심쩍은 동맹의 관점에서 그 시를 본다. 그는 서로 상반되는 이성과 힘 간의 관계라는 중요 논쟁점으로서 "무관심한 부리가 그녀를 떨어뜨리기 전에/ 그녀는 그의 힘과 함께 그의 지혜도 물려받았는가?"(did she put on his knowledge with his power/ Before the indifferent beak could let her drop?)라는 질문에 대한 설명을 한다.

더 정확하게 말해, 「탑」에서 최고조에 달하게 되는 시들로 예이츠가 중점적으로 다루는 가장 큰 주제는, 탈식민지화에 있어, 식민지의 갈등으로 인하여 생기는 불가피한 폭력과 계속 진행되고 있는 국수주의자 투쟁이라는 일상생활의 정치활동을 조정하는, 또한 식민지 갈등 속에 있는 각각의 여러 정당들이 가지고 있는 힘과, 이성 내지는 설득의 그리고 조직구성의 담론과, 그리고 시의 필수조건들을 어떻게 조정할 것인가에 관한 것이다. 어떤 점에서 폭력은 충분할 수 없으며 정치활동과 이성의 전략들이 놀이가 되어야 한다는 예이츠의 예언적 지각은, 내가 알기로는, 폭력적 세력과 급박한 정치적 그리고 조직상 과정의 균형을 맞출 필요가 있다는 탈식민지의 맥락에서 가장 먼저 발표해야 할 것이다.

(Said 1990: 90-1)

비록 이것이 올바른 설명이기는 하지만, 이성에 대한 예이츠의 생각들은 추상적이지 않고 경험으로부터 얻어 낸 이해라는 것이다. 그리고 만약, 사이드의 말이 옳다면, 레다의 것과 같은 아일랜드의 지식은 폭력에 의해서만이 탄생될 수 있는 것이다. 이러한 논쟁점에 대해 언급하고 있는 시집에 실린 또 하나의 중요한 시는 「어린 학생들 사이에서」("Among School Children")다. 「마이클 로바티즈와 무희」처럼, 그것도 추상적인 것과 구체적인 것이라는 두 가지 형식으로 된 지식을 비교하고 있다.

예이츠는 플라톤 때부터 계속해서, 연역법을 통해 실재는 단지 이상을 구체화시켜 놓은 것이라고 생각하게 된 철학자들과 반대 입장을 취한다. "플라톤은 자연을 그저 사물들의 정신적 전형을 덮고 있는/ 거품으로 생각했다."(Plato thought nature but a spume that plays/ Upon a ghostly paradigm of things) 예이츠는 그런 추상적 사고와 반대되는 곳에 수녀들이 숭배하는 "이미지들"을, 어머니들이 사랑하는 아이들과 물질성에서만 이해 가능한 살아있는 "지식들"을 두고 있다. 나무의 아름다움(나무는 철학이 필요 없고, 자신에 대해 알 필요도 없다)이나, 또는 춤으로 공연될 때 말고는 어떤 의미도 가지지 않는 안무된 동작들을 무희가 구체적인 몸동작으로 표현하는 것과 같다. 실재가 이상을 입법화한 것이라는 것을 철학적 성찰의 도움 없이 실생활에서도 볼 수 있다고 예이츠는 주장하였다. 그 시의 마지막 행들, 예술과 자연 또는 형식과 내용이 서로 불가분의 관계가 있음을 암시하는 그것들은 여타 다른 예이츠의 작품, 정치적인 것과 사회적인 것들을 포함한 것들만큼이나 여러 가지 해석을 만들어 냈다. 사이드는 "「어린 학생들 사이에서」의 종결 연에 나오는 참고사항들의 범위가 예이츠의 글을 듣는 청중들에게 무희를 음악과 떼 놓을 수 없는 것 이상으로 역사와 국가도 분리될 수 없다는 것을 그가 일깨워 주고 있음을 암시"한다고 주장한다(Said 1990: 92). 그러나 그 시 역시도 학교 장학사로서 그리고 상원의원으로서의 예이츠 입장과 관계가 있는 것이어서 보다 나은 교육을 위해 그가 기울인 후원을, 그리고 아일랜드에서의 이혼과 피임(1925년 예이츠가 상원에서 한 첫 번째 연설은 이혼에 찬성하는 것이었다. 그리고 1935년까지 피임약 판매가 합법적인 것에 반해 그것을 광고하거나 판매를 촉진하는 행위는 금지되었다)을 은연중에 암시해 주고 있다. 그 시는 1925년 학교 교육실시 법안(School Attendance Bill)이 제출된 이후 얼마 지나지 않아 쓰여진 시였다. 이러한 것들은 캐톨릭교회의 금지와는 달리, 그가 생각하기에, 더 큰 행복감을 가져다 줄 개혁에 해당하는 것들이었다. 이러한 견지에서, 예를 들어, 마지막 행들은 결혼의 "이론"은 사랑과 성의 "실행"을 입법화시켜주는 것이어야 한다는 것을 암시한다(Cullingford 1993: 184-202). 예이츠가 실패한 모드 곤과의 결혼에서 깨달은 것처럼, 사랑이 깨졌을 때 이혼을 거부하는 것은 결국 불행을 자초하는 것이다. 추상적이지 않는 실제 행동으로부터 얻게 된 경험에서 끌어낸 유사한 결론들은 또 다시 관능성과 영성 사이에 생긴 긴장과 아일랜드 해방운동의 승리와 조상 대대로 물려받은 가옥들의 파괴라는 절망상태와의 긴장 및 노령의 쇠잔함과 지혜의 힘 사이의 긴장이나 사적인 욕구들과 공적인 의무들 사이의 긴장과 같은 상태에 놓인 그 책에 수록된 나머지 시들을 생기 있게 만들어 준다.

결론

1960년에 이보 윈터스(Yvor Winters)는 예이츠가 바라던 아일랜드를 풍자했다.

그러한 사회는 가능한 한 정치가들과 상인들이 거의 없는 본질적으로 농업적인 사회일 것이다. 지배계층은 토지를 소유한 신사계급일 것이다; 농민계층들도 물론 중요하지만, 그들은 그들의 자리를 그대로 지키며 있을 것이다; 소수의 거지들(그들 중 몇몇은 제정신이 아닌 사람도 있지만), 소수의 주정뱅이들, 그리고 소수의 성직자들은 전원을 더 그림처럼 만들 것이다. . . 예이츠가 좋아했던 것은 그의 머리속에 그려진 18세기 아일랜드였다. . .

(Winters 1984: 124)

비록 극단적으로 단순화되고 왜곡되었다 하더라도, 예이츠가 대변혁을 겪고 있는 아일랜드의 정치적인 혼란을 싫어했다고 보는 윈터스의 관점이 표적에서 완전히 빗나간 것은 아니다. 예이츠는 그의 시각이 완전한 형식을 지닌 "귀족 문명의 그것이며, 인생에 대한 모든 세부사항은 계층적이며 각지의 엄청난 부는 소수 몇몇 사람들의 손에 들어갔다"고 적었다(Orwell 1943: 84). 정치적으로, 예이츠는 엘리엇과 파운드와 함께 모더니스트들의 문체와 미학을 받아들였지만 그들의 정치활동과 정반대되는 사회적인 그리고 심리학적인 세계관하에서 그것들을 새롭게 변형시킨 새로운 세대의 시인들과 함께 걸음을 내딛었음을 곧 알게 될 것이다. 1930년대의 시인들은 영국으로부터 독립을 얻어내려는 아일랜드의 고군분투에 동의를 할 것이지만 그들은 대체로 대영제국에 관한 논쟁에는 입을 다물었고 대신에 그들의 싸움터로 그리고 이데올로기들을 위해 유럽대륙으로 그 방향을 돌렸던 사람들이었다. 1939년 예이츠가 사망했을 때, 오든은 「예이츠를 기리며」("In Memory of W. B. Yeats")라는 시를 써서 바쳤는데, 그는 거기에서 "시는 아무 일도 일으키지 못한다"(Poetry makes nothing happen) 단지 "하나의 발생양식, 하나의 입"(A way of happening, a mouth)일 뿐이라는 유명한 생각을 해 냈다. 그런 말들은 종종 1930년이 끝나갈 무렵, 오든이 느낀 환멸을 그저 표현해 놓은 것으로 생각되기도 하였다. 그러나 예이츠의 작품의 맥락에서, 그것들은 켈트 문학을 통해 국민적 차원의 의식을 만들어 내려는 시도를 통해 "늙지 않는 지성의 기념비들"이 자연의 순환이 이루어 놓은 업적들과 함께 제대로 높은 평가를 받지 못하고 있다는 확신으로, 쑤어 밸릴리의 건축물에서 부활절 혁명으로의 비유담 같은 움직임을 암시하는 것이다. 역사적 사건들은 증오와 욕망, 악마와 야수의 폭력적인 충동들에 의해 추진되는 것이다.

부록: 예이츠의 상징에 관한 것들

백조(Swan) 제우스(Zeus)가 레다를 겁탈할 때 하고 있었던 모양이며, 이 일로 인해 그녀는 트로이(Troy)의 헬렌(Helen)을 임신하였다; 또한 이것은 수태고지(아울러 역사상 아주 엄청난 변화가 있을 거라는 것을 미리 알려주는, 그러나 그 반대의 것들)

를 알리기 위해 동정녀 마리아(Virgin Mary)를 찾아 온 비둘기(성령)와도 관련이 있다. 「레다와 백조」에서, 우리는 트로이의 파괴와 아가멤논(Agamemnon)의 죽음 및 그 밖의 다른 것들을 레다에게 가한 제우스의 폭력을 응징하는 복수로 볼 수 있다. 그녀의 딸은 얼마간의 신의 힘을 흉내 냈고 그때는 부정적이고, 파괴적이며, 폭력적인, 복수심에 넘치는 시대에 해당한다.

하얀 새들/ 백조들(White birds/ swans) 일반적으로 영혼에 해당하는 시적으로 만들어진 이미지들이다. 예를 들어, 「1919」의 3부를 참조하라.

장미(Rose) 「새로운 시대에 서 있는 아일랜드에게」("To Ireland in the Coming Times")에 나오는 아름다움, 영성적인 것, 사랑, 모드 곤, 또는 아일랜드

돌(Stone) 인간다운 미는 잃었지만 권력을 얻어 낸 열광적인 사람; 독립/아일랜드 자치에 대한 사상과 「부활절 1916」에 나오는 독립과 자치를 쟁취하기 위한 싸움. 돌은 불변에 대한 그러나 정치적인 이유로 싸움을 일삼는 사람들의 딱딱하게 굳어 버린 마음을 상징한다.

달(Moon) 시적인 상상력이 만들어 낸 빛. 「탑」에 나오는 무미건조하고 활기 없는 한 낮의 빛과는 반대된다. 또한 이것은 냉담한 아름다움이나 광기와도 관계가 있으며, 만약 그 달이 차고 기울다면 그것은 흥망성쇠와도 관계가 있게 된다.

매(Falcon) 「재림」에 나오는 폭력과 자제력 상실.

탑(The Tower) 특히 예이츠의 노먼 탑(Norman Tower), (1915년 이후에) 골웨이 주의 쿨 장원에서 쑤어 밸릴리의 그 탑은 융(Jung)의 집단적 무의식에 해당하는 인간의 상징들을 보관하는 이와 유사한 저장소로 (역사에 사로잡혀 시달리는) 예이츠에게 있어, 그 자체가 "막대한 기억"(Great Memory)을 저장시켜 놓는 저장고에 해당한다.

나선식 계단(Winding Stair) (특히 런던탑에서) 뭔가를 개시하려는 그리고 예술의 발전을 얻어내기 위한 상향적인 노력; 또한 역사의 소용돌이.

조상 대대로 물려받은 가옥들(Ancestral Houses) 아일랜드 프로테스탄트 우월성에 대한 상징으로, 그것은 계속성과 과거의 기념비들에 대한 생각뿐만이 아니라 그것들이 만들어낸 폭력을 생각나게 하기 때문에 예이츠에게는 양면적으로 보이는 것이다.

트로이(Troy) 야만인들에 의해 파괴된 위대한 문명의 상징

세계정신(Spiritus Mundi) (우주 혼 또는 세계정신) 이것은 예이츠가 그의 이미지들에서 끄집어낸 것으로, 『비전』에서 만들어진 그의 신비스러운 체제 속에 놓아둔 아주 큰 저장고다.

거친 짐승(The Rough Beast) 「재림」에서 이것은 1917년에 있은 러시아 혁명 과격주의에 해당하는 것 같다. 예이츠는 역사에 있어 이 시기가 트로이 전쟁 그리고 이후의 예수 탄생으로 시작된 2000년으로 대 격변을 알리는 것에 상당하는 것이라고 생각하였다.

신화화된 인물들(Mythologized figures) 헬렌(열정에 대한 의지), 시저(Caesar)(권력/ 정복에 대한 의지)와 미켈란젤로(Michelangelo)(창조에 대한 의지)와 같은 인물들은 원형들이다. 역사와 인간경험에서 되풀이하여 반복적으로 나타나는 형태들을 표현하는 것이다.

"In/between the wars"
poetry in the 1930s

전쟁 중 / 전쟁과 전쟁 사이
1930년대의 시

우리나라가 지지하는 것이 뭔지 생각하라,
　　장화와 시골길에서의 책들,
언론의 자유, 통행의 자유, 계층 간의 차이,
　　민주주의 그리고 적당한 지출.

(존 베츠만, 「웨스트민스터 사원에서」, 1940)

Think of what our nation stands for,
　　Books from Boots and country lanes,
Free speech, free passes, class distinction,
　　Democracy and proper drains.

(John Betjeman, "In Westminster Abbey," 1940)

서론

1930년대는 20세기의 다른 어떤 시기만큼이나 아주 다양한 시들이 많이 나왔던 때였지만, 1930년대의 이런 각기 다른 종류들은 가끔 제대로 평가를 받지 못하여 평가 절하되고 있다. 그 1930년대의 10년이 종종 오든과 그와 비슷한 경향을 가진 집단에 속한다고 생각되기 때문에, 나는 1930년대에 출판된 시들의 폭을 강조함으로써 이 장을 시작하려고 한다. 예이츠와 엘리엇은 그들의 최고 잘된 시들 중 몇 편을 썼으며 모더니스트이면서 동시에 빅토리아조 적인 제라드 맨리 홉킨스(Gerard Manley Hopkins)의 영향력 있는 작품의 제 2판도 1930년에 나오게 되었다. 유명한 전쟁 시인들 중, 그레이브즈, 서순, 블런든, 존스(Jones), 그리고 거니는 여전히 글을 쓰고 있었으며, 키플링, 메이스필드(Masefield), 아서, 시몬즈 역시도 그러했다. 데이빗 개스코인(David Gascoyne)의 『초현실주의 개관』(*A Survey of Surrealism*)에 의해 시작되어 개스코인, 로저 러튼(Roger Roughton), 허벗 리드(Herbert Read), 그리고 휴 사이크스(Hugh Sykes)에 의해 실행된 초현실적인 시가 1930년대 중반 즈음에 일시적으로 유행했었으며 딜런 토마스(Dylan Thomas)에게 영향을 끼쳤다[코너(Connor)를 보라]. 스테비 스미스(Stevie Smith)와 존 베츠만(John Betjeman)과 같은 새로운 시인들은 비록 "오든세대"(Auden generation)의 주류에 속하지 않지만 특이하면서도 동시에 코믹한 독창적인 시를 쓰고 있었다. 소수이기는 하지만 그래도 상당히 많은 수를 차지하는 1930년대의 여성시인들 즉, 엘리자벳 대류쉬와 앤 리들러(Anne Ridler)와 같은 모범적 인물들에서부터 위니프레드 홀트비(Winifred Holtby)와 실비아 타운센드 워너(Sylvia Townsend Warner)와 같은 소설가로 더 잘 알려진 인물들이었지만 그들은 최근에 들어서까지 무시를 당하고 있었다. 이때는 또한 루이스 맥니스(Louis MacNeice)보다 더한 예이츠와 패트릭 카버나프(Patrick Kavanagh)의 뒤를 이은 아일랜드 계승자가 출판활동을 시작한 10년이기도 하다. 그의 가장 유명한 걸작인 『극심한 허기』(*The Great Hunger*)에서, 그는 자신이 13세 때부터 농장에서 일한 경험을 바탕으로 하여 1930년대 아일랜드 농부들의 가난에 찌든 삶을 묘사한다. 마지막으로, 번즈(Burns)이후로 가장 성공했던 스코틀랜드 시인인 휴 맥다이아미드(Hugh MacDiarmid)가 1920년대에는 스코틀랜드인을 제재로 하여 글을 쓰고 있었지만, 1930년대 중반에 가서는 그런 일을 그만두었다. 그의「술취한 남자가 엉겅퀴를 바라본다」("A Drunk Man Looks at the Thistle")(1926)는 20세기의 가장 잘 된 장시 중의 하나다. 스코틀랜드 국민당(National Party of Scotland)의 창립회원이면서 노골적인 잉글랜드 혐오자로서의 그는 1930년대에 열렬한 공산당원이 되기 위해 1920년대의 이탈리아 파시즘을 지지했었다(Bell 1995). 문체 면에서 모더니스트 작가에 속하는 맥다이아미드는 1930년대 정치적인 문제에 대해 가장 극단적이며 폭력적인 목소리를 시로 표현했던 사람들 중 한 사람이다. 그는 오든과 스펜더와 같은 사람들을 함께 길을 떠나는 동료여행객들이라고 생각함과 동시에 자신을 급진적인 노동계층에 속하는 사회주의자라고 생각하였다[43].

그러나 이러한 1930년대의 10년과 가장 밀접한 관계를 맺게 되는 사람들은 바로 이런 "동료여행객들"이다. 그들은 1932년 마이클 로바티즈의『새로운 서명들』(*New Signatures*)이라는 책의 출판에 의해 전방에 그 모습을 드러내게 되었다. 이 책과 함께, 신선한 작가들이 새로운 한 세대를 이루어주었으면 하는 기대도 생겼다. 그 시기는 그러한 발견이 있기에는 충분한 준비가 된 때였는데, 이는 적어도 뒤를 이어 등장할 세대들의 사상이 1차 세계대전의 경험으로 형성된 것이 아니었기 때문인데, 이유는 1차 세계 대전 이후로 나이든 사람들이 젊은이들을 배신했다는 비판들이 여러 회고록에서 거듭 주장되었기 때문이다. 로바티즈의 2번째 시선집, 즉『새로운 나라』(*New Country*)가 출판된 후, 1933년 6월까지『청취자』(*The Listener*)지의 비평가는 이미 오든이 주도했던 새로운 시 학파에 대해 이야기하고 있었다(Poster

---

43 이 구절은 대개는 "북부"로, 또한 늘 "다른 곳"으로의 (비유적인) 여행을 함께하는 사람들을 외연적으로 나타내기 위해 붙여진 표준적인 30년대식의 표현이다. 예를 들어 스펜더의 시 「새해」("New Year")에는 북극에서의 지구의 자전을 달력의 주기와 비교하고 있다. "난 시간이 내 살갗을 얼리고/ 또한 내 동료여행객들을 굳게 얼려야 한다고 요구한다"(I ask that Time should freeze my skin/ And all my fellow travellers harden).

1993: 1). 1930년대가 20세기의 다른 시기와는 달리 문학적인 10년으로 소중히 간직되게 된 또 다른 이유는 1930년 오든의 첫 시집, 『시』(*Poems*)의 출판이다. 비록 몇몇 비평가들이 1930년대에 대한 성급한 개관으로 생겨난 불균형을 바로 잡으려 했지만, 1930년대는 계속해서 오든과 동일시되었으며 그 반대도 그러하다. 1939년에, 오든은 미국으로 떠나 전쟁의 발발에 관한 시, 「1939년, 9월 1일」("September 1, 1939")을 썼는데, 그는 거기에서 이전 10년을 "침울하고 부정직한 10년"(a low dishonest decade)이라고 요약해 놓고 있다.

수없이 많은 연구들을 통해 볼 때, 1930년대의 시인들은 1920년대의 시인들과는 첨예하게 대조적이지만, 너무나 단순화되어서 새로운 세대를 기대할 수도 없으며, 그들 중 다수는 분명 이미지스트들, 미래파들, 그리고 초현실주의자들, 공히 반모더니스트들의 영향을 많이 받았었다. 예를 들어, 최근의 에세이집은 대신에 그들을 모더니즘과 포스트모더니즘 사이의 과도기적 시기를 형성하는 사람들이라고 보고 있다(Williams and Matthews 1997). 하지만 1930년대의 가장 자주 인용되는 시들은 1920년대의 것들과는 여러 가지 면에서 다르다는 것이 일반적으로 인정되고 있다. 1930년대 초기의 글들은 개인주의자, 대도시 시민, 실험적인, 그리고 은유에 의해 지배되는 것으로 생각된다. 반면 1930년대 후반의 글들은 집단주의적이고 교외를 다루고 있으며, 사실주의적이고 환유의 사용이 많으며, 자신의 신화를 만드는 성향을 갖는다. 1930년대 시의 모티프(motif)들은 여행, 다큐멘터리(documentary), 풍경, 그리고 전쟁의 이미지들이다; 그것은 '역사,' '사랑,' '악전고투,' '유럽,' '대홍수,' 그리고 심지어는 '그'라는 정관사, 즉 예를 들어, 오든의 「스페인」("Spain")에서처럼 구체적인 것을 불러내는 것을 통해 집단적인 대상을 환기시키기 위해 반복적으로 사용되는 단어와 같은 중요핵심 단어들을 가지고 있다. 1930년대의 10년은 여행담들, 뉴스영화들, 일기들, 그리고 신문잡지의 접근들의 전경이 되었다. 또한, 운송방식의 발전과 미디어 사회의 첫 암시와 더불어, "대중 전달"(mass communication)이라는 단어가 영국의 문화어휘에 등장하였다. 새로운 '다큐멘터리' 기법들에 사용된 방식에 국내의 인류학적인 것을 도입했으며, 평범한 영국생활을 연구하기 위해 비평가 험프리 제닝스(Humphrey Jennings), 시인 챨스 매지(Charles Madge), 그리고 사회학자 톰 헤리슨(Tom Harrison)에 의해 착수된 여론조사운동 (Mass Observation Movement)을 개시하였다44). 전에 없이 사진과 영화에 보인 관심은 렌즈, 필름, 레코드, 그리고 포커스와 같은 용어들이 세상을 파악하는 사람들의 방식을 묘사하는 보통의 은유라는 것을 의미했다. 1930년대의 글은 또한 증언 (testimony)에 대한 관심을 나타낸다. "충성의 선서"(homage), 그리고 "증인" (witness)과 같은 단어들이 종종 반복되며, 신문잡지, 전말서, 그리고 공책은 경험을 기록하는 가장 대중적인 형식들에 해당되는 것이다. 항공촬영, 줌(zooms), 패닝 (panning)45), 그리고 커팅(cutting)기법들을 제공할 수 있는 영화에 대한 개관적인 접근이 시에서 뚜렷이 나타난다. 오든의 「생각해 봐」("Consider")는 매의 시점(the viewpoint of the hawk) 또는 "헬멧을 쓴 비행사"(the helmeted airman)의 시각을 인용하면서 새로운 시각을 보여주는 유명한 예가 된다. 정치의 전환은 또한 1930년대의 10여년을 가장 잘 이해하는데 있어 기본적인 것이다. 오든은 「시인과 도시」 ("The Poet and the City")속에, "우리시대에, 예술작품을 만든다는 것 자체가 정치적인 행동이다"(In our age, the mere making of a work of art is itself a political act)라는 내용을 적어 두었다. 이러한 이유 때문에, 스티븐 스펜더(Stephen Spender)는 1930년대의 작가들을 그들의 문학적인 사명감과 파시즘을 반대하고 싶은 욕구

---

44 "다큐멘터리"라는 용어는 존 그리어슨이 1926년에 처음으로 불어에서 영어로 번역하였다. 1930년대에는 조소의 대상이 되었다. 더 많은 내용을 보려면 다음과 같은 에세이들을 참조하라. Ralph Bond 'Cinema in the Thirties: Documentary Film and the Labour Movement,'/ Bert Hogenkamp 'Making Films with a Purpose: Film-making and the Working Class' in Jennings and Madge 1987. 여론조사운동에 관해서는 위의 책(Jennings and Madge 1987)에 있는 대관식이 있던 1937년 5월 12일자 생활에 대한 직접적인 기사 편집물을 보라.

45 파노라마 효과를 위해 카메라를 상하좌우로 움직이는 것.

사이에 걸린 "분열된 세대"(Divided Generation)라고 부른다. 그는 자신의 자서전 『세계 속의 세계』(*World Within World*)에서, 다음과 같은 결론을 내리고 있다.

> 이전 10여 년간의 작가들과 우리를 구별시켜주는 특징들이 우리자신들 속에 있는 것이 아니라 우리가 반응을 보이는 사건들에 있다. 이러한 것들은 실업, 경제의 위기, 초기의 파시즘, 다가오는 전쟁이었다. . . 더 나이든 작가들은 구제도들 하나씩 해체되고 있던 20년대 유럽의 경제적 고갈과 절망상태에 반응을 보이고 있었다. 우리는 '새로운 세대'였다.
>
> (Spender 1977: 139)

역사란 "지금"(now)이면서 "영국"(England)이라는 엘리엇의 견해[「리틀 기딩」("Little Gidding")]에서부터 "오늘날의 고군분투"(to-day the struggle)에 대한 오든의 고집에 이르기까지, 정치적인 우파와 좌파에 대한 1930년대의 시들은 갈등과 과거가 아닌 현재에 대한 역사의 중요성이라는 주제들로 엮어져 있다고도 볼 수 있다. 스페인에서 싸웠던 존 컴포드(John Comford)는 "현재라는 시간은 큰 폭포"(Time present is cataract)라고 주장하였다. "우리의 손으로 역사를 만드는 것/ 세공용 점토가 아닌 포효하는 시간으로"(history forming in our hands/ Not plasticine but roaring sands)[「티에츠의 보름달: 휴스카의 폭풍이 일어나기 전」("Full Moon at Tierz: Before the Storming of Huesca")]. 『황무지』의 문화적 불협화음으로 강력하게 표현된 1920년대에 사회몰락을 선포한 이후, 새로운 군사적 충돌, 스페인(Spain) 내란에서부터 무솔리니(Mussolini)의 아비시니아(Abyssinia) 합병에 이르기까지, 그리고 마침내는 2차 세계대전으로 시험받게 될 재건하려는 단체들과 공동연대들을 향한 일련의 확언들과 환기들이 등장하게 되었다.

경쟁의 10년

군사적인 싸움 말고도 다른 투쟁들이 1930년대에 자리 잡고 있으며 오든은 『웅변가들』(*The Orators*)을 읽는 1930년대의 독자들에게 그들이 영국을, 즉 모든 사람들이 다 공히 편히 살지 못하는 나라에 대해 어떻게 생각하는지를 묻는다. 1930년대는 경제적 불황의 시기로 그리고 20세기 후반의 여가생활을 즐기는 사회를 만들어낸 시기로 정형화되어 있다. 또한 외관상으로 본 전쟁 전 시기의 문학은 아직도 열띤 논쟁을 불러일으키고 있다. 에이드리언 시저(Adrian Caesar)는 롤랑 바르트(Roland Barthes)가 사용했던 용어의 개념으로 볼 때 20세기의 몇 십 년간은 신화화되었다고 주장한다(Barthes 1972). 다시 말해, 4명의 옥스퍼드 졸업생들인 오든과 스티븐 스펜더, 세실 데이 루이스, 그리고 루이스 맥니스의 시의 10년간으로서의 1930년대 간의 관련성은 자명한 것이며 자연스러운 것이 되었다. 그런 가정의 관련성들은 무시하는 것이 아닌 탈신비화될 필요가 있는 것들이다. 우선, 이 시기가 우리가 지금껏 생각해 온 시의 2가지 가닥들에 대한 헌신으로 양분된 문학의 10년이라는 것을 유념해 두는 일은 도움이 된다. 시저는 다음과 같이 설명한다.

> 1930년대의 대부분의 시인들은 그들 나름의 다양한 방법으로 19세기 낭만주의를 별개의 2가지 것으로 발전시키기 위해 엘리엇, 파운드, 그리고 예이츠의 반동적인 정치적 성향을 띤 모더니즘, 그리고 윌프렛 오웬과 에드워드 토마스와 같은 시인들을 통한 그것보다 더 개방적인, 특히 잉글랜드적인, 조지안 전통을 갖고 노력했다.
>
> (Caesar 1991: 1-5)

한편으로, 토마스와 특히 오웬은 빠른 속도로 진행되는, 도시의, 소외적인, 싸움에 시달리는 20세기의 혼란으로 이해하기 쉬운 대중적인 문체로 쓰고 진정으로 영향을 끼칠 뿐만 아니라, 완성된 참여시, 더 나아가 심지어는 정치색이 가미된 시를 만들어 낼 수 있다는 점을 보여준 시인으로 생각되었다. 하지만 그 반대로, 오든은 자신이 루펏 브룩의 감수성에서 벗어나 『황무지』에 담겨진 감수성들로 옮겨갔다고 느꼈다. 1930년대의 많은 시인들에게, 엘리엇의 시는 다음과 같이 여겨졌다.

> 이전 세대들이 저지른 잘못들에 의해 어떠한 문명이 생겨났던가에 대한 시각을 제시하는 것처럼 보였다. . . 시의 중심문제가 추악할 수 있거나 아니면 그저 일상적일 수 있다는 생각은 1930년대에도 여전히 충격적이며 흥분되는 것이었다. 엘리엇의 방식들은. . . 압축되고 아주 시각적인, 그리고 궁극적으로는 애매모호한 시들 위한 시 양식을 세워 놓았다.
>
> (Tolley 1975: 36)

그리고 예이츠에 관해 말하자면, 전쟁이 있기 전 그가 죽음에 이르기까지, 그는 원로 정치가 그리고 보수주의자로서의 자신의 위치를 강화시켰다. 1930년대의 시인들이 그의 시를 높이 평가했지만, 그는 그들의 작품들을 상당히 싫어했으며 1937년 「내 작품에 대한 개괄적인 소개」("A General Introduction for my Work")에서 다음과 같이 썼다.

> 젊은 영국의 시인들은 꿈과 개인의 정서를 거부한다; 그들은 이러 저러한 정당들에 그들을 끌어들이는 견해들만 생각해 내고 있다. . . 그들은 공장, 대도시를 표현하고자 굳은 결심을 하고 있으며, 그들은 현대적일 수도 있으며. . . 그들은 우파니샤드들은 '늙어버린 자아'(ancient self)라고 부르는 것보다는 개인의 지성을 표현한다.
>
> (Yeats 1964: 269)

예이츠에게 있어, 이러한 시인들은 감정이 아닌 지성으로 그 방향을 돌린 사람

들이며, 그들의 영감을 이끌어 내려는 것이 아닌 그들의 문화를 이끌어 가려는 시도
를 하고 있는 사람들이다.

사회사에 의하자면, 1930년대는 진보와 위기에 대한 기술들로 나뉘어져 있다.
그러나 그 두 가지는 당시 사건들의 이질성을 다 포함하기 위해서 함께 고려될 필요
가 있다. 어떤 한 시각에서 볼 때, 양차대전 사이의 시기는 무도장, 영화, 개 경주,
그리고 그 밖의 유흥거리들이 서서히 생겨나기 시작했다는 특징으로 나타낼 수 있
다. 루이스 맥니스는 "위안거리/ 영화나 축구도박"(the solace/ of films or football
pools)[『가을의 일기』(*Autumn Journal*) 3권]이라고 설명한 아주 일상적이지만 중요
한 오락거리들이 그런 것들이다. 건설 산업에서도 발전이 이루어졌는데 튜더(Tudor)
스타일의 건물을 짓는 유행의 쇄도, 장식예술의 대유행, 그리고 디자인한 스타일들
의 확산을 만들어내며 대량적으로 주택을 공급하는 계획들이 있었다. 기술의 진보는
또한 이제 가정용품, 즉 축음기, 다리미, 진공청소기, 전구, 그리고 라디오 같은 것들
이 시장에 대량으로 나오고 있었다. 1931년 램지 맥도널드(Ramsay MacDonald)가
국민정부를 만든 후, 거의 모든 사회영역으로 국가 간섭이 확산되었으며 무역과 산
업까지도 그러했다. (예를 들어, 배로 늘어난 관세와 국가 보조금, 그리고 석탄, 항공
여행, 그리고 런던의 운송은 다 국유화되었다.) 1939년에 이르러서는 2백만이 넘어
버린 영국의 자동차 수로 인해 생겨난 도로망의 확장공사는 새로운 형태의 일과 여
가시간을 만들어 냈다. 전력위원회(Electricity Board)의 그리드 망(grid network)이
구축되었고, 시내외곽지역이 엄청나게 확장되었다. 그리고 이것의 의미를 놓고 스펜
더, 베츠먼, 그리고 스미스와 같은 작가들은 논란을 벌였다(Dentith 1997).

여가시간 패턴 변화의 중요한 3가지 영역들은 영화, 라디오, 그리고 독서였다.
1930년대는 영화의 "황금시대"였는데, 영화관은 거대한 사교모임지가 되었으며
1930년대 후반에는 주말마다 2천만 장의 영화표가 팔렸다. 헐리웃(Hollywood)은
유럽의 다른 지역보다는 영국의 스크린을 장악하였다. 프랑스와 독일 영화는 항상

자막이 붙어 나오기 때문에 경쟁력이 번성했지만, 영국에서는 헐리웃의 영화배우들이 스크린을 장악할뿐더러, 의상, 헤어스타일, 그리고 아기들의 이름에 이르기까지 그 유행을 만들어 놓았다. 영화는 또한 작가들 사이에서도 인기가 있었는데, 이는 그것들이 다양한 이야기 기법들을 제시해 주었기 때문이다. 그런 새로운 미디어에 맞서, 예술의 성격도 변하는 것 같았다. 1930년대 영국에 관한 아주 유용한 에세이가 바로 1936년에 발터 벤야민(Walter Benjamin)이 쓴 「기계복제시대의 예술 작품」("The Work of Art in the Age of Mechanical Reproduction")인데, 그것은 소외와 일용품에 의거하여 심미적 작품들을 분석하고 있다(Benjamin 1973). 벤야민은 인쇄, 복사, 그리고 사진의 시대에, 예술작품들은 한때 그들이 가진 독특함이 그들에게 주었던 "영적인 기운"(aura)을 잃어 버렸다고 주장한다. 예술의 복제라는 새로운 기술들은 작품의 진위성에 대한 의식 없이는 안 되는 것이었다. 진짜 같은 사진술 또는 필름 인화라는 생각은 말이 되지 않는 것이다. 벤야민은 이것이 1930년대에게는 아주 중요한 결과들과 함께 예술의 기능을 종교의 영역에서 정치의 영역으로 옮겨 놓았다고 생각했다. (파시즘은 정치를 유미적이게 하지만, 반면에 공산주의는 예술을 정치적으로 다룬다고 그는 생각했다.) 영화가 갖는 정치적인 의미는 좌파가 그 때문에 분열되었다는 점이었다. 영화를 많은 사람들이 보았는데, 이는 영화가 엄청나게 많은 관람객에게 다가갈 수 있기 때문이며, 그것의 항목들이 정해져 있기 때문이다. 실측 가능한 형식으로서의 영화는 그것이 대중전달매체였기 때문에 좌파의 예술처럼 보였다. 그것은 공동 사회적이었고, 대중시장에 대한 대중적인 매력을 지니고 있었고, 그리고 거대한 교육적인 힘이 될 수도 있었기 때문이었다. 또한 그것은 세련된 유미적 담론으로 둘러싸여 있지도 않았고 본래부터 부르주아적이지도 않은 것이었다. 어떤 누구라도 사진을 찍을 수 있었다. 중요한 점은, 필름이 개인이 아닌 단체를 다루었는데, 작가들이 써내는 내향적인 산문과는 달리 외적으로 그 방향이 정해지는 것이었다. 오든은 그것을 "민주주의 예술"(democratic art)이라고 단언하였는데, 이는 필름이 어떤 기술적인 솜씨를 요구하지 않기 때문이다. 대신에, 그는 영화가 빈민들을 위해 자본가가 이용하는 감미료 그 이상은 아무 것도 아니라고 비난했으며, 맥니스는 "영화는 신데렐라들이 올라갈 야곱의 사다리를/ 빈민들에게 제공하고 있다" (the cinema gives the poor their Jacob's ladder/ For Cinderellas to climb)'(『가을의 일기』17권)고 정의한다. 많은 작가들이 1929년 소리가 도입된 이후로 교육적이고 다큐멘터리적인 영화에 대해 생각한 반면에, 1930년대는 셜리 템플(Shirley Temple), 프렛 애스테어(Fred Astaire), 그리고 진저 로저스(Ginger Rogers)와 같은 영화배우들, 타잔(Tarzan) 그리고 프랑켄슈타인(Frankenstein)과 같은 영화 속 인물들, 그리고 『바람과 함께 사라지다』(*Gone with the Wind*)와 같은 엄청난 예산을 들여 만든 영화들이 처음으로 주류를 이루던 시대였다. 어떤 헐리웃 영화들에는 사회적인 평이 담겨 있었다. 예를 들자면, 채플린(Chaplin)의 『모던 타임스』(*Modern Times*)와 포드(Ford)의 『분노의 포도』(*The Grapes of Wrath*)가 거기에 해당하는 것들이다. 그러나 대부분의 경우, 영화 속에 나오는 화려한 건물은 적어도 일주일에 2번은 영화를 보러갔던 당시 인구의 25%에게는 일상생활로부터의 기분전환이라고 생각되었다. 데이 루이스의 시 「뉴스영화」("Newsreel")에서도 마찬가지로, "꿈의 집으로 들어간다, 형제들과 누이들이, 잠들어 있는/ 여러분들의 빚을, 여러분들의 역사를 문간에 놔둔 채"(Enter the dream-house, brothers and sisters, leaving/ Your debts asleep, your history at the door)라고 표현되어 있다.

비록 다른 대중전달매체이기는 하지만, 라디오는 1930년대 후반까지 다른 어떤 누구에 의해서 이용되지 않았던 것처럼 작가들에 의해서도 적절하게 이용되지 못한 것이었다. 수백만 대의 라디오가 팔렸지만 라디오 프로그램들은 틀에 박힌 진부한 것이었고, 기성의 권력조직 지향적인 것이며 그리고 중간계층을 그 초점으로 삼았었다. 국영 그리고 지역 비비씨(BBC) 방송국들이 있었지만, 그것들은 주로 가벼운 음악만 틀어 주었다. 비록, 가끔씩은 텔레비전이 있기 전 1930년대가 라디오의 '황금

시대'였다고 생각되기도 하지만, 라디오는 정치적으로 그리고 종교적인 신조를 지키는 것이었다. 존 리스(John Reith)하에 있던 비비씨는 라디오의 주요 기능들 중의 하나가 정치적인 변동이 많은 시대에서 문화의 안정과 사회적인 안도를 유지하는 것이라고 보았다(Giddings 1997).

　　하지만 1930년대의 시인들에게 아마도 가장 중요한 일은 문학수준이 엄청나게 올라가서 새로운 "독서대중"(reading-public)의 구미에 맞게 생겨난 돈벌이가 되는 시장들이었다. 1930년대 이전 대중교육의 시기들에 대한 소개와 더불어 독서습관들이 급속하게 변하고 있었다. 1939년까지, 성인 67%가 일간지를 사서 보았다. 『데일리 메일』(*Daily Mail*)과 『데일리 익스프레스』(*Daily Express*)는 하루에 몇 만 판을 거듭하는 가장 많이 팔리는 신문이었다. 반면, 『뉴스 옵 더 월드』(*News of the World*)는 매주 일요일 4만부가 팔렸다. 대부분의 작가들은 현재의 상태를 강화시키려 했던 신문들의 보수적인 태도를 경멸하였다. 예를 들자면, 『웅변가들』에서, 오든은 유력한 신문사주 비버브룩(Beaverbrook)경과 로더미어(Rothermere)경을 "영국의 깡패 비다미어"(Beethameer, Bully of Britain)라고 한꺼번에 모욕을 주었다. 1939년 더 이상의 전쟁은 없을 것이라고 선언한 『익스프레스』(*Express*)지는 어떠한 것도 심각하게 받아들이지 않아서 유명해졌다. 데이 루이스는 이러한 신문들을 만들고, 특히 비버브룩이 『매력적인 산』(*The Magnetic Mountain*) 20호에서 통렬히 공격하는 주제는 "아주 저속한 작가들과 당신의 심부름을 하는 신하들,/ 당신의 연약한 언론깡패들, 당신의 청결치 못한 사람들"(Scavenger barons and your jackal vassals,/ Your pimping press-gang, your unclean vessels)이었다. 혹평을 가하는 비평 하에서, 특히 오웰로 부터의 생겨난 다른 새로운 양상은 신문광고들과 광고시장들이었다. 1930년대의 숭배할 정도로 좋아했던 것들은 "여학생의 피부는 팜올리브(Palmolive)로 유지"하고 "바브릴(Bovril)은 풀이 죽은 기분을 회복시킨다"와 같은 광고였다. 슈레딧 휏(Shredded Wheat)⁴⁶⁾은 "영국이 그것을 만들고, 그것은 영국을 만든다"는 슬로건을 내걸고 팔렸다.

대체로, 『새로운 정치가』(*New Statesman*)와 『좌익 서평』(*Left Review*)지는 주로 좌파들이 읽기 위해 구독하는 것이었고, 『스펙테이터』(*Spectator*)는 우익세력이 구독했던 잡지다. 급진적인 신문들의 관점에서 볼 때, 나중에는 『아침 별』(*The Morning Star*)이 된 『일용직 노동자』(*Daily Worker*)는 공산당으로부터 자금을 공급받았으며 1930년 설립초기부터 1만부 가량이 팔렸다. 또한 『세월』(*Time and Tide*)이라는 이름의 온건하면서도 성공적인 페미니스트 경향을 띤 주간지도 있었는데, 거기에 실린 시들은 제인 다우슨(Jane Dowson)의 시 선집, 『1930년대 여성들의 시』(*Women's Poetry of the 1930s*)(1996)에도 수록된 것이다. 가정과 가족에 그 초점을 맞춘 더 보수적인 여성들의 잡지들은 계속해서 인기를 누렸다. 『여성 자신』(*Womans Own*)과 같은 새로운 잡지들의 출판들은 1930년대에 아주 성공적이었고, 많은 가정들을 위해서 이러한 잡지들은 식이요법, 의류, 그리고 육아에 관한 조언도 해 주었다. 또한 1934년에 만들어진 『원조 로맨스』(*True Romances*)와 같은 제목을 가진 "로맨스" 잡지들도 잘 팔렸다. 중산계층의 아이들은 그들의 부모들이 자라면서 읽은 베아트릭스 포터(Beatrix Potter)의 이야기들과 『버드나무에 부는 바람』(*The Wind in the Willows*) 및 『피터 팬』(*Peter Pan*)과 같은 책들을 읽도록 장려되었다. 어린아이들은 아마도 『바로 윌리엄』(*Just William*)이 그랬던 것처럼 1930년대에 시작된 『무모한 사람』(*The Hotspur*)과 『마법사』(*The Wizard*)를 더 읽고 싶어 할 거다. 가장 중요한 사실이 그때 종이표지로 된 염가 문고판(paperbacks)이 만들어 졌다는 사실이다. 1930년대 초 대다수의 책들은 구매되기보다는 도서관에서 대출되었기 때문에 대부분의 두꺼운 표지의 책들의 가격이 대충 10실링(shilling) 정도 할 때, 최초의 펭귄문고(the Penguin book)가 단돈 6펜스(pence)의 가격으로 1935년에 선을 보였다. 당시의 사건들을 다루는 염가문고판들이 처음으로 출판되었고, 가끔은

---

46 아침 식사용의 곡물식품

출판 즉시 절판되기도 하였다. 최초의 도서클럽들이 1930년대 중반에 설립되었다. 특히, 좌파독서모임이 있었는데, 이 모임은 오웰의『위건 부두로 가는 길』(*The Road to Wigan Pier*)을 출판하였고 그것은 사회주의자적인 성향을 띤 문학을 대중 시장에 내놓기 위해 만들어 진 것이었다. 마지막으로, 케임브리지 문학 비평가들이 더욱 더 두각을 나타내게 되었는데, 특히 리비스(F.R. Leavis)가『검사』(*Scrutiny*)라 는 잡지를 만들어 낸 후에 그러했다. 그리고 1932년 리비스(Q.D. Leavis)는『소설과 독서대중』(*Fiction and the Reading-Public*)을 펴냈는데, 이는 중간계층의 소설들과 비평에 대한 맹렬한 공격이다. 17세기 이후로 독서 경향들에 대한 분석인, 리비스의 책은 '소설'에 상당한 관심을 보여주는 사람들과 로맨스, 탐정소설들, 그리고 선정주 의 소설 애독자들 간의 계속 벌어지는 틈을 나타내었다.

이러한 여가시간 추구와 유흥의 상당한 증가에도 불구하고, 1940년대 이미 데이 빗 개스코인이 이미 그렇게 부를 수 있었던 것처럼, "엄격한 30년대"(grim thirties) 라는 1930년대에 대한 반대이미지를 회피하는 일이 훨씬 더 어려웠다[「송별합창」 ("Farewell Chorus")]. 또 다른 시각에서 볼 때, 두서없는 글을 쓰는 것에서부터 독 서에 이르는 이런 모든 활동들은 단순히 일상생활의 사실성으로부터의 탈피로 보였 다. "무리지은 자전거여행자들과 도보여행자들, 일일 소풍객들,/ 저주받은 번화가와 황폐된 지역에서 빠져 나온 사람들"(Cyclists and hikers in company, day excursionists,/ Refugees from cursed towns and devastated areas)이라고 데이 루이 스는 썼다(『매력적인 산』 32호). 젬 포스터(Jem Poster)는 시가 "한 세대의 실제적 인 상실감과 절박한 재난을 근본적으로 반영하는 것"으로 간주한다. 그리고 1930년 대의 문학신화는 1930년대의 사회적 신화 및 경제적 신화와 떼어놓을 수 없게 되었 다는 사실은 분명하다(Poster 1993: 52). 월스트릿 붕괴(Wall Street Crash)와 1929 년의 경제 대공황(Great Slump)이 있었다. 전쟁에 이르러서는 연속적인 국민내각들 의 회유정책들이 있었으며, 1934년에는 자산 조사(Means Test)가 있었고, 1933년과

1934년에는 실업자의 시위행진인 재로우 기아행진(Jarrow Hunger Marches)이 있었다. 비록 1930년대 전반에 걸쳐 국민 실업수치가 25%이상은 결코 아니었다 하더라도, 도회지 실업인구가 거의 70%가 되었을 때 일이었다. 또한 군사적이고 정치적인 사건들이 2차 세계대전에 이르게 하였다. 1920년대 이상으로, 1930년대는 국제적인 사건들에 의해 좌우되는 시기였다. 1933년 독일의 수상으로 히틀러(Hitler)가 임명되었고, 독일과 이태리가 세력을 확장하였으며 스페인 내란이 있었다. 그리고 영국은 4천명이나 되는 영국 지원병을 신참병으로 받아들였다. 인도와 그 밖의 모든 지역에서 대영제국의 제정이 흔들렸고, 청-일 전쟁이 있었으며, 오스왈드 모슬리(Oswald Mosley)가 주도하는 파시스트 영국연합(British Union)의 설립을 포함하여 국제적으로 극우세력이 생겨났다. 북부와 남부의 생활수준간의 차이는 계급간의 차이와 임금을 받는 사람들과 실업자간의 차이가 그러하듯이 상당했다. "그대의 어머니가 울고 있다,/ 그대의 아버지는 실업수당을 받고 있다"(Thy mother is crying,/ Thy dad's on the dole)라고 데이 루이스가 1935년에 출판된 그의 시 「캐럴」("Carol")에 표현했다. 남동부 지역에서의 엄청난 주택건설 붐에도 불구하고, 북부 지역은 한 집에서 3가구가 거주하거나 한 방에서 5명이 거주하는 예들이 그리 드문 일은 아니었다. 맥니스는 이 상황을 「백파이프 음악」("Bagpipe Music")에서 "5번째 아이를 낳은 카미칼 부인이 그 아이를 혐오스럽게 쳐다본다,/ 산파에게 말한다, '치워버리세요; 나는 아이를 너무 많이 낳았어요'"(Mrs Carmichael had her fifth, looked at the job with repulsion,/ Said to the midwife, 'Take it away; I'm through with over-production')라고 표현했다.

교육의 확장에도 불구하고, 인구의 20%에 해당하는 사람들만이 계속해서 학교에 남게 되었고 학교를 졸업할 수 있게 되었을 때, 6%만이 대학에 진학할 수 있었다. 각기 다른 사회계층에 속하는 아이들이 학교에서 겪게 되는 차이들이 학문적인 것만은 아니었다. 예를 들자면, 공립학교에 다니는 아이들은 공식적으로 학교를 졸업하는 14세 때에는 그들의 지방의회에서 교육을 받은 또래 학생들보다 평균 6인치 정도 컸다. 1930년대의 교육에 관한 가장 유명한 시는 바로 스티븐 스펜더의 「빈민가의 초등학교 교실」("An Elementary School Class Room in a Slum")이었다. 스펜더는 그가 찾아낸 환경들에 항의하지만 창문을 열어 제치고 아이들을 시골로 데려가서 문화와 자연과 긴밀한 관계를 구축하라는 것 말고는 다른 해결책을 제시하지 못한다. 그는 "밝은 초록빛의 잎사귀들이 펼쳐진다/ 역사는 그들의 것이며 그들의 언어가 태양이다"(the white and green leaves open/ The history theirs whose language is the sun)라고 기술한다. 그 이념과 추상적인 해결책들로, 시는 선의 좋은 보기가 되지만 다소 부르주아 작가들의 의도들을 다듬는다. 그리고 언어는 휴 맥나이아미드의 감상적이지 않는 시행들과는 판이하게 다르다. 그는 "이런 모든 생명들, 이러한 연인들은,/ 대포 밥으로, 인간이하의 것으로, 멸시 당하는 빈민가사람들로 전락한다"(all these lives, these lovers,/ Lapse into cannon-fodder, sub-humanity, the despised slum-crowd)고 「글라스고의 빈민가에서」("In the Slums of Glasgow")를 통해 기술한다.

보다 더 충격적이고 성공적인 스펜더의 시들은 「철탑」("The Pylons"), 「급행열차」("The Express"), 그리고 「비행장 근처의 풍경」("The Landscape Near an Aerodrome")으로 산업의 융성과 리듬을, 대량운송, 그리고 매스컴을 찬미한다. 첫 번째 시는 결국 나중에는 기계에 관한 글을 쓰는, 또는 미래파의 영향을 받은 사람들에게 붙여지는 "파이론 시인"(pylon poets)이라는 명칭을 만들어 냈는데, 이들은 자기들의 시를 구성하고 자기들의 정치적 책략을 반영하기 위해서 "아주 명료한 첫 성명을 발표한 이후/ 피스톤들의 암울한 성명"(After the first powerful plain manifesto/ The black statement of pistons)(스펜더의 「급행열차」)에서와 같이 새로운 산업들의 리듬을 사용하였다. 그러나 1930년대가 끝나갈 무렵, 기계화된 힘이 이제는 무기와 거의 같은 의미로 사용되는 동의어가 되었을 때 스펜더는 이미 그의 이전의 신조들을 버리고 있었다.

기계류의 증가는 양 대전 사이의 기간에 군비의 재무장이라는 기나긴 과정과 동시에 일어났으며, 전쟁은 1930년대가 끝나갈 무렵 못지않게 1930년대가 시작할 무렵에도 그 시대 시의 중요한 주제다. 예를 들어, 스펜더의 비행기들은 그 아름다움만큼이나 그 능력에 대한 두려움이 함께 생각된다. 그리고 그때 비행기의 대량 생산은 아주 많은 죽음을 미리 예상케 하는 것이다. 미래에 "극심한 공포에 시달리는 불쌍한 사람들은 그것들이 윙윙거리는 소리를 듣게 될 것이다,/ 그리고 두려움과 비행기는 똑같은 의미가 될 것이다"(Poor panic-stricken hordes will hear that hum,/ And Fear will be synonymous with Flight)라고 「1932년의 사상들」("Thoughts in 1932")에서 표현되어 있다. 같은 해에 쓰여진 존 레먼(John Lehman)의 「이 멋진 기계」("This Excellent Machine")도 역시 현대의 기계가 단추하나만 눌러서 사람들을 죽일 수 있게 된다는 손쉬움에 대해서 생각하고 있다. "우리는 잘게 저며지기를 기대하면서 가만히 서서 바라본다−/ 그리고 묻는 사람은 거의 없다 *그것을 폐기시키는 게 어때? 라고*"(We stand and stare, expecting to be minced −/ And very few are asking *Why not scrap it?*). 제2차 세계 대전이 일어날 거라는 전망은 지금껏 있어왔던 것이며, 군비 재정비, 군비 축소, 전쟁반대주의, 그리고 평화운동은 사실 1919년과 1939년 사이에 한 번도 논의된 적이 없었다. 이러한 느낌들을 구체화하는 국제적인 분쟁이 바로 스페인 내란이었는데, 그 내란 중에 벨(Bell), 코드웰(Caudwell), 콘포드(Cornford)와 같은 몇 몇 시인들이 사망했으며, 거의 모든 시인들은 다 그곳으로 여행을 가고 싶다는 생각을 가지게 되었다. 렉스 워너(Rex Warner)는 1937년 그의 「소넷」("Sonnet")에서, 자신의 취사 선택권을 전쟁준비 또는 "균류와 같은"(as some kind of fungus) 삶을 사는 것이라고 묘사하고 있다. 응급차를 모는 운전사가 되기 위해 스페인에 갔지만 실은 그 꿈을 이루지 못한, 오든은 그 전쟁에 관한 단 한편의 시, 꼭 "필요한 살인에도 죄의식을 가지는"(conscious acceptance of guilt in the necessary murder) 그리고 "폭탄들처럼 폭발하는 시인들"(poets exploding like bombs)이 나오는 그 악명 높은 「스페인」("Spain")을 지었다. 1936년 7월 모로코(Morocco)에서 실제로 시작된 전쟁은 1930년대의 최고의 갈등들을 만들어 낸 것처럼 보였다. 국제군단(International Brigade)의 공산주의에 반대하는 프랑코(Franco)의 파시즘, 히틀러와 무솔리니에게 자금조달을 받는 시민군에 반대하는 민주적으로 선출된 인민전선(Popular Front)내각, 무장한 농민들의 저항 그리고 직업군인들에 맞서 싸우는 무정부주의자들이 개입되었다. 오든은 그의 시에서, 경제의 결정과 과학의 발달이 우리의 모든 과거에서부터 미래에 평범한 가정생활로 되돌아가기 위한 오늘날의 노력을 통해 역사를 구성하는 것이라고 진보에 관한 해명을 한다. 스펜더는 그것을 막시스트 논리라고 말한다. 하지만 "역사는 패배한 자들에게/ 가엾다고 말할지 모르나 그들을 도와주거나 용서할 수는 없다"(History to the defeated/ May say alas but cannot help or pardon). 현재라는 순간은 자유와 즉시성의 극악무도함으로 잔뜩 무거워져 있다. "나는 당신이 선택할 것, 당신이 결정해야 할 것이다. 그래, 나는 스페인이다"(I am your choice, your decision. Yes, I am Spain). 분명 스페인은 오든에게 있어서는 전환점이었는데, 그는 공산주의와 확실치 못한 자신의 정치적인 역할에 대해 환멸을 느낀 채 돌아왔다(Mendelson 1981: 304-32).

이와 유사하게, 『세계 속의 세상』에서 회상을 하며, 스펜더는 다음과 같은 결정을 내린다.

아주 대변혁적인 것처럼 보였던 1930년대는 실제로는 개방적인 역사의 시기 (Liberal phase of History)가 끝났던 시기였다. 그것은 개방적인 개인주의자들에게 자유민주주의를 국민들의 대의에 부여할 수 있는 마지막 기회를 주었다. 특히 스페인 민주주의라는 대의명분을 주었다. 문명화된 세상의 완전한 군사력 증강은 모든 개인의 노력들을 계속해서 증가하는 기계화된 힘으로 침

수시켰다.

그는 사람들이 "거의 절반쯤 이러한 기계들, 즉 그가 1930년대 초에 그렇게 유명하게 했던 기계들의 노예"가 되어버렸다고 생각했다(Spender 1977: 286-90). 스펜더에게, 이제 개인이 "공동의 운명"으로 생겨난 사건들에 항의하기보다는 사회를 바꿀 수 있다는 또는 역사의 모양을 잡을 있다는 생각도 끝이 났다.

오든의 영향을 거의 받지 않은 많은 여성시인들도 역시 전쟁에 연루되었다. 예를 들어, 낸시 커나드(Nacy Cunard)는 지치지 않는 국민들의 대의명분을 위해 활동하는 운동가였다. 「현재 먹기 위해」("To Eat To-day")라는 그녀의 시는 독일의 폭격기 조종사와 그 아래 땅에 있는 스페인 사람들을 비교함으로써 전개된다. 그들이 본 것, 그들이 먹는 것, 그들이 생각하는 것을 바탕으로 삶의 조건에 관심 있는 사람과 죽음의 원인에 관심 있는 또 다른 한 사람을 비교한다. 영향력 있는 탄원자이자 편집인으로서 출판업자인 커나드도 역시 간청했고『좌파 서평』에 실을 작품, 즉「스페인 전쟁 편을 드는 작가들」("Authors Take Sides on the Spanish War")을 수집하였다. 그녀는 오든의 「스페인」을 알리는 첫 소책자들을 출판했다. 실비아 타운센드 워너(Sylvia Townsend Warner)와 밸런타인 액클랜드(Valentine Ackland)는 적십자(Red Cross) 구조요원으로서 스페인에 갔다. 워너의 시들은 화자를 안으로 끌어들일 수 있는 전경을 만듦으로서 공평하고 사심 없는 판단을 내리는 오든의 「스페인」과는 사뭇 다르다. "나는 고약한 냄새를 맡는다/ 스페인 사람들의"(I am the stink in the nostrils/ of the men of Spain)라고 그녀는 「보우 항구」("Port Bou")에서 묘사하고 있으며, "우리는 노래를 부르며 일어서는 것을 보았다/ 강물이 넘실대고 물살이 잦아진 곳에서"(We saw him rise up singing/ Where the freshet leaps and fails)라고 「엘 히어로」("*El Heroe*")에서 말하고 있다.

스페인에 갔던 거의 모든 사람들은 공화제를 지지하는 사람들의 편에 서서 싸웠고 또 그들을 위해 힘써 일했다. [로이 캠벨(Roy Campbell)과 로라 라이딩(Laura Riding)은 주목할 만한 예외에 해당하지만] 젊은 시인들 사이에서는 좌익정치가 정통적인 것이었으며, 공통적인 여론은 렉스 워너(Rex Warner)의 1933년에 나온 「찬가」("Hymn")의 "모든 권력들/ 삶을 사랑하는 사람들에 대한, 노동자들에 대한, 망치, 낫, 그리고 피에 대한"(All power/ to lovers of life, to workers, to the hammer, the sickle, the blood)이라는 묘사에서 찾아 볼 수 있다. 에드워드 업워드(Edward Upward)는 만약 막시스트나 막시스트에 가까운 견해로 책이 쓰인다면 현재 쓰여진 어떤 책도 유익할 수 없다고 강력하게 말했다. 1930년대의 몇몇 뛰어난 작가들이 좌익 쪽으로 기운 이유들 중의 하나는 독일에 대한 이전의 경험과 파시즘이 서서히 생기기 시작했다는 것이었다. 오든, 이셔우드(Isherwood), 스펜더와 업워드 모두 1930년경에는 (성과 경험을 주로 추구하면서) 독일에 있었다. 1930년대의 유명한 거의 모든 시인들은 옥스퍼드나 케임브리지로 갔으며 이전에 이미 공립학교에 다녔던 사람들이다. 그 시인들 대부분이 중산계층의 높은 수준의 교육을 받은 남부 남성들이었다. 대체로, 그들은 자기들과 비슷한 계층의 사람들을 위한 글이라는 인상을 심어 주었는데, 오웰은 "산업이 발달한 북부로 당신이 가게 되면, 당신은 이전에 있었던 곳과 다른 나라에 들어간다는 . . . 생각을 하게 될 것이다"(when you go to the industrial north, you are conscious. . . of entering another country)고 쓰고 있다. 이것은 적어도 리버풀(Liverpool)에 런던의 2배에 달하는 실업수당 인구가 살고 있다는 점에서는 사실이다. 오웰의 견해는 작가들이 믿을 만한 무언가를 가지기 위해서 좌익세력 쪽으로 옮겨갔다는 것이었다. 그러한 생각이 너무나 팽배해서 다소 좌파성향이 아닌 문학모임들에서 활동을 한다는 것이 이상하다고 생각될 정도였다. 줄리안 벨(Julian Bell)은 1933년 『새로운 정치가』에서 적기를, "영국의 공산주의는 현재 제 2 전후세대들이 불모지에서 벗어나려는 시도인 주로 문학적인 현상에 국한된다"(Caesar 1991: 24)는 것이다. 그러나 오웰의 다른 타당한 비평은 대부분의 작가들이 가난하다는 것이 어떤 것일까 또는 공산주의 정부의 지배를 받는다는 것이 어떤 것일까에 대한 일말의 막연한 생각도 없이 공산주의 정치학을 가지고 장난치고 있다는 것이었다. 좌익 사상가들이 한계에 다다랐을 때, 그는 자유로운 사회에서 '정치적'인 것을 장난삼아 하는 것은 쉬우며 그리고 어느 정도로는 붉은 깃발이 오래된 학교 넥타이와 서로 얽혀 있었다라고 말한다. 1920년대부터 시작된 변화로 볼 때, 많은 사람들에게 모더니스트의 불안은 이제 대의명분으로 그 방향이 전환되고 있는 것처럼 보였다. 프랭크 커모드(Frank Kermode)가 내린 결론은 "그가 노동자에게 버림받는다는 것, 소외된다는 것(*maudit*)이 어떤 것인가에 대한 자신의 생각을 전달하면서 프롤레타리아적인 단체라는 것은 부르주아 공산주의 지지자들이 머리속에서 상상하여 만들어 낸 것이라고 말했을 때" 대표적으로 드러난다(Kermode 1988: 47). 스펜더는 자신의 자서전에 자신의 연인은 "거의 다른 또 하나의 성"(almost another sex)이라고 적고 있는데, 그 연인과 "나는 사랑에 빠졌다, 소위, 그의 배경과, 그의 병역생활과, 그의 노동계층 가정과"(I was in love, as it were, with his background, his soldiering, his working-class home)(Spender 1977[1951]: 184)라고 기술하고 있다. 그러나 1930년대의 지성인들이 잘못된 정치적 신념으로 고통을 겪었다는 견해와 균형을 맞추기 위해, 우리는 많은 사람들에게 마치 자본주의 체제가 끝을 향해 가고 있는 것 같다고 말해야 할 것이다. 경제 대공황과 3백만 명에 이르는 영국의 대량 실업사태에 뒤이어 생겨난 월스트릿 붕괴는 개개인들이 이제는 파시즘과 공산주의 둘 중의 하나를 선택해야 할 것처럼 보이게 만들었기 때문이다. 그러한 딜레마는 오웰의 에세이 제목인, 「우리나라, 우익 또는 좌익?」("My country, right or left?")으로 요약되었다.

1930년대의 작가들, 특히 오든같은 작가들 역시 프로이트가 남긴 유산을 아주 잘 알고 있었는데, 개인의 정신에 관한 그의 이론들은 막스(Marx)의 사회투쟁이론만큼이나 중요했다. 시에서의 자아분석은 공통적인 방법이면서 공통된 주제이기도 했다. 예를 들어, 맥니스는 성과 살인에 대한 자신의 강한 욕구에 관한 글을 쓰는데, "그것은 분명 공상적인 것들이 사적인 나의 역사 때문이며,/ 분석가가 풀어야 할 문제"(Which fantasies no doubt are due to my private history,/ Master for the analyst)(『가을 일기』 3권)라는 것이다. 그러므로 생물학과 사적인 환경들로부터 완전히 벗어나 역사의 힘으로 전환한다는 것도 텍스트들을 분석할 때 보다 더 폭넓은 사회를 무시하는 것처럼 잘못된 것이다. 작가들이 시는 개인적인 것과 정치적 것이 교차하는 지점에서 만들어진다는 것을 그들의 신조로 삼은 것은 1930년대였다. 또한 "1930년대의 시"에 대한 정전적인 견해는 가끔 1930년대의 다양성에 대한 우리들의 이해를 강요하기 위해 자신을 글 속에 써넣기도 한 때가 바로 이 시기다.

진지한 목적을 가진 시인들

"1930년대의 글"(thirties writing)이라는 용어는 시대뿐만이 아니라 문체를 내포하고 있는 말이다. 1800년경에 쓰여진 모든 작품들이 다 낭만주의의 예로 생각되지 않는 것처럼, 1930년대에 쓰여진 모든 문학작품들도 다 "1930년대" 문학으로서 논의되는 것은 아니다. 다른 말로 하자면, 역사에도 어떤 한 형태가 부여되는 것처럼, 1930년대의 문학에 대한 어떤 한 패턴이 지도처럼 그려졌다는 것이다. 로빈 스켈톤(Robin Skelton)의 1930년대 시선집은 이것을 잘 설명하고 있다. 그가 선택한 시인들은 앤 리들러를 제외하고 모두 남자였고 그들은 모두 1902년과 1916년 사이에 태어났다. 그 시집은 4명의 시인들인 오든, 스펜더, 맥니스, 그리고 데이 루이스에 의해 쓰여진 시들로 시작한다. "맥스펀디(MacSpaunday)" 시인들의 문체와 견해들은 1930년대의 시를 축약적으로 정리하게 된다[47]. 오웰은 그의 에세이 「고래 안에,」

---

47 오든과 스펜더 및 맥니스와 데이 루이스의 이름을 조합하여 만든 표현인 이 합성어는 로이

("Inside the Whale")로 문학에서의 변화를 요약한다.

> 1930년에서 1935년에 이르는 기간에, 급작스럽게, 어떤 일이 일어난다, 문학
> 적인 풍토의 변화들. 오든과 스펜더 그리고 그들을 제외한 새로운 작가군이
> 그 모습을 드러냈는데, 비록 기법적인 면에서 이러한 작가들이 그들의 선배
> 의 덕을 많이 보기는 했지만, 그들의 '경향'은 완전히 다르다. 금방 우리는 신
> 들의 황혼에서 나와 반바지를 입고 단체노래를 부르는 보이스카웃적인 분위
> 기로 들어간다. 전형적인 문학인은 교회 쪽으로 기울어 있는 교양 있는 국외
> 추방자이기를 포기한 대신에 공산주의 쪽으로 마음이 기울어 있는 열성분자
> 가 된다. 만약 1920년대 작가들의 기조가 '비극적인 인생관'(tragic sense of
> life)이라면, 새로운 작가들의 기조는 '진지한 목적'(serious purpose)이다.
>
> (Orwell 1962: 30)

보이스카웃이나 도보여행 분위기에 대한 오웰의 환기가 그리 독특한 것은 아니
며, 오든그룹에 관한 논의를 하는 스켈톤(Skelton) 조차도 그들의 글들에 '청년기적
인' 특질이 있다고 인정하고 있다. 다양한 종류의 클럽의 공동체적인 분위기와 그룹
활동에 대한 일반적인 강조는 점점 흔한 일이 되었다. 비록 스카웃들과 안내원들이
최근 20년 동안 많이 있었지만, 유스 호스텔 연합(Youth Hostel Association)이
1930년에 설립되었고 여러 명이 함께 하이킹을 하는 일이 1930년대에 들어서는 하
나의 의식이 되었다.

1930년대의 거의 모든 서평들은 오든의 중요성을 강조하고 있다. 이렇게 한 사
람만을 선택하는 이유로 그들이 내세우는 것은 바로 오든의 시적인 능력이 그 중심
이 된다. 또 다른 사람은 그들 사회시인이라고 생각하기도 한다. 아놀드 케틀(Arnold
Kettle)은 다음과 같이 주장한다.

캠벨이 주조하였다. 네 시인은 두 사람씩 같이 활동하기도 했으나, 1947년까지는 한 그룹으
로 같은 방에서 만난 적도 없었다.

오든이 그의 초기 시에서 탁월하게 잘 해 냈던 것은 바로 양차대전 사이의 기간에 영국이 처한 상황을 탐색하고 이에 대해 깊이 사색하는 것이었다. . . 그가 거의 끊임없이 사용한 퍼스나는 그로 하여금 상황들을 객관화하지 않거나 또는 다소 무거운 것을 채택하지 않고, 공적인 중요 쟁점들에 관심을 보이는 시가 쉽게 빠져 들 수 있게 하는 풍조를 호통 치면서 상황들을 극화하도록 해주는 장치다.

(Kettle 1979: 94)

오든이 이러한 일을 한다고 말할 수 있는 몇 가지 방법들은 다음과 같다. 프로이트 [「미스 지」("Miss Gee")]에서부터 호머 레인(Homer Lane) [「아무도 적이 아닙니다」("Sir, no man's enemy")]에 이르는 심리억제이론에 대한 그의 관심; 정치적인 분류와 확신들에 대한 그의 솔직한 질문들[「공산주의자가 다른 사람들에게」("A Communist to Others")]; 영웅주의와 지도력에 대한 그의 관심[「마음 편히, 이봐요, 옮기세요」("Easily, my dear, you move")][48]; 사회생활에 대한 주의 깊은, 가끔은 비꼬는 듯한 분석들 [「무명 시민」("The Unknown Citizen")]; 사랑이 변화시킬 수 있는 그리고 재생시킬 수 있는 힘을 가진다고 생각하는 그의 믿음[「가벼운 몸짓의 5월」("May with its Light Behaving")]; 감상과 사상을 인물과 이야기(서술)로 바꾸는 그의 능력[「새해를 위한 노래」("Song for the New Year")]; 영화와 같이 곁들이기 위해 평이하고, 리듬감 있는 시를 사용[「밤 편지」("Night Mail")]; 당시의 영국을 상세하게 분석하는 것[「바이런 경에게 보내는 편지」("Letter to Lord Byron")]; 그리고 어떤 한 사건(「스페인」)이나 시대 [「1939년, 9월 1일」("September 1, 1939")]의 분위기를 만들어 내거나 그것을 요약하는 그의 능력 등이다. 그의 국제주의와 그

---

48 Cunningham(1988)의 'High Failure'에 대한 장에서 이에 대한 논의를 볼 것. 커닝햄은 자기 책에 1930년대 자료로 탁월한 서지목록을 내재했으며, 주요 표제어로 "비행사, 산악인, 산, 독수리, 지도자, 항공주의" 및 영웅주의 등으로 목록을 작성했으며, 오든은 자기 시는 물론이고 극에서도 그 대표적인 실천가였다.

가 지닌 영국적인 특성, 그리고 그가 가벼운 시와 복잡한 통사구조를 쉽게 사용하는 능력과 더불어, 감상과 참조에 의거하여 오든은 줄곧 사적인 것과 공적인 것을, 그리고 일상적인 것과 난해하게 어려운 것을 한데 섞어 놓는데, 바로 이러한 사실은 그가 엘리엇에게서 많은 도움을 받았으면서도 그와는 확연하게 다른 것처럼 보이게 한다. 그래서 그의 자서전적인 시, 「바이런 경에서 보내는 편지」에서, 오든은 독자가 그런 이미지들이 서로 모순이 된다는 것을 또는 그것들이 문화의 타락을 암시하기 위해 사용되는 것이라는 것을 느끼지 않도록 하면서, 디즈니(Disney), 그레잇 노스 로드(the Great North Road), 베이든-파월(Baden-Powell), 선라잇 솝(Sunlight Soap), 코닥(Kodak) 카메라, 그리고 심지어는 양자이론까지도 언급할 수 있다.

"오든 세대"(Auden generation)는 조지왕조 시의 절정기에 자라났고 그래서 결국은 그것이 모더니즘의 대변혁에 의해 전복되는 것을 보았다. 개빈 이왓(Gavin Ewart)의 「시작을 위한 오든방식」("Audenesque for an Initiation")에서, "우리는 무용단에게 노래 부르는 법을 가르치는 조지왕조 시인들을 포기했다"(We've given up the Georgian poets, teaching dance bands how to croon)와 같은 시행들에서 그 전복을 볼 수 있다. 또는 오든이 그의 자서전적인 시에서 그것을, "가스공장과 말린 배관들을 위해 나는 버렸다/ 그랜체스터(Grantchester)의 시계, 즉 영국의 까마귀를"(For gasworks and dried tubers I forsook/ The clock at Grantchester, the English rook)(「바이런 경에서 보내는 편지」)의 표현에서도 알 수 있다. 그러나 모더니즘의 내부를 들여다보는 것에만 초점을 맞추는 행위는 만족스럽지 못했다. 많은 젊은 작가들은 새로운 비부르주아적인 아름다움을 만들어 내고자하는 바램을 가졌었다. 엘리엇은 위대한 시란 모름지기 어려워야 한다는 유명한 말을 했다. 1930년대의 대부분 작가들은 감동적이고 영향력을 발휘하는 시란 우선 이해할 수 있는 것이어야 한다고 응수하였다. 게다가, 그들은 한 개인의 사적인 삶도 정치적이며 지식인들은 그들 자신들에게 보다 사회에 대한 책임을 더 가져야 한다고 생각하였다. 아주 종종

그들은 자기 자신들의 계층에 대해서 생각했었지만 빈곤한 사람들 혹은 특권을 박
탈당한 사람들은 생각하지 않았다. "가난의 냄새를 몇 번이나 맡아보려고/ 당신은
그러려고 당신의 옥수수 밭과 정원에 시선을 돌렸나요"(How many times smelling
the smell of poverty/ Have you tried and turned for good to your cornfield and
garden)[버나드 스펜서(Bernard Spencer)의 「핑계」("Evasions")].

　　기록영화와 보고문학에 대한 지배적인 경향은 작가들은 다음과 같은 것을 인식
하고 있다는 역설을 만들어 냈다. 그들은 초연함과 객관성을 의례적으로 사용하였지
만, 그들 역시도 명확한 견해를 가지고 있었다. 루이스 맥니스는 그것을 이렇게 말했
다. 작가들은 "그들 나름대로 추구하는 욕망들과 원한들을 가지고 있으며, 더 나아
가 그들은 어떤 것들은 간절한 소망의 대상이 되지만 또 다른 것들은 증오의 대상이
되어야 한다고 생각한다." 그러므로 글을 쓰는 사람들은 한 개인으로서 글을 써야했
지만, 그들은 국제적인 대의에 충실하겠다고 약속을 했으며, 또 가끔은 전형적으로
글을 쓰고자 하였다. 그들의 견해들은 모더니스트들이 알았었을 것 같은 사회·역
사적인 것들이었지, 개인적인 것들은 아니었다. 1930년대의 맥니스의 훌륭한 작품
은 『가을 일기』로, 그것은 전쟁의 그늘이 드리워진 1938년의 마지막 몇 달 동안에
쓰여진 사회생활에 관한 장문의 명상이다. 자신의 삶과 유럽의 삶을 서로 맞물리게
함으로써 그는 기대와 헌신과 아울러 사회전반에 스며들어 있는 상실감과 실망감을
만들어 낸다. 어조는 우울하며 애석하지만, 어쩔 수 없이 일어나게 된 전쟁이전의
말없는 결심도 있다. 그리고 그 이전의 시기들은 가차 없이 이 전쟁을 향해 나아가
는 것처럼 보인다. 지역적으로 일어나는 모든 일들, 예를 들어 나무를 베는 일 그리
고 이웃집에서 개를 잃어버리는 일과 같은 것들은 광범위한 상징적인 공명을 지니
고 있다. 반면, 유럽에서 일어나고 있는 사건들, 예를 들어, 뮌헨 회의와 스페인 전쟁
같은 것들은 시속에 거주하는 '나', '우리', 그리고 '여러분'에게는 아주 개인적인 의
미를 가진다49). 맥니스는 북 아일랜드 지역에서 성장하였지만 대부분의 여생을 잉

글랜드지역에서 보냈다. 말보로(Marborough)와 옥스퍼드에 입학한 이후에, 그는 버밍햄(Birmingham)대학에서 6년 동안 고전을 가르쳤으나["그리고 감옥과 같은 강의실이 더들리 강세로/ 호머에게 다시 반향 되는 소리를 듣기 위해"(And to hear the prison-like lecture room resound/ To Homer in Dudley accent)(『가을일기』8권)], 도시보다는 주변의 전원을 훨씬 더 좋아했다. 「버밍햄」("Birmingham")이라는 시는 어지럽게 흩어져 혼잡한 도회적인 삶을 모사하기 위해 외관적으로 볼 때 혼란스럽고 뒤죽박죽으로 뒤섞인 형식을 사용한다. 엘리엇의 런던에 힘을 얻은 「버밍햄」은 기차, 자동차, 상점, 그리고 "엄청난 크기의 육식동물과 같은 전차"(tram like vast sarcophagi)의 모습을 보여준다. 그 시는 이상적인 것(플라톤적인 형식)들이 세속적인 도시의 불규칙적인 배열로 인한 "날림으로 지어진 아름다움 및 저임금 노동"(jerry-built beauty and sweated labour)과는 모순이 된다는 것을 주장하는 것처럼 보인다. 여기와 다른 곳에 나오는 맥니스의 어법과 대화의 사용은 1930년대 변화의 대표가 된다. 오든과 같이, 그는 「백파이프 음악」에서처럼 일상적인 구어를 약간은 경멸적인 것을 나타내기 위한 용도로 사용했던 엘리엇과는 반대되는 꾸밈없고 자연스러운 방식으로 일상적이고 구어체적인 말을 사용한다. 그의 시들은 또한 「크리스마스를 위한 전원시」("An Eclogue for Christmas")에 나오는 시골과 도시, 전통과 진보의 장점들에 관한 격식을 갖춘 논의에서부터 「런던의 비」("London Rain")에 나오는 "논리와 육욕"(logic and lust)에 대한 명상적인 논쟁에 이르기까지 명백하게 대화체다.

　　맥니스가 1930년대의 사회상들을 아마 가장 관찰력 예민하게 시적으로 보고한 사람이기는 하지만, 기록영화 형식들과 서로 교차되는 교육적인 정치 예술로의 유행은 맥니스가 아닌 오든에 의해 가장 제대로 설명되고 있다. 「오늘의 심리학과 예술」

49　폭 넓은 논의를 보려면 Longley(1988)과 Longley(1986)의 'Louis MacNeice: *Autumn Journal*'을 참조할 것.

("Psychology and Art Today")(1935)에서, 오든은 도피적 예술과 비유담적 예술과의 차이를 규정하였다. 그는 1930년대 이전의 작가들이 현실도피에 빠져들면서, 너무나 내향적이며 그리고 스스로 지식인양 자처했던 사람들이라고 주장했다. 비유담적 예술은 더 접근하기 쉽고, 예증이 되며, 그리고 명확한 것이었다. 그는 그것이 선전처럼 설교적인 것이 아닌 겉으로 드러내는 것이라고 말했다. 그것은 보다 나은 사회를 위해 현재 사회를 거부하였다. 따라서 오든의 에세이는 "비유담"(parable)과 "우화"(fable) 및 "우의"(allegory)와 같은 단어들이 일반적이던 시대의 평범한 비평 어휘로 크게 반향 되었다. 이루지 못한 탐색여행과 인간의 모방을 다룬 그의 발라드인 「목격자들」("The Witnesses")은 그가 영웅숭배와 이상화된 공산주의에 대해 비현실적인 기대를 갖지 않도록 주의를 주면서 그가 권하는 일종의 비유담적 예술에 해당되는 좋은 실례가 된다. 이런 우의적인 접근과 함께, 오든은 그의 시속에서 황무지, 언덕, 그리고 산이 있는 아주 특이한, 울퉁불퉁한 풍경을 만들어 냈으며, 이러한 접근은 가령, 데이 루이스의 『매력적인 산』(1933) 같은 작품으로 모방된다. 그러나 공산주의를 향한 상승에 필요한 대변혁을 상상할 수 없는 무능력 때문에 새뮤엘 하인즈 시는 데이 루이스의 걸작을 선전운동가의 현실도피예술의 본보기로 간주한다 (Hynes 1976: 117-30). 그 시는 타락의 암 덩어리를 그리고 자본주의 사회의 탐욕을 잘라내는 모습을 그리지만 그것은 언어로 1930년대 수사학의 부절제함을 상징하고 있다. "지금은 아니 절대로 칼을 댈 시기가 아니다,/ 과거와의 단절, 그것이 수술되어야 할 주요 부위다"(It is now or never, the hour of the knife,/ The break with the past, the major operation)(『매력적인 산』 25권).

오든의 비유담적 예술 풍경들은 남부적인 배경들과는 대조적으로 그것들이 가지는 상징적 의미 때문에 그리고 그것들이 스캔디나비아(Scandinavia) 신화와 갖는 연관성 때문에 대체로 북부를 그 배경으로 하는 것들이다[50]. 그 배경들은 또한 『양

---

50 오든의 소년시절과 스칸디나비아와의 관계에 대한 유용한 에세이는 Isherwood(1964)이다 오

쪽에 다 지불된』(*Paid on Both Sides*)이라는 시극에 나오는 그의 『시』(*Poems*)
(1930)의 첫 부분에서부터 벌써 우의적이다. 그 결과는 풍경을 정치화하고 또 그럼
으로 인해 그것으로부터 사회밖에 내재된 의미들을 없애 버리게 되는 것이다. 오든
과 맥니스의 『아이슬랜드에서 온 편지』(*Letter from Iceland*)에 관한 톰 폴린(Tom
Paulin)의 견해로 볼 때, 그 두 시인들이 전통과의 혁명적인 단절을 이루어 냈고 그
래서 결국에는 순수하게 우의적인 취지를 지닌 자연시를 쓰는 것(혹은 읽는 것)이
그 이후로는 불가능하게 되었다는 것이다. "인간적인 내용이나 정치적인 내용 없이
는 자연은 아무의미도 없는 것이며, 그리고 그러한 내용과 따로 떼어진 상태로 그것
을 묘사한다는 것은 오든과 맥니스가 자기 자신들과 우리에게 떠맡기는 적절한 책
임을 회피하는 것이 된다."(Paulin 1976: 78) 비록 지식인들 상당수가 잉글랜드의
중부지방(the Midlands) 이상의 지역에 가보고, 그곳에 잠시 동안 또 오랫동안 머물
며 여행을 했었지만, 1930년 이후에 북부지역은 지식인들에게 있어, (마치 북부지역
이 아이슬랜드와 같은 다른 지역처럼 그들에게는 똑같은 관련성을 지니고 있는 것
처럼) 남부지역을 능가하는 특권이 주어진 지역이 되었다. "북으로 가야하는 아주
설득력 있는 윤리"(powerful ethics of Going North)[「그레이엄과 앤 셰퍼드에게 보
내는 편지」("Letter to Graham and Anne Shepherd")]를 맥니스가 주장했음에도 불
구하고, 유명한 작가들은 실제로 그곳에 거의 살지 않았다.

　여성들의 신체와 관련된 지도 작성이 재닛 몬테피오레에 의해 대충의 윤곽이 잡
혔고, 그녀는 『매력적인 산』에 나오는 비옥한 들판 또는 스펜더의 「비행장 근처의
풍경」에 나오는 "편안한 사지를 마음껏 즐기는 여성의 땅"(feminine land indulging
easy limbs)이라는 이미지들에서 보듯이 남성 시인들이 신체를 풍경과 동일시한다

든은 「바이런 경에게 보내는 편지」("Letter to Lord Byron")에서 죽은 시인과 자기 자신을
이렇게 대비시키고 있다. "북부는 비록 당신의 것이 결코 되지 못하나/ 당신이 생각한 '윤리'
는 치워버렸다."(The North, though, never was your cup of tea;/ "Moral" you thought it so
you kept away.)

고 생각한다(Montefiore 1996: 104-12). 오든 세대의 신화화된 세계에서, 여성들은 또한 노동계층과 비교할만한 상징적 의미를 지니는 유사한 표준을 만들어 냈다. 그러나 미래와 대의명분을 표현하는 대신에, 그들은 처녀지, 바운티플 여사(Lady Bountiful), 드러나는 육체, 그리고 수동적인 자연에 대한 일반적으로 고정된 정형들로 소유와 탈취, 억압과 제지를 계속해서 구체화하였다. 그러나 여성들의 경험과 역사를 이와 다르게 썼던 다른 여성시인들도 있었다. 예를 들어, 앤 리들러는 「안에 들어있는 게」("The Crab is in")에서 월경에 관한 이야기를 하고 있는 한편, 루스 피터(Ruth Pitter)는 「의기양양한 모성애」("Maternal Love Triumphant")에서 모성을, 그리고 「아이도 없고, 남편도 없이, 나이가 들어버린」("Old, Childless, Husbandless")에서는 독신생활을 상세하게 설명한다. 더 특별한 보기를 들자면, 엘리자벳 대류쉬의 시들은 특권과 (자기) 기만과 나란히 배타와 고독에 대한 인식을 설명하고 있다. "서성거리는 일이 즐겁다"(It is pleasant to hang out)라는 말은 제대로 안락함을 제공하지 못하는 것을 꾸짖고 있다. 반면 「비번」("Off Duty")은 진실된 보호자가 (누군가에 대한) 보호를 그만두는 것이 어렵다는 것을 묘사하고 있다. 「부유한 아이들」("Children of wealth"), 「정물」("Still-life") 두 작품 다, 「때로는 당신도 외출해야 한다」("You should at times go out")에서 그러하듯이, 돈이 재산만큼이나 많은 감정으로 빈곤의 피막으로부터 보호받는 방법을 "의혹스러운 빈민지역을 찾아가라/ 그리고 아무 것도 가지지 않는 사람들이 무슨 생각을 하는지 느껴보라"(visit the slums of doubt/ and feel what the lost feel)와 같이 기록으로 남긴다. 전반적으로 그 시들은 "사랑을 받지 못한 채, 홀로, 두려움에 떠는"(unloved, alone, afraid) 특권이 있는 세상을 제시한다. 그리고 대류쉬는 비록 유명한 시선집들에 그의 작품이 올라 있지는 않지만 사회적인 관련성뿐만이 아니라 상당한 능력을 갖춘 시인으로서 등장한다.

『페미니즘과 시』(*Feminism and Poetry*)에서, 몬테피오레는 1930년대를 문학적으로 분석해 볼 때 여성시인들에 관한 논의가 거의 완전하게 빠져있음을 연대기적으로 기록한 계고적인 객담을 내놓고 있다(Montefiore 1994: 20-5). 예를 들어, 에이드리언 시저(Adrian Caesar) 같은 사람은 그가 자기 연구에서 여성시인들을 거의 다루지 않는 이유가 당시에 여성시인들의 작품들이 드물게 출판되었거나 아니면 거의 그들에 관한 논의가 이루어지지 않았으며, 또 1930년대의 문학세계는 남성지배적이었기 때문이라고 설명한다(Caesar 1991: 8). 이러한 이유가 사실이기는 하지만, 여성시인들에 관한 논의가 거의 이루어지지 않았다고 주장하는 이유로서는 결국 배타성만 더 가중 시키는 것처럼 보인다. 최근에 제인 다우슨의 『1930년대의 여성시』(*Women's Poetry of the 1930s*)(1996)가 출판되었다는 것은 여성들의 시선집이 지금 널리 통용되고 있다는 것을 의미하며 몬테피오레는 그녀의 작품인 『1930년대의 남녀 작가들』(*Men and Women Writers of the 1930s*)(1996)로 여성시인들에 관한 토론에 기여하였다. 여성시인들이 다루고 있는 주제들의 범위가 사실 남자시인들의 것보다 더 폭넓기는 하지만, 다우슨(Dowson)의 시선집에 실린 시들은 남자들의 시처럼 30년대의 특징적인 주제들을 꼭 같이 공유하고 있다는 사실은 금방 눈에 띈다. 예를 들어, 좌파 정치에 대한 강조는 분명 밸런타인 액클랜드의 「공산주의자 시 1935」("Communist Poem 1935")와 나오미 미치슨(Naomi Mitchison)의 「연로한 사회주의자가 젊은 공산주의자들에게」("To Some Young Communists from an Older Socialist")에서 비롯된 것이다. 액클랜드와 그녀의 연인 실비아 타운센드는 둘 다 영국공산당(British Communist Party)과 함께 폭넓은 활동을 하였다. 전쟁에의 몰두모습은 나오미 미치슨의 「전쟁을 생각하며」("Thinking of War")에 나오며, 그리고 기술에 몰두하고 있음은 대류쉬의 「병약한 새벽」("Invalid Dawn") 또는 홀트비(Holtby)의 「봄을 증오한 남자」("The Man Who Hated the Spring")에서도 찾아 볼 수 있다. 1930년대는 또한 그 10년이 끝나갈 무렵에 가서야 분석되고 평가되는 것이다. 「1939년 9월」("September 1939")에서 바이타 색크빌-웨스트(Vita

Sackville-West)는 1930년대의 희망들을 전쟁으로 표현되는 실패와 다음과 같이 비교하고 있다. "적극적인 신념 말고는 남은 것이란 없다/ 그리고 극단적인 절망을 딛고 일어설 용기 말고는"(Nothing remains but active faith/ And courage of a high despair).

몇몇 비평서적에서 논의되고 있는 캐슬린 레인(Kathleen Raine)과 스켈턴(Skelton)의 시 선집에 실려 있는 앤 리들러는 1930년대의 서평들이 여성시인들을 일반적으로 배제시켰던 것에 예외가 되는 두 사람이다. 훨씬 더 많은 책들과 연구서에 그 모습을 드러내게 되는 또 다른 작가가 바로 로라 라이딩(Laura Riding)으로, 그녀는 모더니즘에 실험기법들을 계속해서 사용했으며, 비록 그녀가 자기 자신을 시 전통에 입각하여 보기는 했지만, 1930년대의 지배적인 문화계와는 상당한 거리를 두었던 사람이다(Montefiore 1991). 시 선집들, 아주 페미니즘적인 것, 그리고 특히 여자들의 시만을 실은 시집들에 반감을 표했던 라이딩은 비록 많은 사람들이 그녀를 오든에게 중요한 영향을 끼친 사람으로 생각하기는 하지만 문학작품에 관한 서평들에서는 그리 많이 다루어지는 인물은 아니었다. 혁신적이면서도 모호한 작가였던 그녀가 주로 다루었던 주관성에 관한 그리고 언어에 관한 그녀의 주제들은, 비록 그녀가 정치적인 그리고 역사적인 중요 쟁점들에 별로 관여하지 않았지만, 이제 그녀를 대량으로 시 선집에서 다루었던 1930년대 대부분의 시인들보다 사색적으로 많은 작품을 생산해 낸 작가로 보이게 한다.

결론: 1940년대

나는 이 장에서 주로 중복되는 두 가지 작품 군들을 쭉 다루었다. 20세기의 4번째에 해당되는 10년(1940년대)과 '1930년대'에 나온 시들이 그것이다. 제인 다우슨에게 있어, 그 첫 번째 군은 역사적인 맥락 안에서 현재가 갖는 의미를 (재)평가할 필요가 있다는 점에서 특징이 될 수 있는 것들이다. "나이와 성별에 상관없이 모든 시인들을 하나로 가장 잘 묶어 주는 것은 현재에 대한 인식과 전통에 대한 인식을 함께 결합시켜 주는 언어를 찾고자 하는데 몰두하는 일이다"(Dowson 1996: 13). 두 번째 군은 다소 문학사적 역학, 즉 이전 10년의 모더니스트 시를 계속해서 이어갈 계승자, 그것이 한 개인이든 아니면 어떤 한 운동이든지 간에 이를 확인하고자 하는 본능적인 충동의 역학으로 인해 생기는 결과라고 볼 수 있다. '1930년대 시'에 대한 생각은 또한 그 추정적인 소멸로 부분이나마 뒷받침된다. 1930년대 말 즈음에는 전쟁으로 인한 단절, 오든이 유럽을 떠난 일, 그리고 주류를 이루던 정기간행물들,『새로운 운문』(*New Verse*),『20세기 시』(*Twentieth-Century Verse*),『크라이테리언』(*Criterion*), 일시적이긴 하지만『새로운 글』(*New Writing*)과 같은 간행물들이 폐간되는 일이 있었다. 한편으론, 1930년대 말경, 미국에서 벗어나 글을 쓰고 있었던 오든은 이제 시가 사회적인 영향과 분리된 것이라고 믿는 것처럼 보였다. "시는 아무런 일도 일으키지 못하기 때문에" 그리고 "예술은 삶이 아니며 될 수도 없다/ 사회의 산파도"(For poetry makes nothing happen and Art is not life and cannot be/ A midwife of society) 될 수 없다고 여겨졌기 때문일 것이다. 반면에, 새로운 세계 전쟁은 그 이전의 전쟁이 그러했듯이 감수성과 자기만족감을 바꾸어 놓았다.『황무지』에서 보여준 분열의 모습을 되받아치기 위해, 엘리엇은『네 개의 사중주』(*Four Quartets*)를 써서, 이를 1944년 영국에서도 같이 출판하였는데, 이 작품은 위협을 받고 있는 한 국가의 문화적인 그리고 농업적인 연속성에 대한 비전을 제시하는 것이며, 따라서 "그 시 전체는 영국은 방어할 만한 가치가 있는 곳이라는 생각을 지지하고 있다"(Corcoran 1993: 4).

　　제 2차 세계 대전의 시는, 비록 훌륭한 작품들, 그 중에서도 키이스 더글라스(Keith Douglas), 로이 풀러(Roy Fuller), 그리고 앨런 루이스(Alun Lewis)같은 작가들에 의해 나오기는 했지만, 제 1차 세계대전의 시와 꼭 같은 그런 절박함을 가지고 있지는 않았다. 헨리 리드(Henry Reed)의 3부로 구성된 「전쟁이 주는 교훈들」("The Lessons of War")은 제 1차 세계대전과 제 2차 세계대전간의 차이를 설명해 주는 유명하면서도 아주 뛰어난 예증이다. 그것은 신랄한 풍자도 아니며 그렇다고 저항시도 아닌, 짤막한 패러디다. 그 첫 부분에 해당하는, 「부속품 이름대기」("Naming of Parts")는 군사훈련을 자연의 리듬들과 비교한다. 반면에 두 번째 부분은 군사훈련에 쓰이는 제한된 논리와 언어에 대해 생각한다. 명확하게 정치적인 시로부터의 전환의 좋은 예가 되는 그 시는 역사적인 취지라기보다는 군생활의 지루함을 지적하면서 오든의 「스페인」을 패러디하는 연으로 시작한다. "오늘은 부속품들의 이름을 외운다. 어제,/ 우리는 일상적으로 늘 하던 청소를 했다. 그리고 내일 아침에는,/ 사격 후에 무엇을 할 것인지를 정하게 될 것이다. 그러나 오늘,/ 오늘은 부속품들의 이름을 외운다."(Today we have naming of parts. Yesterday,/ We had daily cleaning. And tomorrow morning,/ We shall have what to do after firing. But today,/ Today we have naming of parts) 시에 있어서, 전쟁과 그 전쟁으로 인한 여파는 종종 '1930년대'의 모든 기존자료들과 1950년대에 들어 운동권 시인들이 출현하기까지의 중간기간에 해당하는 것으로 생각되어졌다. 에이드리언 시저는 오든을 (신성시할 정도로) 찬양하는 말을 했는데, 이는 1930년대의 가치와 의미를 만들어낸 "자유분방한 중간계층의 양심"(liberal middle-class conscience)에 대한 오든의 호소 때문이었다. 1940년대의 가장 유명한 작가들 중 몇몇 작가들은 이미 1930년대에 작품을 출간시켰지만, 나머지 다수는 사회적으로나 정치적으로 이전의 '세대'와는 다른 사람들이었다. 당시 주도적 역할을 담당하던 시인들에 속했던 두 사람, 즉 딜런 토마스(Dylan Thomas)와 조지 바커(George Barker)는 중하층 출신이었으며 공립학교나 옥스브리지(Oxbridge)에도 들어가지 않았다. 바커는 (대학수준의 종합 기술 전문학교) 런던 폴리테크닉(London Polytechnic)에, 그리고 토마스는 고등교육을 받을

시절에는 전혀 학교에 다니지 않았다. 『새로운 요한계시록』(*The New Apocalypse*)
의 작가들인 헨리 트리스(Henry Treece)와 헨드리(J.F. Hendry), 도리안 쿡(Dorian
Cooke), 그리고 노먼 맥케이그의 작품에서는 예이츠의 시각적인 시 그리고 초현실
주의자들의 실험적인 시들이 그러했듯이, 낭만주의 시가 다시 소생하고 있었다. 요
한 계시록 시인들은 사회적인 사실주의를 거부했으며 사회는 (개인이 가지고 있는
'강한 열망과 영감'에 해당하는) 신화에 의해 결정되는 개인에게 적합한 것이어야 한
다고 생각했다. 여기서는 시란 기계적이기보다는 유기적인 것, 공적이기보다는 사적
인 것, 사회적인 것이기보다는 추상적인 것인 것을 목표로 했다고 말하는 것 말고는
그들의 시에 대해서 깊이 생각할 여유는 없다. 그래서 그것은 아주 모호한 것처럼
보이게 되었다. 1930년대의 공통된 사회적인 시각을 거부하는 헨드리는 그의 1943
년 에세이 「역사의 기술」("The Art of History")에서 모더니스트 적인 스타일로 "역
사는 없다ー자기인식의 역사를 제외하고는"(There is no history ー except the
history of self-realization)이라고 언명하였다(Tolley 1985: 104). 이는 "절대로 잠들
지 않거나 죽지 않는,/ 그리고, 순간을 지배했고, 손을 덴"(that never sleeps or dies,/
And, held one moment, burns the hand)[「생일을 맞은 작가에게」("To a Writer on
His Birthday")]이라고 불길한 공동의 역사를 오든이 의인화한 것과는 첨예하게 대
조를 이룬다. 데이빗 라잇(David Wright)와 마이클 햄버거(Michael Hamburger) 및
존 히스-스텁스(John Heath-Stubbs)와 같은 새로운 런던 시인들은 제 1차 세계대전
의 망령에 시달리며 성장했고, 따라서 정치보다는 쾌락에 더 관심을 보이는 보헤미
안(bohemian)적인 생활을 했다. 버논 왓킨스(Vernon Watkins)와 캐슬린 레인과 같
은 다른 시인들은 이들보다 더 연장인 에드윈 뮈어(Edwin Muir)처럼 형이상학에 전
념하였고, 예이츠나 스웨덴보리(Swedenborg)와 같은 신비적인 성향을 띠는 작가들
로부터 영감을 얻었다. 그러나 문학사에 전쟁의 개입은 1930년대 시를 하나같이 고
립시켜버리고 또 극적으로 단순하게 정의하면서 '1930년대 시'에 도장을 찍어 버렸

다. 1930년대의 시는 의식적이고 예언적으로 제 1차 세계대전 이전의 자기만족적이고 보수적인 시와 완전히 대조를 이루는데 몰두해왔으며, 또 거기에 온 힘을 기울였다. 또한 영국이 그들의 (대영)제국을 잊었던 때도 1930년대였다. 1930년대의 시는 아프리카, 인도, 또는 다른 식민지들에 대한 언급을 거의 하지 않았다. 좌파 쪽에서 볼 때, 이것은 부분적으로 대영제국이란 국가의 수치스런 과거에서 비롯된 창피한 잔존물이기 때문이며, 또 부분적으로는 유럽이 자기들이 겪은 전쟁들과의 분리로 괴로워하게 되었기 때문이었다. 반면 우파 쪽에서 볼 때, 그것은 글을 쓰는 작가들이 거의 없었기 때문이기도 하며, 또 부분적으로는 늘어난 여행과 간디(Gandhi)의 저항과 같이 일치단결된 저항 때문에 대영제국이 독특한 '영국적'인 분위기나 이전에 영국이 가졌었던 '영국적임'을 만들어 내는 데 담당했던 중요역할을 이제 그만 두었기 때문이기도 했다. 그러나 앞으로 일어날 제 2차 세계대전 때문에 또 국가적인 그리고 국제적인 충성을 새롭게 단언할 필요성 때문에, 이 장을 시작할 때 함께 내놓은 존 베츠만의 냉소적인 시, 「웨스트민스터 사원에서」("In Westminster Abbey")처럼 대영제국의 계속된 중요성이 다시 겉으로 드러났으며, 처칠(Churchill)적인 정서의 동기가 되었다.

우리의 대영제국을 온전한 상태로 유지해주시고
　　그대의 손으로 우리의 군대를 이끌어주소서,
먼 자메이카, 온두라스 그리고 토고랜드에서,
　　온 용맹스러운 흑인들:
신이여 모든 전투에서 그들을 지켜주시고,
또한, 더 나아가서, 백인들도 지켜주소서.

Keep our Empire undismembered
　　Guide our Forces by Thy Hand,

Gallant blacks from far Jamaica,
    Honduras and Togoland;
Protect them Lord in all their fights,
    And, even more, protect the Whites.

전쟁은 1930년대의 불화와 갈등이 극점에 달한 것이었지만 그것은 시에 있어서는 하나의 분기점에 해당하는 것이었다. 예술은 프란시스 베이컨(Francis Bacon)의 「십자가처형의 근저에 있는 상징들에 대한 세 가지 연구」("Three Studies for Figures at the Base of a Crucifixion")(1945)처럼 괴로움과 고통에 대한 그런 충격적인 환기가 있는 전쟁에 반응을 보였지만, 시에는 즉각적인 힘찬 면이 부족했다. 대신에 문학은 이블린 워(Evelyn Waugh)의 3부작 『명예로운 칼』(*Sword of Honor*)의 겉으로 많이 드러나지 않는 아이러니와 슬픔 및 요한 계시록 시인들의 신관서체의 상징주의로 답하는 것 같았다. 또한 1940년대가 끝났을 때, 세상 사람들의 이목을 끌었던 시들은 1920년대의 모더니즘과 1930년대에 치중했던 것을 거부했다. 그리고 다음 장에서 논의하게 될 1950년대의 무브먼트 작가(Movement writer)들이 당시의 사람들에게 에드워드 토마스와 전쟁시인들을 생각나게 해 주었던 사람들이었지만, 이전 40년간의 사회적인 그리고 시적인 과도함이 파악된 후 조용하고, 비도회지적이고 아이러니하면서도 상식적인 시를 추구했던 사회적인 평론가들만큼이나 라킨을 비롯하여 그와 같은 시대에 활동했던 사람들을 중앙무대로 밀어 나아가게 한 것이 어쩌면 추상적인 '문학사'는 아닐 지도 모른다.

6

"역사를 말해주는 형이상학적 시계들"

전쟁후의 시

이제 역사를 가장 훌륭하고 놀라운 긍정의 말로 답하라
그녀가 가능한 모든 질문을 하며 걸을 때

(조지 바커, 「비가 I」, 1943)

Now answer History with a marvellous golden yes
As she steps up asking all possible questions

(George Barker), "Elegy I," 1943)

이렇게 오래된 나라에서, 우리는 잠이 든다, 넓은 챙의
모자와 같은 구름아래서. 이것은 정말 옳다.

(더글라스 던, 「영국을 찬양하는 시」, 1969)

In this old country, we are falling asleep, under clouds
That are like wide-brimmed hats. This is just right.

(Douglas Dunn, "A Poem in Praise of the British," 1969)

서론

이 장은 바커(Barker)와 위에 나와 있는 던(Dunn)이 국가의 몰락에 대해 아이러니한 평을 하는데 열정적으로 관여하는 것에서부터 그들이 범위를 정한 역사와 사회에 대한 여러 반응들에 이르는 것 모두를 다루게 된다. 여기서 내가 이루고자 하는 목적은 어떻게 하나가 나머지 다른 하나를 잴 수 있는 척도가 되는지를 제시하고자 하는 의도에서 전후 시와 역사를 서로 나란히 두는 것이다. 아도르노(Adorno)는 시에 나오는 관계에 대해 다음과 같이 적고 있다.

> 사회내부의 모순적인 관계들을 나타내는 여러 표준들은 시인이 하는 말속에 그대로 나타난다. 되풀이 말해서 나는 완전한 한 개인으로서의 시인, 그의 심리 또는 소위 사회적 견해라고 하는 것들이 여기서 논의될 것이다; 중요한 것은 역사를 말해주는 철학적인 시계로서의 시 그 자체다.
>
> (Adorno 1989: 164)

시는 역사로 가는 길을 알려주는 것이지만 사회 역시도 시에 사회의 그림자를 드리운다. 이것이 바로 내가 이 장에서 보여주고자 하는 것이며 여러 시인들도 인용이 될 것이다. 그러나 이러한 토의에 어떤 일정한 초점을 맞추기 위해서, 여러 비평가들에게 있어 전후 영국의 말해주는 목소리로 여겨지는 필립 라킨도 종종 언급될 것이다.

1930년대의 시인들처럼, 전후 시인들도 당시에 일어났던 사건들과 신념들에 대해 다양한 반응들을 계속해서 보였다. 예를 들어 테드 휴즈(Ted Hughes)의 이교도적인 『까마귀』(*Crow*)에 수록된 시들에서 보이는 조직적이었던 종교의 몰락; 1969년 「국가에 대한 경의」("Homage to a Government")에 이르러서 많은 한탄을 한 라킨이 표현하고 있는 제국의 해체, 그리고 싱가포르(Singapore)의 엔라잇(D.J.

Enright)에서 보이는 식민지의 잔해들; 톰 건(Thom Gunn)에서 보이는 미국 문화적 헤게모니(hegemony)와 청년문화의 출현; 플라스부터 대니 에입스(Dannie Abse)의 「심야외출」("A Night Out")에 이르기까지의 시에 등장하는 아우슈비츠; 그리고 도널드 대비(Donald Davie)의 「8년 후에」("Eight Years After")에서 묘사되는 과학과 히로시마가 남긴 유산 등이 그런 예들이다. 그러나 1930년대 이후로, 그런 주요 논쟁점들 그리고 시인들 둘 다는 이미 변해 버렸다. 전쟁을 겪는 동안 그리고 전쟁이 끝난 이후로, 데이빗 로지(David Lodge)가 말했듯이, "1930년대 주도적인 역할을 담당했던 작가들은 정치에 환멸을 느끼게 되었고, 옛 소련에 대한 믿음을 잃었으며, 종교를 택하고, 미국으로 이민을 떠나거나 아니면 입을 그대로 다물어 버렸다" (Lodge 1977: 212). 확실히, 전후 시인들의 작품은 영국사회와 문화에서 일어난 변화들, 즉 계층의 평준화, 여론 정치학의 출현, 새로운 형식의 대중오락, 서비스산업과 소비자 중심주의의 출현 등과 같은 변화들에 대해 응답해 주었다. 오든이 예이츠와 프로이트에게 바치는 찬사의 글을 썼던 반면에, 톰 건은 모터사이클을 탄 패거리들에 관한 시들인 「검은색 재킷」("Black Jackets")과 「엘비스 프레슬리」("Elvis Presley")를 쓰면서, "그는 반항적인 태도를 하나의 유행으로 바꿔 놓는다, 연장시킨다/ 시대의 습성에 대한 마음의 충동을"(He turns revolt into a style, prolongs/ The impulse to a habbit of the time)[51]이라고 표현한다. 시에서, 사회적인 대변혁은 평이하고, 직접적이며 구어체적인, 새로운 소비문화와 맞물리는 그리고 평범한 '사람'에게 말을 거는 스타일을 만들어 냈다. 라킨은 "부루퉁하고 몸집이 좋은 말이 분명치 않은 남자들. . . 그들에게 있어 램지 맥도널드(Ramsay MacDonald)가 람세스 2세(Rameses II)와 같은 시대의 사람인 냉정한 눈초리의 피임약을 상용하는 음란한 딸들과 아버지들, 그리고 대마초를 피우고 진바지를 입고 턱수염을 길렀으며 스튜엇

---

51 무브먼트 시인들과 또한 테드 휴즈와의 최초의 만남에서 건은 재빨리 양자로부터 벗어나서 자기 스타일의 현대 게이시(gay poetry)를 썼다.

시대 스타일의 머리모양을 한 아들을 둔 아버지들"(Larkin 1983: 298)이라는 표현으로 말했다. 몇몇 1950년대 시인들은 전쟁을 다시 뒤돌아보았으며, 킹슬리 에이미스(Kingsley Amis), 도널드 대비, 챨스 코슬리(Charles Causley), 그리고 로벗 캉퀘스트와 같은 몇몇 시인들은 군대에 입대했었던 사람들이다. 그러나 그들 대부분은 전쟁이 끝난 당시의 모습을 그리고 그들 자신의 또는 국가의 미래를 생각하는 쪽을 택하였다.

비록 패트리샤 워(Patricia Waugh)는 사회에 대한 라킨의 표현을 일종의 "복지 제도가 갖춰진 불모지"(welfare-world Waste Land)로 기술하고 있기는 하지만 엘리엇이 제1차 세계대전의 결과에 대해 반응했던 것과 같은 방식으로 새로운 사회적 상황에 대한 반응을 보였던 시인들은 거의 없었다(Waugh 1995: 10). 분명히, 세계에서 실추된 영국의 역할에 대해 일반적으로 환멸을 느꼈지만, 더 중요하게는 양차 대전 사이에 해당하는 시기에 사회 · 경제적인 실책을 하지 않으려는 결정이 정부에 의해 이루어 졌다는 것이다. 1942년의 비버리지 보고서(Beveridge Report)는 전후 상태가 제공해야만 하는 사회적인 규정 같은 것의 윤곽을 잡아 놓았다. 그것은 모든 국민에게 돌아가는 일반적인 복리후생 정책을 부르짖는 것일 뿐만이 아니라 주택과 교육처럼 개선이 필요한 중요 영역과 국민건강보험 및 극빈자 국가 보조금과 같은 구체적인 혁신사항들을 주장하였다. 1945년에 실시된 총선거는 노동당 내각에게 전체 투표의 거의 절반가량의 지지를 확보하도록 해주었는데, 적어도 1957년까지 지속되었던 사회여론조사와 수에즈(Suez) 재난이 있었던 이 시기는 지금까지 계속되어 오던 제국주의적인 허세를 종식시킨 때였다. "이내 만약 정부가 조치를 취하지 않는다면 시궁창에서 쏟아져 나오는,/ 온갖 종류의 더러운 것들이 생겨날 것이고, 영국은 그곳으로 빨려 들어갈 것이다"(soon if government didn't act there'd be all kinds of nasties/ gushing up out of the drains, Britain would be [is] engulfed). '수에즈' 위기에 대한 어린 시절의 잘못된 이해를 표현한 것으로는 피터 레딩(Peter

Reading)의 『스텟』(*Stet*)이 있다.

대영제국 내부적으로는, 여행이 더욱 경제적이게 되고 사람들이 전보다 적은 비용으로 시간을 덜 들여 이곳저곳으로 여행할 수 있게 됨에 따라 공간적인 관계도 변하고 있었다. 프리스틀리(J.B. Priestley)의 『영국여행』(*English Journey*)(1933)에서 그는 옛 영국과 산업적인 영국, 그리고 교외의 영국이라는 세 가지 영국을 찾아냈다. 전쟁이 있기 전, 사람들은 거의 이 세 가지 영국 사이를 오가지 않았었다. 1938년에서 1950년에 이르는 기간 동안에, 먼 거리를 이동하는 탑승객에 의한 버스와 마차를 이용한 도로여행이 150퍼센트 정도도 증가했다. 이제 전체 여행의 75퍼센트는, 비록 영국의 고속자동차 도로가 1959년이 되어서야 개통되었기는 했지만, 도로를 이용한 것이었다. 1970년 즈음, 영국에는 거의 1200만대 가량의 자동차와 소형 운반차들이 있었으며 비행기를 이용한 국내여행도 10년 전에 비해 배로 증가했다. 기차여행도 역시 계속해서 증가했으며 베츠만과 라킨의 작품에 특히나 잘 나타나고 있다.

계층은 전후 시기의 또 다른 중요 논쟁점이었으며, 그것은 아직까지도 무시 못할 논쟁거리다. 1948년, 사람들은 다음과 같은 계층을 스스로에게 배분했다. 상류층(2퍼센트), 중상류층(6퍼센트), 중류층(28퍼센트), 중하류층(13퍼센트), 노동계층(46퍼센트), "규정할 수 없는 계층"(no reply)(5퍼센트)으로 나뉘어 졌다.[52] 고율의 징세는 중상계층의 경제력을 견제하고 있었으며, 이에 반해 단체교섭과 파업의 위협은 노동계층의 생활수준을 향상시켜 주었다. 1930년대의 대량실업과 빈곤으로 다시 돌아가고자 하는 의도나 그럴 가능성은 거의 없었다. 문학과 더불어 계층에 있어서의 경미한 변동들은 중하류층 출신의 시인들이 새롭게 출간해 낸 작품들의 수와, 노동계층과 대중문화를 연구하고자 하는 리처드 호갓(Richard Hoggart), 레이먼드 윌리엄스, 톰슨(E.P. Thomsom)과 같은 학자들의 의도 속에 반영되고 있었다.

---

52 이곳과 다른 곳의 통계수치는 마윅(Marwick 1982)의 것임.

점차적으로, 그런 문화는 소비의 특색을 띄게 되었다. 구매에 의한 것만이 아닌, 성, 마약, 대중음악, 텔레비전, 그리고 광고에 의한 소비 등이다. 당연히, 사람들의 구매력이 증가하고 기술에 의한 변화의 속도가 빨라짐에 따라, 상당수의 사람들도 더 많은 여가시간을 즐기게 되었다. 1946년, 전체 인구의 3분의 1에 해당하는 사람들이 일주일에 한 번씩 영화를 관람하고 따라서 영화의 인기가 이내 텔레비전 방송의 인기에 필적할 정도가 되었다. 1953년, 엘리자벳 2세(Elizabeth II)의 대관식을 2천만이 넘는 사람들이 지켜보았으며, 1954년에는 상업적인 텔레비전 산업이 합법화되었다. 1961년경에는, 전체 가구 수의 70퍼센트 이상 텔레비전을 한 대씩 보유하게 되었고, 1971년에 가서는 그 수치가 90퍼센트까지 올라갔으며, 이 당시 전화의 보급은 50퍼센트도 되지 않았었다. 세실 데이 루이스가 1930년대의 "뉴스영화"(Newsreel)에 대해 논의했듯이, 이안 해밀튼(Ian Hamilton)은 다수의 일반 대중들을 위해서 텔레비전으로 방송되었던 베트남 전쟁을 주의 깊게 지켜보면서, 1960년대의 '뉴스방송'을 다루는 글을 썼다. 많은 전후 시인들인, 조지 맥베스(George MacBeth)(비비씨 프로듀서)에서부터 제임스 펜튼(James Fenton)(외국특파원)에 이르는 사람들은 대중매체에 있어 중요 역할을 담당했다. 잘 알려진 바로, 새로운 사회질서에 대해 반발적인 목소리를 내었던 사람들 중의 한사람이 바로 엘리엇이었는데, 그는 『문화의 정의에 대한 노트』(*Notes Towards the Definition of Culture*)라는 자기의 글에서, 자신이 보기에 전통적인 제도들을 파괴함으로써 종교적이고, 교육적인, 그리고 개인적인 가치관들까지도 손상시킨다고 생각되는 국가의 간섭 그리고 복지후생정책 수립에 반대하였다. 다른 사람들에게 있어는, 1940년대와 1950년대 초반에 있은 정체기를 만들어 냈던 것은 엄밀히 말해 "사회적으로 그리고 예술에 있어 지배권을 장악하고 있었던 중상류계층의 타락"이었다.[53]

1950년대 후반과 1960년대에, 영국에서는 문화적인 면에서 대변혁적인 분위기

---

53 예를 들어서 이는 톨리(A.T. Tolley)의 책(Tolley 1991) 서문에서 밝힌 그의 견해이다.

가 조성되었는데, 이는 크리스토퍼 부커(Christopher Booker)가 『신경향인들』 (*Neophiliacs*)이라고 하는 자신의 책에서 주장하듯이, 1920년대 있은 미국의 그것과 유사한 것으로 다음과 같이 두드러졌다.

> 젊음, 열광적으로 춤에 빠진 사람들, 짧은치마와 자기 과시적인 옷, 자기를 주장하는 높은 첨탑들, '관습'과 '빅토리아적인' 도덕에 대한 과격한 공산주의적인 반항 또는 사람들 마음속 깊이 스며들어 있는 사회가 다소 빠른 속도로 전례에도 없었던 시대를 향해 움직이고 있다는 생각의 돌출.
>
> (Booker 1992: 51)

시대의 표상은 대중문화와 태블로이드(tabloid) 신문의 머리기사들에서 비롯된다. 비틀즈(Beatles)와 스톤즈(Stones), 마음대로 구할 수 있는 마약과 성, 피임약, 소형자동차와 미니스컷(mini-skirt), 대중예술, 프로푸모 연애사건(Profumo Affair)[54], 『채털리 부인의 사랑』(*Lady Chatterley*)에 대한 금지령 해제, 그리고 『오즈』(*Oz*)의 공판과 같은 헤드라인들(headlines)이었다. 음란물 출판(1959), 사형(1965), 낙태(1967), 그리고 동성연애(1967)에 대한 자유로운 개혁들이 이루어지고 있을 때, 법령이 관대한 사회를 인정하는 것처럼 보였다. 그러나 이러한 것들은 예를 들어, 메리 화잇하우스(Mary Whitehouse)의 1964년 검열찬성 운동, 이녹 파월(Enoch Powell)의 1967년 "피의 강"(rivers of blood) 연설[55]과 상치될 필요가 있는 것이다.

1950년대 후반에 맥밀란(Macmillan)이 발표한 영국인들이 한 번도 여태까지 그렇게 좋은 시절이 없었다는 말(예를 들어 평균남성들의 소득이 1951년과 1961년 사이에 2배로 늘어났으며, 다음 10년 동안은 또 그것의 2배가 되었다)을 한층 강화시

---

54 1963년 영국의 국방장관인 존 프로푸모(John Profumo)가 러시아 첩자의 정부인 쇼걸 크리스틴 킬러(Christine Keeler)와 가진 스캔들.

55 보수당의원이었던 파월이 1968년4월 20일에 가진 이민과 반인종차별법에 관한 연설로 대중들의 야유를 불러일으킨 나머지 그림자내각에서 해임되었음.

키는 것처럼 보였던 1960년대에는 상업과 광고의 붐이 일었으며, 처음으로 그 자체가 하나의 대체산업이 되었다. 시인들은 기껏해야 양면적인 반응을 보였다. 예를 들자면, 쇼핑낙원에 대한 패러디인 라킨의 「양지바른 프리스테틴」("Sunny Prestatyn")의 우울함에 대해 생각해 보면 된다. 전후 시기는 마이클 햄버거의 풍자시를 「자본주의 하의 인간정신」("The Soul of Man Under Capitalism")라고 붙이는 것에 대해 이의를 제기하였다. 실질적으로 가격이 내려가지 않더라도 소비재는 비교적 잘 팔렸으며, 한편으로는 많은 사람들이 "기존의 권력구조"(Establishment)가 정치적인 권력을 제한하기 위해 생긴 것처럼 보이며, 다른 한편으로는 개성이 거대한 산업 조직들로 인해 말살되고 있는 것 같다는 갈브레이스(J.K. Gallbraith)의 "풍요한 사회"(affluent society)가 1960년대에 영국에도 도래했다고 생각했다(Lloyd 1986: 361). 현대 생활의 상업적인 특색은 1961년 피터 포터(Peter Porter)의 「소비자의 보고」("A Comsumer's Report")에서 아주 잘 패러디되어 있다. 그리고 그 시에서 기분이 상한 한 소비자는 다소 비경제적이고, 너절한, 아무 목적도 없는, 그리고 조잡한 발명품에 대한 의견을 내 놓는다. "내가 시험 삼아 써 본 그 물건의 이름은 *생명입니다*"(The name of the product I tested is *Life*). 포터의 소비자는 "우리는 소비자이면서 동시에 최후의/ 법률을 만드는 사람들"(We are the consumers and the last/ law makers)이라고 주장하면서 말을 마친다.

대규모적으로 이루어진 사회적 변동들은 또한 성과 인종에 의해서도 일어났다. 이러한 것들은 다음 장에서 논의될 것이다. 그러나 한 시대를 규정하는 마지막 협의사항은 반전과 반핵운동들에 의해 정해졌다. 1958년에 핵무장 해제캠페인 조직(CND)[56]이 결성되었고 곧 전체 인구의 3분의 1과 4분의 1사이에 해당하는 사람들에게 지지를 얻었다. 그 단체가 벌인 운동은 1960년에 실시된 노동당 회의에서 일방적인 핵무기 무장해제를 제안하겠다고 노동당(Labour Party)이 결정하는데 영향을

---

56 Campaign for Nuclear Disarmament의 약어

주었다. 그 다음해, 포터는 적대관계에 있는 나라가 핵공격을 시작해 왔을 때, 어떻게 행동할 것인가에 대해, 또 그러한 공격에 "우리의 대통령"(our president)은 "이미 대규모의 보복조치를 위한/ 명령을 하달했다"(Has already given orders for/ Massive retaliation)고 시민들에게 일러주는 정부의 공지사항을 다룬 풍자적인 시 「여러분께 알립니다」("Your Attention Please")를 내놓았다. 1년 후 1962년에는, 쿠바 미사일 위기를 놓고 벌이는 러시아와 미국 간의 대결은 1945년 이후 다른 어떤 시기보다도 서방세계를 핵전쟁에 더 근접하도록 만들어 놓았다.

'영국'으로의 퇴각

도널드 대비는 자신의 시 「크리스마스 잔에 든 혹스헤드와 다카우」("Hawkshead and Dachau in a Christmas Glass")를 통해, 예이츠와 릴케(Rilke)가 나치의 강제수용소중 한 곳에서 "죽었다"고 주장한다. 분명히 1945년 이후의 시들이 어떤 점에 있어서는 전쟁에 대한 반응으로 자기 자신에게 다시 되돌아가는 것처럼 보이는 것은 사실이다. 어느 비평가 말을 따르자면, "전원, 가정생활, 더 이상 폭력적인 말살 위협에 시달리지 않는 영국적인 생활을 말해주는 누구나 다 알 수 있는 친숙한 지표들"처럼 특별히 영국적인 주제에 대한 찬양이 있었다는 것이다 (Williams 1987: 71). 따라서 전후 시들은 스티븐 스펜더의 『현대적인 것을 얻기 위한 노력』(*The Struggle for the Modern*)(1963)이라는 작품을 그 예로 볼 때, 조지왕조의 시대적인 문체와 향수 및 자기반성으로 부분적이나마 회귀하는 것처럼 보인다. 보다 지적인 용어로 말하자면, 라킨과 휴즈는 에드워드 토마스니 월터 델라 매어 (Walter de la Mare)와 유사한 주제들을 다루며, 또한 그들은 그들이 편 낸 작품들 중 몇몇 작품들이 5만부 이상이나 판매되었기 때문에 조지왕조시대의 인기도를 능가하는 것이기도 하다[57]. 한층 새로워진 국가정체성에 대한 비전은 (이동과) 장소를 다룬 시에 대한 증폭된 흥미에 나타나 있었다. 그 예가 제프리 힐(Geoffrey Hill)의 로마풍의 영국, 존 베츠만의 런던 교외지역과 대도시, 테드 휴즈의 야생상태의 태고적 풍경들, 도널드 대비의『영국 중부지방』(*The Shires*)에 들어있는 기억을 통해 영국적인 지역들을 점차적으로 개정하는 것, 그리고 라킨의 황폐한 교회들, 도시 통근 열차들, 그리고 단칸 아파트로 그려지는 "경제적으로 궁핍한 도시생활" 등이다.[58] 대체로 이러한 것에 몰두한다는 것은 편협한 태도, 즉 국제전을 치르고 난 후 지나치게 '영국의' 정체성이 지녀야 할 조건에만 관심을 갖는 그런 태도를 제시해 주고 있다.

테드 휴즈는 1950년대의 남성 시인들이 "평복을 다시 갈아입고 아내와 아이들이 있는 가정으로 돌아가 좋은 담배를 피울 수 있고 전망 좋은 공원을 거니는 것을 방해받지 않는 그런 삶으로 여생을 보내고 싶었다고 동정적이면서도 약간은 험담하듯 말했다(Perkins 1987: 418). 세이머스 히니는 이런 말로 주장한다.

> 라킨의 마음속에 있는 영국은 여러 가지 면에서 루펏 부룩의「그랜체스터」과 에드워드 토머스의「애들스트롭」에 나오는 영국, 즉 관습적이고 제도적인, 근면하고 가정적인 영국의 모습으로 끊임없이 연결되기도 하지만, 그 영국은 그러한 제도들의 성공으로 인해 위협받는 아주 후미진 곳에 있는 시골의 모습을 하고 있기도 하다.
>
> (Heaney 1980: 168)

그러나 전후 시의 범위는 1950년대에 초점을 두고 있는 이러한 요약이 제시하

---

57 라킨은 모더니즘의 모호성을 비난하면서 조지왕조 시인들의 대량판매를 회고했다(*The Guardian*, 18 November 1958: 4).

58 Gervais 1988. 라킨의 어구는 워(Waugh 1995: 10)에서 발췌한 것임.

는 것보다 훨씬 더 광범위하다. 전쟁을 치르고 있는 동안 그리고 전쟁이 끝난 후의 1940년대는 외부적이고 국제적인 풍조의 특징을 띠고 있는데, 영국적인 것으로 회귀하려는 잇단 움직임은 전쟁 시인들이 가지고 있는 국제적인 안목과, 영국의 제국주의적 태도의 쇠락 및 시의 중심이 런던으로부터 벗어나야 한다는 오든 동인과 새로운 세대의 확고한 의지가 소멸되면서 명확한 시의 흐름이 상실되었다는 점에 대한 반작용으로 생각되었다.

전쟁이 끝나고 얼마 지나지 않아, 실험적이고 사제적인 성향을 띠는 1940년대의 시들은 1930년대의 시인들이 의도적으로 피했던 모더니스트들의 관행으로 다시 돌아갔는데, 그렇게 광범위할 정도로 대중적이지는 않았다. 대체로 번성하던 1940년대에 문학작품들이 출판되고 있기는 했지만, 시의 판로는 수축되었다. 전에 비해 서적들이 거의 나오지 않았는데, 시릴 코널리(Cyril Connolly)의 『지평선』(*Horizon*) 그리고 존 레만(John Lehmann)의 『펭귄 신작집』(*Penguin New Writing*)과 같은 정기간행물들도 폐간되었고, 1951년 영국 시 경연축제(Festival of Britain Poetry Competition)도 비참할 정도로 실패하였다. 1940년대 작가들 중에서 아주 높은 평가를 받은 사람이 딜런 토머스였는데, 그의 작품은 바로 앞장에서 언급했었던 요한계시록 시인들, 예를 들자면, 헨드리, 헨리 트리스(Henry Treece), 버논 왓킨스, 노먼 맥케이그, 그리고 니콜러스 무어(Nicolas Moore)와 같은 시인들의 낭만적인 개성주의에 영향을 주었다. 이런 신 낭만파(New Romantic) 시인들은 문학의 진자가 다시 반낭만주의 유행을 향해 되돌아가고 있었을 때, 1950년대와 1960년대의 저급한 출판물과 만나게 되었다.[59] 예를 들어, 필립 홉스봄(Philip Hobsbaum)은 1965년에 다

---

59 David Lodge 1977. 대략 로지는 문학적 취향이 은유(모더니즘)와 환유(사실주의)라는 양극단 사이에서 변화하고 있다고 주장한다. 이 움직임은 1920년대와 1930년대 및 1940년대와 1950년대가 매 10년간 이전 시대의 유행에 맞서는 반응을 하면서 문학적 동향을 그려내었다. 나중에 비평가들이 이러한 견해에 반대했는데 예로서 1930년대의 독서동향(Williams and Matthews 1997)을 참조할 것.

음과 같은 글을 썼다. "1940년대의 영국시에 있어, 불명료함이 너무나 빨리 진행되어서 리듬들은 모더니즘시기에 이루어졌던 모든 시도들이 무기력한 시로 그리고 새로운 요한 계시록에 쓰여질 혼돈의 이미지로 붕괴될 그런 지경에 이를 정도로 망가져 버렸다"(Hobsbaum 1970: 384). 1940년대 나온 시들을 묶어 놓은 로빈 스켈턴 (Robin Skelton)의 시선집은 "이 시기에 두각을 나타냈던 시인들 중 상당수들이 이제는 비참한 실패자들처럼 보인다"는 말로 시작된다. 그는 1930년대의 시인들과 다른 이들의 차이점을 이런 식으로 특징짓고 있다.

> 1940년대의 많은 시인들은 시인이 사회의 주석자, 학교 선생님, 대중을 지켜보는 사람, 또는 의사가 아닌 정신병 학자이어야 한다는 견해를 거부했으며, 시인은, 설사 예언자의 외투는 아니더라도, 적어도 신성한 월계수 가지라고 가졌으면 하고 바랬다.
>
> (Skelton 1968: 15, 29)

그러나 딜런 토머스, 데이빗 캐스코인, 그리고 조지 바커, 스켈턴의 3가지 유형의 인물들의 명성, 그리고 버나드 스펜서(Bernard Spencer), 로렌스 더렐(Lawrence Durell), 로이 풀러(Roy Fuller), 그리고 캐슬린 레인, 이들의 명성은 비록 그들 뒤를 이었던 『새 시편들』(New Lines)의 시인들로 인해 어느 정도는 그 명성이 실추되기도 했지만 여전히 높다.

새롭게 하라

1983년, 비평가이자 시인인 앤드류 크로지어(Andrew Crozier)는 아직도 "오늘날 시가 처한 상황에 대한 우리들의 인식은 1956년과 1966년 사이에 이루어진 논쟁들에 의해 규정 된다"고 쓸 수 있었다(Crozier 1983: 220-1). 이러한 말로, 그는 로벗 캉퀘스트의 1956년 판『새 시편들』(*New Lines*) 선집과 1962년에 출판되고 1966년에 개정된 알바레즈의『새로운 시』(*The New Poetry*) 간의 논쟁을 기본적으로 말하고자 하는 것이다. 결론적으로 말해, 그는 1950년대의 시를 정의하고자 하는 것이며 거기에는 1920년 이후로 출생한 시인들만을 싣고 있다. 그 책은 전쟁 때문에 시작이 중단되었던 시인들에게 관심을 쏟는 것이 아니라, 전쟁 이후 그들의 입지를 다졌던 그래서 너무 감정적이고, 형이상학적이며, 이론적인 그리고 주관적이라고 캉퀘스트가 생각했던 1940년대 시인들에 대한 반박을 하는 시인들에게 관심을 보이고 있다. 캉퀘스트가 볼 때,『새 시편들』의 시인들은 "영국시의 기본적인 전통들"로 다시 돌아가는 사람들이었지만, 제국주의와 "남성 전체"(whole man)를 위한 글이라는 특징 말고도, 그는 부정적인 명제들을 통하여 그것들의 특징들을 명확하게 보여 준다. 그것들은 "이론적인 구조를 지닌 거대한 조직들과 무의식적인 명령들의 집합체들을 따르지 않고, 신비하고 논리적인 강제들로부터 자유로우며, 그래서 그것들은 올바르지 못한 원리들을 피하려는 부정적인 결단력을 가지고 있다." 캉퀘스트는 상황이 시의 청소를 필요로 했으며 1954년『스펙테이터』의 논설을 통해 배출된 새로운 작가들은 그런「시대적인 조류를 탄」("In the Movement") 시인들이라고 알려졌다. 이글은 "회의적이고, 힘이 있으며, 아이러니한"데, 자신들을 상식적이며 어느 정도로 교양을 갖춘 사람들이고 생각하는 일단의 작가 군을 확인해 냈다. 킹슬리 에미스를 비롯하여, 도널드 대비, 엔라잇, 존 홀로웨이(John Holloway), 존 웨인(John Wain), 라킨과 캉퀘스트, 그리고 그다지 도움은 되지 못했던, 톰 건과 엘리자벳 제닝스도 있다.

그러므로『새 시편들』에 부친 캉퀘스트의 서문은 킹슬리 에이미스가 말했듯이 모더니즘과 모더니즘의 더 "웅장한 주제들"을 피하면서 그 이전의 문학형식들과 관심사들로 시인들이 다시 되돌아 갈 것을 강조하는 일종의 그러한 움직임에 대한 성명서로 종종 생각되며, 캉퀘스트는 심지어 여기서 그 시선집의 분위기가 동시대성을 농축적으로 보여주고 있으므로 "자신이 살고 있는 한 시대의 일부가 된다는 것은 단순히 중요한 미덕이 아니라 꼭 필수적인 미덕"이라고 주장한다. 『스펙테이터』지의 논설은 전쟁 전의 모습에서 아주 많이 달라진 1950년대의 "현대적인 영국"에 대해 말하고 있다. 그것은 오든, 토머스, 그리고 헨리 제임스(Henry James)에서 카프카(Kafka)와 프루스트(Proust)에 이르는 모더니스트들이 "모두 가버렸고, 완전히 가버렸으며 그리고 완전히 자취를 감춰 버리고 있다"고 하면서 문학에 있어서의 평행적인 변형을 계속해서 지켜보았다.

무브먼트 시인들은 그들의 견해와 실제적인 관행들에 있어 차이를 보인다. 그들은 이들을 한데 묶어 한 그룹으로 단정시키는 것에 모두 다 기분이 좋은 것만은 아니다. 그러나 특정한 입장과 특징들은 다수를 나타낸다. 그들의 심미적 태도들은 전통, 인유, 그리고 신화, 즉 『황무지』와 「탑」과 같은 시 이면에 깔려있는 사상들에 대한 라킨의 아주 유명한 반대로 설명된다. 그것들이 가진 지역적이고, 남성적이며, 사회적인 그리고 이데올로기적인 특징들은 "최악에 달한 사회적인 뿌리상실과 서로 보완적 단계에 있는 개인의 소외와 자기신뢰"를 알려주는 것으로, "저교회파60)와 중산계층의 신분들; 계층상실과 상류층으로의 사회적인 이동에 대한 관심; '사치스러운 것'과 '모조품'에 대한 반감, 그리고 전통적인 질서에 대한 향수; 지역대학들과의 연계성"(Crozier 1983: 208) 등이 있다. 그러나 시에 있어서의 이런 시대에 뒤떨어진 변화는 1945년 노동당 선거에 의해 시작된 정치와 사회의 방향전환과 부분적으로는 유사하다. 결코 대중의 흥미를 끌지 못할 것 같았던 새로운 시인들의 모더니즘 거부는 대중성, 평이한 말, 그리고 주지주의에 반하는 정서에 대한 그들의 믿음이 그러하듯이 당시의 사회주의와 완전히 일치하는 것처럼 보인다. 그러나 그러한 작가들은 거의 새로운 엘리트 지배층을 옹호하는 사람들이거나 아주 정치적인 것에 관

---

60 영국 국교회의 일파로, 교의, 의식, 사제직 따위를 경시하는 비교적 자유로운 파.

심을 많이 두는 그런 사람들은 아니었다. 예를 들자면, 톰 건은 "노동조합이 그들이 바라는 것만큼 막강하고 . . 국민보건도 10년 정도 계속되고 있었으며, 그리고 마을의 영주들은 모두 죽어버렸다"고 1957년에 분명하게 말해 두었다(Perkins 1987: 424).

도널드 대비가 주장하듯이, 1920년대에서부터 1960년대에 이르기까지 매 10년 간 배출된 뛰어난 시인들이 다 옥스퍼드 출신이었고, 더 적게는 케임브리지 출신이었다라고 말할 수 있는 사례를 만들어 내는 반면, 무브먼트 시인들은 상류층, 블룸즈베리, 보헤미아, 남부, 또는 대학시절을 보낸 후, 옥스브리지와는 아무런 관계가 없었다(Holloway 1956/7). 이런 중하 계층의, 도심지 외곽지역의 시인들, 시로 봐서는 드라마와 소설의 "성난 젊은이들"(angry young men)에 해당하는 이들과 함께, 우리는 다시 어법의 변화를 찾아내는데, 킹슬리 에이미스는 「여기가 어딘가?」("Here is Where?")에서 "그렇게 잘 되가는 거야, 어?"(Going well so far, eh?)라고 묻기 위해서 자신이 쓰던 시를 중단할 수 있다. 독자와의 친숙함도 또한 완전히 전형화 되어서 어떻게 무브먼트 시인들이 1940년대의 지배적이던 스타일을 거부하는 지를 보여줄 뿐만 아니라, 1930년대로 다시 눈을 돌리면서 오든보다는 오웰에서 역할 모델을 찾아냈는지를 보여준다. 그러나 무브먼트 시인들의 영향은 종종 '오든세대'의 시의 지배권에 비유되기도 한다(Morrison 1980a: 9).

더 유용하게도, 『새 시편들』의 시인들이 주로 몰두하고 있었던 일들은 그들의 시대에서 찾아 낼 수 있는데, 그것은 마치. 무브먼트파의 상류층다운 태도에 맞서서 그룹(Group) 시인들이 사용한 폭력적인 이미지, 실비아 플라스의 대서양을 넘나드는 성(gender)의 이탈, 머시 시인들(the Mersey poets)의 *대중의 목소리*(*pop vox*), 그리고 마이클 호로비츠(Michael Horowitz)의 『앨비언의 아이들: 영국의 반체제 시』(*Children of Albion: Poetry of the 'Underground' in Britain*)(1969)라는 시선집에 드러나는 반기성체제 가치관들과 같이, 전후 25년 만에 모습을 드러냈던 다른 시인들이 몰두한 일들과 정반대되게 설정될 수 있는 것과도 같다. 무브먼트 시인들 중에서 몇몇 사람들이 시도한 의식 있는 「어린 잉글랜드인」("Little Englander")의 접근은 또한 전후 영국이 직면한 위기, 즉 제국주의 이후의 몰락에 대한 반응으로 보아야 할 것이며, 그리고 영국의 다도해(the British archipelago) 출신의 다른 목소리들과 함께 두어야 할 것이다. 웨일즈의 토머스(R.S Thomas), 딜런 토머스, 버논 왓킨스, 데이빗 존스(David Jones), 알런 루이스(Alun Lewis)가 있고, 아일랜드의 패트릭 카버나프, 루이스 맥니스, 존 휴잇(John Hewitt) 및 존 몬테규(John Montague)가 있었으며, 그리고 스코틀랜드의 1920년대의 휴 맥다이아미드의 「스코틀랜드 르네상스」("Scottish Renaissance")와 이어서 그레이엄(W.S. Graham) 및 노먼 맥케이그에 이르는 시인들이 주도하여 다시 활기를 찾기 시작했다.

『새 시편들』(*New Lines*)시인들 중에서도 이들과 색채를 달리하는 한 작가가 바로 엘리자벳 제닝스(Elizabeth Jennings)로서, 그녀의 작품은 지금보다 더 많은 연구의 대상이 될 만하다. 「정체성」("Identity")과 같은 시는 자신에 대한 자기인식을 다른 사람에 의해 취합된 것과 비교함으로써 그녀의 작품 속에서 이미 친숙한 주제를 탐색하고 있다. 존 단(John Donne)의 것을 모방한 「섬」("The Island")이라는 작품 역시도 다른 사람들 속에서 자신의 정체성을 찾으려는, 즉 "자신을 발견하려고 사람들"(Seekers who are their own discovery)에 대한 탐색과 관계가 있는 반면에, 「밤에」("In the Night") 그리고 「탐색방법」("A Way of Looking")은 다른 방식으로 정신과 그 정신이 사물을 파악하려고 것과의 관계에 대해 깊이 생각한다. 신경쇠약에 걸린 다음에 나온 후기 시들이 이전보다 더 두드러지게 정신불안에 그 초점을 맞추고 있는 제닝스는 현실을 파악하지 못하는 정신의 무능력에 관심을 두고 있다. 하지만, 그녀는 무브먼트 스타일로 잠재적으로 위협적인 시의 내용을 아주 질서정연하고, 이성적인 형식으로 담고 있는데, 1955년 그녀는 「대답」("Answers")에서 "거대한 질문들이 나의 마음에 멍을 남긴다 하지만 여전히 나는/ 변변찮은 대답들이 나의 두려움을 막아주는 성채가 되게 한다"(Big questions bruised my mind but still I let/ Small answers be a bulwark to my fear)고 썼다. 그녀는 또한 「성 마르코 광장」("Piazza San Marco")과 「안내책자에는 없는」("Not in the Guide-Books")과 같은 시에서 생각과 말, 소리와 의미, 기표와 기의 간의 관계에 상당한 관심을 보인다. 언어로 정체성을 사물의 세계와 자신외부에 있는 타인들을 연결시켜보려는 그녀의 의도는 실비아 플라스를 비롯하여 문화적으로 만들어진 주체와 사회의 주형에 관심을 가지는 더 이론적인 이후의 시인들의 분투에는 중요한 선구자 역할을 한다.

『새 시편들』은 곧 알바레즈의 솔직한 소개와 더불어 1962년 『새로운 시』(*The New Poetry*)라는 도발적인 이름이 붙여진 출판물의 도전을 받게 되었다. 알바레즈는 1940년대의 영국시가 저 "밑바닥"(nadir)에 이미 와 있다고 생각했다. 이런 점에서 그는 캉퀘스트와 동류에 속할 수도 있다. 그러나 또한 알바레즈는 무브먼트 시인들이 너무나 질서정연하고, 통제되어 있으며 "품위 있는"(genteel) 척 한다고 생각했다. 『새 시편들』(*New Lines*) 시인들의 "학구적이면서 관리적인 시"(academic administrative verse)에 대한 전면공격을 시작함으로써, 그러나 여전히 그들 중 6명 정도는 포함시켜서 그는 과거와 관련된 시보다는 현재와의 관계에서 시에 대한 노력을 개시했다. 알바레즈는 존 베리맨(John Berryman)과 로벗 로웰(Robert Rowell)과 같은 미국 시인들을 새로 도입하는 것으로 그의 시선집을 시작하고 나서, 찰스 톰린슨(Charles Tomlinson), 존 풀러(John Fuller), 제프리 힐 그리고 이들보다 10년 정도로 더 나이가 많아서 캉퀘스트 선집에 수록될 수 없었던 노먼 맥케이그와 같은 여러 시인들과 함께 언급되는 테드 휴즈와 톰 건과 같은 이후에 나온 영국시인들에게 눈길을 돌렸다. 1966년 판에서, 그는 1963년도에 이미 사망한 실비아 플라스의 작품을 소개했다. 무브먼트 시인들이 그들이 본 것에 대해 "평범하고, 예의바른 사람들"(ordinary, decent people)이라고 쓴 자리에, 알바레즈가 선호했던 시인들은 전쟁의 혼란과 지난 20년간의 정치적인 싸움들이 사회와 개인 둘 다에게 제대로 맞서야 하고 탐색해야만 하는 깊은 수렁을 드러내 보여주었다는 점을 넌지시 비추었다. 만약 시가 역사로부터 물러나서 『새 시편들』(*New Lines*)을 통해 역사에 응답했다면, 전쟁이 끼친 심리적 도덕적 영향들은 『새로운 시』(*The New Poetry*)에 의해 세상에 그 모습이 드러날 것이었다.

이 두 시 선집 간의 가장 확실한 차이점은 그것들을 편찬한 편집인들의 의견과 기질에 있다. 전통적이고 평이한 말과 정다운 시를 주창하는 로벗 캉퀘스트의 견해는 아도르노의 유명한 선언, 즉 나치 포로수용소들로 인한 공포이후에는 시라는 것이 있을 수 없다는 말에 정반대되는 것이었다. 이와 대조적으로, 알바레즈는 『새로운 시』(*The New Poetry*)에 나온 영향력 있는 그의 서문에서 시인들이 현대에 팽배한 "붕괴의 세력들"(forces of disintegration), "양차 대전과 포로수용소들의 공포 그리고 핵전쟁의 위협"과 맞서 싸울 것을 요구하였다. 알바레즈가 포함시킨 한편의 시, 피터 포터의 「아우슈비츠에 대한 주해」("Annotations of Auschwitz")가 분명한 예가 되는데, 유머와 공포를 한 데 섞어 대학살에 대한 정신 병리학적 방법으로, 지하철을 타는 일에서부터 고기를 먹는 일에 이르기까지 온갖 양상의 전후 생활을 다 포함시켜서 7개의 부분들이 여러 가지 종류의 고통들을 일일이 세부적으로 다루고 있다. 그러나 알바레즈는 그의 시인들이 가지고 있는 잠재력만큼 그들을 뛰어나다고 인정하지 않았다. 영국시 전통의 회귀에 대한 캉퀘스트의 신념과는 완전하게 대조를 이루는 그의 생각은 (영국시가 원기를 회복하지 못했다는 것이 아니라) 파운드와 엘리엇시절에 그랬던 것처럼 미국인들의 지도를 따른다면 『새로운 시』(*New Poetry*)가 어떤 것을 "향해 갈" 지도 모른다는 것이었다. 사회적 중요 논쟁점들은 이렇게 새롭고 부상하고 있는 시인들이 주로 다루는 소재보다는 변덕스럽지도 않고 구어체로 되어 있지도 않으며 열정적이면서도 진지하기까지 해, 알바레즈에게는 "공포와 선정성의 병합으로" 되돌아가는 것처럼 보이는 그들의 어조에서 더 표면화되고 있는 것 같았다. 스탠 스미스에 의하자면, 상실과 복구에 대한 깊은 불안감으로 이 시들이 쓰여질 당시의 시대적 분위기를 흉내 내고 역사를 교체된 형식들 속에 포함시키는 테드 휴즈의 시들 조차도 역사를 억누르는 것들이다(Smith 1982: 150-69). 분명 이것을 "아주 위협적으로 [그의 시를] 살아있게 만드는 날카로운 세부묘사들"에 반영되어 있는 역사에 대한 동일한 반응을 보면서, 알바레즈는 진지함에서는 라킨보다는 휴즈를 더 좋아하였는데, 이는 "감정과 선정성의 힘찬 혼합"을 그의 시가 표현하고 있기 때문이며, 또한 어느 정도는 "물질적이고, 또 어느 정도로는 정신적인 상태"인 야만적인 세상을 있는 그대로 묘사하기 때문이다.

두 가지 예: 라킨과 플라스

그리고 복잡하게, 잘 만들어진 꿈에서나 알게 되는 언덕들
삶이 완전하게 다를 수 있는, 그 다른 어딘가에.
　　(캐럴 루먼스, 「리즈번 로드 리스트」 [필립 라킨의 주제를 이용한 변주곡])

And the intricate, well-worked hills undeceived by the dream
That life could be utterly different, somewhere else.
(Carol Rumens, "The Lisburn Road List"[variations on a theme of Philip Larkin])

휴즈가 그에게 아일랜드를 더 많이 생각나게 하는, 그리고 베츠만이 끊임없이 향수를 느끼는 전원적인 영국을 말하는데, 도널드 대비는 라킨에 대해 "그의 시들에 나타난 영국은 우리가 지금껏 살고 있는 영국"이라고 말한다(Davie 1973: 64). 이러한 말은 라킨의 영국이 엘리엇의 것처럼 더 이상 전원의 한 부분도, 심지어는 도시의 한 부분도 아니며, 도시 외곽지역과 지방의 한 부분에 불과하다는 것을 말하는 것이다. 자기비하적인 아이러니와 역설적이도록 감상적인 초연함으로, 라킨은 그의

시와 그것이 지닌 특수성을 바라본다. 패트리샤 워는 라킨이 실제로는 "거의 끝나가는" 어떤 것으로부터의 일시적인 피난에 불과한 것으로서 "1945년의 약속, 즉 국민의 일치단결이 정의와 풍요가 있는 평화 시기를 구가하는 세상을 만들어 줄 것이라는 낙관적인 예측을 내놓고 있다"고 주장한다(Waugh 1995: 29). 라킨은 1930년대 이후 영국이 겪은 사회 변화들을 표현하고 있지만, 그 모든 변화들, 유감스럽지만은 않은 그 변화들을 불만족스럽게 보이게 하는 비애가 배어 있다. 그의 시에는 독립에 대한 그의 거의 염세적인 항의들, 후기 제국주의시대의 이주에 의해 부득이하게 이루어졌던 사회적인 다른 종족 간의 혼합에 대한 그의 분명한 혐오감 외에도 제국에 대한 애도와 더불어 가족의 통합을 그리워하는 간절함이 있다. 19세기 전반에 걸쳐 다른 시인들에 의해 애도되었던 영국적인 전원의 사라짐을 라킨은 체념하는 기분으로 슬프지만, 시의 속도 면에서는 놀랍다. 「가네, 가네」("Going, Going")의 "그리고 그것은 영국이 사라진다는 것이다,/ 그늘, 목초지, 길들"(And that will be England gone,/ The shadows, the meadows, the lanes)이라는 부분이 그 예이다. 초기 형식으로 쓰여진 이 시는 『어떻게 살고 싶습니까』(*How do you want to live*)라는 제목이 붙여진 정부의 환경보고서 서문으로 화학공장들의 그림위에 처음으로 소개되었다(Lindrop 1980: 46-7).

라킨의 세상은 「이것이 시다」("This Be the Verse")와 「이상한 해」("Annus Mirabilis")에서 알 수 있듯이, 유명하게도 여러분의 부모님들이 "여러분을 망가뜨리고"(fuck you up) 육체적인 관계가 너무 늦게 시작된 1963년의 세상이다. 이상하게도, 독자는 아주 최근에 모든 정황들이 악화되었지만 이제 그것들은 더욱 더 심해지고 있다는 생각에 가까이 가게 된다. 성적인 억압이 점점 사람들을 둔감하게 만드는 난잡한 성행위로 대치되었다. 기만을 덜 당한다는 것은 종교에 대한 신념, 사랑에 대한 믿음, 미래에 대한 희망들이 회의적인 초연함으로 분해되듯이 덜 행복하다는 의미가 된다. 일종의 불행이라는 것은 더 악화되어, "삶이 제일 지루한 것이고 그 다음이 공포”임을 강력하게 주장하는 신조에 이르게 되는 것이다. 반면에, 라킨은 문학적이건 역사적이건 간에 전통으로서 흘러 들어가는 것을 믿지 않는다. 그는 예이츠처럼 이미지들을 잔뜩 보관해 놓은 그런 창고에서 이미지를 끌어내지 않으며 또는 엘리엇처럼 르네상스 시와 고전 신화를 인유하지도 않는다. 자신이 가지고 있는 확신을 선언하는 것으로서보다는 이전에 사라져 버린 시들에 반하는 주장으로서 그는 “형식은 그다지 나의 흥미를 끌지 못한다. 내용이 가장 중요하다”(Form holds little interest for me. Content is everything)(Lodge 1977: 214)고 말했다. 라킨 시들의 내용은 아주 현대적이다. 동성연애자, 부정이득, 피임약들과 여성의 피임기구들, 텔레비전과 토스터기, 파머(perms)와 처방전, 브리 나일론(bri-nylon)과 면화모직(cotton wool) 등이 그렇다. 그러나 이것은 전반적으로 향수와 우울함이 가미된 관찰로 만들어진 시다. 그것이 가지고 있는 ‘영국적임’은 정형화되어 있다. 그 시들은 겸손하고, 말수가 적은, 가끔은 자기명예훼손 적이며, 그리고 계층을 의식하고 있다.

어른이 된 이후 거의 대부분을 헐 대학(Hull University)의 사서로 재직한 라킨은 작품윤리를 철저하게 믿었다. “왜 나는 그 두꺼비가 일을 하도록/ 내 인생에 쪼그리고 앉아 있도록 해야 하는가? . . 또한, 내 안에 쪼그리고 앉아 있는/ 너무 너무 두꺼비 같은 것을 위해”(Why I should I let the toad work/ Squat on my life? . . . For something sufficiently toad-lie/ Squats in me, too)라고 「두꺼비」(“Toads”)에서 표현하고 있다. 라킨은 자신이 일상적으로 매일 하는 일들이 “하루 종일 일하고, 집에 돌아와서는 저녁마다 요리하고, 먹고, 설거지하고, 전화 걸고, 글을 이리저리 고쳐 쓰고, 술 마시고 텔레비전을 보고 외출은 거의 아예 하지 않는 것”으로 묘사하였다(Larkin 1983: 57). 정형적인 영국의 반인지주의가 그의 말속에 나타나 있다. 그는 자신이 가벼운 소설 말고는 다른 책들을 거의 읽지 않고, 다른 나랏말이나 작가들에게는 관심이 없으며 그리고 시를 공부하는 것을 싫어한다고 공식적으로 말했다. 『황무지』가 출판되던 해에 태어난 라킨은 피카소(Picasso)와 찰리 파커(Charlie

Parker)의 모더니스트 혁명뿐만이 아니라 파운드와 엘리엇의 모더니스트 혁명을 좋아하지 않았다. 그는 그것의 특징을 다음과 같이 간략하게 말하고 있다.

> 우리 모두가 사용했던 똑같은 방식으로 지금까지 문학이 언어를 사용했으며, 정상적인 시각을 지닌 사람들이 바라본 것을 그림이 표현했고, 그리고 음악은 듣기 싫은 소리가 아니라 멋진 소음의 문제라는 사실을 나는 부인할 수가 없을 것 같다. 예술에 있어서 '모더니즘'이 만들어낸 혁신은 그 반대를 행하는 것으로 이루어 졌다.

모더니즘은 의사소통, 정서, 쾌락, 그리고 일상적인 말의 중요성을 과소평가함으로써 문학에 귀 기울이는 청중의 수를 줄였으며 시를 학교와 지식인들의 전유지로 만들어 놓았다라고 라킨은 생각했다. 이와는 대조적으로, 그는 자신의 시 선집『옥스퍼드 판 20세기 영시』(*The Oxford Book of Twentieth Century English Verse*)로 "20세기 시가 멋지게 들리도록 만들었다"고 느꼈다(Larkin 1983: 72-3).『북선』(The North Ship)으로 출판된 그의 초기 작품은 예이츠가 가지고 있는 모더니스트 이전의 요소들의 영향을 상당히 받았지만, 그에게 극찬을 가져다 준 작품들은 잇달아 나온 3권의 책,『기만당하지 않는 사람』(*The Less Deceived*),『성신강림대축일의 결혼』(*The Whitsun Weddings*),『높이 달린 창문』(*High Windows*)들이다.

1955년『기만을 당하지 않는 사람』이 출판된 당시에 라킨은 무브먼트의 한 일원으로 간주되었다. 그들처럼, 그도 1920년대의 예술의 실험주의를, 1930년대의 헌신적인 시를, 그리고 1940년대의 신낭만주의적 초현실주의를 싫어했기 때문이다. 이에 반해, 가끔은 대화체적이기는 하지만 대체로 전통적인 형식을 고수하는 시로 합리성, 지성, 그리고 도덕성을 표현하는 글을 좋아했다. 이 시기의 라킨시들은 구어체적이고, 관찰력 예민하며 그리고 심하지 않을 정도로 기괴하고, 친숙하지만 초연하고, 성실하면서도 감상적이지 않았다. 그가 사용하는 주제들과 어조, 비록 중심재

제가 거의 항상 당시의 생활과는 동떨어진 장면들이며, 특히 기대와 경험 간의 간극을 설명해 주는 것들이었기는 하지만, 그것들은 다양하다. 그 시들은 우리들이 가지고 있는 환상들과 (자기)기만 같은 것들이「장소들, 즐겨 찾는 곳들」("Places, Loved Ones")에서와 같이 지금 자리를 잡으려고 하든지, 아니면「도착, 출발」("Arrivals, Departures")에서와 같이 현재 떠돌아다니고 있든지, 또는「출발의 시」("Poetry of Departures")에서와 같이 이미 사라져 버렸든지 간에, 그것들을 송두리째 다 뽑아버리려는 것이 아니라 줄여 보려고 시도한다. 동시에, "기만을 거의 당하지 않은," 라킨은 어떠한 즐거움이나 위안을 제공하지도 않는다.

라킨의 가장 지배적인 주제들 중의 하나는「3배의 시간」("Triple Time")과「다음에, 부탁해요」("Next, Please") 같은 시들에서 보이는 것처럼 노쇠와 죽음으로, 그것은 라킨만큼이나 대영제국이나 영국의 전원에 많이 적용되는 주제이기도 하다. 그는 한번은 "만약 당신이 앞으로 죽을 것이며 그리고 당신이 사랑하는 사람들도 죽을 것"이라는 사실을 알게 되기만 한다면 행복이란 실제로 불가능한 것이라고 생각한다고 말했다(Larkin 1983:66).「늙은 바보들」("The Old Fools")을 참조해보면 알겠지만, 점점 늙어 간다는 것은 그를 "겁에 질릴 정도로" 불안하게 하였는데, 그의 작품에 깊이 스며들어 있는 우울함은 전적으로 "영원히 계속되는 소멸"(endless extinction)에 대한 그의 "두려움"(dread) 때문은 아니다(Larkin 1983: 66, 55). 라킨의 시들은「내 아내에게」("To My Wife")에서와 같이 삶에 대한 불만족을 주목하고 동시에 그러한 삶을 통과하는, 그리고 그것을 통과할 때, "위로 올라가는 모든 길들 중에서 한가지만을 택해야 하는"(Simply to choose stopped all ways up but one) 것을 아주 마음속 깊이 애도하는 것처럼 보인다. 어떤 선택은 다른 가능성들의 끝을 표하는 것이고, 성인기는 어린 시절에 품었던 희망들의 희미한 모습에 불과하고, 시간은 적이며, 그리고 삶은 죽음으로의 전주곡이다. 안정성이라고 하는 것은 정체 그 이상은 아니지만 변화는 항상 잘못될 가능성이 있는 결정이면서 동시에 죽음에 더 가까이 가는 발걸음이다. 라킨은 「항만노동자와 아들」("Dockery and Son")에서의 "왜 그는 첨가가 증가를 의미한다고 생각했을까?/ 내게 있어 그것은 희석이었다" (Why did he think adding meant increase?/ To me it was dilution)라는 표현에서처럼 아이들을 가지는 것과, 「그는 그의 연인이 약혼을 했다는 소식을 듣는다」("He Hears that his Beloved has become Engaged")의 "그 생각은 어디에 있는가/ 방해만을 의미하는 사랑을 말할 때?/ 당신은 그녀를 변화시키기만 할 것이다" (Where's the sense/ In saying love, but meaning interference?)에서처럼 결혼하는 것을 불만족스럽고, 경시하는, 그리고 거의 오만한 행위들로 본다. 어느 정도로는, 그것들은 사람들이 자신의 삶을 개선하는 데 사용하는 방법들의 예이기도 하지만, 라킨에게 있어서 그것들은 그 방법들을 바꾸는 것이다. 시간, 충동, 욕구, 그리고 부패와 같은 인생에 있어 더 큰 힘들이 우리의 경험을 결정한다. 비록 그의 마지막 시집이 1974년에 출판되었지만, 라킨의 정서는 계속해서 1950년대의 분위기인 전후의 면목 없는 결말에 대한 생각을 나타내었다. 라킨은 오스본(Osborne)의 『성난 얼굴로 돌아보라』 (*Look Back in Anger*)(1956)의 지미 포터(Jimmy Porter)의 이면을, 성내지 않고, 젊은 남자도 아니며, 영원하고 용감한 대의명분은 이제 더 이상 남아있지 않다는 사실에 여전히 동의할 것 같은 실망에 잠긴 중년남자로 만난다. 톰 폴린이 결론짓듯이, "그가 다루는 영국은 값싸고, 추한 옷을 입고 맥주를 마시는 열심히 일하는 앵글로색슨 개신교도들이 살았던 추운 나라다"(Paulin 1992: 249).

폭넓게 말하자면, 라킨의 시들은 영국생활의 관습들을 다루고 있기는 하지만, 그가 묘사하는 제의나 회합들은 대개 아주 전통적이며, 「바다에게」("To the Sea")에서의 해변에서의 휴일과 「토요일 박람회」("Show Saturday")속의 농예 박람회와 같이 조금씩 쇠퇴해가고 있다. 겉으로 봐서는 사철동안 다 행해지는 다른 의식들은 슬프고, 약간의 고통스러운, 그리고 일상적으로 틀에 박힌 것 같지만, 장엄함과 없어서는 안 되는 진지함으로 가득 찬 것들이다. 「교회 가기」("Church Going")에서, 라킨은 기독교이후 시대의 종교와 종교적인 건물들에 대해 깊이 생각한다. 종교의 퇴락이 불가피하다고 생각하는 그 시는 미래에 교회들에게 노력해야 할 목적들에 대해서 심사숙고한다. 어떤 것들은 박람회의 일부분들이 되고, 반면 다른 것들은 아무렇게나 버려지거나 미신적인 것이 요구하는 것이 되는가? 전형적으로, 라킨의 명상들은 한가로운 사색에서 진지한 명상으로 옮겨가고 그리고 나서 그는 탄생, 결혼, 그리고 죽음이 "운명으로서 장식되는"(robbed as destinies) 엄숙한 곳으로서의 교회 기능을 주목함으로써, 결과적으로는 도덕에 대한 의미, 설명, 그리고 의례에 대한 항상 존재하는 사회적이거나 개인적인 욕망을 충족시켜주는 것으로 끝낸다. "삶 속의 죽음"(Death-in-life)은 엘리엇의 경우만큼이나 라킨이 몰두한 것이라고 그에 대한 말을 한다(Kirkham 1983: 298). 오든이 고통은 정상상태와 무관심 가운데 생기는 것이라고 주장한 반면, 「나는 기억한다, 나는 기억한다」("I Remember, I Remember")에서와 같이 라킨은 "아무 것도, 어디서건, 대단한 일이 되지는 않는다"(Nothing, like something, take place anywhere)고 특별히 언급한다. 라킨의 시들 속에 담겨있는 우울함은 시대적 분위기를 여러 가지 방법으로 반영하는 것처럼 보인다. 제 2차 세계 대전에서부터 1970년대의 오일 위기에 이르기까지의 세월들이 번영을 이루는 30년간으로 보여 질 수 있는 반면, 영국이 느끼는 기분은 느린 속도의 복구, 제국의 퇴락, 그리고 전후의 환멸감의 30년간이기도 하다. 유럽을 도와주기 위해 수백만 달러를 쏟아 부었던, 그리고 다른 어떤 나라보다도 영국에 더 많은 돈을 주었던 미국은 이제 러시아 다음으로 어느 누구도 부정할 수 없을 정도로 세계적 대강국이 되었다. 미국에 대한 라킨의 생각들 또는 적어도 미국출신의 학생들에 대한 그의 생각들은 냉소적이고, 이기적인 출세 제일주의자를 다룬 그의 두 편의 시인 「당연히 재단은 당신의 비용을 부담할 것이다」("Naturally the Foundation Will Bear Your Expenses")와 「자손」("Posterity") 속에서 꽤 분명하게 드러난다. 휴전 기념일 퍼레이드로 상세히 설명되는 영국의 전통과 의식들은 "엄숙하고 불길한 쓰레기화관"(solemn-sinister wreath-rubbish)으로 폄하당하고 시인은 그저 "구식이고 선천적으로 혼란스러운 사람들 중의 한 사람"(One of those old-type natural fouled-up guys)으로 보인다. 폭탄이 투여되고, 식량을 배급받는, 그리고 30억 파운드라는 엄청난 부채를 떠안은 영국은 세계 정황 속에서 몰락한 "위대"함의 분위기만을 가지고 있었다. 정부는 1947년 인도의 분리와 함께 제국의 철거를 시작하였고, 복지국가를 어떠한 시민도 전쟁의 부족함이나 양 대전 사이의 빈곤으로 되돌아가서는 안 된다는 신호로 소개하였다.

그러나 라킨에게는 의식과 예식에 어떤 위안이 깃들여 있는 것처럼 보이기도 한다. 「토요일 박람회」의 끝부분인 "늘 거기에 있던 대로 두어라"(Let it always be there)에서 그는 전통적인 사회공동의 행사를 기념하고 동시에 그것을 축복하는 것처럼 보인다. 비록 가끔은, 라킨에게는 꿈꾸는 이상적인 자아를 어렴풋하게 반영하는 것이나 또는 그것에 대한 코믹한 패러디처럼 보이기도 했던, 도덕과 몰락을 견뎌내는 일종의 '힘'으로서의 사회적 관습들은, 리듬, 계속성, 그리고 확신을 제공해 준다. 게다가 불안하기는 하지만 「교회 가기」("Church Going")나 「성신강림 대축일의 결혼」("The Whitsun Weddings")과 같은 라킨의 많은 시들이 개인적인 것에서 사회적인 것으로 이동할 때 쓰이는 방식으로 연합하고자 하는 생각도 있었고, 이것은 종종 첫 번째 사람에서 두 번째 사람으로, 또 세 번째 사람으로의 이동에 의해 알려진다. 사회나 독자와의 이런 불안하고, 양향적인 교섭에 대한 생각을 복표로 삼는 라킨의 시들도 가끔은 약간은 기인한 불확실성 또는 자기회의로 끝을 맺는데, 이에 해당하는 예들은 「미스터 블리니」("Mr. Bleaney")의 "나는 몰라요"(I don't know), 또는 「그는 애인이 약혼했다는 말을 듣는다」의 "아직도, 나는 당신이 옳다고 확신해요"(Still, I'm sure you're right), 아니면 「자신이 남자다」("Self's the Man")의 "아니면 나는 내가 할 수 있다고 생각해요"(Or I suppose I can) 등이다. 다른 비평가들은 그의 최고로 잘된 시들의 상당수가 평범함이 만들어내는 인상과 결코 조심스럽고 확실치 않은 낙관주의를 만들어 내는 부정어를 통해 움직인다고 지적했다.

라킨이 자신의 전기 작가가 "전후 시기의 환멸이라고 부른 것" 그리고 "전통적인 것들을 보존하는 가치"를 대변하는 것처럼 보이는 이유는 (가끔은 엄숙함과 의식을 연상케 하는 교회, 장례식, 무덤, 결혼 등과 같은) 구체적인 예들로부터 시작해서 감상적이지 않는 명상이나 당시의 가치 혹은 의미를 담은 핵심적인 시를 거쳐 「아런델 무덤」("An Arundel Tomb")의 "우리들 중에서 끝까지 살아남을 것은 사랑이다"(What will survive of us is love)와 같은 마지막 요약에 이르는 그의 대부분의 유명한 시에서 분명해진다. 라킨이 앤소니 스웨이트(Anthony Thwaite)에게 보내는 편지에서 「성신강림 대축일의 결혼」에 대해 말했듯이, "성공 혹은 실패는 마지막 두 행에서 바닥으로 내려오느냐에 달려있다"(success or failure depends on whether it gets off the ground on the last two lines)(Larkin 1992: 301). 그리고 그 시의 움직임, 거꾸로 뒤집어 진 점강법은 라킨이 시골에서 중심도시로 여행을 하면서 영국을 이리저리 관찰할 때 본 기차의 움직임을 모방하고 있다. 「성신강림 대축일의 결혼」은 에드워드 토머스의 「애들스트롭」에서 피터 레딩(Peter Reading)의 『스텟』(*Stet*)(1986)을 거쳐 베츠만의 「퍼쇼어 역」("Pershore Station"), 「거대한 서양으로부터」("From the Great Western"), 그리고 「장대한 중앙철로」("Great Central Railway"), 또는 라킨 자신의 시 「나는 기억해요, 나는 기억해요」로 이어지는 "기차에서 본 영국"(England from a train)을 그린 시의 장르에 속한다(Paulin 1992: 286-7). 민족적인 통합을 위해 기울인 오든의 큰 힘은, 우편물을 배달하는 밤기차, 초연한 사색적인 여행객들과는 거의 관련성이 없는 그리고 그저 잠깐 잠깐 서툰 사색들만을 불러일으킬 수 있는 가끔씩 역에 들어왔다가 나가는 지나가는 기차들로 대치된다.

만약 톰 폴린이 라킨의 "현실적 주제"(real theme)가 국가의 퇴락이라고 생각한다면, 라킨은 그의 시를 지배하는 정서는 "슬픔"(sadness)이라고 말할 것이다. 또는 그 둘 모두 사실일 수도 있다(Paulin 1992: 233). 어떤 한 인터뷰에서, 라킨은 "내게 있어 상실은 워즈워스에게 있어 수선화에 해당하는 것"이라고 말했고, 그래서 그는 자신을 조금은 재미있는 있는 사람이라고 생각하지만, "불행에 대한 글을 쓰는 것이 아마도 내 인기, 만약 인기가 있다면, 그것의 원인인 것 같고, 결국 대부분의 사람들은 불행하다는 것인데, 그렇게 생각하지 않느냐"고 물었다(Larkin 1983: 47). 이 '슬픔'은 라킨이 실비아 플라스가 기본적으로 다루고 있는 중심제재가 자살이라고 생각했던 것처럼, 그의 특징이 되었다[61]. 이 둘 간의 중요한 차이점은, 「공포 시인」("Horror Poet")이라는 표제가 붙은 에세이에 나오는 라킨 때문에, 그의 주제가 보편적인 것인 반면, 플라스의 주제는 특이하고 극단적이다(Larkin 1983: 278-81). 그러나 이것은 플라스에 대한 피상적인 판단처럼 보이는데, 그녀가 직접 겪은 고통의 경험은 그녀의 시에서 익명성, 고문, 그리고 고통이라는 전후의 근본적인 문제점들, 개인과 대량으로-생산된 것 사이의 관계, 육신에 대한 소유권 및 정체성을 만들어내는 것과 뒤얽힌 채 하나로 묶여 있다. 라킨이 『새 시편들』(*New Lines*) 시인들의 냉정하고, 건조한 정서 상태의 좋은 예가 되고 있는 것과 꼭 같이, 플라스는 몰두하고 헌신적인 『새로운 시』(*The New Poetry*) 시인들을 가장 잘 말해주는 주요한 예라고 생각될 수 있다. 라킨의 다소 기운이 없고 방종한 '슬픔'은 플라스의 '자살'에 관한 주제라고 할 수 있을 정도로 더 깊이 느껴지고, 체험되며, 작용되고 있다.

만약 우리가 1960년대의 전후 중반 시기를 간략하게 설명하기 위해 역사와는

---

61 플라스는 결혼을 통해서도 자녀의 출산과 다른 인간관계 및 "그녀 자신의 자아의 공허함"을 결코 채우지 못해서 1963년 자살했는데, 그녀의 소설 『종 모양의 유리그릇』(*The Bell Jar*)에 이런 내용을 삽입시켰다. 당시에 그녀는 많은 플라스 숭배자들로부터 그녀를 버렸다고 비난 받았던 남편인 테드 휴즈와 이혼하였다. 거의 35년간에 걸친 휴즈의 혼인에 관한 침묵이 1998년 1월에 놀라울 정도로 88편의 시를 담은 『생일편지』(*Birthday Letters*)라는 시집을 출간하면서 깨지고 말았다. 이 시집은 하디가 1912년에서 1913년에 걸쳐 사망한 아내에 대해 쓴 연시만큼이나 강렬한 그들 부부관계에 대한 서술체식의 운문이다.

거의 연관성이 없는 작가인 플라스를 이용한다면, 크리스토퍼 미들턴(Christopher Middleton)이라는 시인이 다음과 같이 1964년에 투덜거리며 말한 내용을 기억해 두는 것이 도움이 될 거다.

> 지금의 영시는 아주 위험한 역사로부터의 시의 분열로 고통스러워하고 있다. 나와 당신 내부에서 일어나는 그리고 항상 우리들 주변을 맴돌고 있는 것으로 역사를 인식하는 것처럼 보이는 그런 영국시인은 극히 드물다.
>
> (Smith 1982: 16)

플라스는 오든과 예이츠가 그랬을지도 모르는 것처럼, 그녀 주변에서 일어나고 있는 역사에 대한 글을 쓰지 않지만, 그녀는 역사가 그녀 자신의 삶에 영향을 주는 방식, 즉 라킨에게는 완전히 낯설게 느껴지는 그런 방식을 설명한다. 그녀가 역사와 간접적으로 관련을 맺고 있다는 것을 말해주는 그러나 정형화되지 않는 예가 바로 「절단」("Cut")이라는 시로, 양파를 썰다가 엄지손가락 위 부분을 칼에 베는 플라스와 관계가 있는 표면적으로는 무시무시한 이야기다. 그 시는 베인 엄지손가락을 위해 독자가 인디언에게 머리가죽이 벗겨졌던 순례자들에서부터 함정에 빠진 베트남 참전 군인들에 이르기까지, 미국의 역사라는 것이 계속된 일화들로 설명된다는 사실을 알아차릴 때까지는 일관성 없이 아무렇게나 배열된 것처럼 보이는 일련의 이미지들을 사용하고 있다. 모든 고통과 국가의 과거에 대해 자기삭제는 플라스의 자기 스스로 입힌 상처의 이미지로 요약된다.

플라스는 라킨과 너무 많이 다르기 때문에 그 둘이 동시대인이라는 사실을 생각한다는 것은 정말 인상적이다. 만약 어떤 한 사람이 고립되고, 개인 특유의 독특함이 있는, 영감을 받은 시적인 재능에 대한 견해에 동의를 한다면, 그들이 공유하고 있는 역사적인 시기라는 사실은 거의 아무런 의미가 없게 된다. 그러나 만약 시인으로서의 두 사람간의 차이점들이 대조적이라면, 그 각각은 다른 나머지 하나를 밝혀주는 빛 속에 놓이게 된다. 예를 들어, 결혼에 대한 그 둘의 태도는 서로 상이하고, 특히 성의 역할이라는 점에서는 더 그러하지만 제도와 결혼을 통해 개별적인 삶들에 있어 빈자리를 채우려는 사람들의 동기들에 대한 그들의 불신으로 그것에 대한 태도가 드러나고 있다. 그리고 이것으로 그들은 결혼에 대한 전후의 분명한 환멸을 그리고 함축적으로는 가장 최근에 있은 가족의 위기를 예상하기도 한다. 플라스의 「지원자」("The Applicant") 중의 "제대로 되고 있어요, 잘못된 데는 없군요/ 당신에겐 구멍이 있네요, 그것은 찜질습포제이죠/ 당신에겐 눈이 있군요, 그것은 이미지입니다./ 이보세요, 그것은 당신의 마지막 수단이에요./ 당신은 그것과 결혼하시겠어요, 그것과 결혼을, 그것과 결혼을"(It works, there is nothing wrong with it./ You have a hole, it's a poultice./ You have an eye, it's an image./ My boy, it's your last resort./ Will you marry it, marry it, marry it)이라는 표현과 라킨의 「자신이 남자다」("Self's the Man")에서의 "그는 한 여자와 결혼을 했는데, 이것은 그녀가 도망가지 못하게 하기 위해서였다/ 이제 그녀는 그곳에 하루 종일 있고,// 그리고 그가 일하는 데 그의 인생을 낭비해 가며 버는 돈을/ 그녀는 그녀의 팁으로 받는다"(He married a woman to stop her getting away/ Now she's there all day,// And the money he gets for wasting his life on work/ She takes as her perk)를 비교해보라.

패트리샤 워는 "표현을 위해 정치적으로 사용될 수 없게 만들어진 전달수단에 대한 성적 분노"에 의한 플라스의 언어적 극단주의에 대해서 정확하게 말하고 있지만, 여기에 나와 있는 플라스의 충격적인 이미지들의 다수는 역사에서 끌어낸 것이며, 그래서 그녀는 '개인적인' 시란 히로시마나 다카우와 같은 그런 것들에 일반적으로 적절한 것이어야 한다고 주장했다.[62] 이러한 것들은 라킨 시의 관심사가 아니며, 또한 그 어떤 것도 플라스가 주로 다루는 다른 주제들도 아니다. 그러나 그것들은 그들이 공유하는 사회의 관심사다. 토니 리처드슨(Tony Richardson), 존 슐레신저

---

62 두 책(Waugh 1995: 10; Alvarez 1962) 참조.

(John Schlesinger), 그리고 다른 사람들이 만든 당시의 사실적인 영화들에서 쉽게 볼 수 있듯이, 플라스의 중심주제들의 상당수는, 예를 들자면「휘장」("Purdah")의 결혼과,「겨울나무들」("Winter Trees")의 출산,「아빠」("Daddy")에서의 가족 간의 관계,「튤립」("Tulips")의 질병과 회복을 비롯하여, 국민건강보험(NHS-National Health Service), 복지국가와 가족수당, 이혼법, 피임, 여성들의 해방운동, 그리고 '십대'들의 부상 등으로 휘감겨있는 경쟁적인 영국 사회가 안고 있는 문제들이 일어나는 장소들이다. 1947년 전후의 이혼수치는 전쟁 전 수치의 10배에 달했지만, 1950년대에는 해마다 약 2만 5천명의 꾸준한 비율로 그 수가 줄어들었다. 그러나 결혼은 20세에서 40세 사이의 여성들의 거의 절반을 포함하기 시작해서 1951년도에는 거의 4분의 3분에 이를 정도로 20세기동안 계속 증가했다. 전후 사상 처음으로 베이비붐(baby boom)이 1947년에 극에 달했는데, 그 해에 인구 천 명당 거의 21명이라는 평균 출생률을 기록했다(양차 대전기간보다 5명이 더 많다). 도시생활과 사회보장 때문에 가족들은 확대가족에서 핵가족으로 축소되었다. 플라스는 1970년대의 페미니즘에서나 흔히 볼 수 있는 일종의 정체성 책략에 관심을 두고 1980년대의 새로운 민족성에 관한 토론을 벌인다. 죽음, 불구, (재)탄생, 그리고 물리적 폭력에 대한 그녀의 명상은 재생과 재형성에 대한 강한 열망을 암시하는 것이며, 여성들의 운동이 1970년대의 신체와 여성다움에 대한 설명들을 통한 성적인 억압에 맞서고자 하는 것처럼 그녀의 시는 문화적인 성의 구조들을 바꾸고자 하는 그리고 "주목을 끌기 시작하는 여성의 자아"를 설치하고 비판하고자 하는 정신적인 욕망을 표현하기 위해서,「토끼 사냥꾼」("The Rabbit Catcher") 또는「겨울나무들」에서와 같이 때때로 여성들의 신체적 이미지, 그러나 때로는 그렇지 않은 신체적 이미지를 사용한다.63) 마찬가지로,「아빠」와「라자러스 부인」("Lady Lazarus")에 나오는 홀로코스트

---

63 다음 두 글에 대한 재클린 로즈의 논의를 볼 것. "The Rabbit Catcher" and "emergent female selfhood" in Rose 1991: 135-47.

(Holocaust)에 대한 그녀의 법적인 호소들과 그녀 입장에 대한 비평가들로부터의 공격과 방어들은 대중매체가 공동 책임감을 강화시키고, 개인의 자유 상승이 인간 본성, 자유로운 인문주의, 그리고 보편성에 대한 믿음들이 서서히 죽어 가는 것을 동반하는 세상에서 개인적인 것과 정치적인 것이 훨씬 더 서로 맞물리게 되는 방식에 대한 인식을 보여준다.64)

결론

무브먼트가 자주 상실과 후회, 은거, 묵상, 보수주의, 과거 그리고 전원에 대해서 몰두한 것은 역사와 무관한 자기표현이 아니라, 전쟁, 유럽, 그리고 소위 지금 우리가 포스트모더니즘이라고 부르는 것으로 옮겨가는 사회·정치적인 변화와 타협하려는 국가적인 시도의 일환이다. 전쟁은 여러 면에서 영국시의 폭을 넓혀 주었다. 군복무중이거나 망명생활을 하는 작가들이 새로워진 어휘들을 가지고 아프리카와 중동지역에서 아주 많은 시 선집에 작품을 올리고 있었는데, 예를 들자면 다른 시인들 가운데서도 로렌스 더렐(Lawrence Durrell)은 알렉산드리아에서 글을 썼으며, 오든은 미국에서, 그리고 앨런 루이스(Alun Lewis)는 인도에서 썼다. 로빈 스켈턴(Robin Skelton)은 다른 민족들의 영국유입과 시 번역에 대한 잡지 편집자들의 열의에 의해 부분적으로는 생겨난 1940년대의 '국제주의'에 대해 말한다.

캉퀘스트는 무브먼트의 '품위 있는' 형식주의를 모더니스트들에 의해 그리고 그 다음에는 딜런 토머스의 영향으로 인해 방향이 전환되었던 영국시를 관통하여 흐르고 있는 전통의 일부분으로 생각한다. 되돌아보면, 더 많이 전환된 것처럼 보이는

---

64 시 「아빠」에서 유태 경험의 사용에 대한 견해는 말콤(Malcolm 1995: 63-66)에 정리되어 있다.

것은 캉퀘스트의 중재 때문이다. 『새로운 시』(*The New Poetry*)가 출판된 다음해에 캉퀘스트의 근본방침에 반대하는 시인들(테드 휴도 관련이 있음)이 펴낸 또 다른 무리의 시인들이 필립 홉스봄과 에드워드 루시-스미스의 『그룹 시선집』(*A Group Anthology*)에 함께 소개되어 나왔다. 거기에는 피터 포터, 조지 맥베스(George MacBeth), 마가렛 오웬(Mragaret Owen), 줄피카 고스(Zulfika Ghose), 그리고 피터 레드그로브(Peter Redgrove)도 포함되어 있다.[65] 그 책은 책제목으로 유동적이던 시인들의 모임이 런던에서 주말마다 정규적인 모임을 가졌던 1955년 이후 그들 스스로에게 붙여 주었던 이름을 그대로 사용하였다. 이러한 연구집회들은 홉스봄의 케임브리지에서 영어를 가르쳤던 시절에 겪은 경험들을 토대로 하는 것이었으며, 그들의 제 1 목적은 '그룹'의 구성원들 중의 한 사람에 의해 지어진 그 이전에 이미 유포되었던 시에 대한 견해들을 공유하는 것이었다. 이런 토의 과정에 대한 믿음이외에 그들은 공통된 협의사항이나 시에 대한 공통적인 확신들을 가지고 있지 않았으며, 그래서 그것들이 하나의 '움직임'을 만들어냈다고는 말할 수 없다. 이러한 시인들 중에서, 피터 포터는 일관성 있게 지각과 유머를 가지고 당시의 믿음들에 대한 반응을 보였다. 그의 첫 시집 『한번 물리고, 두 번 물리고』(*Once Bitten, Twice Bitten*)(1961)에 수록된 시들은, 「역사가는 고통을 불러낸다」("The Historians Call Up Pain")의 "우리는 우리의 외로움을 가지고 있지요/ 그리고, 종말론을 내세웠던 후회도"(We have our loneliness/ And our regret with which to build an eschatology)와 같은 구절에서 신뢰상실을, 「존 마스턴 분노를 충고하다」("John Marston Advises Anger")의 "모든 소년들은 소녀들을 침대로 데리고 가기 위해 소리를 길게 뽑으며 고함을 치고 있다./ 우리의 선배들은 꼴사나운 세상이라고 말하지"(All the boys are howling to take the girls to bed./ Our betters say it's a seedy world)와 같은 구절에서의 성적인 난잡함, 「하늘에서 정해진」("Made in Heaven")의 "그녀가 결혼 전에

---

65 그룹에 대한 더 자세한 논의는 가핏(Garfitt 1972)을 보라.

준비해 놓음/ 일손을 덜어주는 일에 필적하는 일손을 덜어주는 부엌"(The labour-saving kitchen to match the labour-saving thing/ She'd fitted before marriage)과 같은 구절에서의 피임, 「변형」("Metamorphosis")의 "굴 빛깔의 단추들, 한 개의 벤트, 끝이 점점 가늘어지는/ 바지들, 양복조끼가 없는, 털이 많이 일어난 트위드천—내 소유의" (Oyster-coloured buttons, single vent, tapered/ Trousers, no waistcoat, hairy tweed—my own) 같은 구절에서의 패션, 그리고 「죽음의 관습들」("Conventions of Death")의 "그래서 생각하기를 포기하고, 열심히 일하고, 차를 사고/ 결혼하고, 정원을 가꾸고, 아이들을 키운다"(So give up thinking, work hard, buy a car,/ Get married, keep a garden, bring up kids)에서는 의례적인 부르주아 생활에서 벗어나고 싶은 욕망 등과 같은 주제에 해당하는 것들을 다 포함하고 있다. 1960년대 전반에 걸쳐 그리고 1970년의 『영국의 최후』(*The Last of England*)에 이르기까지의 성과 소비자 중심주의에 대한 포터의 시들은 영국 생활에 대한 아주 관찰력 예민한 런던거주 호주인의 견해를 제공하고, 그 시들이 아이러니와 패러디를 과도하게 사용하는 것은 광고 카피라이터(copy-writer)로서의 그의 직업을 무심결에 나타내는 것이다.

이 장은 적은 양을 포함시키기 위해 많은 것을 뒤로 제쳐 두었다. 1950년대와 1960년대에 창작활동을 했던 많은 다른 시인들이 많이 알려지지는 않았지만, 종종 같은 일을 하고 있는 사람들 사이에서는 아주 영향력 있는 사람들이다. 한 가지 예가 바로 케임브리지 학파인데, 피터 릴리(Peter Riley), 웬디 멀포드(Wendy Mulford), 그리고 보다 혁신적인 미국과 유럽의 영향들을 만들어 내면서, 그리고 윤리적인 주체성에 대한 보다 복잡한 사상을 명료하게 말하면서 1960년대 후반부터 영국시 주류에 반대하는 입장을 취했던 프린(J.H. Prynne)을 포함하는 작가들의 조직이다. 형식적인 면에서는 보수적이지만 다른 모든 점에서는 독특한 에드윈 뮈어(Edwin Muir)가 1959년에 사망하기까지 표현 그 이상의 것을 암시하고 전달하는 마음에서 떠나지 않는 시들을 썼다. 비록 추상적인 면에서 아주 최고위를 차지하기는 하지만, 어떤 것들은 카프카(Kafka) 풍의 현대적 삶에 대한 비유들처럼 보이는데, 특히 전쟁과 대학살에 관련된 것에서 더욱 그렇다. 예를 들어, 「말」("The Horses")과 「결핍」("The Shortage")이 그렇다. 게다가, 로이 피셔(Roy Fisher)는 그의 시적인 연재물인 『도시』(City)에서 1960년대의 잘못된 고층건물의 도시계획 정책들을 공격한 반면, 데이빗 존스는 웨일즈 문화, 여러 층의 언어, 신화, 그리고 풍경들을 사용하여, 비도회지적이고 비표준적인 영국의 정체성을 소개하고, 또 그것을 다시 재연하는 것을 겨냥한 후기 모더니스트 시들을 썼다. 존스는 이것을 '고향'(home)에 대한 워즈워스식의 추억들을 채집하는 다른 두 명의 중요한 인물들과 공통적으로 가지고 있다. 『브리그플레츠』(*Briggflatts*)(1966)에서 노섬브리아(Northumbria)의 역사, 종교, 그리고 방언에 대한 그의 복잡한 사색들로 그리고 찰스 톰린슨은 글로스터셔(Gloucestershire)와 스태포드셔(Staffordshire)를 환기시키는 것들로 썼다.66) 전후 시는 존 베츠만의 테니스, 홍차, 그리고 열차의 칸막이 객실들이 있는 전후 세상의 위안이 되는 이미지들에서부터 에드워드 모건(Edward Morgan)의 작품에 대한 계속되는 형식의 개조에 이르기까지의 전 영역을 다 섭렵하고 있다.

1960년대와 1970년대 초에, 잡지와 소규모 잡지 출판들의 확산은 1950년대의 문학적 정통에 상치되고 1940년대 작품을 재평가하는 '시 부흥'(Poetry Revival)을 야기했다(Mottram 1993). 크리스토퍼 로그(Christopher Logue)가 1950년대의 시와 재즈를 한데 섞어 놓은 것, 밥 코빙(Bob Cobbing)의 소리 시, 그리고 1960년대 이안 해밀튼 핀레이(Ian Hamilton Finlay)와 존 퍼니발(John Furnival)에 의한 구체시(concrete poetry)와 함께 이루어진 몇 안 되는 영국적인 실험들과 같은 시각적이고 청각적인 설명에 대한 많은 실험들을 주목하는 것 또한 중요하다. 시에 있어서 그 시기는 무엇보다도 1950년대의 여론에서부터 1960년대 전반에 걸친 태도들과 스타

66　이 시인들은 코코란(Corcoran 1993)과 다른 곳에서도 다루어진다.

일의 계속된 증가로 옮겨가는 전후 사회·정치적인 영역에 있어서의 변화와 유사한 발전도상의 다양성 중의 하나다.

1969년, 라킨은 '수에즈 동부'에서 군대를 퇴각시키겠다는 해럴드 윌슨(Harold Wilson)의 결정을 공격하면서 그의 「국가에 대한 충정의 서」("Homage to a Government")를 썼다. 그것은 적어도 상징적으로는 1956년 수에즈 위기로 시작된 영국 제국주의 방향전환의 마지막 단계를 표하게 되는 조치였다. 라킨에게 있어, 그러한 후퇴는 "다음 해 우리는 돈이 부족해서 군인들을 집으로 되돌려 보낸/ 한 나라에서 살게 될 것이다"(Next year we shall be living in a country/ That brought its soldiers home for lack of money)라는 사실을 의미했다. 또한 1969년에, 헐(Hull) 대학 출신에, 다소 이들보다 어린 더글러스 던(Douglas Dunn)은 도시의 노동계층을 생생하게 묘사한 그의 첫 시집 『테리 가』(Terry Street)를 출판하였다. 그 상당부분은 마치 라킨처럼 읽혀지는데, 이것은 그 시들이 초연하고, 약간은 아이러니하며, 그리고 은유보다는 환유를 사용하기 때문이다. 그러나 그 시집은 라킨 시대의 가치관에서 벗어나는 분명한 동작이라는 특징을 가진다. 「현직자와 실직자」("Ins and Outs")의 "나이든 여자들이 문도 없는 화장실에서 몸을 닦고 있는 모습이 보인다" (Old women are seen wiping in doorless toilets)와 같은 구절에서 아주 분명히 드러나듯이, 여전히 계층을 엿보는 관음증적인 분위기가 있기는 하지만, 그 시들은 그들이 주로 사용하는 중심제재에 대한 따뜻함, 그리고 사회적인 불평등이 계속되는 것, 복지국가가 존재한다는 사실에 관해서가 아니라 그것의 실패에 대한 깊은 분노가 특징적이다. 개별적인 시들은 또한 1960년대의 정형들에 대한 양자택일적인 전망들을 제시해 준다. "젊은 여자들은 한 번에 거는 큰돈에 기분이 좋아지는 것이 아니라,/ 사람들이 꽉 찬 선술집에서 마시는 싸구려 스페인산 버건디 또는 맥주로 메스꺼워진다"(the young women 'don't get high on pot, but get sick on cheap / Spanish burgundy, or beer in rampant pubs)고 「귀족」("The Patrician")에서 쓰고 있다. 어느 정도로는, 라킨에서 던(Dunn)으로의 변화, 즉 라킨의 중하계층 영국 중부지역의 소외에서 던의 사회 전통들에 깊이 뿌리를 박고 있는 스코틀랜드 노동계층으로의 변화는 계층으로 설명될 수 있다. 그러나 소외와 계층에 관해서, 던은 새로운 종류의 문제들을 안고 있었다. 전후 사회의 대변혁으로, 그는 1944년 버틀러 교육헌장(Butler Education Act)에 대한 만족감을 설명한다. 노동계층을 "주의 깊게 조사"했었던 오든 말고, 던, 토니 헤리슨(Tony Harrison), 그리고 이후에 나온 크레이그 레인(Craig Raine)과 같은 1960년대 후반의 도심부에 살던 학생들은 그들의 부모님들이 살고 있는 빈민굴을 뚫고 나와 시인이 된 사람들이다. 이는 어린아이들이 그들의 부모님의 것과 완전히 상반되지는 않지만 낯선 문화에 노출되듯이, 계층차이에 대한 여러 가지 생각들을 분출시켰던 움직임이었다. 또한 그것은 영국사회의 참정권이 박탈된 구역에게 다른 언어와 목소리를 주었고, 그 다음 10년이 끝나갈 무렵, 『테리가』에 대한 던의 감정들은 마가렛 대처(Margaret Thatcher)가 집권한 해에 출판된 그의 중요한 4번째 시집인, 『야만인들』(*Barbarians*)을 통해 표방하고 있는 계층정책에 대한 분노로 격화되었다. 던은 그리스인들에게 야만인들이란 그들의 언어로 말하지 않는 사람들이었다는 사실에 주목하면서, 1970년대 후반에 악화된 것처럼 보이지만, 사실 1980년대에 들어서 더 넓어진 틈이 특징으로 자리 잡은 몇 가지 배타적인 요소들과 분리적인 요소들인 잉글랜드로부터 스코틀랜드 배척 및 분리, 중산계층으로부터 노동계층의 배척과 분리, 노동당과 보수당 및 부모와 자식 간의 배척과 분리를 포함하도록 자기의 시를 폭 넓게 사용하고 있다.[67]

---

67 "The Mastering Eye: Douglas Dunn's Social Perceptions" in Robinson 1988: 82-99.

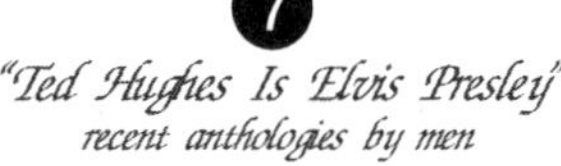

"테드 휴즈가 엘비스 프레슬리다"
남자들이 주도한 최근의 시선집들

좋아, 그렇다면 이놈들아! 우리들이 시를 빌려 쓰는 너의 그 형편없는 임차권을 차지할 것이다.

(토니 해리슨, 「그들과 [울들]」)

So right, yer buggers then! We'll occupy your lousy leasehold Poetry.

(Tony Harrison, "Them and [uz]")

서론

이 장에서는 3가지 주제에 관하여 논의하려고 한다. 우선, 블레이크 모리슨(Blake Morrison)과 앤드류 모션(Andrew Motion)에 의해 편집된 『펭귄판 현대 영국시』(*The Penguin Book of Contemporary British Poetry*)라는 이름으로서 1982년에 출판된 시집이 하나고, 두 번째는, 지난 30년간 출판된 많은 서사시들과 시를 이용한 사회연구서들이다. 세 번째로는, 비평적 견해들을 나누어 주는 가장 최근의 의

견이 분분한 시선집인 『새로운 시』(*The New Poetry*)이다. 이것은 마이클 헐스 (Michael Hulse), 데이빗 케네디(David Kennedy), 그리고 데이빗 몰리(David Morley)에 의해 편집되어서, 1993년 블러댁스(Bloodaxe)에 의해 출판되었다.

이 장을 시작하는 서사로서, 나는 그 시기에 관한 일차적인 개관에 관해 말하고 싶다. 1950년대와 1960년대 초 그 기간 동안의 예술들은 계층이동, 성적인 모험, 그리고 사실주의적 미학의 주제라는 특징을 띠고 있었다. 이것은 대체로 드라마, 소설, 시, 그리고 영화부문에서는 맞는 말이었다. 여성들이 여전히 편집인들의 그 유명한 목록들에서 제대로 설명되지 못하고 있지만, 영향력 있는 텍스트들은 계층과 문화면에서 다양한 배경을 가진 작가들에게서 그 모습을 드러냈다. 작가들은 예술의 경계와 언어라는 매체를 밀어붙이는 것보다는 당시 사회경험의 물질적인 관계들을 탐색하는데 더 많은 관심을 기울였다. 이러한 것을 강조하는 현상이, 시뿐만이 아니라 존 오스본(John Osborne)의 극단적으로 리얼리스틱한 드라마와 셸라 들레니(Shelagh Delaney)의 극장, 조지 레밍(George Lamming)과, 콜린 맥클네스(Colin MacInnes), 앨런 실리토우(Alan Sillitoe), 존 브레인(John Braine), 그리고 데이빗 스토리(David Storey)의 소설, 그리고 영화에 대한 관심사에 있어서의 사회적인 그리고 형식적인 변동과 조화를 이룬다. 영국의 노동자계층의 삶을 다룬 "단호한 북부의 리얼리즘"이 『거짓말쟁이 빌리』(*Billy Liar*), 『꼭대기에 있는 방』(*Room At the Top*), 그리고 『사랑 같은 것』(*A Kind of Loving*)을 통해 영화화되었고, 그 모든 것들은 최근에 나온 소설들을 기초하여 만들어졌다. 가장 중점적으로 몰두하고 있었던 사항들은 '난잡한 세대'(promiscuous generation)와 '국민의 침체'(national malaise)였다. 1968년 내사니엘 탄(Nathaniel Tarn)은 "영국의 권력이 축소되었다는 사실에 대해 우리는 알고 있다. 이는 다른 무엇보다도, 시인이 정치적인 문제로부터 돌아섰다는 것이다. . . 그리고 우리가 살고 있는 세상에서 정치와 결별한 시는 사회로부터 남자가 분리된다는 것만큼 상상할 수 없는 일이다"(Tarn 1968: 396)라고 쓸 수 있었다. 그러나 이런 추세는 1930년대 이후 어떤 시기보다도 더 표명화된 정치 분야의 분극화가 『북』(*North*)에서 "골치 아픈 문제들"(Troubles)을 다룬 셰이머스 히니에서부터 『잉글란은 음탕한 계집』(*Inglan Is Bitch*)에서 "바빌론"(Babylon)을 비난했던 린튼 퀘시 존슨(Linton Kwesi Johnson)에 이르기까지 보다 많이 맞물려있는 시들을 동반하는 다음 20년에 걸쳐 일어날 변화였다. 대중음악은 마가렛 대처가 여러 가지 반정부 활동을 일어나게 하면서, 때로는 비트(Beat)의 「마가렛을 말려라」("Stand down Margaret")에서부터 대처의 무덤위에서 춤추는 일에 관한 내용을 담고 있는 엘비스 코스텔로(Elvis Costello)의 악담을 퍼붓는 시 「진흙을 짓밟아라」("Tramp the dirt Down")에 이르는 개별적인 공격들로 1979년 정권을 장악했을 때, 더욱 더 정치적으로 변했다. 또한, 시 전반에 걸쳐 직접적인 사회·정치적인 언사 즉, 『검은 안경』(*Dark Glasses*) (1984)에 수록된 「조사관」("The Inquisitor")이라는 시에서 대처에게 가한 블래이크 모리슨의 공격, 토니 모리슨(Tony Morrison)과 조셉콧(Jo Shepcott)만큼이나 다양한 작가들에 의해 쓰여진 걸프전쟁에 관한 많은 시들을 거쳐 재키 케이(Jackie Kay)의 『입양문서』(*The Adoption Papers*)(1991)에 수록된 「인두세에 이르는 죽음」("Death to Poll Tax")에 이르는 성명들의 증가가 있었다. 때로는 이전 20년간에 일어난 많은 발전들과 사회적인 격변에 대한 반응들로 보이는 1970년대와 1980년대의 정치·경제적인 변화들은 물가상승, '골치 거리들', 산업 활동, 그리고 실업이라는 4가지 국내 중요 논쟁점들 주변을 맴돌았다. 예를 들어, 아일랜드 혁명군(IRA: Irish Republican Army)이 영국본토에 폭탄투하를 시작한 1973년에 물가상승이 23퍼센트에 달했고, 광부들의 초가시간 근무를 금지한 결과로 주 3일 근무(Three Day Week)제가 도입되었다. 반면 실업은 앵글로-아일랜드 협약이 체결되고 1984년에 일어난 광부들의 파업에 관한 사회적으로 큰 쟁점이 되었던 작품인 다음에 논의될 토니 헤리슨의 시 「브이」("V")가 나온 1985년에 들어서 극에 달했다.

그리고 다른 일단의 작가들이 1970년대에 그 모습을 드러냈다. 그들 중 많은 사람들이 현재 1990년대의 기존의 명성들을 구축하고 있다. 이 사람들은 전쟁과 대영제국의 쇠락을, 또는 대량 소비주의가 만들어지기 전의 생활, 록앤롤(rock and roll), 그리고 1950년대에 '십대'를 보내지 않았던 또 그것을 경험하지 않은 시인이며 소설가들이었지만, 대신 그들은 고급문화와 대중문화 둘 다, 문학적인 전통과 텔레비전을 평가하면서, 사회복지와 미소냉전을 다 경험하며 성장한 사람들이었다. 1970년대 글의 지배적 주제들은 무수히 많은 방법들로 영국문화가 점차적으로 미국화되고 있는 경향과 더불어 사회적인 태도, 성적인 습속, 종교의식, 그리고 젊은이들의 움직임들에 있어 전후에 생겨난 변화들이 무르익었음을 반영하였다. 텔레비전 그리고 라디오는 소설과 시를 상업적인 면에서 실패를 거두게 할 것이라고 널리 그리고 잘못 생각되었던 주류 대중 소비-문화의 중심 산물이 되었다.

예술에 있어서도 모더니즘에 대한 관심에서 포스트모더니즘에서 통용되는 단어들에로의 변화가 일어났다. 모조품(simulacra), 초현실(hyperreality), 메타담론(metanarrative), 숭고미(sublime), 합법화(legitimation), 문화적 논리(cultural logic), 말놀이(language game), 황홀경(ecstasy), 기타 등이 그런 것들이다. 역사와 역사의 서술구조에 대한 포스트모더니즘의 관심은 사료편찬 분석가들이 문학 비평가들과 마찬가지로 언어적인 효과들에 주의를 기울여 할 필요가 있음을 암시해 주고 있다. 담론, 은유, 공상, 서술. 역사, 정체성, 그리고 언어에 대한 해부는 전형적인 포스트모더니스트 글이다. 시에 있어서, 그러한 관심들은 이야기화자가 사용하고 있는 기교에 대한 인식뿐만이 아니라 역사의 구조에 대한 인식까지도 보여주는 제임스 펜튼(James Fenton)의 서술적인 생각에서 분명하게 드러나고 있다. 똑같이 만들어진 러시아인형 세트와 계속해서 되풀이되는 "심지어 모든 사람들의 자아는 완전히 가공된 것이다"(Even one's self is wholly fictitious)라는 행이 나오는 짧은 시 「소설」("Fiction")에서와 같이 피터 레딩의 포스트모더니즘에 대한 포스트모더니스트 풍자에서 '등장인물'의 인위성이 놀림을 받고 있다. 1980년대를 거쳐 오면서, 레딩의 작품에서 분명해진 사회적인 포스트모더니스트 시에 대한 관심이 마이클 호프만 (Michael Hofmann), 이안 맥밀란(Ian McMillan), 피터 디즈베리(Peter Didsbury)의 시로 인해 이전보다 더 큰 호응을 얻었다[68].

1970년대에 점차로 가중되었던 투쟁적인 운동에 의해 획득된 추진력으로, 명랑한 글이 지넷 윈터슨(Jeanette Winterson)과 앨런 홀링허스트(Alan Hollinghurst)와 같은 소설가들과 함께 1980년대의 주류로 파고들었다. 젠더이론(gender theory), 신체 정치학(body politics), 기이한 이론, 그리고 (대체로 음식과 관련이 있는) '히스테리성의 질병'에 대한 미디어의 관심 그 모든 것들이 성욕과 정체성에 대한 확대된 강조를 만들어냈다. 시에서, 레즈비언 성욕은 모린 더피(Maureen Duffy)와 「그리고 나는 아직도 그것을 믿지 않는다」("And I still cannot believe it")와 「튤립」 ("Tulip")의 재키 케이와 같은 작가들에 의해 찬양되었다. 또한, 많은 여성작가 무리들이 뷔라고(Virago)의 성공이후 1970년대와 1980년대에 생겨났다. 우리가 마지막 장에서 살펴볼 인종 정치학에 의한 교정된 역사들, 식민주의, "검은 대서양"(black Atlantic), 그리고 민족적 종교적 차이들에 대한 관심에로의 변화들이 최근에 생겨났다. 1970년대 이후로, 문학과 대중문화 둘 다는 성욕과 정치학, 여성의 성적매력과 펑크락(punk rock), 생태정치학과 마약문화, 도시근교와 대도시의 태도들, 자치권부여와 유대인의 분산이라는 시대적 경향들로 가득 찬 대형 여행 가방을 목격하게 되었다. 이러한 움직임들과 함께, 정부가 1980년대에는 "빅토리아조 가치관"이라고 명명했고 1990년대 초에는 "가족 가치관"이라 불렀던 전통주의자의 복고주의적인 힘이 수반되어 왔다. 전반적으로 그 시기를 지내오면서, 마가렛 대처는 반동을 선두에 나서 지휘했는데, 그녀는 "우리가 1960년대 뿌렸던 씨의 결실을 지금 거두고 있

---

68 이에 대한 더 자세한 논의는 다음 자료를 볼 것. '"Just the Facts, Just the": A Rough Guide to British Postmodernism' in Kennedy 1996: 79-119.

는 것이다. . . 현재 유행하고 있는 이론들과 관대하고 인기를 끌기 위해 하는 말들은 수양과 자기절제라는 옛 미덕들이 훼손당한 사회를 위한 무대를 만들어 놓았다"(Weeks 1985: 18)고 주장했다.

위에서 언급했던 시인들 중의 한 사람인, 피터 레딩은 적대적인 목소리의 주인공이며, 그리고 그의 견해는 토리당의 가치관, 특히 대처의 견해와 불협화음을 이루었다. "그러나 여러분의 많은 현명한 정책들이/ 여러분의 섬을 구하고 있습니다,/ 여러분의 더렵혀진 섬을, 그리고/ 모든 공평함들을 무로 만들어 버렸습니다"(But your many wise policies/ were saving your islet,/ your filthy isle, and/ made all equal with nil)라고 그는 『에바가토리』(*Evagatory*)(1992)에서 선언했다. 그의 작품들은 사회적인 행동과 편견에 대한 자세한 기록들에 해당하는 것으로, 종종 가장 어려운 주제들 중의 몇몇에 집중되기도 한다. 『탐 오베들람의 아름다움』(*Tom O'Bedlam's Beauties*)(1981)은 정신병과 관계있는 것이고, 『씨』(*C*)(1984)는 100부로 구성된 암 연구서다. 엘리엇의 『황무지』의 전통을 따르는 레딩의 장시들은 대체로 영국 중심 도시들에 만연된 폭력과 부패 중에서도 가장 최악의 면들에 관심을 보이는 것들이며, 영국 중심도시들의 더러운 길들은 "악취로 범벅이 된 변종들"(pongoid subspecies), 즉 "오존층이 손상된 하늘 아래에서 목가적인 들놀이"(pastoral picnic under an ozone hole)를 하고 싶어 하는 소외된 대중들로 뒤덮인 곳이었다. 톰 폴린은 레딩의 시각을 "필요 없는 잡동사니로 그득한 영국"(Junk Britain), 즉, 『우쿨렐레 음악』(*Ukulele Music*)(985)에서 그는 그렇게 이름을 붙였고, "볼품없는 파편들로 기울어진 국민의식을 호되게 꾸짖고 제정신이 아닌 영국생활의 추잡함을 폭로 한다"(Paulin 1992: 291). 대량실업, 도시범죄, 과도한 성욕, 선정적인 문화, 미래에 닥칠 대변동, 공허한 애국주의, 해군의 역사, 그리고 제국주의의 쇠락 등에 다양하게 그 초점을 맞추고 있는 시, 『우쿨렐레 음악』은 독창적이고, 유희적인, 정상적이지 못한 설명을 달고 있는, 다양한 목소리를 갖게 하는 1980년대 중반의 영국이 처한 상황에 대한 분석이다. 그것의 중심 제재는 포클랜드 전쟁이후의 자부심과 자유 시장경제를 축하하는 일상생활의 "현실성"(the Actual)을 잊어버린 나라다. 레딩의 작품이 너무 과도하게 처절하다고 생각하는 그를 험담하는 사람들에게, 레딩은 『우쿨렐레 음악』으로 "하지만, 너무 암담한 그리고 저 꼭대기 너머에서 실제적인 일이 가끔은/ 일어난다, 나는 두렵다. 그가 만들어내지는 못해, 알아"(Too black and over the top, though, is what the Actual often/ happens to be, I'm afraid. He don't invent it, you know)라고 응수한다. 『스텟』과 같은 작품들에, 이어서 나오는, 현재는 시각적으로 그리고 인쇄 상으로 실험적이라고 생각되는 레딩의 시들은 더 극단적이고 더 금욕적이었다. "여러분은 볼 수 있었다, 주택지들과 새로 생겨난 불결한 고층건물들에서, 몰락스를/ 잔뜩 골이 나서 아무 말 하지 않고 튼튼한 송곳니를 갈고 있는; 텔레비전에서 배운, 정육점 주인 같은, 짐승 같은 사람"(You could see, in the estates and the new slum high-rises, Morlocks/ sullenly honing rank fangs; telly-taught, butcherous, brute). 진부함과 점잔빼는 말투에 대한 경멸로 가득 찬 레딩의 다큐멘터리 문학작품들은 기술적으로 영국생활의 취약점을 시로 잘 바꾸어 놓고, 또 그래서 시를 읽는 독자들로 하여금 사회적인 현실들과 맞서 싸울 수 있도록 한다.

다른 사람들은 출판사업의 범위 내에 있는 시를 변형시키려고 노력해왔다. 뷔라고와 여성 출판사(Women's Press)와 같은 새로이 등장한 페미니스트가 남긴 흔적들이 서적업계에 내재된 성불균형에 아주 큰 영향을 주고 있는 동안에, 새로운 출판사들 역시도 지난 30년간에 걸쳐 런던을 벗어나 있던 시 출판에 있어 새로운 방향을 제시해 주었다. 특히, 앤빌(Anvil), 피털루 시인들(Peterloo Poets), 에니사먼(Enitharmon), 그리고 시렌(Seren)(웨일스 시 출간)과 더불어, 맨체스터(Manchester)의 카커넷(Carcanet), 뉴캐슬(New Castle)의 블러댁스 1970년대와 1980년대에, 뉴비콘 북스(New Beacon Books), 피펄 트리(Pepal Tree), 댕거루 프레스(Dangaroo

Press), 그리고 보글 루버추어(Bogle-L'Ouverture)와 같은 흑인 출판사들도 시 시장으로 의미 있게 잠입하기 시작했다. 이러한 지리적·문화적 변화와 함께 시를 심미적으로 생산하고 수용하는 변화가 수반되었던 것이다. 최근에 나온 『새로운 시』(*The New Poetry*) 편집자들 중의 한 사람인 블러댁스(Bloodaxe)의 견해에 의하자면, 시는 어렵고 신성하며, 파괴적이고 도덕적이며, 국가적이고 개인적이지만, 정치적이지 않은 진솔한 표현에서 쓸 수 있는 것이라면 어떠한 것이라도 있는 그런 공개된 공간으로 바뀌었다. 비록 주 창작경향은 민주적이고, 좌파적이며, 사회적인 것과 관련이 있으면서도 국제주의자적이지만 구어체적이고, 유머러스하면서도 진지한, 그리고 앞서 말한 모든 것을 다 포함하는 것이라고 하더라도 말이다(Kennedy 1996: 247-8). 시는 문화적으로 중요하고 또 우선 당장은 주변에서 지금 일어나는 일에 관한 것이며 또 그러한 것에서 나오는 것이다.

대중적인 시로의 현재의 이런 변화, 이따금은 대중주의자와 상업적인 것이 다음에서 논의될 것이다. 그러나 이 장이 마지막 장이 아니고, 뒤이어 2개의 장이 더 남아 있다는 이유는 이 장과 바로 앞장에서 내가 주로 영국본토 출신의 백인 남자시인들에 관해서 논의했기 때문이다. 대체로 영국에서 "시 산업계"(poetry industry)를 여전히 장악하고 있는 사람들 그리고 내가 주로 논의하게 될 2개의 시선집을 편집한 5명의 편집인들 모두가 다 '잉글랜드' 출신의 남자들이다. 전쟁이 있은 후, 무브먼트 시인들은 지역주의와 계층을 기초로 하여, 그러나 젠더를 토대로 하지 않는 새로운 시를 만들어 냈고, 토니 헤리슨, 더글러스 던(Douglas Dunn), 그리고 셰이머스 히니와 함께 시작된 중간 세대에게도 마찬가지로 그렇다. 이런 지배권에 대한 강력한 도전들은 아주 최근에 생겨난 것이고 남은 2장에 걸쳐 논의할 예정이다.

"상상속의 특권"을 확장하기

『펭권 판 현대 영국시』(*The Penguin Book of Contemporary British Poetry*)는 사이 20년간에 걸쳐 첫 번째로 '진지한' 시선집을 내놓은 것으로서, 알바레즈의『새로운 시』(*The New Poetry*)의 견지에서 보면, 노력을 기울였던 편집인들과 함께 의식적으로 자료가 수집되어 만들어 진 것이었다. 모리슨과 모션(Motion)은 1962년과 1982년 사이에 중요한 차이점들이 있다고 느꼈다. 아주 육중한 무게의 진지함과 고품질간의 상호관련성에 대한 알바레즈의 믿음이 "단순화"(simplistic) 되었다는 인식과, 히니가 앞장을 섰던 새로운 북아일랜드 시인들의 출현, 서사시의 부활, 또한 은유, 기발한 착상, 그리고 낯설게 하기에 대한 관심, 그리고 프로이트가 말하는 감춰지고 비밀스러운 힘들의 원천으로서보다는 '부드러움과 재생이 잠재적으로 잠겨있는 수원지'로서의 상상력에 대한 믿음 등이 중요한 차이점들이다. 그들의 소개에 따르자면, 모리슨과 모션을 위시한 20명의 시인들은 라킨 또는 플라스처럼 고백적인 내부인들이 아니며 전쟁와중이 아닌 전쟁이후에 성장기를 거쳤던 아웃사이더 이야기꾼들이다. 그 시기의 모든 것을 설명해주는 사람들에게,『옵저버』(*Observer*) 지의 문학담당 편집인인 모리슨과 채토 앤 윈더스(Chatto and Windus), 그리고 페이버(Faber)에서 시를 담당했던 편집인인 모션에 의해서 시인을 선발한 내용을 보면, 편협하고 대도시를 강조하는 것처럼 보였다. 이들은 대체로 남동부의 큰 출판사에 의해 출판된 백인 남성들이었다. 대부분 시인들은 보수적이고 개인적인 문제에 더 많은 관심을 가졌다. 1979년 이후의 자기중심사회의 분위기에 딱 맞는 것인데, 1966년 이후로 시인들은 알바레즈의 권고에 반발하고, 대신에 에릭 홈버거(Eric Homberger)가 "의미심장한 경험을 극단적으로 개인화하였다"고 말했던 것을 창출하였던 것처럼 보인다(Spencer 1994: 4). 사회, 역사, 그리고 (북아일랜드 지역을 제외한) 정치는 심지어 계층에 대한 논의의 개인적인 경험으로 만들어진 일화들에 의해 압도되었다.

그런 시인들 몇몇에 대해서는 남은 두 장에 걸쳐 논의할 것이지만, 여기서 나는 전반적으로 성 편견으로 시작하는 책을 논해보고 싶다. 다른 경우지만, 모리슨은 크레이그 레인, 제임스 펜튼, 셰이머스 히니, 토니 해리슨, 폴 멀둔(Paul Maldoon), 휴고 윌리엄스(Hugo Williams), 그리고 마이클 호프만(Michael Hofmann)과 같은 작가들 상당수에게서 그들이 가족과 가정생활에 관심을 갖고 있음을 찾아내었다고 말했다. 그러나 보다 더 엄밀하게 하자면, 이 관심은 "해리슨의 운율이 지닌 건장함과, 레인이 은유를 채집하여 모아들이는 것, 멀둔의 어려운 궤변, 펜튼의 몰개성"(Morrison 1987: 211)과 같이 아버지와 남성성에 대한 매력으로 드러나고 있다. 전부 남성인 그 시인들은, 만약 있다면, 부르주아로 변한 농부들의 아들들(히니)과 버섯 따는 사람들(멀둔) 및 권투선수들(레인)과 빵을 굽는 사람들(해리슨)이 노동계층이었던 그들의 아버지들과의 소원했던 관계를 회복할 때 남성성의 위기라는 공통적인 경향을 보여준다. 어떤 점에서도 모리슨은 이런 선입견이 1970년대에 출현한 페미니스트와 혹은 용인된 남성성의 개념에 대한 도전과 어떤 관계가 있을지도 모른다는 것을 주장하지는 않는다. 루크 스펜서(Luke Spencer)가 해리슨에 대해서 썼듯이, "아버지에 대한 기억을 그가 해 낼 수 있고, 또 그것에 편안해 질 수 있는 공통된 근거를 찾아내고자 하는 그의 강한 열망은 남성의 인정과 동의를 원하는 아주 강한 욕구"에 대해 이야기하고 있다(Spencer 1994: 3). 이것은 "효성의 기술"(filial art)이라기보다는 계층과 교육이라는 점에서 다음 장에서 이야기하게 될 1960년대 이후의 당시 여성시인들의 시에서 재건된 정체성에 대한 탐색과 비슷한 방법으로 소원했던 관계를 가졌었던 아버지와 화해를 하는 남성들에 관한 것이다.

『펭귄 판 현대 영국시』는 어쩔 수 없이 출판하면서 많은 반발을 일으켰는데, 이는 그것이 알바레즈의 시집이후의 20년을 단 20명의 시인만을 이용하여 정리하려는 시도를 했기 때문이었다. 다음에 이어질 2개의 장에서 논하게 될 시인들이 빠져 있는, 그 책은 딱 두 종류의 글인 서사시와 '화성' 시(Martian Poetry)를 옹호하고 있는 것처럼 보였다. 서사시에 대해서는 다음에 더 깊이 논하게 될 것이며, 데이빗 스위트만(David Sweetman)을 비롯하여 크레이그 레인과 크리스토퍼 레이드(Christopher Reid)의 '화성 시파'(Martian School)에 대해서는 여기서 잠깐 짚고 넘어가려 한다.

크레이그 레인은 1981년에서 1991년까지 페이버 출판사의 시 담당 편집인이었지만, 비록 그가 "확고한 입지를 굳힌 주류" 명사가 되기 이전, 가끔은 잘 연결되지 않는 은유들이기는 하지만 제대로 전개되는 그의 이상야릇한 문체는 『양파, 추억』(*The Onion, Memory*)(1978)과 『화성인이 고향으로 엽서를 부치다』(*A Martian Sends A Postcard Home*)(1979)라는 그의 첫 두 권의 책들에 나와 있다. 『화성인이 고향으로 엽서를 부치다』라는 시집은 제임스 펜튼이 '화성시파'로서의 레인과 다른 사람들에 대해서 논의하고 싶은 마음이 들도록 하였다. 아주 "낯설게"(alien) 보이는 일상생활의 사물들을 독창적인 방식으로 묘사하면서 상상력 풍부한 직유들을 전문으로 다루는 일단의 시인들 마냥 레인은 「상아 2 인치에 대한 연구」("An Enquiry into Two Inches of Ivory")에서 전등 스위치들이 "납작한 얼굴의 외양간 올빼미"(flat-faced barn-owl)처럼 보이는, "전구들이 전기 배"(light bulbs are electric pears)가 되는, 그리고 "옷이 옷장에서 줄지어 기다리는"(Clothes queue up in the wardrobe) 그러한 세계를 만들었다. 은유와 가사에 대한 관찰력에 대한 그의 관심집중은 그에게 공적이고 정치적인 주제를 피하는 시인이라는 명성을 안겨다 주었지만, 새신부에 대한 우려를 얼스터지방에서 있을 법한 폭력을 위해 여행하는 것에 대해 느끼는 이방인들의 두려움에 비유하고 있는 「벨파스트로의 비행」("Flying to Belfast")(1977)에서처럼 그가 보다 폭 넓은 도덕적인 중요 논쟁점들을 개인화한다는 주장이 제기되었다(Robinson 1988:18).

'화성' 시인이라 이름 붙여진 또 다른 시인인, 크리스토퍼 레이드는 레인의 그늘에 가려 다소 괴로움을 겪었는데, 그는 옥스퍼드에서 레인으로부터 교육을 받았으며 그를 대신해서 페이버사에서 1년간 대리 업무를 보았었다. 그러나 레이드는 레인보다 더 억제되고, 심사가 뒤틀려 있는, 애정 깊은 시인이다. 그의 시들은 「부르주아 원시인들의 온전한 학교」("A Whole School of Bourgeois Primitives")의 두 연들이 첫 행의 "줄무늬 진 잔디밭, 고양이의 잠옷"(lawn in stripes, the cat's pyjamas)을 그대로 모방하면서, 형식에 대한 해학적인 관심을 보여준다. 앙리 루소(Henri Rousseau)의 그림들에서 주제를 따온, 그 시는 문명이 자연을 두려움이 있는 존재가 아니라 유순하고 말쑥하게 길들이고 있음을 빈정댄다. 레이드의 시들 역시 가끔은 더욱 더 그런 관계가 있을 때도 있는데, 아이러니 하게 제목이 붙여진 「느슨하게 연결된 위대한 사상들」("Big Ideas with Loose Connections")에서처럼 공원에서 할 법한 행동을 성적인 열정으로 바꿔 놓기를 좋아하는 관찰자들의 렌즈를 사용하여, "꿈틀대는, 긴 꼬리가 달린 연이 정자처럼 뛰어 오른다/ 태양을 향해, 태양의 흐릿한 난자를 향해"(A wriggling, long-tailed kite leaps like a sperm/ at the sun, its blurry ovum)와 같이 끝을 맺는 시에 그러한 것을 나타낸다. 비록 더욱 짓궂기는 하지만, 레인처럼 레이드 역시도 시의 정수는 새로워진 인지, 즉 상상력 풍부한 낯설게 하기라고 주장한다.

　"존재한다는 것은 인지하는 것이다"(to be is to be perceived)라고 하는 버클리(Berkeley)의 공식에 의존하는, 레인은 세상이 우리에게 얼마나 자연스러운지 그리고 얼마나 친숙한지를 끊임없이 강조하고 있다. 반대로, 그의 가장 유명한 시에 등장하는 외계인은 "모든 색들이 죽어버리는"(when all the colors die) 밤에 짝을 지어 숨어있는 사람들을 보고 나서 그들의 삶을 "눈꺼풀이 닫혀 있는(with their eyelids shut) 것으로 이해한다(「화성인이 고향으로 엽서를 부치다」). 레인은 인간들을 포함하여 "일상적인 것들"(Daily things)에 관심을 가지기는 하지만, 그것들을 생소한 비교에 둠으로써 색다르게 보이도록 하기 위해 갖은 애를 쓴다. 대단치는 않지만 외양적으로 제인 오스틴(Jane Austen)이 영향을 주었다고 말한 「상아 2 인치에 대한 연구」는 "넓은 실내"(the great indoors)에 대한 거의 모든 비교들이 야생 동물에서 끌어낸 것들이기 때문에 예외적인 작품에 해당한다. 레인은 되풀이하여 그가 "평범한 미술관"(the museum of ordinary art)이라고 부르는 것을 탐구하고 또한 독자에게 일상생활에서 흔히 볼 수 있는 사물들을 마치 특별 전시회에서나 볼 수 있는 물건들이나 된다는 듯이, 관찰하라고 요구한다. 그러나 비평가들은 높이 평가를 받는 글을 인지와 소외에 대한 논쟁점들로 축소시키면서 특히 레인이 페이버사에서 편집인의 자리에 있은 이후로, 특이한 은유가 너무 자주 시에 대한 정의로 사용되게 된 것에 대해 이의를 제기하고 있다. 그리고 이것은 모리슨과 모션의 제한적인 영향을 비난하는데 사용된 비난의 정도를 지적해주는 또 다른 표시다. 그러나 이후에 나온 그의 작품, 즉 『풍요로운』(*Rich*)(1984)에서, 그리고 특히 방대한 운문 "소설"인 『역사: 가정용 영화』(*History: The Home Movie*)(1994)에서, 레인은 비록 『역사: 가정용 영화』의 취지가 레인 자신의 가계도 주변에다 20세기를 포장함으로써 공적인 사건들을 자기 집안으로 끌어들이려는 것이라고 논박을 당할 수도 있지만, 모리슨과 모션이 연습하고 있는 일종의 설화체시 쪽으로 그 방향을 바꾸었다.

『펭귄 판 현대 영국시』가 출판될 당시, 라킨은 이 책에 대한 이의를 제기했는데, 이는 알바레즈와는 다른 편집자들이 옹호할 위치에 있지도, 제출한 메시지도 가지지 않았기 때문이다. 더 최근에는, 피터 배리(Peter Barry)와 로벗 햄슨(Robert Hampson)은 "시인과 시를 고르는 시 선집 선택에서 분명히 증명되고 있는 시적인 기호의 편협성이 은연중에 제목에 나타나 있는 주장과 상충 된다"고 적고 있다 (Barry and Hampson 1993: 4). 모리슨과 모션이 그들의 서문에서 1960년대와 1970년대 상당시기에 새로운 일이 거의 일어나지 않았다고 주장하지만, 배리와 햄슨은 이 말이 1970년대와 1980년대에 서적을 출판하고 있는 출판사들의 작품 수에 그리고 2개의 다른 시선집인 앤드류 크로지어(Andrew Crozier)와 팀 롱빌(Tim

Longville)의『다양한 예술』(*A Various Art*)과 질리언 올넛(Gillian Allnutt), 프레드 다귀아르(Fred D'Aguiar), 에릭 모트람(Eric Mottram), 그리고 켄 에드워즈(Ken Edwards)가 편집한『새로운 영국시』(*The New British Poetry*)에 수록된 내용들과 모순됨을 지적한다. 1962년에서 1982년의 새로운 창안의 상당량이 모리슨과 모션이 눈여겨보지 않았던 곳인 여성들의 시, 영국 흑인의 글, 그리고 소규모의 출판사에서 일어나고 있었다. 그러나 펭귄 시선집도 또한 서사시로의 새로운 유행을 강조하고 있는데, 이 서사시는 종종 포스트모더니스트하고 환상적이지만, 때로는 정치적이고 풍자적이기도 하였다.

1979년부터 계속해서 죽, 영국은 과감하게 여론 정치로부터 방향을 돌렸다. 양당에 의해 초래된 긍정적인 변화들이었던 국유화와 복지국가가 더 이상 고려되지 않았다. 1979년『옵저버』(*Observer*)지와의 인터뷰에서, 라킨은 말했다.

> 오, 나는 대처여사를 깊이 흠모합니다. 마침내 정치의 의미가, 스태포드 크립스(Stafford Cripps) 이후로 그렇지 않았던, 나에게 와 닿습니다. . . 그러나 유감이지만 나는 그녀가 국민들의 태도를 성공적으로 바꾸지 못할 거라고는 생각하지 않습니다. 나는 모든 것이 너무 멀리 지나가 버렸다고 생각합니다. 이 나라에 무슨 일이 일어날지 나는 상상조차 할 수 없습니다.
>
> (Larkin 1983: 52)

피터 레딩말고도, 대처와 1980년대의 정신에 반감을 표시하는 말을 아마 가장 유창하게 말한 시인이 토니 해리슨이다. 해리슨은 모리슨과 모션의 시집에서 아주 중요한 역할을 하고 있는데, 그의 긴 서사시「브이」("V")에 관한 논의로 넘어가기 전에 나는 그와 그의 단시, 둘 다에 관한 것을 언급함으로써 시작하고 싶다. 어떤 경우든 대부분의 그의 시들은 진화해가는 3부로 이루어진「웅변학교」("The School of Eloquence")의 일부가 된다.[69]

우선, 해리슨은 두 가지 점에서 계층을 날카롭게 인식하고 있다. 먼저, 혜택 받지 못하는 노동계층에 속하고 발언권 없고, 권력도 가지지 못한, 거의 아무 것도 설명하지 못하는 북부인들인 그의 부모님들에 관한 것이며, 두 번째로, 부르주아 지식계층에 의해 국제적으로 환대를 받았으며 어린 시절의 문화와는 상당한 거리를 두고 있는 교육받은 시인인 자신에 관한 것이다. 예로서, 「북엔드」("Book Ends")와 「장거리」("Long Distance")를 참조해보라. 그는 특권을 박탈당한 사람들을 위한 말을 하려고 애를 쓸 뿐만이 아니라 그의 교육이 그를 그곳에서 끌어냈음을 냉철하게 인식하고 있다. 그와 유사한 작가, 리처드 호갓처럼, 그는 "지식을 추구하는 진지한 무명인 주드(Jude the Obscure)로서, 또는 계층을 인식하는 정치 활동가로서 노동계층의 낭만적인 두 가지 깨달음들에 대한[70] 방어태세를 취하는데 주의를 기울인다. 교육이나 정치에 대한 전경(前景)을 만듦으로서, 해리슨에게는 어느 한쪽의 전형도 대부분의 노동계층 사람들이 일상적으로 몰두하는 일에 가깝게 다가가는 것 같지 않았다. 하지만, 그는 리즈 인문학교(Leeds Grammar School)에서 교육을 받았고, 이어서 리즈 대학에 들어가서 고전을 연구했고 평생 정치에 깊이 관여하였기 때문에 어느 한쪽의 범주에 빠져 드는 위험에 처해 있음을 인식하고 있다. 그러나 그의 작품은 그가 성장했으며 동시에 그곳에서 빠져 나왔다고 생각하는 노동계층 문화에 더 분명하게 집중되고 있다.

해리슨의 부모님들은 그가 어린 시절 받았던 교육과 시인이라는 그의 현재 위치 간의 관계를 철저하게 조사할 때 그의 시에 계속해서 등장하는 인물들이다. 16행으로 계속해서 이어지는 소넷 연작 「웅변학교」에 나오는 해리슨의 정밀한 묘사들에

---

69 「웅변학교」는 1984년 판 『시 선집』(*Selected Poems*)에 64편의 시로 되어 있는데 세 부분이 나누어져서 정치적인 시와 개인적인 시 및 자기반영적인 정치적-개인적 시가 되었다.

70 호갓에 대한 글(Arthur Marwick 1982: 128). 해리슨의 2부로 된 시 「그들과 [울들]」("Them and [us]")은 호갓과 방언(cockney)으로 셰익스피어를 표현한 희극배우인 레온 코르테즈 (Leon Cortez)에게 헌정되었다.

관하여, 로즈마리 버튼(Rosemary Burton)은 적고 있다.

그의 부모님들은 그의 시를 읽는 독자들에게 잘 알려져 있다. 헤리(Harry)는 "보잘것없는 월급에 찌들고 지쳐버린"(worn out on poor pay) 빵 굽는 사람, 연주할 수도 없는 우클렐레를 사기위해 저금을 하며, 좋은 옷을 골라 입고 극장에 서 있고 자신의 외모에 관한 것이 극장에 온 사람들에게 그가 그곳에 영화표를 점검하기 위해 있음을 짐작케 한다는 사실도 알고 있는, 아내를 잃은 이후로 무기력하고 가련해져 버린 사람이다. 그리고 플로리(Florrie)는 아들을 사랑하고 그에 대한 큰 포부를 가지고 있으며, 아들이 선생님이 되지 않는 이유를 알 수가 없는, 아들의 첫 시집『로이너스』(*The Lioners*)가 출판되었을 때, "그런 더러운 책들을 쓰라고 너를 가르치지 않았기"(You weren't brought up to write such mucky books) 때문에 몹시도 상심하였다.71)

해리슨은 그 자신과 아버지 사이에 놓여 있는 것이 30년이라는 세월이 아니라, 책이며 훨씬 더 많은 책들이라고「북엔즈」("Book Ends")에서 말하고 있다. 그래서 그는 노동계층을 배경으로 하는 언어를 진지하게 취하고 있는데, 이는 그가 학교에서 그런 말을 저급한 것으로 생각하도록 부추김을 당했기 때문이다. "시는 왕들이 쓰는 말입니다. 여러분은 그런 사람들 중의 한 사람입니다/ 셰익스피어가 우스꽝스러운 장면을 보여주는: 산문!"(Poetry's the speech of Kings. You're one of those/ Shakespeare gives the comic bits to: prose!) 그는 다른 곳에서 가장 잘 된 시로 알려진 시들 중의 한 편에 대해서 말하고 있다.

---

71 Rosemary Burton, "Tony Harrison: an Introduction" in Astley 1991: 16-17. 해리슨은 로이너스가 "삶의 두려움을 통하여 자신들의 자식들을 낳은 . . . 리즈의 시민들인 '독자적인 사람들'(loners)"이라고 말한다.

나는 내 삶이 글로 쓰여질 수 없다는 생각을 늘 했다. 나는 내가 변하기 시작
했던 그 날을 기억한다. 그것은 내가 「루바바리안」("Rhubarbarians")이라고
부른 시에 나와 있다. 나는 대황: 우리가 *터스카*라고 부르기도 했던 밭들이
있었던 이스트 아즐리(East Ardsley)근처를 아버지와 함께 거닐곤 했다. 그는
영국 대황의 98퍼센트는 리즈 지방에 있다고 내게 말했다. 그리고 아버지는,
"아, 내가 옛날에 연극을 할 때, 그랬었지; 나는 학교에서 하는 연극『줄리어
스 시저』(*Julius Caesar*)에서 창을 들고 있었지"라고 말했다. 그는 그들이 극
장에서 했던 것처럼, "*대황, 대황, 대황*"(*rhubarb, rhubarb, rhubarb*)이라고
외침으로서 말로 표현하지 못할 만큼 관중들이 환호하게 만드는 것을 그들이
그를 가르쳤다고 말했다. 그래서 나는 늘 "*대황*"이라는 말이 내 삶을 말해주
는 것이고, 반면에 중심이 되는 문학적인 삶은 그 밖의 다른 곳에 있다는 그
런 생각을 했다.

(Hoggart 1991: 39)

문학과 언어에 대한 양향성은 그의 글 전체를 통해서 분명하게 드러난다. 예를
들어, 「밀턴 되지 않기에 대해」("On Not Being Milton")라는 시는 해리슨이 갖고
있는 시와의 관계와 노동계층의 역사와의 관계에 대해 생각하고 있다. 그는 자기의
사회적인 유산에 대한 깊은 성찰을, 흑인으로서의 긍지에 관한 흑인 의식을 다룬 에
세이 시 분야의 개척자로 알려진 서인도제도의 아이메 세자르(Aimé Césaire)가 아
프리카인의 분산으로 다른 곳에 있게 된 모든 흑인들이 공유하는 없어서는 안될 꼭
필요한 흑인 정체성을 옹호하려고 쓴『본국 귀환기』(*Notebook of a Return to the
Native Land*)에 비유한다.72) 해리슨은 자신의 치환된 입장을 말이 없고, 말을 더듬
거리는, 아니면 전통적인 노동계층의 저항에 대한 표현에 말문이 막혀 제대로 표현
하지 못하는 것과 더불어 논지가 명확한 교육을 받은 작가로 생각한다. 조금 이상한

---

72 물론 이는 약간 문제가 있긴 하지만, 아프리카 식민지적 해방과 영국적 체험을 연계시키고
    있다. 해리슨은 나이지리아에서 4년간이나 가르쳤다.

첫 부분은 그 시가 이미 그 전에 쓰여졌다는 사실을 암시해 주고 있다. 자의식이 강하게 문학적인 그 시는 러다이트(Luddite)가 직조기를 때려 부수는 것을 표준 영어에 가하는 리즈지역 강세의 폭력에 비유하고 있다. 해리슨의 요지는 그가 밀턴과 같은 정전으로 인정받는 남부시인이 아니라, 그 문화가 거부하는 모든 것을 대표하는 사람이라는 것이다. 그 시속에 감춰진 메시지는 만일 언어, 즉 그 결과 생긴 시가 "인정받는"다면 "표준에서 벗어나는" 모든 용례들은 정치적이라는 것이다. 따라서 글 쓰는 것/바로 잡는 것에 대한 말장난이다. 그 시는 해리슨이 1971년 그 시를 썼던 곳인 모잠비크의 막시스트 집권당인, 프렐리모(FRELIMO)의 아주 유명한 시인이자 정치가 두 명에게 헌정된 것이다. 따라서 해리슨은 레이먼드 윌리엄스의 「장기간의 혁명」("Long Revolution")이 절정기에 올랐던 때인 1945년 이후 그의 계급이 가진 교육의 권한과 같은 시기에 걸쳐 일어났던 반 식민주의운동과 탈식민주의 운동들과의 평행관계를 끌어내고 있다.

해리슨 시들의 대부분은 그가 「브이」에서 말하듯이, "이러한 브이들은 모두 대비되는 삶들이다/ 리즈 대 더비, 흑인/백인/ 그리고 (내 쓰라린 경험으로 알고 있듯이) 남자 대 아내,/ 공산주의 대 파시스트, 좌파 대 우파"[These Vs are all the versuses of life/ from LEEDS v. DERBY, Black/White/ and (as I've known to my cost) man v. wife,/ Communist v. Fascist, Left v. Right]와 같이 계층, 성, 인종, 그리고 정치에 의해 생겨난 분열에 관한 것이다. 1984년 광부들의 파업에 대한 반감과 충돌이 한창이었던 시기에 쓰여진 「브이」는 제목으로 쓰인 글자에 대한 의미와 "하나로 결속된"(United)이라는 단어에 대한 의미 를 만들어 내고 그에 대한 말장난을 하고 있다. "리즈는 브이를 하나로 결속시켰다. . . "(Leeds united v. . .)는 정해진 표현에 드러나는 공통된 외양은 경쟁관계, 적개심들 그리고 분열들을 분석하기 위한 해리슨의 출발점이다. 결론적으로, 제목이 말해주는 대비는 시의 대비를 나타내는 것이다. 손동작으로서의 브이는 "나쁜 녀석"(Up Yours)을 의미하기는 하지만,

거꾸로 한 그 동작은 "승리"(Victory)를 나타내는 것이다. "하나로 결속된"이라는 단어가 신성 모독적인 문자임에 반해 해리슨은 그의 부모님의 묘석에 스프레이로 그 단어를 뿌리게 된다. 한 단어로 쓰인 그 표현은 해리슨이 자기의 부모님과 한 마음이 되기를 바라는 화합에 대한 표현으로 충성과 헌신을 표현하는 것이기도 하다. 미움을 표현하는 것에서부터 사랑을 의미하는 단어로의 변환은 해리슨이 시를 통해 골똘히 생각하는 개인적이고 공적인 생활에서의 변형을 바라는 고독한 희망을 암시하는 것이다. 테리 이글튼이 말하듯이, "어떤 현대시인도 그 신호가 어떻게 상반되는 말투들이 서로 교차되는 싸움터가 되는 지를, 계층으로 분단된 사회에서 언어가 어떻게 문화적인 싸움이 되는지 그리고 모든 미묘한 언어적 차이가 어떻게 정치적인 평가로 이어지는지를 훨씬 더 정교하게 보여주지 못했다."73) 「브이」는 그레이(Gray)의 「시골 교회앞마당에서 쓴 애가」("Elegy in a Country Churchyard")를 의식적으로 흉내 내고 있는데, 해리슨에게는 광부들의 파업에 대한 논쟁과 관련짓는 탄층에 의해 아래 부분이 잘려진 비스톤(Beeston)의 묘지에 대한 논의에 있어 그대로 흉내 내고 있다. 1987년 채널 4에서 방송으로 나간 그 시는 우익 논평에서 열광적인 칭찬을 만들어 냈다. 참으로, 맹세를 다지는 단어들을 사용하기 때문에, 「브이」는 다른 어떤 전후 시보다 훨씬 더 선정적인 영역을 확보했다.

펭귄 시선집과 관련이 있는 서사적인 양식으로 작업을 했던 다른 시인들은 제임스 펜튼과 모리슨 및 모션이다. (긴 서사시에 대한 예로 시선집을 꾸미는 사람들로부터 그다지 선호되지 않았으며, 그렇게 많이 알려지지 않은 실례들은 그레이엄(W.S. Graham)의 「밤낚시」("The Nightfishing")와 존 히스-스텁(John Heath-Stubb)의 「아토리어스」("Artorius")다. 라킨의 전기(1993)를 쓴 사람이기도 한 모션은 그의 장문의 작품 『독립』(*Independence*)(1981)에서 라킨의 탈식민주의적인 비탄을 상실에 대한 개인적인 이야기로 바꿔 놓는다. 라킨의 시처럼, 모션의 것도 개인적인

---

73 Terry Eagleton, 'Antagonisms: Tony Harrison's v' in Astley 1991: 349.

것에 의거하여 공적인 것을 생각하며, 그리고 사적인 응답에 대한 면밀한 조사들을 통해 역사를 개별적인 것에 더 가깝게 가져가지는 하지만, 사건들에 대한 정치적인 의미를 피하는 것처럼 보인다. 사회·정치적으로 가장 많이 연루되어 있는 블레이크 모리슨의 시는 일상구어체로 쓴 긴 작품으로, 1980년 보다 더 이전에 13명의 여자를 죽였던 피터 섯클맆(Peter Sutcliff)의 살인에 관한 내용을 다룬 『요크셔 리퍼 발라드』(*Ballad of the Yorkshire Ripper*)(1987)다. 익명의 화자는 피트(Pete)의 잔악한 행위에 들어있는 호색적인 남권주의 사회와 연루되는 것에 독자들이 주의를 기울이도록 하면서 남성성, 여성의 나약함, 남성의 폭력, 정체확인, 그리고 영향에 관한 중요논쟁점들에 관한 것들 그 모두를 다룬다74). 전반적으로, 모리슨과 모션의 서사적인 작품에 나오는 잃어버린 제국, 관찰, 향수, 그리고 남자의 행위에 대한 관심은 그들이 펭귄 시 선집에서 지원하는 시의 종류에 대한 최고의 단서를 제공해 준다.

서사적인 양식으로 작업을 하는, 그리고 도시 평화에 숨겨진 폭력에 관한 연쇄살인범을 그린 장시인 「스태포드셔의 살인자」("A Staffordshire Murderer")를 썼던 아마도 가장 높이 존경을 받는 시인이 바로 제임스 펜튼이다. 펜튼은 외국 특파원으로 채용이 되어, 독일과 동남 아시아지역에서 활동을 하기도 했지만, 『선데이 타임스』(*Sunday Times*)지의 연극 비평가이기도 했으며, 오페라의 가극 가사를 번역했고 자신의 잡지와 『잘못 찾아간 모든 곳』(*All the Wrong Places*)이라는 이름의 기행문을 출판했고 또 상당한 양의 시를 썼다. 그의 작품의 상당량은 서사적인 운문이며 이러한 형식을 펜튼이 선택한 것은 세부적으로 역사와 사회를 다루는 서정시의 능력이 상당히 떨어지기 때문이다. 그의 시들의 대부분이 국제적인 사건들을 그리고 그가 "전쟁에 대한 기억"(memory of war)이라고 부르는 것을 다루고 있는데, 그는 그러한 사건들과 전쟁을 목격한 목격자/기자로서의 경험에 의존하여 「바람」

---

74 시인이자 비평가며, 에세이스트로서 뿐만 아니라 저널리스트로서 모리슨은 1994년에 『마치』(*As If*)이라는 엄중하고도 논쟁의 여지가 있는 작품을 썼는데, 이 책은 두 어린이가 아기를 살해한 제임스 버글러(James Bugler) 사건에 대한 텔레비전용 모놀로그(monologue)다.

("Wind")과 「독일의 진혼곡」("A German Requiem") 및 「티아나맨」("Tianamen")과 같은 작품을 쓴다. 펜튼의 서사시들에 가끔 믿을 수 없는 화자들이 등장하는데, 이들은 종종 아이들이고, 아이러니와 상호텍스트성을 이용하며, 그리고 종결을 의도적으로 피하는 불확실한 결론을 향해 움직인다. 그런 시들은 「흡혈귀의 온상」("Nest of Vampires")처럼, 시간, 사건, 그리고 의미와 관련된 해석상의 문제들을 독자에게 안겨다 준다. 이것은 귀족적인 가족이 무너져 내리며 재계로부터 소외되는 가운데 그 가족의 어린 소년에 대한 묘사로, 넌지시 언급하는 것같이 보이는 작품이다. 자본가들에 대한 막스의 묘사를 사람들의 피를 완전히 다 먹어치우는 흡혈귀들로 나타내는 작품이다.75) "흡혈귀들의 소굴"(nest of vampires)을 사용하는 것으로 더 강화된 간접적인 인유는 펜튼의 대표적인 특징76)인데, 그는 1960년대 후반의 정치적인 상황에 관심을 갖게 되고 그 이후로 지역에서 일어난 사건들과 국제적인 사건들에 항의하기위해 그가 쓴 기사와 시 둘 다를 사용한 박학다식한 브리코울러(bricoleur)다. 그가 개인적으로 출판한 필리핀에서 그 내용을 가져온 패키지(package)인, 「마닐라 봉투」("The Manila Envelope")(1989)는 「아이맘과 샤의 발라드」("The Ballad of the Imam and Shah")에서처럼, 기자로서 그가 실제로 목격했던 사건들을 직접적으로 다루고 있는 일련의 새로운 시들뿐만이 아니라 논쟁적인 성명서도 들어 있었다. 가끔은 모호한 펜튼의 이야기들은 혼란, 전치(轉置) 그리고 폭력에만 집중하고 있는, 현실에 대한 "우리의 친숙한 제국적인 신뢰를 전복"시키고 있으면서 초현실적인 게임이자 놀이를 과도하게 사용하는 현대세상과 유사하다(Robinson 1988: 15). 앨런 로빈슨(Alan Robinson)이 한 이 마지막 말은 현실에 대한 일상적인 생각들뿐만이 아니라 계급, 가정생활, 그리고 사회를 "낯설게 만드는"(make strange) 시들을 모아놓은 펭귄 시 선집으로 우리가 지금껏 죽 지켜봐온 결과들을 요약해 주는 것처

---

75 예를 들어서 다음의 글 마지막 부분을 참조할 것. "The Working Day" in Karl Marx, Capital, David McClellan (ed.), Oxford: Oxford University Press, 1995: 181.

76 앨런 로빈슨(Alan Robinson 1988: 11)은 시에서 무수한 다른 인유들을 주목하고 있다.

럼 보인다. 그것은 대부분 개별적으로 분리되어있는 시들로 이루어 진 것이며 1980
년대 후반과 1990년대의 시와는 완전히 상반된 위치에 서있는 것인데, 1980년대 후
반과 1990년대의 시는 주관적이고 개인적인, 연기와 고백 쪽으로 상당히 기울어 있
는 것이다.

"다수가 활약했다": 『새로운 시』

1980년대에 혼자 서서 연기하는 코미디가 부활했던 것처럼, 1990년대 초반 가
장 최근에 있는 시의 부활은 "새로운 락엔롤"(the new rock and roll)이라는 딱지가
붙은 것을 얻을 수 있도록 해 주었다. 이런 일시적으로 유행하는 '성적인' 이미지는
이안 맥밀런(Ian Mcmillan)의 「테드 휴즈는 엘비스 프레슬리다」("Ted Hughes is
Elvis Presley")라는 풍자시로 공격을 받는다. 그것은 최근의 시의 인기가 회복된 것
을 이용한 블러댁스의 『새로운 시』(*The New Poetry*)라고 하는 시집에 들어 있는
시다. 1993년도에 출판된 이 시 선집은 모리슨과 모션의 시집과 나란히 또한 그 이
후 시에 대한 개관으로서 그 위치를 정해 놓았다. 따라서 그것은 모리슨과 모션이
알바레즈가 선정한 시인들 그리고 그들과 같은 세대의 다른 모든 사람들을 삼가 했
던 것과 마찬가지로, 1982년 시 선집에 수록된 시인들을 그리고 1940년 이전에 태
어난 시인들을 포함시키지 않았다. (펭귄 시선집이 '중요성', 상보성, 그리고 연배순
서라고 하는 특이한 혼합으로 정열된 것과는 달리) 나이에 의해 조직적으로 정리가
된 그 책의 목적은 분명히 편집자들이 시의 현재 통용되고 있는 다양성이라고 보는
것을 반영하고자 것이다. 비록, 펭귄 책처럼, 여성들이 3분의 1도 채 되지 않기는
하지만, 그 책에 나오는 55명의 시인들은 (50세 이상에서 30에 이르는) 나이와, 투
르(Tours)에 있는 스티븐 로머(Stephen Romer)에서부터 베를린(Berlin)에 있는 존

하틀리 윌리엄스(John Hartley Williams)에 이르는 현재 거주하고 있는 지역, 그리고 (게일어에서 자메이카 크레올에 이르는) 언어와, 국적/출생지[수와타 바트(Sujata Bhatt)는 인도에서 태어나, 미국에서 교육을 받았으며, 지금은 독일에 살고 있고, 조지 치르티스(George Szirtes)는 헝가리 출신이다] 및 출판 경력[예를 들어, 15권이나 되는 피터 레딩의 책들에서부터 단 한 권밖에 없는 이안 두히그(Ian Duhig)]등 그 모든 것을 다 포괄적으로 다룬다. 무엇보다도, 그것은 전후 지방색의 무브먼트 시인들에 의해 시작된 변화를 거의 틀림없이 완성하면서 옥스브리지와 런던을 축으로부터 방향을 바꿔놓는 책이다. 또한 그것은 당시 영국시에 대한 해석 또는 그것에 대한 외국의 영향들, 특히 미국의 영향들을 예증함으로써 알바레즈의 새로운 시의 궤도를 완성시켜 놓는 것 같다.[77] 그러나 그 책은 현재 출판된 많은 시들 다 수용할 수 없다. 예를 들어, 수십 명의 중요한 여류작가들이 빠져있다. 그리고 전체적으로 그 책은 현재 시들을 다 "나타내려고" 하는 아주 중요한 시선집들이 그다지 필요하지 않다는 것을 나타내는 조짐처럼 보인다.

편집자들은 서론을 통해서 "많은 사람들이 활약했고" 또 "나이에 상관없이 모든 사람들은 그것을 그럴만한 대접을 받아도 되는 문학으로 수용하고 있음"을 주장한다. 그리고 이런 경우, 이것은 "접근의 용이함," 민주주의와 반응성, 유머와 진지함. . . [그리고] 영국 시의 종족분열들과 소외가 끝나기 시작한 "결속력 있는 국제주의적 시라는 것을 의미하는 것이다(Hulse et al. 1993: 15-16). 그것이 암시하는 것은 대처주의(Thatcherism)하의 시인들은 다양성뿐만이 아니라 계급정치, 언어, 페미니즘, 지역 정체성, 그리고 사회적인 차이에 대한 방어를 시작하기위해 하나로 집결했다. 그러므로 편집인들은 표면적인 것에 의해 대답을 하고 계급, 지방, 피부색이라고 하는 부분에서 동·남부 영국 보수당 '중심'으로 계속해서 나아가고 있는 그들의 시인

---

77 편집자중 한 사람인 데이빗 케네디(David Kennedy)는 『시 리뷰』(*Poetry Review*)지에 쓴 편지(85: 4, 1995, 95)에서 "배타적이고 시대에 맞지 않아 배제되어 주로 평판이 좋지 않은 런던-옥스브리지 중심"을 비난했다.

들에 대한 논의를 한다.

　편집자들 중의 한 사람에 의하자면, 『새로운 시』(*The New Poetry*), 특히 가장 나이가 어린 시인인 글린 맥스웰(Glyn Maxwell)과 사이먼 아미티지(Simon Armitage)에 의해 나타나는 변화는 화려한 문체, 회의주의, 절충적인 상호텍스트성, 대중문화 그리고 진부한 표현, 드라마와 자기 지시성, 속어, 전문적인 용어, 그리고 지방색이 드러나는 말로 묘사될 수 있다. '잉글랜드' 그 자체는 역사에 근거를 두지 않는 그리고 붕괴된 나라에 대한 아미티지와 맥스웰의 상세한 묘사들로 지방 '사람'(bloke)이 국가의 '시민'으로 대치되기 시작하는 것처럼 일상적인 구어체 속에 포함되어 있다(Kennedy 1996: 55-78). 결과적으로, 당시 시의 범위는 주로 당시 영국사회의 다양성과 차이와 평행을 이루는 것처럼 보인다. 앤소니 스웨이트는 『새로운 시』(*The New Poetry*)의 편집자들 다수가 "단일 중심적인 토템신앙을 대신했다"는 사실을 넘어서는 식별 가능한 명제가 없음을 한탄하고 있다(Thwaite 1996: 4). 그러나 로건 스피어스(Rogan Spiers)에 따르면, 두 가지 중심제재들과 두 가지 장르가 선호되고 있다는 것이다. 스피어스는 한편으로는 이데올로기적인 혼란과 불안을 또 한편으로는 후기 제국주의적인, 후기 산업적인 단절들을 간파하고 있다. 장려된 시 장르들은 섬광과도 같이 일시적으로 빛을 발하는 말의 배열들 그리고 의기소침한 도시의 이미지들을 다루는 장르들이다(Spiers 1996: 155). 여기서 상반되는 것은 시의 중심축이 중상계층, 동남부 남성으로부터 중류층, 영국 중부지역의 남성으로 바뀌었다는 것이며 선호되었던 시는 3명의 편집인들이 시와 비슷하다는 것이다. 션 오브라이언(Sean O'Brien)의 정밀한 도시근교 분석들은 "정말로 새로운 시"를 밀어내는 "기분 언짢은 불만"(sour discontent)의 예들이라고 생각된다. 글린 맥스웰, 셀리마 힐(Selima Hill), 피터 디즈베리(Peter Didsbury)의 언어적 유희는 중심적인 문제도 없는 그런 기발한 말과도 같은 것이라고 생각된다. 피터 디즈베리의 「집 뒤편」("Back of the House")에서는 너무나도 자기 인식적이고 자의식적이어서 능글맞게 말할 거리의 부족이나 그것을 말할 언어의 부족에 대해 한 노인이 시를 통해 "언어가, 뚱뚱하고 자신의 샘 아래 엎드려,/ 빈둥거리며 말려있는 양피지 원고를 나누어주네"(Language, fat and prone beneath her fountain,/ idly dispenses curling parchment notes)라고 언급한다. 스피어스가 선호하는 것은 아일랜드 시인이며, "자기의 작품이 지난 10년간의 시를 가장 잘 정의해 주는 것 같은" 이반 볼랜드(Eavan Boland), 탐 레너드(Tom Leonard), 수와타 바트, 그리고 장소와 치환에 대한 "더욱 진실한 의미"를 제공해 주는 영국의 캐리비언 시인들의 시다. 재미있게도, 스피어스의 주장은 결과적으로 볼 때, 모리슨과 모션 시집이 거부했던 내부인의 묵상과 직접적인 경험, 결론과 입장들, 약속과 공약 등의 몇 가지 성질들을 재확인하는 셈이 된다. 마이클 호프만(Michael Hofman)의 「쏙독새」("Nighthawk"), 글린 맥스웰의 「헬렌과 헬레노이즈」("Helen and Helenoise"), 그리고 제프 헤터슬리(Geoff Hattersley)의 「도살장」("Slaughterhouse")에서처럼, 그가 싫어하는 것은 관찰하면서도 관찰하고 있는 자신들을 관찰하는 낯선 외부인들이다. 유명한 예가 사이먼 아미티지인데, 예를 들어 '보통' 남자에 관한 그의 '시'는 "회상해 볼 때 그들이 그들 어떻게 꾸짖었는지 여기에 나와 있다/ 때때로 그는 이것을 했다, 때로는 저것을 했다"(Here's how they rated him when they looked back/ sometimes he did this, sometimes he did that)에서와 같이 개인적인 판단을 피하는 행들로 끝을 맺는다. 이런 어느 곳에도 얽매이지 않는 관찰에 대한 훨씬 더 좋은 예가 아미티지의 서명이 있는 시로서, 영화적인 느낌을 주는 「줌!」("Zoom!")인데, 이 작품은 전 지구를 차지하고 있는 테라스를 내어단 집에서부터 뒤를 밟아 따라 간다. "도시, 국가,/ 반구, 우주, 사방에서 머리를 짜내는"(city, nation,/ hemisphere, universe, hammering out in all directions) 같은 표현에서 보듯이, 그 시는 제어할 수 없을 정도의 아주 빠른 움직임을 느끼는 아찔한 기분을 만들어 낸다. 아미티지는 카메라 기술과 보통 관계가 있는 이런 위업을 달성할 수 있는 것은 "오직 말"(just words)이라고 주장한다. 그는 100년 이상 시각적인 것에 의해 점차적으로 그 자리를 빼앗겼던 말의 반환을 다시 요구하고 있다. 그러나 만약 영화가 문학에서 영화의 주요소, 이야기를 가져간 것이라면, 똑같은 방식으로 발견되어지지 않을, 만약 전혀 그렇지 못하다면, 장면의 급전(jump-cut)과 크로스 컷, 이동촬영(tracking shot), 초점, 그리고 미래장면을 삽입하는 것(flash forward)과 같이 이전 100여 년에 걸쳐 나왔던 일련의 기술들로 피드백 했다.

겉으로 보기에는 수동적이고, 그다지 신경을 많이 기울이지 않는 '관찰'에 대한 이런 기호대신에, 다른 시 선집 편집자들은 그들이 논의하고 있는 중요논쟁들에 많은 투자를 하는 작가들에게 더 많은 중점을 두었다. 그러나 많은 최근의 중재들로 인한 전반적인 결과는 품질보다는 다양성에 대한 논의에 집중한다는 것이다. 시는, 비록 그것이 정치와 불가분의 관계이기는 하지만 미학적인 영역에 묶여 있다. 그래서 최근에 나온 시선집들이 가지고 있는 편견들이 암시하는 한계를 초월하여 "상상력을 펼칠 수 있는 특권"을 확장하는 것이 중요하듯이, 다양한 범주들에 의해서 최고로 잘된 글을 공식적으로 인정하는 일이 아주 중요하다. 내가 지금껏 논의해 온 종류의 것들은 아마도 그러한 다양성 앞에서 시들해져 버리거나 어떤 특정인도 지배적인 지위를 성취하는 것은 말할 것도 없이 생각하지 못할 정도까지 급격하게 기하급수적으로 증가시킬 정전으로 규정하는 시집들이었을 것이다.

결론

두 권의 시 선집에서 내가 언급하지 않았던 시인들이 많다. 또한 남자들만을 고려하는 그 두 권의 책들 바깥에 두었던 중요한 목소리들도 상당히 많이 있다. 예를 들어, 영향력 있는 미국 시인이자 그의 친구인 존 애쉬베리(John Ashberry)와 가장 절친했던 영국 시인들 중의 한 사람인 리 하우드(Lee Harwood)와, (여러 가지 면에서 레인과 레이드의 선배가 되는) 존 풀러(John Fuller), 그리고 존 휫워스(John Whitworth)와 킷 라잇(Kit Wright) 또는 개빈 이왓(Gavin Ewart)처럼 코믹한 양식으로 시를 쓴 사람 등이 있다. 또한 내가 마지막 장에서 논할 시인들을 북아일랜드 시인들 하나로 집어 놓았지만, 다른 장들에서 고려되었던 작가들의 다수는 웨일스인이나 스코틀랜드인으로, 예를 들자면, 딜런 토마스, 더글러스 던, 그리고 캐럴 앤 더피(Carol Ann Duffy)다. 특히 스코틀랜드 시는 현재 번성하고 있으며 특색이 있다. 휴 맥다이아미드가 감행한 1920년대 부흥은 비록 항상 '종합적인 스코틀랜드'어인, 랠란스(Lallans)는 아니었지만, 그 부흥을 이어받는 사람들이 많았다. 조지 맥캐이 브라운(George Mackay Brown), 솔리 맥클린(Sorley Maclean), 이아인 크라이튼 스미스(Iain Crichton Smith), 로벗 게리오크(Robert Garioch), 노먼 맥케이그(Norman MacCaig), 게일 턴불(Gael Turnbull), 에드윈 모건(Edwin Morgan) 등이 그들이다. 에드윈 모건은 로벗 크러포드(Robert Crawford)와 허버트(W.N. Herbert), 그리고 더 최근에는 잭키 케이(Jakie Kay), 프랭크 쿠프너(Frank Kuppner), 그리고 캐슬린 제이미(Kathleen Jamie), 탐 레너드(Tom Leonard)와 리즈 록헤드(Liz Lochhead)와 같은 통속적인 스코틀랜드인들에게도 영향을 준 인물이다. 웨스트민스터에서 스코틀랜드 의석을 대표하도록 선출된 보수당 후보자들이 하나도 없기에 록헤드의 적절한 시 「백파이프 뮤잭, 글래스고, 1990」("Bagpipe Muzak, Glasgow, 1990")은 유럽의 문화도시로 글래스고의 마케팅을 아주 훌륭하게 패러디하며 또한 이와 유사한 이름이 붙여진 맥니스의 이전의 시를 리듬과 "아주 분주하다"(It's all go)라는 후렴에서 그대로 흉내 낸 것이다. 하지만 그 시는 "정말, 마가렛 대처를 조심하시오, 그리고 닐 키녹도 유심히 지켜보시오/ 그렇지 않으면 우리가 영국을 가져다가 그것을 스코틀랜드 빵처럼 부셔버리겠소"(So — watch out Margaret Thatcher, and tak' tent Neil Kinnock/ Or we'll tak' the United Kingdom and brekk it like a bannock)라고 스코틀랜드가 뽑지 않은 토리 내각을 비난함으로써 끝을 맺는다. 스코틀랜드가

1997년 9월에 이루어진 영국의회의 권리이전에 대한 찬성표를 열렬히 던졌을 때 부분적으로나마 현실화 될 것 같은 위협이다.

비록 "아주 분주하다 민족주의자들"(It's all go the Nationalists)을 선언할 비슷한 목소리는 없지만, 웨일스는 딜런 토마스에서부터 데이빗 존스, 버논 왓킨스, 얼룬 루이스(Alun Lewis), 그리고 토머스(R.S. Thomas)를 거쳐 토니 커티스(Tony Curtis), 던칸 부시(Duncan Bush), 그리고 대니 에이브스(Dannie Abse)에 이르는 친영파들 혹은 공화주의가로서 다양하게 그 위치가 정해졌던 많은 시인들을 배출해 냈다.[78] 웨일스어는 켈트족 언어들보다 일상생활에서 훨씬 더 많이 쓰이는 말이며, 또 그것으로 작품을 쓰려고 하는 시인들의 활발한 노력이 여전히 있다. 그것이 바로 우리로 하여금 '영국'의 시 선집에 대한 의문을 유발한다. 잡종성, 다수, 그리고 분산이 '본국'(home), '순수'(purity), '통합'(unity)을 대신하고 있는 시대에, '영국의 시'에 관해서 이야기한다는 것은 점차적으로 더 어려운 일이 되고 있다. 스티븐 코너(Steven Connor)는 이런 문화 역류들, 다국적인 긴장들, 그리고 국제적인 글 가운데서 '영국 소설'이 무엇으로 구성되어 있는지를 확실하게 아는 것이 이제 어렵게 되었다고 말했다(Connor 1996: 27). '영국시'의 경우에도 마찬가지다. 지역적이거나 국제적인 충성들이 국가에 대한 충성들과 맞서 겨루고 있기 때문에, 어떤 한 나라의 시의 통일성에 대한 의문이 당연히 제기되어야 한다. 많은 시인들은 두 개의 여권을 가지고 있고, 하나 이상의 나라에 집과 가족연고를 가지고 있으며, "다른 곳에서" 태어나거나 현재 살고 있고, 여러 지역을 두루두루 여행하며 그리고 문화의 세계화를 예리하게 인식하고 있다. 언어 역시 여기에서 중요하다. '영국'시에 대해 말한다는 것은 점차적으로 미심쩍은 일이 되고 만다. 왜냐하면 그것은 크레올어(Creole), 스코틀랜드어, 번역된 게일어, 대서양을 사이에 두고 양쪽에서 사용하는 영어, 그리고 다른 종류들의 여러 가지가 많이 섞여진 방언들과 언어들을 포함 (또는 제외)하

---

78 이 논의를 보려면 콘란(Conran 1997)을 참조할 것.

는 정도까지 융통성 있게 확대되기 때문이다. 나는 어느 정도로는 다른 가능한 문학적 집단화에 대한 시각으로 이 책의 마지막 남은 두 개의 장들에서 여성들의 시와 탈식민주의 시를 생각해 보려고 한다. 오랫동안 편협하게 정의되어서 이제는 거기다 그런 이름을 붙여주는 것이 아주 어려울 수밖에 없는 민족시의 파기를 알려주는 것이다.

8

"My history is not yours"
recent anthologies by women

"내 역사는 너의 것이 아니야"

여성들이 주도하는 최근의 시선집들

내 역사는 너의 것이 아니다.
오랜 전에, 나는 내 작품들을 시작했다
내 아버지를 배경으로 하는, 네가 그랬듯이,
그러나 그것은 단지 재미로 그랬을 뿐이다.

(캐럴 루멘스, 「체스맨을 위한 시」)

My history is not yours.
Long ago, I set up my pieces
against my father, as you did,
but it was only fun.

(Carol Rumens, "A Poem for Chessmen")

서론

1장에서, 내가 1938년에 버지니아 울프가 『3기니』에서 여성들은 영국의 정체성을 전유했던 남성의 애국심 바깥자리에 자리를 배정받았다고 주장한 것을 잠시 말한 적이 있다. 더 최근에는, 하디에서 휴즈에 이르는 20세기 시에 대한 총괄적인 개관에서, 존 루카스는 "영국적인 것"(Englishness)이 주로, 아니면 심지어 독점적으로, 남자가 맡아야 할 업무로 판명되었다는 결론을 내리고 있다(Lucas 1986: 8). 제인 다우슨도 국가에 대한 하나로 통일된 개념들, 성에 대한 것도 마찬가지로, 그것들은 여성들을 제외시킨다고 주장하였다(Dowson 1997: 245). 민족성이 곧 성에 대한 문제라는 점이 현재 활동하고 있는 여성시인들의 시에 있어 공통된 주제가 되고 있는데, 이러한 시들은 시 선집들에서 몇 가지 예들을 발췌해서 깊이 연구될 것이고, 케럴 루멘스의 「영국 가족을 위한 잔디밭」("A Lawn for the English Family"), 에바 샐즈먼(Eva Salzman)의 「영국의 지진」("The English Earthquake"), 모라 둘리(Maura Dooley)의 「피자나라의 사과 파이」("Apple Pie in Pizzaland"), 그리고 캐럴 앤 더피의 「영국적인 것을 해석하기」("Translating the English")가 거기에 해당된다. 영국적인 혹은 브리튼적인 것이 무엇을 의미하는가를 묻는 것은 국가의 정체성이 늘 어떤 한 지역에 국한되고 성별화 되는 정도에 따라 밑바닥에 잠재되어 있는 것이다. 여성들이 분명히 포함되기는 하지만 앤 라우즈(Anne Rouse)가 「아무 것도 아닌 영국」("England Nil")이라는 유럽대륙에 있는 그들의 나라를 의미하는 남성적인 축구를 지지하는 후원자들에 관한 그녀의 소넷에서 "당신이 영국화 되었지만, 당신은 그것을 잊지 않을 것이다, 절대로"(You've been Englished, but you won't forget it, never)라고 말하고 있듯이, "이방인들"처럼 암암리에 배제되기도 한다. 나라와 남성 폭력간의 상호연관성이 조 셉콧(Jo Shapcott)의 아이러니한 제목이 붙여진 「모국」("Motherland")에서 강조되고 있는데, "영국, 그 말을 하는 내 입술을 아프게 하네"(England. It hurts my lips to shape the word)라는 구절에서 화자는 민족주의, 가부장제, 그리고 식민주의간의 아주 가까운 밀접한 관계가 국가 정체성을 "썩어가는 자부심"(rotting pride)의 문제로 만들어 버렸다는 결론을 내리고 있다.

이와 유사하게, 여성들이 최근 문학사에 있어 아주 두각을 나타내고 있기는 하지만 시를 평한 남성들의 글에는 많이 나오지 않고 있다. 심지어 에드워드 루시 스미스(Edward Lucie Smith)의 1984년 판『1945년 이후의 영국시』(*British Poetry Since 1945*)에는, 100명의 시인들 중에서 단 6명만이 여자였다. 전통적으로, 시에서의 여성들은 꼼짝없이 시상을 불어 넣어주는 사람의 역과, 물론 조 섑콧의「뮤즈」("Muse")에서처럼 코믹하게도 이 상황이 역전되지만, 펜소프(U.A. Fanthorpe)의「시인의 친구」("The Poet's Companion")에서 풍자되는 것처럼 협력자라고 하는 제한된 역할들을 택하도록 되어 있었으며, 그리고 이러한 정형화는 아래에서 논의된 변화들에도 불구하고 몇몇 서평들과 당시 시들을 묶어 놓은 시선집들이 가진 편견들 속에 그대로 남아있다. 바로 앞장에서, 나는 그런 정형화에도 불구하고 인정을 받았던 몇몇 시인들, 예를 들자면, 1차 세계대전과 1930년대의 여성들이 쓴 많은 시들과 더불어 샬롯 뮤, 엘리자벳 제닝스, 그리고 실비아 플라스를 살펴보았다. 그러나 1960년대 이후로, 두 가지 특별한 변화들이 일어났다. 첫째, 이전보다 더 많은 여성들의 책이 출간되었다는 것, 그리고 두 번째는, 과거에 활동했던 많은 여성시인들이 더 많이 그 명성을 회복하고 그들의 책이 다시 출판되었다는 사실이다. 이렇게 따로 한 장을 떼어놓는 이유에는 여러 가지가 있으며, 또 그 이유들은 낱낱이 다 열거할 가치가 있는 것들이다. 여성들만의 많은 시 선집들은 지난 15년에 걸쳐 분리된 전통 혹은 기존의 인습적인 방식과는 다른 시 양식에 대한 이의를 제기하면서 비록 그것들을 다 해결하지는 못하지만, 그 모습을 드러냈다. 이러한 시 선집들의 소개들은 '여성들의 시'의 목적과 다양성과 분명히 관계가 있는 것이며, 또 요긴하게 비교될 수 있다. 그리고 여성들의 시에 대한 주목은 전후 시대를 최근까지 장악했던 남자시인들과 비평가들의 편견들에 의해 모호해진 당시의 역사를 설명해 주는 전경(前景)을 만들어 준다.

최근의 작가들이 20세기 초반의 여성시인들에게 신세를 졌다는 것이 분명하지만 문학과 성에 대한 주요 논쟁점들을 제기하는 중요성은, 일반적으로 동의하기는 하지만, 일치된 의견을 만들어 내지 못했다. 다음에, 그것들 각각에 대해 논의할 때, 나는 앤 스티븐슨(Ann Stevenson)의 성별이 구분되지 않는 전통과 함께 멧브 맥거키안(Medbh McGuckian)의 "항상 성이 감별되는"(always sexed) 시에 대한 생각을 살펴 볼 예정이며, 또한 케럴 루멘스의 '포스트-페미니스트'(post-feminist) 시에 대한 호소와 함께 웬디 코프(Wendy Cope)가 남성 정전과 자기경계를 쳐내는 것도 살펴 볼 것이다. 먼저, 이러한 논쟁들의 상당부분은 남성 문학 전통을 뛰어넘는 시를 쓰려고 한 실비아 플라스의 시도에서 발전되어 나온 것으로 생각되어 질 수 있다. 케럴 루멘스의 시선집 『공백 메꾸기: 포스트-페미니스트 시』(*Making for the Open: Post-feminist Poetry*)에 제일 먼저 나오는 팬소프의 「앨프렛의 죽음」("The Passing of Alfred")은 "우리네 아버지들은 죽는 것을 잘한다./ 그들은 그것을 질질 끌듯이 했다"(Our fathers were good at dying./ They did it lingeringly)라는 시행으로 시작한다. 그 시는 은연중에 80대가 된 테니슨(Tennyson)의 '진가'와 셰익스피어의 책 위에 손을 얹고 맞이한 그의 고귀한 죽음을 자살시도에 대해 늘 깊이 생각하고 있으며, 가스중독으로 스스로 목숨을 끊기 바로 직전에, 「라자러스 부인」("Lady Lazarus")에서 죽는 것은 "예술이다, 다른 모든 것처럼./ 나는 그것을 특히 잘 해낸다"(Is an art, like everything else./ I do it exceptionally well)라는 글을 썼던 젊은 어머니 실비아 플라스의 죽음과도 비교하고 있다. 엘리자벳 비숍(Elizabeth Bishop)과 매리앤 무어(Marianne Moore)와 함께 플라스는 1960년대 이후에 나온 여성시인들에게 깊은 영향을 준 인물이며, 비록 그녀가 그녀의 시에서 사용하고 있는 확립된 정치적인 목소리를 가지고 있지는 않지만, 다른 사람들을 위한 확립된 정치적 목소리는 만들어 냈다. 스테비 스미스(Stevie Smith) 역시, 린다 프랜스(Linda France)의 시 선집인 『60명의 여류 시인들』(*Sixty Women Poets*)이 스미스의 죽음을 출발점으로 사용하는 그런 정도까지, 비록 1971년 이후에 출판된 모든 시들이 그녀의 은혜를

다 입기는 했지만, 중요한 선구자, 예를 들면, 멧브 맥거키안의 「천 짜는 소녀」("The Weaver-Girl")는 스미스의 유명한 시 「손 흔드는 것이 아니라 물에 빠져있는」("Not Waving but Drowning")의 도움을 적지 않게 받았다. "나는 일 년 내내 천을 짜고 있었다, 나는 네가 생각하고 있는 것보다 더 가깝다"(I was weaving al year, I was closer than you thought)에 해당하는 인물이다. 따라서 「스테비 스미스를 기리며」("In Memory of Stevie Smith")라고 하는 작품은 오든의 「예이츠를 기리며」("In Memory of W.B. Yeats")와 나란히 독특한 시인에 대한 유사한 송덕문의 역할을 하고 있다. 그 뒤를 이어 나온 시인들이 쓴 작품들의 견지에서 그것들을 이해하고 있는 닐 코코란(Neil Corcoran)은 스미스의 시 몇 편들에서 페미니스트적인 경향을 확인해 낸다.

그들의 악명 높을 정도로 고집스러운 절차들은 뒤이어 일어나는 신비스러운 전형과 동화의 페미니스트적 해체들의 원형이나 거의 다를 바 없는 것같이 되어버렸다. 「개구리 왕자」("The Frog Prince"), 「아네모네 공주 이야기」("Voices about the Princess Anemone"), 「로렐라이」("Die Lorelei"), 「페르세포네」("Persephone"), 「페더」("Phedre"), 「나사의 마지막 선회」("The Last Turn of the Screw"), 그리고 「학교에서」("At School")와 같은 시들은 자신들의 고전 이야기들을 수정주의자에 의한 반-부르주아적인 적대감과, 결혼에 대한 회의적인 불신 및 고통을 주는 가족의 감정(특히 엄마/딸의 관계들과 관련이 있는)에 대한, 또한 좌절적인 것과 범하기 쉬운 육욕적인 욕구들에 대한 우화들로 바꿔 버린다.

(Corcoran 1993: 72)

엘리자벳 제닝스의 영향은, 비록 실비아 플라스가 선구자적인 인물로 더 자주 인용되기는 하지만, 여러 가지 면에서 정체성의 주제가 계속적으로 지배하고 있는 현상에서 볼 수 있는 것이다. 헬렌 키드(Helen Kidd)에 의하자면, 지배당하기 쉬운 여성 정체성이 공식적으로 드러나는 방식에 대한 중요한 인식을 만들어냈던 것이 바로 여성들의 시에 나오는 다의성과 언어실험법의 사용이다(Kidd 1993: 159). 이 것은 여러 가지 형태를 취한다. 정체성은 웬디 코프의「이름들」("Names")에 나오는 생에 대한 통칭들을 통해 협상되고, 엘리자벳 가렛(Elizabeth Garrett)의「두 배」("Double")에서의 기만으로 증가되고, 셀리마 힐(Selima Hill)의 죽은「암소」("Cow")에 나오는 잔혹성에 대한 욕망으로 반박당하며, 그리고 우리 각자를 "복잡한 도식 위에 찍힌 하나의 점에 지나지 않는" 것으로 보았던 데이빗 개스코인(David Gascoyne)의「아침 논설」("Morning Dissertation")의 1930년대 초현실주의를 그대로 흉내 내고 있는 모니자 알비(Moniza Alvi)의「나는 미로가 그린 그림의 점이 되고 싶다」("I Would Like to be a Dot in a Painting by Miró")에서 단순하게 용인된다. 자기 자신에 대한 개략적인 형상을 탐색하기 위해 언어로 종속적인 입장들을 사용하는 그런 실험들은 몇 십년간에 걸쳐 발전하였다. 여성 운동이 시작됨을 알리는 첫 번째 통지들이 1950년 프랑스에서 나타났다고들 말하는데, 그 시기에 시몬느 드 보봐르(Simone de Beauvoire)의『제 2의 성』(The Second Sex)은 성과 성욕의 형성들이 자연의 영역과 관계있는 것이 아닌 사회구조의 영역과 관계있는 것이라고 주장했다. 주디스 버틀러(Judith Butler)가 자신의 책『성이 초래하는 고민』(Gender Trouble)(1990)에서 다시 공식화하고 있는 것처럼, 역할연기나 성의 운용에 대해 보봐르가 강조하고 있는 점은 여성들의 시에 대한 현저한 정치적 편견으로 계속 되었다. 예를 들어, 데니스 라일리(Denise Riley)는 제일 먼저 나온 그녀의 책,『유아들을 위한 막시즘』(Marxism for Infants)(1977)을 가지고 표현들과 담론들에 의해 할당된 종속적인 입장들뿐만이 아니라 시적인 동일시의 관습들을 지속적으로 분석했다. 보봐르의 견해는 여성들의 시가 세 가지 단계들을 거쳤다는 잔 몬테피오레(Jan Montefiore)의 이론과 잘 연결된다. 전통주의자 시, 여성특유의 글쓰기, 그리고 자신에 대한 표현들이 그것이다.「여성들의 시간」("Women's Time")에 대한 줄리아 크리스테바(Julia Kristeva)의 에세이에 자기주장의 토대를 두고 있는 몬테피오레는, 페미니즘이 평등 정치학에서부터 시작하여 급진적인 본질적 차이를 거쳐 아이덴티티 정치 내에 있는 본질주의를 초월하는 것에까지 변화가 일어났기 때문에, 여성들의 시도 이와 유사하게 각 개인의 정체성에서 분명하게 드러나는 피해자와 가해자의 역할들을 하나로 종합하는 '포스트페미니스트 통합'(post-feminist synthesis)에 관심이 있는 제 3세대 쪽으로 이동했다고 주장한다.79) 부분적으로, 이것은 가장 훌륭한 여성들의 시들 중 상당부분이 여성과 남성 둘 다에 의해 수행되는 역할들과 주체성들에 대한 유희적인 탐색을 위한 교훈주의를 여성성/ 남성성에 대한 용인된 개념들에 대한 도전으로, 의도적으로 피하고 있음을 말하고자 한 것이다.

시선집들

문학계는 남자들을 위한 주점이다
그리고 여성들은 그 소굴로 초대되지 않는다.

(피오나 핏-케슬리, 「주점」)

The literary world's a drinking club for men
And females aren't invited to that den.

(Fiona Pitt-Kethley, "The Drinking Club")

1980년대에 여성들만의 시를 실은 시집들이 출현했다는 것은 부분적으로는 남성문학의 장이 (여성들을) 제외시켰던 처사들에 대한 반발로 보아야 하지만, 대체로

---

79 Montefiore 1994: 180-87. 크리스테바의 에세이는 Toril Moi (ed.) (1990)에 있음(*The Kristeva Reader*, Oxford: Blackwell).

1960년대와 1970년대에 일어났던 여성 운동들에 의해 초래되었던 변화들에 대한 확언으로 봐야 한다. 그리고 이것은 이미 여성 소설의 출판에 중요한 영향을 끼쳤다. 가장 잘 된 시 선집들 중에서 네 권이 『블러댁스 판 현대 여성 시인집』(*The Bloodaxe Book of Contemporary Women Poets*)(1985)과, 채토 앤 윈더스의 『공백 메우기: 포스트페미니스트 시』(*Making for the Open: Post-Feminist Poetry*)(1985), 그리고 『페이버 20세기 여성시집』(*The Faber Book of Twentieth Century Women's Poetry*)(1987)과 블러댁스의 『60명의 여성시인들』(*Sixty Women Poetry*)(1993)들이다. 비록 그 첫 세 권 시집을 편찬한 편집자들이 페미니즘과 양향적인 관계를 맺고, 또 최고로 잘 된 시를 중성적인 것으로 생각하기는 했지만, 그들이 펴낸 시 선집들처럼, 그들은 자기 자신의 운문으로 여성운동이 만들어낸 변화들을 그대로 논증해 주는 시편들을 출판했으며, 그리고 그들 역시도 "몇 가지 페미니즘 개작들에 의해 제공되는 여성들이 해야 하는 집안일을 축하하며 재평가하는 것에 상당한 신세"를 지고 있다(Pykett 1997: 263).

제니 코우진(Jenie Couzyn)의 『블러댁스판 현대 여성 시인집』은 11명의 기존 영국 시인들을 각별하게 공개하여 진열해 놓은 것이다. 모두 20세기에 태어났고, 그 책이 출판되었을 당시 모두 40세가 넘었다. 서문에서, 코우진은 거의 500페이지 중에서 11페이지가 넘는 지면을 여성 시인들에게 할애한 존 헤이워드(John Hayward)의 『페이버 20세기 여성시집』과 같은, 그녀와 함께 자라난 권위 있고 정평 있는 시 선집들에서 여성들에게 바쳐진 작은 공간을 특별히 언급하고 있다. 또한 코우진은 여성들을 포함시키는 그런 걸으로 드러나는 함유들이 좀처럼 서로 서로 의견의 일치를 보지 못했다는 것에도 주목한다. 시 선별들이 색다르고 또 편집자들의 일시적인 마음에 좌우되는 것처럼 보인다. 그래서 그녀는 여성시인에 대한 3가지 주된 정형의 특징에 대해, 예를 들어서 엘리자벳 바렛 브라우닝(Elizabeth Barret Browning)과 같은 "헌신 부인"(Mrs. Dedication)과, 스테비 스미스와 같은 "별난 독신녀"(Miss

Eccentric), 그리고 실비아 플라스같은 "정신이상의 여자"(Mad Girl)라고 말한다. 첫 번째 것은 남자와 여자의 관계에 의해 정의된 것이고, 두 번째 것은 남자들과 관계 부족에 의해 오명이 씌워진 것이며, 그리고 세 번째 것은 소문난 히스테리성의 괴팍함에 의해 사회적으로 무시당하는 것이다. 그래서 코우진은 아프라 벤(Aphra Behn)에서부터 여성들이 활동할 수 있는 장을 지속적으로 열어주었다고 인정을 받고 있는 에밀리 디킨슨(Emily Dickinson)에 이르기까지 가장 많이 친숙한 시인들에 대한 간략한 역사를 개괄해 놓고 있다. 그녀는 선구자적인 두 권의 다른 시선집인 루이스 베르니코우(Louise Bernikow)의『활짝 열려진 세계』(*The World Split Open*)와 코라 카플란(Cora Kaplan)의『소금과 쓰고 유용한』(*Salt and Bitter and Good*)들을 인용함으로써 끝을 맺는데, 이것들은 그녀가 분명하게 느끼기에, 그녀가 펴낸 시 선집과 다음에 시 선집을 펴낼 가능성이 있는 다른 사람들을 위해 닦아 놓은 길을 보이지 않게 만들어버린 책들이다. 뷔라고에서 출간한 다이아나 스캇(Diana Scott)의 『빵과 장미: 19세기와 20세기의 여성시』(*Bread and Roses: Women's Poetry of the 19th and 20th Centuries*)(1982)도 또한 언급되어져야 한다.

적은 수의 시인들, 그들에 대한 소개, 그들의 사진과 그들에 대한 개인적인 짤막한 언급들로 이루어진 코우진의 책은 여성시인들을 위한 보다 높은 수준의 프로파일을 얻어내고자 하는 시도이며, "내가 높이 받드는 현재 활동하고 있는 많은 다른 여성시인들의 작품을 기념하고 유포하도록 편집자들이 조장"하려는 시도다. 그것이 정한 목표들은 정전을 똑 바로 세우는 것과, 먼지 쌓인 책표지에 "주도적인 영국 여성시인들"(the leading British Women Poets)이라는 꼬리표가 붙어있는 소규모 단체의 작품에 책을 바침으로써 여성들의 시에 대한 평가를 높이는 것, 둘 다인 것처럼 보인다. 이런 점에서 그것은 케릴 루멘스가 국제적으로 58명의 시인들을 선별해 놓은 코우진이 선택한 11명 중에서 단 두 명, 즉 앤 스티븐슨(Ann Stevenson)과 플레어 애드콕(Fleur Adcock) 만을 포함하는 같은 해에 처음으로 출판된,『공백 메우

기: 포스트페미니스트 시』와는 상당히 차이를 보이는 것처럼 보인다. 루멘스의 소제목, 「포스트페미니스트 시」("Post-Feminist Poetry")는 지속적으로 시가 페미니즘보다 더 멀리 떠나가 있거나, 또는 페미니즘이란 어떤 의미에 있어서는 1985에 끝나버렸다는 함축적 의미에 대한 반대 비평을 받아들였다. 1987년 개정판에 실린 그녀가 쓴 서문에서, 루멘스는 그러한 비평들에 대해 맞서려고 또 정치적인 입장과는 상관없는 "언어적인 강렬함"(verbal intensity)때문에 그녀가 높이 평가하는 시들을 포함시키는 것이 그녀의 의도였다는 것을 설명하려고 애를 썼다. "분명히 페미니스트 시의 아주 많은 부분이 정치적인 필요성들 위에 구축되었다. 그것은 자기중심적이고, 언어와 형식에는 별 관심이 없는, 이미지 면에서는 정형화된 것이다."『쿼토』(*Quarto*)지와『문학 서평』(*The Literary Review*)지 두 곳의 시 담당 편집인이었던 루멘스는 문학전통에 의하여 여성시인들의 시 선집을 내놓기를 원했고, 그래서 그녀는 자신의 밖에서 이루어지는 상상력 풍부한 탐색과 관계있는 '포스트페미니스트 미학'을 자세하게 설명한다. 그녀는 1장에서 한 예로 논의되었었던 샬롯 뮤(Charlotte Mew)의 「농부의 신부」("The Farmer's Bride")를 예로 든다. 그녀는 이것은 내적인 명상과 상치되도록 놓고 있으며, 루멘스에게 있어, 그 책의 소제목은 "성별-꼬리표들이 진부하게 되는 그 날을 향해 내 젖는 작은 몸짓"(a tiny gesture towards the day when gender-tags become obsolescent)을 나타내는 것이다. 그 시 선집은 1964년 이후에 출판된 유일한 작품특징을 가지고 있지만, 루멘스는 포스트페미니스트 시가 그때 시작되었다고 생각하지 않는다. 그녀는 그들이 가진 성의 한계들 밖에서 생각했던 시인들을 나타내기 위해서, "서로 다시 생각해보기 위해서" 그 용어를 역사와는 무관한 개념으로 사용한다. 그녀는 성별에 아무런 제한이 없는 시의 전통이 있다고, 또 시는 정치에 대한 일종의 도덕적인 교정책으로 작용한다고 주장한다. 제대로 잘 관찰된 개인적인 삶에 대한 분석은 보다 폭넓은 사회에 대한 논평으로 들어가는 길이다. 시를 정치학 바깥에 놓인 상상력의 소산이라고 말한 루멘스의 확언이 다

소 순진하고 이상적인 것처럼 보이며, 1920년대에 울프(Woolf)가 『자기 자신의 방』(*A Room of One's Own*)에서 셸리(Shelly)를 남녀 양성적인 시인이라고 옹호한 것을 상기시켜 주지만, 여성들의 시로 구성된 아주 훌륭한 시 선집을 편집한 그 자체가 1985년에 있어 가치 있는 정치적인 몸짓이었고, 그것은 최근에 출판된 모리슨과 모션의 시집이 빠뜨린 것들을 아주 설득력 있게 논증하였다.

『공백 메우기: 포스트페미니스트 시』처럼, 플레어 애드콕의 『페이버 20세기 여성시집』은 문학계의 주류로 생각되는 시 선집에서 여성들이 제외되었음에 대한 인식으로 편찬되어 있다. 애드콕은 선별에 대한 근거를 평판이나 정치적으로 생각하지 않고 (미학과 시학의 관점에서) 장점이라고 생각하며, 그리고 특별히 마음속에 다른 속셈을 갖고 있거나 "제기"할 "견해"를 가지고 있지 않다고 주장한다. "더 편파적인 다른 시선집들이 결국에 가서는 판결을 받게 되는 정전을 확립하도록 운명 지어진" 그 시집에 포함될 취합목록을 페이버는 만들었다. 애드콕은 전통을 위해 할애할 시간이 없었고, 그래서 그는 여성들의 시가 여러 가지 면에서 무시당하고 과소평가 당했다는 사실에 의거하여 그저 그것을 남자들의 시와 다른 것으로만 생각했다. 후기 시 선집자로서의 그녀가 여성들의 시에 대해 느끼는 두려움은 더 이상 출판되지 않고, 읽히지 않으며, 또 연구되지 않을 거라는 것이 아니라, 그것이 "특정지역에 가둬져서" "시"란에 꽂혀지지 않고 "여성 연구"란에 꽂히게 될 수도 있다는 것이다. 애드콕은 그녀가 포함시켜 놓은 시들에서 발견되는 재치의 분량에 대해 논평하고 있으며, 이것은 사실상 꽤 눈에 두드러지는 특징이다. 예를 들어, 라킨이 대부분의 일상적인 활동들에 대해서 신랄하고, 다소 비난조의 논평을 하는데, 미국인 맥신 쿠민(Maxine Kumin)의 「배설물 같은 시」("The Excrement Poetry")에서는 심지어 배설에 대한 축하도 나와 있다. 샬롯 뮤에서부터 웬디 코프에 이르는 시인들의 선택은 불가피하게도 몇 명 되지 않는 흑인 여성 시인들에서처럼 배제와 기준에 대한 더 깊은 의혹을 제기한다. 애드콕은 시인들을 그들이 가진 재치와 초연함을 이유로 선

택하는데, 그것은 알바레즈가 『새로운 시』(*The New Poetry*)를 가지고 그랬던 것과
꼭 같은 논쟁을 새로이 만들어 내고 또 정전을 형성하고 싶어 한 그 책의 욕망에
물음표를 찍어야만 한다.

애드콕이 뽑은 64명의 시인들은 그 책이 출판될 당시 모두 40세가 넘은 상태였
고, 해서 이것은 그녀의 책과 거의 절반가량의 시인들이 그녀가 책을 마감한 때에
해당하는 1945년 이후에 출생한 시인들이었던, 린다 프랜스(Linda France)의 1993
년 판 『60명의 여성시인들』(*Sixty Women Poets*)과의 현격한 차이를 만들어 낸다.
프랜스는 1971년을 시인들이 아닌 시들에 대한 선별작업을 시작하는 그녀의 출발점
으로 사용한다. 그녀는 내가 이전에 논의한 적이 있는 세 권의 시 선집들로 인해 확
실한 자리를 구축한 "배타적이지 않은 전통"을 언급하면서 시작한다. 여성들에 대한
설명이 부족한 상황에 대한 논의를 계속하면서, 프랜스는 자신의 시 선집을 "꼭 필
요한 자매 시집" 내지는 그녀의 선집과 같은 해에 출판된 (17명의 여자와 38명의
남자 시인이 들어있는) 블러댁스의 『새로운 시』(*The New Poetry*)에 대한 교정 시집
으로 본다. 선집에 포함시키기 위해 프랜스가 사용하는 유미적인 기준은 시란 "사상,
감정, 그리고 상상력을 아주 훌륭하게 정돈하여 독자에게 그 자신을 효과적으로 명
확하게 전달하는 형식"으로 바뀌는 것이어야 한다는 것이다. 그녀는 그 시들을 상반
되는 세력들을 바로 잡아 균형을 맞춰 주고 싶은 욕구, 선정적인 것에 대한 기존과
다른 "새로운 솔직함," 전통적인 영국의 자서전이 가지고 있는 한계들을 확장시켜주
는 정직함, 그리고 결과적으로는 새로운 개방성에 이르는, 그러나 "포스트페미니스
트 조짐"은 아닌 그런 특징을 가진 것으로 생각한다. 프랜스는 그녀가 선택한 시들
의 주제들이 "사랑, 죽음, 일, 가족, 어린 시절, 예술, 시간, 추억, 장소, 음식물 그리
고 꿈"과 같이 시가 영원히 다룰 주제들이라고 주장한다. 접근의 관점에서 두 가지
요소들이 필요하다. 첫째, 시는 대부분의 이전 작품들, 예를 들어, 캐럴 앤 더피, 조
셉콧, 셀리마 힐, 팬소프, 그리고 앤 라우즈(Anne Rouse) 등이 포함되어 있는 선집

들에 들어있는 것들보다도 더 많은 유머와 풍자를 가지고 있다. 두 번째로, 폴라 미한(Paula Meehan)의 「공상에 잠겨 사는 사람」("The Man Who Lives in the Clouds") 또는 일레인 페인스타인(Elaine Feinstein)의 「늙어가기」("Getting Older")와 같은 여러 시들에 확언에 대한 강한 인식이 있다. 또한 그 시들의 상당수들은 캐럴 앤 더피의 「나체로 서 있는 여성」("Standing Female Nude")처럼 남성적 시각들에 대한, 아니면 엘마 미첼(Elma Mitchell)의 「러스킨에 대한 사색」("Thoughts about Ruskin")처럼 작가들에 대한 "회답을 한다." 프랜스는 '세대'보다는 1971년 이후의 시대에 초점을 맞춤으로써, 그녀는 조 셉콧과 제키 케이와 같은 뛰어난 신진 작가들과 함께 나란히 자리하고 있으면서도, (1930년대를 다루었던 장에서 이미 언급되었던) 루스 피터(Ruth Pitter)와 (무브먼트와 관련해서 논의되었던) 엘리자벳 제닝스를 포함하는 더 나이든 그룹에서도 많은 시인들을 폭 넓게 선택하려고 한다.

성, 가족, 그리고 젠더[80]

전후 시대는 성적인 관행들과 표현에 대한 거의 모든 영역에서 생겨난 중요한 변화들을 목격했다. 피임에 대한 충고(가족계획), 동성애에 대한 포용, 그리고 성적인 문제들에 대한 공개적인 논쟁 그 모든 것들이 증가했다. 1960년대에는, 성에 대한 안내책자, 도색문학, 그리고 심지어는 성교육을 더 광범위하게 입수할 수 있었으며 그리고 더 묘사적이었다. 이혼이 늘어났고 피오나 핏-케슬리(Fiona Pitt-Kethley)의 『비밀스러운 부분들』(*Private Parts*)에 수록되어 있는 「처녀성 상실」("Losing

---

80　모성애, 결혼, 성, 정치 및 일에 대한 영국인들의 변모해가는 태도를 보고 있는 대중문화와 현대성 및 여성에 대한 효용적인 분석을 보려면 홀즈워스(Holdsworth 1988)를 참조할 것. 이 섹션의 많은 내용은 스토리와 차일즈(Storry and Childs 1997)에서 로버타 가렛(roberta Garrett)이 젠더에 대해 쓴 장에서 발췌하였다.

Your Virginity")의 "대부분의 어린 여자아이들은 기술적으로 처녀성을 빼앗긴다/ 꽤 어릴 때, 탐폰과 갑작스런 재채기로"(Most girls are technically deflowered/ quite young, by tampons and a sudden sneeze)에서와 같이 결혼 시 처녀성에 대한 강조, 특히 여성들에게 있어 그것은 줄어들었다. 여성의 성욕은 킨제이(Kinsey)의 2번째 보고서인『여성의 성적 행동』(*Sexual Behaviour in the Human Female*)(1953)이 발표된 이후로, 그리고 매스터즈(Masters)와 존슨(Johnson)의『인간의 성적인 반응』(*Human Sexual Response*)(1966)의 출판과 함께 시작된 해방운동이 절정에 이르렀을 때 격렬한 논쟁의 중심제재가 되었다. 여성들의 성 경험은 이제 더 이상 오로지 남성들의 경험에 의해서 자세하게 묘사되는 대상이 아니다. 여성의 자위행위는 건강하다는 증거로 생각되었고, 또한 1960년대 주부에 관한 케럴 루멘스의 시,「한나절의 집」("Houses by Day")의 "환경에 지금 순응된, 나는 내가 해야 할 역할이란 기다리는 것이라는 것을 배웠다/ . . ./ 그리고 내 음핵들을 가볍게 툭툭 쳐서 기분 좋아진다"(Adjusted now, I had learned my role is to wait/ . . ./ and light up at a flick of my clitoris)에서 비교해보면 알 수 있듯이 성욕에 있어 음핵의 중요성이 강조되었다. 성은 결혼, 출산, 그리고 도덕성에 의거하기보다는 쾌락과 다양성에 의한 것이다. 동시에, 영향력 있는 책,『에로스와 문명』(*Eros and Civilization*)(1955)을 펴낸 허벗 마르쿠제(Herbert Marcuse)에게 있어, 사적인 욕구는 반문화적인 반란에 있어 열쇠가 되는 것이었다. 정치적으로 우익세력이었던 사람들이 1950년대 후반과 1960년대를 도덕적 타락으로의 몰락으로 보았던 반면에, 대부분의 정치 운동가들에게 있어 개혁들은 최소한도의 것이었으며, 성적인 통제력은 그저 단순하게 획일적인 법률들에서부터 감시와 견제의 더 다양한 형식들에 이르기까지 편향된 것이었다. 매춘과 동성애에 대한 울펜든 위원회(Wolfenden Committee)의 보고서(1959)에서부터 1960년대를 통해, 개혁들은 가족을 지지하는 제도뿐만이 아니라 성과 건강을 단속하는 의미들을 품위 있게 하는 데 그 목표를 두었다.[81] 그러나 대처 내각이 정권을 잡기 그 이전 10여년에 걸쳐, 여전히 더 중요한 개혁들이 있었다. 예를 들자면, 임신의 종결을 입법화하는 낙태 법령(Abortion Act), 그리고 동성애를 해금하는 성 위반 법령(Sexual Offences Act), 이 둘 다는 1967년에 이루어진 것이고, 1969년에 이루어진 이혼 개정 법령(Divorce Reform Act)은 상호 동의에 의해 쉽게 이혼할 수 있게 하는 것이며, 그리고 1975년에 만들어진 여성들에 대한 고용과 교육차별을 금지하는 성 차별 법령(Sex Discrimination Act) 등이 그 개혁들이었다. 그러나 '가족'이라는 명분으로, 1979년에서 1997년까지의 보수당 규정은 몇 가지의 퇴화하는 조치들을 감행했는데, 예를 들자면 1987년 학교에서 명확한 게이(gay)와 레즈비언(lesbian) 이미지들을 금지하는 제 28조항, 그리고 1993년에 만들어진 어린이 부양에 종사하는 정부가 인증한 단체, 아동 후원국(Child Support Agency)과 같은 것들이다. 딱 한 가지 눈에 두드러지는 진보적인 발전이 있다면, 그것은 바로 1994년 여성에게도 성직자의 서품을 주자는 것에 찬성표를 던진 잉글랜드 종교회의(Church of England Synod)였다. 그러나 또 다른 시각에서 볼 때, 여성들은 1960년대 이후로 보다 더 정치적인 태도들을 취했다. 예를 들자면, 1983년이 마가렛 대처가 처음으로 재선되었던 해였지만, 정치과정이라는 다른 목적에서 보면, 그 시기는 또한 그린햄 커먼(Greenham Common)에서 벌인 여성 반핵 항의자들이 축출시도에 반대했던 그리고 탄광폐쇄를 반대하는 여성들(Women Against Pit Closures)이라는 조직이 생겨나기 이전의 해였다.

1960년대 이후의 시기는 어떤 점에 있어서 가족이라고 하는 제도에게 닥쳐 온 일련의 위기들로 생각되어졌다. 아주 많은 수의 부부들이 아이를 가지지 않으며(20퍼센트), 그리고 그런 부부들은 대체로 전보다 적은 규모의 가정을 이끌어 가는 경향이 있었다. 아이들 가지는 일이 종종 20대 후반까지 아니면 30대 초반까지 미루어

---

81 게이와 레즈비언에 대한 처우와 관련하여 영국의 법적·정치적 시스템에 대한 유익한 조사서는 제프리와 포울터(Jeffrey-Poulter 1991)다.

지고 가끔 인용되는 평균값인 "평균" 2.4명의 아이들을 가진 영국가정은 이제는 1.8 명으로 감소되었는데, 이것은 "전통적인" 가족의 균형이 전반적으로 무너지고 있음을 반영해주는 시대적 추세가 된다. 이제 영국가정의 단 24퍼센트만이 "2명의 어른들과 이들의 부양을 받는 어린이들"로 구성된 핵가족 양식으로 넘어가고 있으며, 이러한 수치들은 결혼한 부부들뿐만이 아니라 점차적으로 증가추세에 있는 장기 동거인들까지 포함한 것이다. 현재, 3분의 1이 넘는 결혼이 이혼으로 끝을 맺고 있는 영국의 비율이 유럽에서 가장 높으며, 또 (이러한 가정들의 90퍼센트는 여성들이 이끌어 가고 있는 경우인) 홀 부모 가정들의 수가 모든 가족 단위수의 20퍼센트에 이를 정도로 엄청나게 증가해 버렸다. 그러나 성 정체성들의 변형들에 있어 가장 중요한 요소는 점차적으로 여성들이 노동현장에 참여하는 쪽으로 가고 있는 역행할 수 없는 시대적 흐름이다. 급료를 받는 직장에 여성들의 참여가 1950년대 후반에는 엄청나게 증가했으며 그 이후로도 매 십년간에 걸쳐 계속해서 늘어나고 있다. 고용의 형태들에서 생겨난 변화들, 특히 1960년대와 1970년대에는 비서직, 행정직, 그리고 서기직과 같은 직업들이 많이 늘었으며, 또한 1980년대에는 서비스 부문에 있어 급속한 성장과 같은 변화들이 여성 고용의 새로운 영역들을 열어 놓았다. 이러한 현상이 중공업의 쇠퇴와 남성들에 의해 장악되었던 숙련을 필요로 하지 않는 수공업 현장들과 함께 두 배로 증가했기 때문에, 그 균형은 처음으로 거의 균등하게 나누어진 남성과 여성의 노동력 쪽으로 기울었다. 그러나 1970년 동등한 월급 법령(Equal Pay Act)과 같은 어렵게 획득한 법안에도 불구하고, 여성들은 여전히 남자들이 받는 월급의 80퍼센트에도 미치지 못하는 돈을 벌고 있다. 더욱이, 여성 노동력의 배치에도 분명한 차이가 있다. 20세기 전반기에 노동에 참여하고 있는 여성들 대다수가 어린 나이이거나 결혼을 하지 않은 또는 아이를 다 키워놓은 중년의 여성들이었던 반면에, 배우자가 있고 부양가족이 있는 사람들이 1970년과 1980년대에 가장 많이 증가하였다.

에이즈 위기가 닥쳐왔던 초기에, 즉 1982년 테렌스 히긴스(Terrence Higgins)의 죽음으로 영국에서 공식적으로는 처음으로 에이즈로 죽은 사람이 생긴 이후, 대중적인 잡지계로 인한 더욱 악화되어 버린 반 게이 광분의 파장이 일어났다. 1976년 성 위반 법령(Sexual Offences Act)으로 인한 영국본토내의 동성애 행위 해금(1979년에는 북아일랜드로 그리고 1980년에는 스코틀랜드로 확장되었다)에 뒤이어 나난, 활기에 넘치는 게이와 레즈비언 하위문화가 1970년대 후반과 1980년대에 영국 도시지역들에서 활개를 쳤다. 1987년 그 악명 높은 제28조항, 즉 지방당국이 "명확한" 게이 이미지 표현을 금지하고 전통적인 가족 가치관을 영국학교에서 장려할 것을 요구하는 수정안을 삽입한 지방행정법안(Local Government Bill)의 형식으로 반발이 생겼다.

내가 위에서 논했던 네 권의 시 선집들에 나오는 많은 작가들은 시에 있어서 적당한 중심 문제에 대한 이전의 남성 한계들을 넓히면서, 젠더(gender)의 차이들, 분만, 그리고 성욕에 관한 정체성의 여러 이형들을 다루고 있다. 예를 들어, 프랜스의 시집에 나오는 엘리자벳 바틀렛(Elizabeth Bartlet)의 시 「임신선」("Stretch Marks")은 시와 출생을 비교하고, 수와타 바트의 「하얀 아스파라가스」("White Asparagus")는 임신한 한 여성의 육욕을 탐색하며, 진 얼(Jean Earle)의 「폐경기」("Menopause")는 상실된 임신능력에 대한 명상을, 리타 앤 히긴스(Rita Ann Higgins)의 「서구세계에서 이미 태어난 사람들」("The-Did-You-Come-Yets of the Western World")은 여성의 성욕에 대한 남성의 반응들에 대해서 생각하고, 실비아 캔타리스(Sylvia Kantaris)의 「장난감 소년」("Toy Boy")은 노리개로 나이어린 연인을 생각하는 것을 풍자하고 있으며, 그리고 헬렌 던모어(Helen Dunmore)의 「안전한 시대」("Safe Period")는 성적인 시기와 그렇지 않은 시기들을 생각하고 있다. 한정된 젠더역할들로부터 얻은 여성들의 경험을 다시 전유화 하는 데 관심을 기울이는 또 다른 시인이 페넬롭 셔틀(Penelope Shuttle)인데, 사실 시인보다는 소설가로 더 유명하다. 그녀는 모성, 임신, 그리고 사랑의 시들을 쓰고 또 월경에 관한 묵상의 글, 「도랑」("Fosse")을 썼다. 그것은 시인 피터 포터에게서 가져온 제사(題辭)인 ". . . 그리고 월경의 도랑에서부터/ 미래가 흘러 내린다. . . "(and from the menstrual ditch/ The future runs. . .)를 그 출발점으로 간주한다. 여기서 도랑은 웅덩이 또는 요새화를 위해 파놓은 외호다. 셔틀은 또한 그녀의 배우자인 피터 레드그로브(Peter Redgrove)와 함께 월경에 대한 연구서, 『현명한 상처』(*The Wise Wound*)를 썼다. 동성 욕구에 관한 주류 시들은 이제 공통적인 것이 되었다. 예를 들어, 캐럴 루멘스의 「양식 훔치기」("Stealing the Genre")와 제키 케이의 「철저한 면도」("Close Shave")는 아주 훌륭한 두 가지 본보기들로, 첫 번째 것은 여성에 관한 것이고, 두 번째 것은 남자에 관한 것이다. 그런 본보기들의 중요성은 여성들에 의해 최근에 나온 시들의 폭과 다양성을 강조하고 있다는 것이다. "늦은 음주를 거절하고/ 아니면 소유욕 강한 애무를"(refusing late drinks/ or a possessive caress)에서 내가 성뿐만이 아니라 시에 관하여 논의할 때, 여러 의미 속에는 매리온 로맥스(Marion Lomax)의 시 「남자를 뛰어넘어」("Beyond Men")의 제목에서 언어와 "인위적"이지 않는 욕망에 도달하기 위한 공유된 탐사가 있다.

차이와 욕망에 의해 젠더를 탐색하는 모범이 될 만한 두 명의 시인들은 조 셥콧과 셀리마 힐이다. 셥콧의 첫 시집 『아기 전기도금하기』(*Electroplating the Baby*)(1988)에 수록된 「로벗과 엘리자벳」("Robert and Elizabeth")이라는 시들은 언어와 사상에 대한 양자택일의 성별이 구별된 견해들을 제공해 준다. 차이와 가능한 독창적인 연합에 대한 탐색들인 그 시들은 두 가지의 개성들을 제시하는데, 「로벗과 엘리자벳이 함께 하는 장난」("Fun with Robert and Elizabeth")의 "그것들은 희미한 소리들을 해석하기 위해 각기 귀를 기울이며 앉아 있다/ 다른 한 사람이 종이 위를 문질러 대는 그런 소리를"(they sit each listening to interpret the faint sounds/ of the other's scouring on the paper)에서와 같이, 하나는 특이한 전문용어와 외연적

의미에 관심이 있는 것이고, 또 다른 하나는 관계들과 패턴들에 관심이 있는 것이다. 「로벗이 뜨개질하는 엘리자벳을 유심히 지켜보다」("Robert Watches Elizabeth Knitting")라는 시에 나오는, 합성 인간[로벗 브라우닝(Robert Browning), 로벗 로웰(Robert Lowell), 그리고 조나단 스위프트(Jonathan Swift) 등 이 모든 사람들을 다 암시하고 있는]은 그가 왜 그 여자[엘리자벳 바렛(Elizabeth Barrett), 엘리자벳 하드윅(Elizabeth Hardwick), 또는 에스더 반홈리이(Esther Vanhomrigh)]에게 "그녀를 물건들의 이름이 가득 적힌 목록으로 부르기 위해/ 그녀가 현재 어떤 사람인가가 아니라"(to call her a whole list of things/ other than what she is?) 꼬리표를 달아 주고 이름을 붙여주고 싶은 강한 충동을 느끼는지에 대한 의문을 가진다. 엘리자벳이 리듬감 있게 그녀의 양모실로 뜨개질하는 것, 또는 그녀의 텍스트를 엮어 만드는 것을 지켜보고 있는 로벗은 "모든 틈 속에 의미가 있는"(meaning is all in the gap) 양자택일이 가능한 현실을 "모든 바늘땀들의 독립적인 삶과 함께 하는, 모든 관능성과 온전함"(all sensuality and wholeness, with the independent life of every stitch)으로 깨닫는다. 그 연속되는 시들은 앞에 선행하는 시들 속에 나오는 상호간의 관찰 후에, 「로벗과 엘리자벳이 다시 앉는다」("Robert and Elizabeth Sit Down Again")에 이르렀을 때 상호관계의 가능성이 있다는 것을 암시하는 희망적인 시로 끝을 맺는다. 이것보다 일 년 있다가 출판된 셀리마 힐의『대단치 않은 친절행위들의 누적』(*The Accumulation of Small Acts of Kindness*)(1989)은 정신분열증을 앓고 있는 "낯선 사람의 담요위에 월경을 하는" 젊은 여성이 병원에 입원하기 전에, 그곳에 입원하고 있는 동안, 그리고 병원에서 퇴원한 후에 쓴 일기들을 보여준다. 초현실적이고, 여러 개로 풀어헤쳐진 글은 사회적인 언어의 '타자'(the other)인 여성적 말을 세상에 내놓고 있는 프랑스 페미니스트 이론의 '여성언어'(woman's language)를 암시하고 있는 것처럼 보인다.[82] 선형적이지 않고, 감각적이며, 기호론적인 이야기를 만

---

82 프랑스 페미니스트 사상에 관해서는 힘(Humm 1994: 93-113)을 참조할 것.

들어 내고 있는 그 책은 "그것을 모두 약호로 쓴다는 것의 핵심점이 도대체 무엇인
가?"(Whatever's the point of writing it all in code?)라고 하는 질문으로 시작하는
데, 그 뒤 여성의 글, 가공의 목소리들, 잊혀 지지 않는 단어들, 그리고 직접적인 말
이라는 네 가지 담론들을 이어진 표시가 하나도 나지 않게 함께 엮어 짜 맞춘다. 마
지막 부분에 이르기 전에, 그 각각의 부분들은 복수형태의 남성(비록 항상 남성은
아니지만)을 가리키는 명사인 '소년들,' '아들들,' '의사들,' '선생님들,' '낯선 사람들,'
그리고 '수도사들'로 표제가 붙여진다. 이러한 인물들의 권위주의적인 언어는 "내 두
다리 사이에서 느껴보라 롤리팝과 같거나,/ 아니면 금방이라도 눈물을 흘릴 듯한 블
러드하운드 같은 입술을"(Feel between my legs two lips like lollies,/ or like a
blood-hound on the verge of tears)에서와 같이 욕망에 의하여 구성되는 여성의 사
상들, 육체의 교류들, 그리고 무의식과 대조된다. 여성들의 성적충동 경험과 사회당
국들의 비난 간에 이루어지는 비교는 여러 가지 면에서 남성 중심적인 언어에 대한
대안의 가능성을 형식적인 시의 실험과 논리의 욕망과의 연계를 통해 아주 성공적
으로 개발해 내는 것처럼 보인다.

플라스로부터 뽑아내기

힐의 책이 지니고 있는 긴장되고, 심리학적인 중심 문제는 실비아 플라스의 반
(半)자서전적인 1963년 소설로서, 신경쇠약을 일으키며 여성 정체성의 여러 유형들
을 찾는 내용의 『종 모양의 유리그릇』(The Bell Jar)을 상기시켜 준다. 플라스로부
터 이어받을 가능성은 결코 특이한 경우가 아니다. 그리고 나는 지금 간단하게 『펭
권판 현대 영국시집』(Penguin Book of Contemporary British Poetry)에서 뿐만이
아니라 위에서 논의되었던 시 선집들에 있어 모두 중요한 역할을 했고, 또 한 가지

시각에서 볼 때 플라스 시의 신세를 많이 졌다고 볼 수 있는 세 명의 특별한 작가들에 대해 논의해 보고 싶다. 1980년대는 "우리들의 10년"(Logan 1991: 235)이라고 말한 플레어 애드콕은 『페이버 20세기 여성시집』을 그녀가 소개하는 글 앞부분에서 "여성들이 쓴 시에 있어 다른 점이 무엇인가. . . 여성 시의 본질이 아니라 최근까지 과소평가되고 어느 정도까지는 다소 무시되었었다는 것이 사실"이라고 적고 있다. 한결같이, 그녀의 시는 남성들에게 양면적이며 그녀의 초기 작품은 남성의 육식적인 유혹에 대한 그녀의 반응들과 관계가 있다. 애드콕은 또한 젠더 역할들 가지고 잘 노는데 종종 그녀가 말하기를, 이것은 단지 그녀 자신의 경험과 관계에 관한 시를 만들어 낼뿐이라는 것이다. 가장 잘 알려진 그녀의 시들 중의 한 편인 「천문학자들 가운데 있는 이전 여왕」("The Ex-Queen Among the Astronomers")에서, 그녀는 플라스가 「지원자」("The Applicant")와 같은 시들에서 논의했었던 성 관계들의 종류를 복잡하게 만드는 것처럼 보인다. 앨런 로빈슨은 다음과 같이 적고 있다.

전(前)여왕은 남성의 호색적 기대에 부합되도록 사회화되고 그녀가 가진 새로움이 없어질 때 버림을 받는 모든 여성들을 대표한다. 남자 천문학자들은 산만하고 자만심강한 합리주의자로서 공격을 받으며, 지식에 대한 그들의 과학적인 추구가 실은 물질적인 소유에 대한 탐구라는 것이 암시되고 있다. 우주를 질서정연하게 정리된 것으로 축소시키려고 하는 그들의 착취적 욕망은 여성들을 억누르는 그들의 가부장적 압제에 대응되는 것이다. 그것들 둘 다는 강박관념에 사로잡힌 관음증으로 분명해 지는 남성들의 절시증(竊視症)적인 충동에 의해 가학적으로 객관화된다. "그들은 접시처럼 둥근 눈을 돌리고 있다"(They serve revolving saucer eyes), "그래서 그들은 당연히 가지고 있다/ 커다란 수정체를"(they wait upon / huge lenses), "그들은 휴대용 망원경을 지니고 있다/ 비밀스러운 염탐을 위해"(they carry pocket telescopes/ to spy through), "스펙트럼들이 그들의 눈을 사로잡는다."(Spectra possess their eyes) 관심을 얻어내기 위해서는 (덧없는 성적인 아이콘뿐만이 아니라 여왕

으로서) 이전의 여왕은 실제적인 일람표가 그녀의 급변을 기록하는 무의식적
인 행위로 자극적인 전희 동작들을 경험하면서, 자기 자신을 애정 표시라기
보다는 소유권을 알리는 낙인인 장식이 된 팔찌들로 보상받는 소지품으로 타
락시켜야 한다. "그녀는 귀볼, 음경, 육욕의 관들을 입에 물고 있는/ 혀를 빤
다."(she sucks at earlobe, penis, tongue/ mouthing the tubes of flesh)

(Robinson 1988: 189)

성의 대변혁을 여러 가지 면에서 여성들이 구체화되고 무기력한 상태에 있는 동
안에, 남자들을 위해 만들어진 상금으로 생각하는 애드콕의 그다지 초현실적이지 않
는 시들은 분리주의자 정치논리를 넌지시 비치고 있다. 「금욕의 흡연가들」
("Smokers for Celibacy")이라고 하는 이행연구로 된 코믹한 시에서, 그녀는 "성은
장애물이다./ 그저 우리에게 피곤함만 줄뿐이다"(sex is a drag./ Just give us a fag)
라고 결론을 맺는다. 또 다른 짤막한 작품인, 「짝짓기에 반대하여」("Against
Coupling")에서는, 그녀는 남성 전유와 억압을 해결할 수 있는 해결책이 자급자족
또는 성적인 용어로 말하자면, 자위행위라고 제안한다. 비록 그녀는 자기의 신체가
느끼는 육욕적 욕구에 반응해야하고 또 반응할 것이라고 생각하지만, "그러한 눈들
을 피하는 것만이 도움이 될 것이다"(Just to avoid those eyes would help)라는 시구
에서처럼, 성욕의 의식에서 여자는 객관화되고 동시에 정체성을 제거 당한 것처럼
보인다. 그 시는 성교란 결혼, 성욕, 그리고 모성에 대한 플라스의 시에서 찾아볼
수 있는 몰두사항인 자기존엄의 상실에 의해 압도되는 생리학적인 충동임을 시사함
으로써 1960년대의 난잡한 성행위와 성적인 허가에 대한 견해에 반대한다. 애드콕
시들 중 많은 시들은 전치(轉置)와 이안 그렉슨(Ian Gregson)이 "존재론적인 안정
에 대한 믿을 만한 인식"(any reliable sense of ontological stability)이라고 부르는
결핍을 다룬다(Gregson 1996: 89). 그녀의 시들 속에 나오는 정체성의 분열들은 자
아, 성 관계들, 국적, 그리고 작시(作詩)와 관계가 있다. 그러나 그녀는 어느 경우에

는 "여성들은 타고난 국외자들인가?"(Are Women natural outsiders?)라고 질문하면서 주로 젠더에 의거하여 이것을 보게 되었다(Couzyn 1985: 202).

앤 스티븐슨(Ann Stevenson)은 자기 자신을 실비아 플라스와 같이 어린 아이들을 둔 기혼 여성(나중에 이혼했다)의 "처지"에 놓인 시인으로 보았다. 『쓰라린 명성』(Bitter Fame)이라는 제목이 붙여진 플라스의 전기를 1989년에 출판한 스티븐슨도 역시 글쓰기에 온 정신을 다 바치는 것과 가족 사이에 사로잡혀 옴짝달싹도 하지 못하는 시인이다. 시에 대한 그녀의 사상들은 캐럴 루멘스의 것과 상당히 많은 공통점을 가지고 있으며, 또 그녀는 루멘스 개인이 가지고 있는 인간미, 그녀의 진지함, 그리고 페미니즘이나 사회주의와 같은 어떤 '신조'에 집착하지 않기 때문에 루멘스를 칭찬한다(Montefiore 1993: 34). 펭귄 선집에서 분리된 상태로 수록되었지만, 스티븐슨의 『유리제품 너머로의 여행』(Travelling Behind Glass)(1974)에서는 연속되는 일련의 시중 한편으로 실린 「결혼」("The Marriage")과 같은 민감한 불만의 시는 직접적으로 플라스의 신세를 많이 지고 있는 것처럼 보이며, 그리고 스티븐슨은 서간체 시들로 만들어진 그녀의 시집, 『편지』(Correspondences)(1974)에 대해 이야기하기 전에 그녀자신을 플라스와 비교하고 있다.

> 내가 50년대와 60년대 동안에 걸쳐 경험한 모든 분노, 혼란, 불행, 그리고 회의가 다 거기에 들어가 있다. 그리고 그것들은 여성의 분노와 불행이기 때문에, 그것들은 시대에 대한 일반적인 의식의 일부분인 과거에 억눌렸던 부분을 드러내 보인다.
>
> (Stevenson 1979: 175)

『편지』는 다음과 같은 작품이다.

> 1828년과 1968년 사이에 쓰여진 가상의 편지들, 일기들 그리고 시들을 통해

들려주는 챈들러(Chandler)가라는 부르주아 뉴잉글랜드 가족에 대한 단편적
인 역사다. 그 이야기는 주로 여자들, 특히 그들이 참아내야 하는 속박들과
그들이 고를 수 있는 제한적인 취사선택에 그 초점을 맞추고 있다.

(Montefiore 1993: 34)

　　그것은 부분적으로는 대충 스티븐슨의 가족, 그리고 불행했던 결혼 초기에 겪었
던 자신의 경험을 토대로 만들어진 것이다. 그것은 자기억제라고 하는 청교도 이데
올로기에 깊이 빠져있는 한 가정에서 몇 세대에 걸쳐 여성에게 가해진 사회적 경제
적 제한들을 기록해 놓은 것이다. 그 가정은 서로 도와주며 따뜻하게 대하는 것처럼
보이지만, 남성과 여성 둘 다에게 깊숙이 파고들어 체화 되어버린 가부장적인 규칙
에 종속되어 있다. 스티븐슨은 이렇게 적고 있다.

　　『편지』의 중심인물은 내 어머니와 같은 여자다. 자유분방하고, 관대하고, 자
　　기희생적인, 타당한 대의명분에 헌신적이며, 그리고 그녀의 가족을 이상화하
　　는 경향이 있다. 나는 그녀를 성경에 나오는 루스(Ruth)의 이름을 따서 그대
　　로 붙였다. . . 루스는 그녀의 친절하지만 자극적이지 않는 남편에게 전념하
　　기 위해 애인을 버린다. . .『편지』는 미국사에 있어 여성들이 빠져있는 곤경
　　그 이상에 관한 것이다. 그것은 원래 뉴잉글랜드의 청교도적인 가치관들에
　　대한 연구서로 쓰일 목적을 가지고 있었다. 그들의 강점들, 그들의 약점들,
　　야망과 탐욕으로 인한 그들의 타락, 그리고 베트남과 워터게이트에서의 그들
　　의 마지막 패배. . . 루스 . . 그녀의 어머니가 걸었던 발자취를 그대로 따르려
　　고 한다. 그러나 영국인 소설가와 사랑에 빠진다. 목소리가 낭낭하고, 그녀를
　　감동시키는 허위교양을 지닌 이기적인 사람이다. 그녀는 그녀가 암으로 죽을
　　때까지 공적으로는 정숙하지만 사적으로는 겁에 질리고 괴로운 죄의식으로
　　손상된 상태로 그녀의 남편과 함께 비밀스러운, 다른 사람들과 분리된 삶을
　　산다. 1945년 그녀의 애인에게 보낸 편지에, 그녀는 이런 죄의식에 대해 적는
　　다. . .

(Stevenson 1979: 169-72)

1960년대의 자유운동에 관한, 그 일련의 시들은 경제적인 독립을 얻고자하는 여자들의 열망과 가족 내에서 남자들과 상호의존적인 관계를 맺고 싶어 하는 여성들의 강한 열망간의 대결을 다룬다. 그것은 「사랑편지: 루스 알바이터가 메이저 폴 맥스웰에게 보내는」("A Love Letter: Ruth Arbeiter to Major Paul Maxwell")에서 "당신을 사랑하는 많은 사람들 가운데서 오해를 받으며 살면서/ 확실하게 치료 불가능한 고통"(the surely incurable pain of/ living misunderstood among many who love you)을 상세히 기록한다. 스티븐슨은 남녀양성에 대한 울프의 이론을 그대로 흉내 내는 말로 계속해서 말한다.

> 나는 여자들이 여성경험을 설명하기 위한 본질적인 여성언어가 필요하다는 확신을 가지고 있지 않다. 언어에 대한 의문은 어떤 경우에 있어서도 곤란한 것이다. 왜냐하면 비록 우리들이 남자들보다 여자들이 덜 공격적인, 더 본능적인, 더 "창조적인" 특성을 가지고 있다(그리고 나는 그것이 사실이라고는 완전히 확신하지 않는다)는 것에 동의한다고 하더라도, 언어를 쪼개어 남녀로 나눈다는 것은 어려운 일이다. 훌륭한 작가의 상상력은 양성적이거나 아니면 성 전환적이어야 한다.
>
> (Stevenson 1979: 174)

스티븐슨은 여성들의 경험 또는 여성 문화를 다룬 시들의 전통을 주장하는 것처럼 보인다. 잔 몬테피오레는 이와 같은 자세로 "대부분의 여성 시들이 결코 공식적으로 소유하지 못하는 전통에 대한 여성시인의 확언에 분명하게 드러나는 명백한 아이러니가 있다"(Montefiore 1993: 38)고 쓴다. 또한, 정반대에 대한 그녀의 주장에도 불구하고, 스티븐슨 작품의 상당부분은 여자들, 특히 여성시인들에게 가해진 제한들을 아주 잘 인식하고 있는 것처럼 보이며, 또한 비록 남자와 여자가 쓴 시에 나타나는 차이는 아니더라도 성별화된 경험에 있어 차이들을 강조한다.

내가 세 번째로 제시하는 예가 멧브 맥거키안이라는 인물인데, 그는 1950년, 즉 스티븐슨이 시인으로서 그녀의 이력을 시작하기 막 직전인 그해에 태어났다. 어떤 점들에 있어, 맥거키안도 역시 플라스의 뒤를 잇는 후예인 것 같은 데, 이는 그 둘이 로고스중심주의, 가부장제, 인간관계들, 그리고 분만에 대해 가지는 관심사들이 서로 공통적이기 때문이다. 토마스 도처티(Thomas Docherty)는 맥거키안의 언어, 문법 그리고 통사구조 그 모든 것이 어떻게 남성주의에 대한 질문을 위해 철저하게 연구되고 있는지를 관찰하고 있다. 그는 이것을 애드콕의 「짝짓기에 반대하여」("Against Coupling")와 「천문학자들 사이에 있는 전(前)여왕」("The Ex-Queen Among the Astronomers")을 명확하게 설명해 주는 방식으로 뤼스 이리가레이(Luce Irigaray)의 작품과 관련시키고 있다.

> 이리가레이, 특히 『반사경』(*Speculum*)과 『하나이지 않는 이러한 성』(*This Sex which is not one*)에서 그녀는 서양사상의 전 역사는 반사경적인 주시와 시각적인 감각에 대한 우선 순위결정이라는 기본적인 이유 때문에 어쩔 수 없이 지금껏 남권주의였다는 것을 주장하였다. 만약 우리가 이것을 그녀가 말하는 감촉으로 대체한다면, 우리는 아마도 남권주의적인 사고의 불가피성에 반대할 수 있을지도 모른다.
>
> (Docherty 1992: 196)

도처티와 패트리샤 보일 하버스트록(Patricia Boyle Haberstroch)은 맥거키안의 시들 중에서, 예를 들자면 플라스의 가장 유명한 시들 중의 한 편의 제목이기도 한 「튤립」("Tulip")과 같은 시처럼 많은 시들이 시각보다는 촉각을 더 좋아하는 이러한 편애를 표현하고 있음을 넌지시 언급한다(Haberstroch 1996: 125). 세심한 반복 읽기를 요하는, 그녀의 예외적으로 특별한 통사구조는 공통적으로 원예, 기상, 그리고 여성의 가정 내에서의 활동범위와 같은 보통의 그리고 우리들에게 친숙한 중심제재들을 다룬다. 그녀는 정관사를 좋아하는데 그래서 『꽃의 대가』(*The Flower Master*)라고 하는 그녀의 첫 시집에 수록된 시들의 절반이상이 정관사 "The"로 시작하는 제목들을 가지고 있다. 그 시들은 빈번하게 "자연과, 녹수, 및 곤충들, 그리고 당연히,/ 태양에 관한"[「소파」("The Sofa")] 시들이다. 계절과 날씨의 변화들은 인간의 그리고 특히 여성 정체성에 있어서의 변화와 대등한 것이다. 직물 짜기, 편지 쓰기 아니면 레이스 만들기 같은 혼자서 하는 일들은 일상생활을 둘러싸고 있는 것이며, 그리고 가정생활들은 개인적인 성격을 형성한다. 가장 잘 지어진 그녀의 시들 중 한 편인 「훨훨 날기」("The Flitting")의 "당신은 이 집이 내게 희생을 요구하는 모든 것들을 믿으려 하지 않을 것이다ー/ 신체 언어적인 용어로 하자면, 그것은 나를 거꾸로 뒤집어 놓았다"(You wouldn't believe all this house has cost me ー/ In body language terms, it has turned me upside down)에서는 날아다니는 새들과, 집 안을 들락거리는 사람들과 변화를 보이는 사람들 간의 비교를 가지고 마음대로 장난한다. 닐 코코란(Neil Corcoran)은 이렇게 적고 있다.

> 맥거키안의 시가 사용하는 방식은 몇몇 중심제재들(결혼, 임신, 모성)이 새로운 친밀로 명확하게 표현되어 질지도 모르는, 그리고 다른 것들(자위행위, 월경, 양성애), 위반되는 금기사항들이 예외적으로 분명하게 표현될지도 모르는 그런 공간을 만들기 위해 끌어내어 진 것이다. 「미끄러짐」("Slips")이라고 하는 시는 프로이트에 의해 잠재의식의 폭로와 함께 관련지어진 언어의 미끄러짐, 혀의 미끄러짐들 그리고 펜의 미끄러짐과 함께 그 방법을 연속적이게 만든다. 그녀 작품의 상당수들처럼, 사과들의 이미지들 그리고 할머니와 어머니를 이어주는 모계 선에 대한 언급들을 담고 있는 그 시는 대화자에게 일련의 이중성으로서 그 시에 나오는 삽화 혹은 일화들을 제공함으로써 끝난다.
>
> (Corcoran 1993: 223)

그 시들은 아주 개인적이고, 가끔은 대상물, 사건, 또는 직업과 거의 모든 맥거키안 작품들을 공통된 의식 속에 뿌리박게 하는 것처럼 보이는, 널리 퍼져 있는 "나"(I)와의 관계를 꾸며내고 있다. 그녀의 시들은 또한 「기도대(祈禱臺)」("Prie-Dieu")에서처럼 "항상/ 성별이 구별된"(always/ sexed) 담론 속에 빠져 있다. 그리고 이런 담론은 젠더를 일종의 사회적인 의류로 본다. 「탈의실로부터」("From the Dressing-Room")에서, 그녀는 성별이 구별된 경험에 대한 자의적인 배치를 생각하고 있으며, 또한 "그들이 말하기를, 완전히 홀로 남겨진, 모든 태아들/ 여성으로 변할까"(Left to itself, they say, every foetus/ Would turn female)라고 말한다. 이 장에서 논의되었던 여성들 중 많은 여성들처럼, 맥거키안의 근본적인 흥미는 하나의 과정으로서 날조, 허구, 자의적인 선택, 그리고 정체성의 조작 등과 같은 자아의 변화들과 사태에 있다. 정체성 형성에 대한 이러한 강조가 가장 칭찬받는 시들 중의 한 편, 「씨앗그림」("The Seed-Picture")에서 아주 강하게 나타나는데, 거기에서 그녀의 화자는 "모든 씨앗들을 어떤 끊이지 않고 이어지는 피부에 단단히 붙이면서"(Bonding all the seeds in one continuous skin) 자수 시작품속에 한 여자의 초상화를 그려 넣는다. 그 시는 아이들, 성, 새로운 성장, 변하는 가정, 그리고 뿌리 움켜쥐기를 처리하기 위해 씨앗들이 자신들을 배열하는 사람의 삶 속에 가지고 있는 다양한 공명들을 간접적으로 탐색한다. 씨앗들이 멋대로 만들어 내는 패턴들로부터, 씨앗을 배열하는 사람은 각기 다른 여러 모양들을 골라서 "여자들이/ 자기 나이를 느끼고, 해방을 갈망하게 하는"(makes women/ Feel their age, and sigh for liberation) 한 알의 정맥(精麥)으로 마무리되는 그림으로 만들어 내기 위해 색깔을 입힌다.

결론

    1980년대 이후의 여성 시들은 일상적인 여성경험을 더 손쉽게 다루었다. 결혼, 신체, 그리고 출산은 음식, 일, 여가시간, 소비자 중심주의, 패션, 가족, 사회화, 그리고 성과 함께 나란히 그들의 자리를 잡았다. 정체성은 자기의문의 장소라고 하는 특징을 가질 뿐만이 아니라, 어머니, 딸, 아내, 연인, 누이, 할머니, 친구, 그리고 시인의 역할들에 대한 잦은 조사들에서도 중요한 역할을 한다. 가끔 제대로 논의되지 않는 것 같은 중요 논쟁점은 시 선집에 나오는 여자들 태반이 유사한 사회적 배경 출신이고 또 대부분이 대학에 다녔기 때문에 계급이 된다. 이와는 달리, 다양한 문체들 속에 반영되는 풍부한 소제가 있다.

    그러나 중요한 시대적 흐름은, 비록 이 장에서 논의된 시선집들이 채택하고 있는 지배적인 양식을 형성하지는 않지만, 유머사용의 증가다. 웬디 코프와 캐럴 앤 더피는 모리슨과 모션의 책(앞서 논의되었던 네 권의 여성들만의 시 선집들 중에서 그 둘은 공히 프랜스 시 선집에서 중요한 역할을 하고 있다) 이후로 명성을 확고하게 굳힌 두 명의 시인이다. 그들 둘 다는 코믹한 글에 탁월한 재능을 보이고 그들의 신랄한 말들은 대체로 현대적인 삶과 남자들과의 관계들을 겨냥하는 것이다. 그 둘 중에서 코프가 더 분명하게 풍자적 기질을 가진 사람이다. 그리고 그녀는 자기의 작품 속에 남성의 문학전통을 그 전경으로 깔아놓고 있는데, 결국 이것은 남자들의 시를 허용하고 그것을 에워싸는 남권주의와 광신적 애국주의 둘 다를 전복시키게 된다. 그 두 명의 시인들 모두 현재 관계들의 어려움과 속임수들에 대한 것을 깊이 생각하면서 젠더관계에 대한 비판들을 제공하지만, 더피는, 「밸런타인」(“Valentine”)과 「간음」(“Adultery”)에서, 복잡하고, 여러 층으로 된 해학이나 비애감이 없는 사랑과 미움에 관한 시들을 쓴다. 더피는 코프보다 더 정치적으로 관여하는 시인이므로 앨런 로빈슨은 다음과 같이 결론을 내린다.

아무런 애정 없이 1980년대 영국에 있어 불편한 사회적 논쟁점들인 인종적
인 긴장, 아동방치, 젊은이의 사회적 무질서와 실업, 도덕적인 냉담함 그리고
마약 중독에 관한 글을 쓴다. 가장 잘 된 그녀의 시들 중 몇 몇 작품들은 성
관계들에 대한 페미니스트 시각들을, 가끔은 신랄한 경멸을 전달하는 외양적
으로만 코믹스러운 과장을 사용하면서, 채택한다.

(Robinson 1988: 196)

그녀의 『시 선집』(*Selected Poems*)에 수록된, 「여가선용을 위한 교육」
("Education for Leisure")과 「정신병자」("Psychopath")와 같은 작품들은 거리를 자
신들의 지배영역이라고 주장하는 장소로 생각하는 폭력적이고 자기과장적인 남자들
의 마음속으로 들어간다. 더피는 1980년대 사회가치관들에 대한 비판으로, 목적이
없는 삶에 대한 의식과 냉담한 오만 그리고 극단적인 자기애정을 함께 섞는 이러한
시들 속에서 복화술을 시도한다.

더피도 역시 자신들이 겪은 경험들 밖의 것을 보면서, 민족적으로 볼 때 소수에
속하는 사람들의 위치를 생각하는 수적으로 얼마 되지 않는 백인 시인들 중의 한
사람이다. 『시 선집』에 수록된 「말하는 소녀」("Girl Talking"), 「관대한」
("Comprehensive"), 「이국적인」("Foreign"), 그리고 「독창적으로」("Originally")를
참조하라. 그녀의 시들 중 많은 시들도 역시 국외자의 입장으로 쓰여진 것이며, 그래
서 그녀 작품들 중 상당수에 관한 이중적인 목소리를 가진 음색이 있다. 반복적으로,
그녀는 동시에 두 가지 시각인 뚜렷한 화자의 시각과 암시적인 시인의 시각을 제공
하려고 노력한다. 이런 식으로 그 시들은 종종 그들 자신들이 하고 있는 대화 속에
있는 것처럼 보이며, 그리고 "나머지 한쪽은 내 형상을 가지고 있다. 그 나머지 한
개의 움직임은/ 내 사고를 형성한다"(The other has my shapes. The other's
movement/ forms my thoughts)[83]는 시구에서처럼, 정체성과 변환성에 대한 인식은

---

83 이 시행들을 따라 심화하여 독서를 하려면 더피(Duffy)에 관한 에세이(Gregson 1996)를 참조

「돌고래」("The Dolphins")와 같은 그녀의 시 전체를 관통하여 흐르고 있다. 그녀는 새롭게 만들어진 현대적인 삶에서 시인의 역할을 분석한다. 한 면에선 「영어라는 표제」("Head of English")에서 그녀가 "우리들에게 우리가 모르는 그 무엇이 있다는 것을 확신시켜 주기"를 바라는 선생님 앞에서 아이들에게 책을 읽어 주는 그녀자신을 묘사하고, 또 한편에선 그녀는 「우리시대를 위한 시인」("Poet for Our Times")에서처럼 자기 자신을 말을 능숙하게 다루는 현대적인 문장가라고 여기는 태블로이드판 머리기사를 작성하는 기자를 상상하는데, 그 시에서의 정치는 줄어들지 않고 두운체의 핵심적인 내용과 구분조차 하기 힘들게 되었다.84) 「영어라는 표제」에서 그녀는 "실제로 살아있는 시인"(a real live poet)처럼 묘사된다. 헤드라인을 쓴 기자는 그가 "특별한 재능"(special talent)을 가졌다고 말한다. 더피의 시에 나오는 그 시인은 이국적이면서 재능도 있는 인물이지만, 그녀의 전반적인 요지는 언어가 평가절하 되고 있는 동안에, 교훈적이고 상업적인 이유들 때문에 시가 피상적으로 평가된다는 것이다.

사람들이 그들의 상호텍스트성을 위해 자주 문학에 의존하는 것만큼, 더피의 시들은 「달러」("$")와 「정신병자」 및 「1964년 탑 옵 더 포럼 팀의 주장」("The Captain the 1964 *Top of the Form* Team")에서처럼 대중음악에 의존하고, 「오펜하임의 컵과 접시」("Oppenheim's Cup and Saucer")와 「어린아이를 벌주는 처녀」("The Virgin Punishing the Infant")에서처럼 미술에 의존한다. 그녀의 첫 시집, 『누드로 서 있는 여자』(*Standing Female Nude*)의 표제작은 남성 관음증과 계속되는 여성신체들의 상품화를 검토하기 위해 화가와 모델의 관계를 이용한다. 현대 여성시의 공통된 몸짓으로 그는 노력한다.

할 것.

84 시간과 젠더와 권위의 차이에 관해서는 「어린 학생들 사이에서」라는 시에서 비록 그녀가 시인으로 등장하고 예이츠는 장학관으로 등장하지만, 그녀의 학교방문과 예이츠의 학교방문을 비교해볼 만한 가치가 있다.

더피는 여성 성욕의 초상들이 확실하게 아무런 사심 없이, 마치 신의 명령에
의해 만들어진 그런 천성적인 것이 아니라, 대신에 그것들은 형성적 영향이
종결된 작품에 들어있는 않는 경제적인 세력들의 복잡한 교차에서 생겨나는
사회적인 구조물이라는 것을 우리에게 상기시켜 준다.

(Robinson 1988: 198)

좀 더 일반적으로 사회에 대한 그녀의 견해에서 보면, 더피는 가족생활, 결혼,
성욕, 여성성, 공동체와 같이 그녀가 정치적으로 동기가 부여된 사상들이 자연스러
워지는 방식들을 드러낼 때 특히 빈틈이 없다. 예를 들어, 말장난하듯이 제목이 붙여
진 「모델마을」("Model Village")은 농부에서 교구목사에 이르기까지의 마을생활에
관한 어른의 설명과 그냥 일차원적인 이야기에 나올법한 불안한 인물들이 저마다
가지고 있는 암울한 생각들을 불쑥 끼워 넣은, 모순된 대화들을 늘어놓는다. 기만과
폭력이 난무한 어른의 세계와 어린이들에게 전달되는 공동생활을 그린, 불온한 부분
이 삭제된 모습을 그녀가 따로 떼어 놓는 행위는 감상적인 것을 피하고 이상화되고,
향수어린 것이기보다는 당시의 영국사회를 그대로 묘사하는 그녀 작품 속에 들어있
는 일반적인 경향을 보안해 준다.

코프역시도 성인의 현실과 초등학교 교재들의 형태로 어린이에게 제공되는 그
것의 변형을 대조시키는 시인이다. 더피의 「모델마을」처럼, 그녀의 시 「책략 간파
하기」("Reading Scheme")도 어린이들에게 인생을 들려주는 "성인의" 설명들에 사
용되는 언어를 사용하는데, 이 경우에 해당하는 것이 「재닛과 존」("Janet and
John")으로, 이것은 진부한 어른 이야기를 들려주기 위해서이다. 소녀, 소년, 그리고
개라고 하는 기본 틀을 이루는 삼총사는 어른 3인조인 미이라, 아빠, 그리고 우유배
달원과 대조된다. 사소한 부정에 관한 이야기는 "피터야, 가라! 제안아, 가라! 오너
라, 우유배달원아, 오너라!/ 그 우유배달원은 미이라를 좋아한다. 미이라는 그들 모
두를 좋아한다"(Go Peter! Go Jane! Come, milkman, come!/ The milkman likes

Mummy. Mummy likes them all)에서와 같이, "재미"삼아 이중 암호화된 어린이들의 언어로 전달된다. 코프는 그녀가 사용할 모델들로 거의 항상 남성작가들을 선택하는 패러디 작가다. 이렇게 하여 그녀는 자기를 제외시켰을 전통으로 다시 돌아가 글을 쓰고 주의가 간결한 무미건조함과 그런 전통의 고의적인 진지함을 비웃는다. 코프는 끊임없이 남성의 문학정전을 쳐내고 있으며, 그녀는 워즈워스, 하우스만(Housmann), 힐레어 벨락(Hillaire Belloc), 그리고 킹슬리 에이미스(Kinsley Amis)에 관한 시나 그들에게 바치는 시를 썼다. 「아주 많은 것이 달려있다」("So Much Depends")는 심미적 배치로, 언뜻 보기에는 평범하고 사소한 것 속에 들어있는 중요성에 모든 것을 집중시키고 있는 윌리엄 카를로스 윌리엄스의 「붉은 수레」("The Red Wheelbarrow")에 대한 경의다. 다른 곳에서와 마찬 가기로 여기서도 코프는 남성의 요구, 근엄함, 그리고 경쟁심을 의도적으로 피하기 위해서 시적인 상호텍스트성의 무거운 진지함을 불러낸다. 그녀가 빈번히 사용하는 인물인 '스트러그넬'(Mr. Strugnell)이 비록 분명한 합성인물이기는 하지만, 필립 라킨(Philip Larkin)의 도움을, 특히 그의 시 「블리니 씨」("Mr. Bleaney")의 도움을 아주 많이 받은 것처럼 보인다. 실제로 「리버풀의 스트러그넬」("Strugnell in Liverpool")은 "내 글에 영향을 준 모든 위대한 남자들"에게 헌정된 시이다. 스트러그넬은 코프가 "작은 덤불"(Tump)이라고 부르는 대상으로, "전형적으로 아무짝에도 쓸모가 없는 남성시인"(typically useless male poet)이며 그리고 그를 모방하고 있는 그녀의 시들은 예를 들어서 테드 휴즈[「신과 지루한 습지에 사는 명랑한 생쥐」("God and the Jolly Bored Bog-Mouse")]와, 에드워드 핏제럴드[「스트러그넬의 루바이야트에서」("From Strugnell's *Rubáiyát*")] 및 에즈라 파운드[「스트러그넬의 하이쿠」("Strugnell's Haiku")]와 심지어는 셰익스피어[스트러그넬의 소넷 중의 한 편은 "정말 비열한 남자와 결혼시키지 마세요/ 방해물들을 인정하세요"(Let me not to be marriage of true swine/ Admit impediments)]의 형식이나 스타일을 지니고 있다.

자신의 목소리를 사용하면서, 코프는 자기의 시 「황무지 오행속요」("Waste Land Limericks")에서 엘리엇 시의 진지함, 말 그대로 그 시의 "무미건조함"을 비웃는다. 하지만, 그녀는 시를 선택함에 있어 진지한 면도 가지고 있다. 『황무지』는 그것이 지닌 가부장적 문학 전통, 남성 독자의 기원, 그리고 강한 욕망에 대한 남성의 매료의 관점에서 모드 엘만(Maud Ellmann)에 의해 논의된 적이 있다. 그녀는 그 시 전체에 걸쳐 여성적인 것이 남성적인 것에 포함되는 방식은 여성의 보완성을 받아들이는 아담과 이브의 관계를 암시한다고 주장하며, 그리고 엘리엇의 합성인물인 타이레시아스는 양성을 다 가진 인물이라기보다는 "쪼글쪼글한 젖을 가진 늙은 남자"다. 모드 엘만은 그 시를 「체스게임」("Chess Game")에 나오는 레이디(Lady)와 릴(Lil)과 같은 여성인물들에 대한 묘사에서와 같이, 주로 여성 혐오적인 글뿐만이 아니라 끊임없이 그것을 헐뜯는 여성특질에 의해 매료당한 글이라고 본다(Ellmann 1987: 91-113). 코프는 엘리엇 시에 대한 사랑과 강한 혐오 둘 다를 사용하여 글을 쓰는데, 그의 남성 문학전통과 난해한 정신적인 그리고 철학적인 약호들에 대한 기원과 찬양은 권위적이면서 동시에 눈에 두드러질 정도로 자기만족적인 것으로 보인다.

그녀의 「황무지 오행속요」는 엘리엇 시가 담고 있는 쓸쓸한 메시지를 경솔하게 너무 걸러서 에드워드 리어(Edward Lear)의 자장가들이 주로 취하는 5행 형식으로 바꿔 버리기는 했지만, 코프의 「나의 연인」("My Lover")은 "내가 내 고양이 제프리를 생각할 것이기 때문에"(For I will consider my cat Jeoffry)(이것 자체가 찬송가들을 모델로 삼은 것이다)로 시작하는 크리스토퍼 스맛(Christopher Smart)의 18세기 시 『양이라고 부르네』(*Jubilate Agno*)[85]에서 골라낸 유명한 시행들에 대한 패러디 겸 그것에 대한 경의를 표하는 작품이다. 코프는 「남자들과 지루한 그들의 논쟁」("Men and Their Boring Arguments")이나 「성의 없는 칭찬」("Faint Praise")에서와 같이 관대하지만 부서지기 쉬운 자부심으로 남성의 행위를 정형화하는 시들을 진정

85　라틴어로 "Rejoice in the Lamb"이라는 뜻임.

시키기 위해서 유머를 사용한다. 그녀는 또한 호사스런 정신과 의사들, 일시적으로 인기를 얻은 환경학자들, 그리고 기회주의자적인 출판업자들의 꺾어놓기 위해서 자신의 유머를 사용한다. 각각의 경우에 대해 그녀가 겨냥하고 있는 목표는 일시적으로 유행하는 것이나 변덕스럽고 젠체하는 것이다. 관계들과 사소한 일들에 대한 그녀의 비딱하고, 냉소적인 시들은 그녀가 1980년대의 가장 인기 있는 시인이 되도록 도와주었고, 그녀가 자기보다 더 젊은 시인들이 써 낸 가장 최근의 작품에 영향을 주었다는 표시들도 있다. 예를 들어, 사이먼 아미티지의 「그저 단순하게 브레이크 유동액을 가득 채우기」("Very Simply Topping Up the Brake Fluid")가 그것이며, 『새로운 시』에 수록되어 있다.

더피와 코프는 현대시의 범위를 확장시켜주며 진지한 중심제재들을 유머러스한 생각과 결합시킴으로써 대중성의 표준을 다시 소개시켜주고 있는 주류 작가들의 예에 해당한다. 이 장에서 논의되었던 다른 시인들 중 많은 시인들처럼, 그들의 작품은 시로 쓰여진 정형들뿐만이 아니라 성적인 정형들까지도 변화시키면서, 또 그것을 거꾸로 뒤집으면서 개인의 경험 또는 관찰을 통해 사회적인 표준으로 다가간다. 다음 장에서 논의되어질 "반식민주의 시인들과 탈식민주의 시인들"은 어떤 점에서 있어서는 유사하지만, 그들의 시는 개인적인 것이 정치적이라는 것을 보여주기보다는 정치적인 것도 또한 개인적이라는 것을 더 자주 보여주면서, 종종 집단행동과 사회법령에 대한 것을 강조한다.

반– 그리고 탈–식민주의 작품
북아일랜드와 흑인 영국 시인들

영국다움, 시인에게 있어, 그것은 거의 금기시 되는 중요제재다. 영국답다는
것은 이제 모두 없어져 버렸다. 미국 시인은 자기[원문그대로] 나라를 향해,
혹은 그곳을 대표해서 말할 수 있겠지만, 영국 시인에겐 이것은 어려운 일이
다, 왜냐하면 그의 나라가 현재 어떤 상태인지 분명치 않기 때문이다.

(펜튼 1990: 18)

Englishness, for a poet, is almost a taboo subject. Britishness is altogether
out. Whereas an American poet may speak to, or on behalf of, his [sic]
nation, this is hard for an English poet, now that it is not clear what his
nation is.

(Fenton 1990: 18)

서론

이 장은 정체성, 아니 더 분명하게 하자면, 부서지고, 이질적인, 그리고 혼종의

정체성들과 관련 있다. 마지막 장으로서, 이 장이 목표로 정하고 있는 것은 오스틴 (Austin)과 뉴볼트의 슬로건에 대한 논의 이후로 이 책 전체를 통해 흐르고 있는 개인의 정체성뿐만이 아니라 국가 정체성에 대한 관심을 계속해서 보유하고 있는 가장 최근의 예들 중 몇 가지들에 흥미를 집중시키는 것이다. 나는 영국본토의, 아일랜드의, 북아일랜드의, 아프리카의, 인도의, 카리브 해의, 그리고 흑인 영국인의 민족성 등과 같이 몇 가지 각기 다른 민족성간의 차이들, 그리고 이들 간의 교차점들에 대한 것을 다룰 생각이다.86) 이렇듯, 영국 제국주의의 중요성과 결과가 이장의 전제이며, 그래서 북아일랜드와 흑인 영국 시인들에 의해 채택된 반식민주의 또는 탈식민주의의 입장들이 가장 중심적인 흥미의 대상이 될 것이다. 그러나 마지막 장에 대해 생각하면서, 비록 북아일랜드 시인들이『펭귄 판 현대 영국시집』이후로 나온 시 선집들에서 제대로 표현되고 반복적으로 가장 두드러진 위치에 있지만, 단 한 명의 여성인 멧브 맥거키안만이 두각을 나타냈다는 것을 먼저 언급해 보는 것도 가치가 있을 거라 생각한다. 칭송을 받는 많은 여성시인들이 남부지역에서 배출되었지만 여전히 북부의 주류 시는 남성화된 영역으로 남아있다(Long 1997을 참조할 것). 이와 대조적으로, 흑인과 백인시인들의 출현을 알리는 아주 극소수의 시 선집들 중 한 권인 뷔라고 출판사가 출간한 일로나 린스웨이트(Illona Linthwaite)의『난 여자가 아니야! 흑인여성과 백인여성들의 시』(*Ain't I a Woman! Poems by Black and White Women*)(1987)가 1980년대 여성 시집이다. 그러므로 그것은 새로운 목소리들과 최근 20년간의 방향전환에도 불구하고 백인 남성 영국인의 지배권에서 탈피하는 그런 시에서 일어난 변화를 과소평가 하는 것만큼이나 잘못된 일일 것이다.

---

86 이 목록은 잠정적으로 아주 길어서 여유만 있다면 웨일스와 스코틀랜드 인종적인 문제들에 대한 논의가 적어도 명백히 보충될 필요가 있을 것이다. 독자들은 더 자세한 논의를 보려면 크로퍼드(Crawford 1992)를 참고해봐야 한다.

북아일랜드: 식민주의와 민족주의

한 아일랜드 아이에게 잉글랜드의 모든 것이
무엇을 어떻게 잃어버렸나에 지나지 않을 때
(이반 볼란드, 「잉글랜드에서의 아일랜드 유년기: 1951」)

when all of England to an Irish child
was nothing more than what you'd lost and how
(Eavan Boland, "An Irish Childhood in England: 1951")

사이머스 딘(Simus Deane)은 만약 아일랜드인들이 "본질적으로 아일랜드적인" 것이 무엇을 의미하는지에 대한 생각을 떨쳐버릴 수 있다면, 그제야 "진정한 의미의 독립"이 뒤따를 것이라고 주장한다. "영국적인 것이 무엇인가에 대한 개념은 아일랜드적인 것이 무엇인가라고 하는 개념을 계속해서 결정하고 있다. 그 둘 다는 그것들이 생겨났던 19세기의 품으로 다시 돌아가도록 내버려두어야 한다"(Deane 1984: 90). 여기서 딘은 반식민주의 입장에서의 정체성 형성을 반대하는 그런 주장을 펴는 것이 아니라 자기 구조에 대한 그런 제한적인 생각이 더 이상은 해방적이지 않고 오히려 억압적이어서, 결국은 루크 기본스가 "민족주의로 퇴보한 모습"(backward look of nationalism)이라고 칭하는 것이 되어버리는 탈식민주의 국가에서 그것이 지속되는 것을 반대하는 것이다(Gibbons 1991: 561).

아일랜드 정체성과 영국 정체성간의 분극화는 여러 가지 형태를 취한다. 영국은 가끔 신교주의의 특성을 띠는데 그래서 아일랜드 구교주의의 힘은 반항적인 것으로 읽혀졌다. 이와 유사하게, 전원적인 농업의 섬, 그리고 도회적인 산업지역이라고 하는 완전히 상반된 입장들 역시도 대조적인 구조를 형성하고 있다. 결과적으로, 데클란 키버드(Declan Kiberd)는 아일랜드와 영국인들은 그가 "앵글로 아일랜드적인 태도"(Anglo-Irish attitudes)라고 묘사되어 그렇게 서로가 서로에 대한 식민지적인 투영을 만들어 낸다고 생각한다. 그는 또한 일반 사람들이 식민주의 때문에 자기들이 이루어 냈던 나라에서 아일랜드 사람이 더 이상 살수 없다고 말하며 그리고 그러한 생각은 "아일랜드"가 주로 영국사에 있어 바로 그때 특정한 필요에 대한 응답으로 영국의 통치자들에 의해 만들어진 허구라는 것임을 주장한다(Kiberd 1985: 83). 그는 식민지 개척자들에 의해 자동적으로 공인되어진 우월한 입장에 대한 언급을 하는데, 이것이 너무나 강경해서 식민지화된 사람들은 억지로 그들의 의사와는 무관하게 떠맡겨진 종속적 위치들에 해당하는 그 모든 것을 제거하는 경쟁적이고 긍정적인 이미지를 만들어내고 이를 분명하게 말하도록 강요를 받았다.

　언어, 그러니까 시, 그것과 식민지적인 상황에서의 정체성과의 관계는 민족 문화, 민족문화의 실재, 관행들, 그리고 독립 이전과 이후 모두의 잠재적인 통일성과의 폭넓은 질문과 관련이 있다. 필드 데이 극장 조합(Field Day Theatre Company)의 단원들로는 셰이머스 히니(Seamus Heaney), 톰 폴린, 그리고 극작가 브라이언 프리엘(Brian Friel)이 있었고, 이들은 시, 드라마, 에세이, 그리고 시 선집들을 통해 "하나의 증후가 되어버렸고 현 상황의 이유가 되어버린 기존의 견해들, 신화들, 그리고 정형들에 대한 분석들을 해냄으로써 현재의 위기를 해결할 수 있는 해결책에 도움이 되는" 계획을 그들 스스로 수립했다(Field Day 1985: vii). 민족주의는 딘의 말로 하자면, 그것이 제국주의를 타도하고 또 그것을 그대로 재현할 때, 정체성과 문화에 대한 기존의 신화들 중 많은 것들을 만들어 낸다(Deane 1995: 355). 1990년부터 쓰여진 필드 데이 에세이집에 대한 서문에서, 딘은 "아일랜드 민족주의는, 그 초기 때에도, 영국의 짝으로서 생겨난 파생물이다. . . 영국의 민족주의와 아일랜드 민족주의의 결탁은 종교적인 분파를 위해 문화적인 기초를 깔아두는 것이 결국은 가장 파괴적인 결과가 되어버리는 상반되는 정형들을 만들어냈다"(Deane 1990: 7-8)고 주장한다. 그러므로 북아일랜드 시가 특히 그러한 분열들에 대한 인식을 보여주는 것은 그리 놀랄 일이 아니다. 영국과 아일랜드, 구교와 신교, 국가에 충성을 맹세하는 자와 공화주의자 사이에서 침로를 바꾸는 한 국가가 처한 곤경은 반복적으로 정체성, 문화적인 혼교, 그리고 역사에 대한 의문점들을 제기하면서 상상적으로 그리고 가끔은 알레고리적으로 다루어진다.『펭귄 판 현대 영국시집』이 서문에서 지적된 것처럼(Fallon and Mahon 1990), 실제로 한 번도 북부 시 "파"가 없었지만, 셰이머스 히니, 데릭 마혼(Derek Mahon), 그리고 마이클 롱리(Michael Longley)를 포함하는 북아일랜드 시인들이라고 널리 알려진 첫 세대가 벨파스트 '그룹'과 다소 동시에 그리고 우연히 "현재의 '분쟁'(Troubles)[87]과 함께 그 모습을 드러낸" 1960년대 초 퀸즈 대학(Queen's University)에서 함께 모였다(Fallon and Mahon 1990: ｘｘ). 닐 코코란(Neil Corcoran)은 훨씬 더 심하다, 1968년 10월에 시민권리 운동과 왕립 얼스터 경찰대(Royal Ulster Constabulary) 사이에 일어난 충돌은 아마도 "계속해서 이어지는 영국과 아일랜드 역사뿐만이 아니라 당시 '영국적인' 시 역사에 가장 엄청난 영향력을 행사한 요인일 것이다"(Corcoran 1993: 136).

북아일랜드 시

'분쟁'은 북아일랜드 작가들에 의해 여러 가지 실험적인 방식들로 다루어졌다. 예를 들어, 데릭 마혼의 시 「눈 파티」("The Snow Party")는 17세기 일본이 가한 역사적인 무력행사를 통해 당시의 상황을 굴절시키고, 1833년 육지 측량부(Ordnace Survey)를 다룬 『역문들』(*Translations*)이라는 브라이언 프리엘의 극은 든든한 뒷받침이 되는 식민주의에 있어 언어와 지도 작성의 중요성을 생각하고 있다. 반면 브

---

87 영국과 북아일랜드사이에 여러 번 걸쳐 일어난 30여 년간의 인종적·정치적 분쟁을 말하는 데 1960년대 후반부에서 1990년대에 이르는 기간, 구체적으로 말하면 벨파스트 협약(the Belfast Agreement)이 있었던 1998년까지의 폭력적 충돌사건들을 일컫는 말이다.

라이언 무어(Brian Moore)의 소설『검은 예복』(*Black Robe*)은 예수회 소속의 정착민들과 17세기 캐나다에 살았던 토착민들의 이야기를 통해 상상력 풍부하게 그리고 원래의 것에서 많이 벗어나는 방식으로 이야기를 꺼낸다.

예이츠 이후 그리고 히니이전, 20세기 중반에 활약했던 아일랜드 시의 거목들은 시골을 떠나 더블린 시인이 되어 전원적인 아일랜드를 감상적으로 보는 도시의 견해에 회의적인 태도를 보였던 패트릭 카버나프(Patrick Kavanagh)(1904-67)와, 북아일랜드에서 태어났지만 영국으로 이주한 사람으로 앞서 1930년대 시인을 논할 때 다루어졌던 시인인 루이스 맥니스(1907-63)이다. 현재 널리 유행하는 북아일랜드 시는, 많은 비평가들이 보기에, 어떤 것들은 1947년 교육 법령(Education Act)의 결과로 생겨난 것으로 생각되고, 또 다른 한편으로는 북아일랜드 예술협회(Arts Council of Northern Ireland)의 영향으로 생겨났다고 생각될 정도로 장기간의 문예 부흥기를 구가하고 있다(Fallon and Mahon 1990: xx and Kirkland 1996: 60). 이런 것을 알리는 첫 번째 신호로서 몇몇 시인들이 위에서, 언급했다시피, 대충 1960년대 후반의 중간 시기에 런던에서 그 모습을 드러냈다. 두 번째 물결은 폴 멀둔(Paul Muldoon), 키아란 카슨(Ciaran Carson), 멧브 맥거키안, 그리고 잉글랜드에서 글을 쓴 톰 폴린과 같은 시인들을 포함한다. 톰 폴린은 앵글로-아일랜드 정치를 비판하는 가장 맹렬한 비평가들 중 한 사람인데, 그는 이 앵글로 아일랜드 정치를 "영국적인 문제"라고 말하고 있다. 카슨말고도, 이런 경향을 띤 모든 시인들은 다른 어떤 시인보다도 히니에게 아주 많은 지면을 할애해 준 시집인,『펭귄 판 20세기 시집』(*The Penguin Book of Twentieth Century Poetry*)의 영향을 많이 받았다. 심지어, 이후에 히니는 필드 데이 팸플릿에 "영국 시"라는 제목 하에 실리는 것을 반대했다. 그 책에 수록된 히니의 작품들 중 몇몇은『북부』(*North*)라고 하는 1975년에 그가 출간한 서적에서 뽑아온 것들로, 많은 비평가들은『북부』라는 이 작품이 얼스터의 정치적 상황에 관여했던 그에게 있어 하나의 전환점을 나타낸다고 생각한다. 나는 이런 시들을 집중적으로 다루어 볼 작정이다.

초기 자연시 그리고 자서전적인 시 이후에 히니가 점차적으로 정치적인 것에 연루되기 시작한 것은 미국에서 1년간 교편을 잡고 나서 1971년 벨파스트로 돌아온 그때로 기록이 되어 있다. 그는 구교 공동체사회와 1969년 한 해 동안에 북아일랜드로 파견된 영국군인들 간의 관계들이 아주 많이 악화되었음을 알게 되었다. 그 결과, 히니는 그의 시가 정치적인 태도를 취하도록 자신에게 가해진 압력을 느꼈다. 그는 1973년 벨파스트 퀸즈 대학의 대학강사 직위를 내놓고 전업 작가가 되었다. 그리고 그는 국경의 남부지역에 있는 위클로우(Wicklow)로 갔고, 거기서 그는 자신의 네 번째 시집인『북부』(*North*)를 썼다.『북부』는 몇 가지 이유로 인해 중요한 책이다. 주요 문학상들을 수상했고, 히니가 상당히 대중적이고 비평적인 성공을 거둔 인물로서의 기반을 구축해 주었으며, 출판한 첫 달에 6천 만부 이상이 판매되었다. 라킨의 『성령강림 대축일 결혼』이나 휴즈의『까마귀』보다도 더 판매 부수가 많다. 그것은 '분쟁'을 중심제재로 하여 쓴 제일 먼저 널리 인정을 받은 시집이며, 또 어떤 비평가들에게는 북아일랜드의 윌프렛 오웬에 필적할 만한 인물을 찾아냈던 것처럼 보였다 (Morrison 1980b: 103).

『북부』에서 히니는 몇 가지 입장으로 북반구에 대한 생각을 말한다. 제목은 바이킹들(Vikings)이 있는 북부지역처럼, 아일랜드의 북부지역과 아일랜드를 형성하고, 또 아일랜드에게 영향을 끼친 북부 문명들, 둘 다를 말하는 것이다. 히니의 주된 목표는, 주로 언어, 제식, 그리고 고고학을 통해, (시들의 첫 부분에서 다루어졌던) 과거와 (두 번째 부분에서 표명된) 현재간의 관계들을 더듬어 살펴보는 것이다. 그의 목적은 종파심 강한 폭력에게 문화적인 그리고 역사적인 맥락을 주고자 하는 것이다.[88]

---

88 다음의 것들은『북부』를 자세히 논의하는 히니에 대한 유익한 책인데, 나는 이 자료들 각각을 참조하였다(McGuinn 1986; Tamplin 1989; Morrison 1982; Corcoran 198).

『북부』는 「햇빛」("Sunlight") 그리고 「종자 절단기」("The Seed Cutters")라고 하는 두 편의 시들로 시작하는데, 이 두 편의 시는 「모스본: 헌정된 두 편의 시」 ("Mossbawn: Two poems in Dedication")라는 제목으로 묶여져 있다. 그것들은 가정 내의 그리고 공동의 조화가 이루어지는 장면들을 보여주고, 『북부』의 나머지 시들 속에서 계속하여 등장하는 폭력적인 이미지들에 앞서 고요하고 잔잔한 영향력으로 행한다. 그것들은 전쟁을 앞두고 바치는 기도나 또는 식사를 하기 전 은총에 감사하며 드리는 기도처럼, 의식적으로 간단하면서도 상징적인 시들이다. 그 두 편의 시들은 히니의 어린 시절로 다시 돌아가 그것을 언급하는 것이기 때문에, 두 편의 시 전체를 총괄하는 제목인 「모스본」은 그의 가족들이 살았던 집의 이름이 되는 것이다. 아홉 명의 아이들 중 장남인 히니는 북아일랜드, 데리 카운티(County Derry)의 구교 농업 사회에서 성장했고, 시의 첫 부분에 나오는 두 편의 시들은 그의 아주머니, 메리(Mary)가 그에게 끼친 교육적인 영향력에 감사하며 이에 헌정한 것이다. 그 시들은 갈등과 공적인 사건들과 관계있는 그 책이 주로 관심을 가지고 있는 것과는 조금 동떨어진, 대신에 가정 내의 평온함과 소박한 관습들에 그 초점을 맞추고 있는 것이다. 나는 히니가 어떻게 북아일랜드의 정치학에는 없지만 '분쟁'으로 인한 바람직한 결과들이기도 한 특질인 '평화'를 칭송하는 지를 보여주기 위해 첫 번째에 해당하는 시를 논의하려 한다. 「햇빛」은 히니가 즐겨 사용하는 문체로 쓰여졌다. 각운 없이 4행의 형식으로 만들어진 연들, 이것은 『북부』전체에 걸쳐 사용되는 가장 평범한 연의 형식이다. 그 시는 평화와 조화, 내면적인 것과 외면적인 것 두 장면들을 묘사한다. 그 두 장면들은 10행에 나오는 "그러한"(So)이라는 단어, 즉 그것들이 똑같다는 것을 암시하는 그 단어로 서로 연결된다. 1연에는 뜻에 아무 것도 없다. 그러나 난방용 펌프와 양동이에 든 물이 꿀 같은 황금색으로 보이게 만드는 빛이 있다. 태양은 오후 내내 계속되는 고요하고 평온한 분위기를 이끌어 간다. 두 번째 연에서는, 그것과 꼭 같은 분위기의 장면이 나온다. 태양이 열기와 빛을 발산하지 않지만 붉게 달궈진 난로가 있다. 뜨거워 진 쇠 펌프가 아닌 스토브에서 뜨겁게 데워진 스콘(scones)도 있다. 물은 벌꿀처럼 금빛으로 바뀌지 않지만, 정강이뼈들은 "홍역을 앓듯이 뜨겁고," 하얗고 붉은 부스럼, 빛과 열기의 빛깔들이 있다. 그리고 이것을 지배하는 것이 히니의 아주머니다. 그리고 다시 아무도 없다. 빈 공간만이 남는다. 마지막 연에서, 그 시는 움직임과 행동이 없는 가운데 사랑이 있다는 것을 암시한다. 그것은 영구적이고 끊임없이 계속되는 사랑을 친숙하고, 안락한 가재도구, 즉 주석으로 만든 모종삽에 비유된다. 히니는 그 시를 자궁 속에서 느낄 수 있는 안락함을 표현하고자 하는 시도로 설명한다. 따라서 그는 열과 편안한 마음상태를 요구하는 민감한 신체의 관점에서 시를 쓴다. 마지막에, 스콘은 자신의 심장박동과 어머니의 심장박동의 리듬에 따라 자라는 아기의 성장을 흉내 내고 있는 두 개의 시계에서 울려나오는 째깍 째깍하는 소리에 맞추어 오븐에서 부풀어 오른다.

『북부』의 첫 두 편의 시들은 파괴를 다루는 이후의 시들에서는 잊혀질지도 모르는 그런 히니의 경험으로, 긍정적인 영양분을 공급하여 성장시키는 힘들을 강조하려고 애를 쓴다. 그것들은 또한 북아일랜드의 가정생활이 대체로 평화롭고 항상 일정하다는 것을 상기시켜주는 역할을 한다. 이러한 시들 이후에는 히니가 '골치거리들'과 관계있는 그런 용어들에 가까이 다가가려 노력하기 때문에 안락하거나 평화로운 이미지들은 극히 소수에 불과하다.

『펭귄 판 현대 영국 시집』에 수록된 히니의 시들 중에서 고른 후에 다루어 볼 시 「장례식」("Funeral Rites")은 『북부』에서 아일랜드에 끼친 스칸디나비아적(Scandinavian) 영향을 다룬 네 편의 시들 중 한 편에 해당하는 것이다. 히니가 그 책을 쓰고 있었을 때, 더블린 부근에서 고고학적인 유적지들이 발견되어서 한창 발굴되고 있었고, 그래서 모든 바이킹 시들은 과거와 현재 간의 연관성들 그리고 연속성들을 언어와 토질로 밝혀내려고 노력한다. 그 시들에서, 히니는 지하세계로부터 되찾은 여러 가지 물건들과 뼈들에 대한 깊은 성찰을 통해 아일랜드의 현재에 알맞은 '비유담'을 만들어 낸다.

그 다음에 묶어서 나온 시 「톨런드 사람」("The Tollund Man"), 「처벌」("Punishment"), 그리고 「이상한 과일」("Strange Fruit")들을 히니는 「장례식」("Funeral Rites")처럼 '상징적'인 것으로 묘사했다. 이 말은 그것들이 고고학적이고, 언어적이며, 신화적인 다른 이미지들을 다루고 있다는 것을 의미하고자 하여 쓴 것이다. 그것들은 또한 '늪지 시'(Bog Poem)라고도 불리는 데, 이 시들은 히니가 글롭(P.V. Glob)이 쓴『늪지인들』(*The Bog People*)이라고 하는 책을 1972년에 읽고 나서 쓴 작품들이기 때문인데, 이 책은 토탄 늪에 오랫동안 그대로 보존되었던 철기시대의 남자들과 여자들을 스칸디나비아인들이 발견해 낸 것을 다루고 있다. 참고로 '늪지'란 게일 어로 '부드러운'이라고 하는 의미의 단어이며 아일랜드 어에서 차용된 드문 영단어다. 히니는 글롭의 책을 통독함으로써, 기원전 몇 세기 동안 유틀랜드(Jutland) 반도에서 일어났던 부족 제물들이라는 이미지 속에 남은 아일랜드의 "인접한 곳의 살인"(neighbourly murders)이라고 부르는 개념에 가까이 접근할 수 있는 상징적인 접근방책을 발견해 냈다. 그것들은 적당한 부족 제물로 간주되었는데, 물건을 훔친 사람들, 간음한 자들, 아니면 반역자들을 제의적으로 교수형에 처하든지 아니면 목을 베어서 수확의 신들에게 제물로 바치는 그런 정도의 것이다. 죽이거나, 익사시킨 후, 여기서 희생당한 자들은 늪지, 앞서 말한 것처럼, 그런 곳에 던져지고, 그들의 시체들은 토탄 고유의 화학적 특성들에 의해 2천년 이상동안이나 썩지 않고 그곳에 그대로 보존된 것이다. 1970년까지 40여년에 걸쳐 덴마크(Denmark)에서 아주 많은 수의 것들이 발견되었다. 히니는 이러한 형상들을 북아일랜드에서 희생당한 사람들과 유사한 제의적 목적의 살인에 희생된 사람들의 본보기로 이용한다. 전반적인 그의 목표는 타블로이드지에서 사용되는 수사법을 사용하지 않고 얼스터 폭력에서 그가 느낀 공포를 전달하려고 노력하는 것이다. 그의 에세이들 중 한 편에서 그는 다음과 같이 말했다.

북유럽의 초기 철기 시대는 현 아일랜드의 역사에 제대로 상응할 만한 만족
스러운 상상력 풍부한 예들을 제공하는 시대다. . . 여러분은 제의적으로 피
를 흘리는 철기시대의 사회에 살고 있다. 여러분은 간음이라는 이유로 어린
여자아이들의 머리를 다 깎아버리는 사회에 있으며, 여러분은 영역에, 지하
와 지상의 여신들에, 그리고 희생과 관계있는 것에 중심을 두는 종교를 가지
고 있다. 여러 가지 면에서 아일랜드 공화당원이 갖는 분노는 이와 같은 종교,
즉 여러 가지 모습으로 나타난 여신들과 관계있는 것이다. 그녀는 예이츠의
극들에서도 보이는데, 그녀는 모국 아일랜드로 등장한다. . . 내가 보기엔 이
런 종교와 시대 그리고 현재 우리가 살고 있는 시대 간에 만족스러운 상응물
들이 있는 것처럼 보인다.[89]

최초로 토탄에 묻힌 사람을 발견했다는 것이 제대로 기록으로 남아 있는 것은
1781년 벨파스트 근처에서 발굴된 한 여자의 시신이다. 그리고 이것은 비교적 최근
에 유틀랜드 반도에서 이루어진 발견들이 있기 훨씬 이전의 일이다. 그 시신은 덴마
크 바이킹 족의 한 사람이라고 추정되는데, 이것은 히니에게 아일랜드와 유틀랜드
반도 간에 대해 생각했던 것보다 더 깊은 역사적 연관성이 있다는 것을 제공해 준다.
제식을 위한 살인에서 그가 느낀 공포는 인간 그 이상의 것이 되어 버린 예술에 더
가까운, 또는 살아 움직이지 않는 자연에 가까운 시신들이 놀라울 정도로 보존이 잘
되어 있으면서 그가 발견한 아름다움과 균형을 이룬다. 이런 이중적인 반응들은
1970년대 북부에서 일어난 폭력에 대한 그의 태도와 비슷하다. 그는 강한 혐오를
느끼지만, 또 한 편으로는 자신이 구교와 유대관계가 있음을, 그리고 이것들과 친족
관계를 가짐을 느낀다. 결국, 이 시에 나오는 형상들은 히니에게 있어 의미의 변화가
일어난 것처럼 보이게 한다. 즉 고대 제식에서 희생당한 자들에서 그가 공감하는 자
연종교의 신적인 존재들로 그 의미가 바뀐다. 히니의 양면성은 이런 두 가지 감정들

---

89 *The Listener*, 7 December 1972.

인 폭력에 대한 강한 혐오와 자연에 대한 사랑으로 암시되고, 이런 철기시대의 사람들은 이것에게 제물로 바쳐진 것으로 생각되었다.

「이상한 과일」("Strange Fruit")에서 한 예를 들자면, 은유적인 과일은 나무에 매달려 있는 것이 아닌 나무에서 이미 따 진 것이다. 그 시는 1942년 덴마크에서 발견된 젊은 여성의 머리에 관한 것이다. 그것은 제물로 바쳐진 것으로 보이는데, 이는 그 머리가 아주 오래된 고대의 의복과 공예품과 함께 발견되었는데, 주변에 다른 사람의 시신은 없었다. 그 머리는 양가죽에 싸여 있었다. 그 시에서 히니는 "가지를 치다"(prune)라고 하는 단어를 가지고 말재주를 부리는 데 이것은 가지치기를 한 나무처럼 여자의 어깨에서 베어진 머리의 이미지와 말린 자두처럼 바싹 마른 피부로 덮여 있는 주름진 얼굴의 이미지 둘 다를 나타내기 위함이다. 이와 유사하게, "호리병박"(gourd)이라는 단어도 타원형의 용기와 같은 머리의 모양과 커다란 오이를 닮은 과일을 묘사하는데, 전통적으로 호리병박에는 그런 모양들이 새겨진다. 몇 가지 다른 늪지 시들에서처럼, 그는 자연, 아름다움, 그리고 땅에 묻힌 보물들의 관점에서 그 머리를 묘사한다. 그리고 그는 사랑시에 사용되는 전통적인 형식인 소넷을 사용한다. 마지막 부분의 "도끼와 축복"(axe and beatification)이라는 단어들에 이르러서는, 폭력과 숭상이라는 늘 같이 붙어 다니는 두 가지 억압들은 그 여자 얼굴의 익명성으로 밀어 제쳐 진다.

마침내, 이런 시들의 중심제재로 사용된 이미지들에서 느껴지는 공포는 독자에서 아주 흔한 일처럼 보이게 함으로써 많은 사람들의 감정을 마비시켰던 1975년에 일어났던 북아일랜드의 폭력에 대한 공포를 상기시켜 주어야 하는 것이다. 그러나 이런 점에 대한 히니의 느낌들은 양면적인 것처럼 보인다. 왜냐하면 그가 폭력의 정당한 이유들에 대한 더 많은 이해를 요구하기 때문이다.

「경찰이 부르는 소리」("A Constable Calls")와 「노출」("Exposure")은 「노래 부르는 학교」("Singing School")라는 제목아래 계속해서 이어오는 자선전적인 여섯 편의 시들 중 두 편에 해당하는 시들인데, 「노래 부르는 학교」는 『북부』의 나머지 절반을 마감하는 것이다. 히니는 그 책의 나머지 절반을 "숨김없다"고 선언하고 있는데 이는 그것이 북아일랜드의 당시 현안들을 직접적으로 다루기 때문이다. 그 책을 두 부분으로 나눈 것은 또한 히니가 아일랜드의 역사와 정치에 대한 그의 반응의 이중적 특성을 나타내는 한 방법이기도 하다. 『북부』는 한편으로는 생각할 필요성 그리고 또 한편으로는 행동할 필요성을 나타낸다. 말하자면, 사건들에 대한 심사숙고된 반응을 보여주고자 하는 충동과 본능적이고 즉각적인 행동을 일컫는 것이다. 히니는 또한 여러 편의 시들에서 자기 자신을 현재 일어나고 있는 일에 호기심을 느끼고 동시에 불쾌함을 느끼는 관음증의 증세를 보이는 사람, 즉 관찰하는 사람으로 묘사하고 있다. 『북부』에는 아일랜드의 갈등들을 해소할 해결책을 제공해 주려는 의도는 없지만, 그것들을 보다 더 큰 필수적으로 폭력적이고 음울한 맥락 속에 집어넣으려는 시도는 있다.

「노래 부르는 학교」는 히니의 문화적인 위치에 영향을 준 배경들 몇 가지와 관계가 있다. 제목은 예이츠의 시 「비잔티움으로의 항해」("Sailing to Byzantium")에서 따 온 것으로, 이 시는 4장에서 다루었다. 예이츠에게 있어, 시인의 영혼을 위한 학교는 다른 영감을 불어넣어 주는 예술작품이다. 히니의 「노래 부르는 학교」는 시와 관계가 있지만 그에게 있어 다른 중요 영향력들은 1970년 대로 차츰 이끌어 가는 위협과 죄의식의 영향들이었던 것처럼 보인다. 그의 에세이 중 한 편에서 그는 1971년 벨파스트 성탄절에 이런 공포가 극에 달한 것을 묘사한다.

총을 위로 향하게 한 채 들고 군인들이 도처에서 당신을 감시하고 있다. . . 거리에서, 길모퉁이에서, 현관에서, 파괴된 집터 위에 생긴 물웅덩이 너머에서. 밤이면 짚 차들과 차량들이 불도 켜지 않은 채 낑낑대는 소리를 내며 지나간다. . . 도로에는 방책들이 쳐져 있다. . . 공포가 그 곳 전체에서 느껴지기 시작했다. 누가 아일랜드 공화국의 과격파의 명단에 기록된 다음 표적을 알

겠는가? 보복행위들이 당신이 있는 곳을 공격하지 않을 것이라는 것을 누가
알겠는가?

(Heaney 1980: 30-1)

이런 두려움과 의심의 감정들은 비록 그것들이 가끔씩은 「경찰이 부르는 소리」
의 두 번째 부분에서 구체적으로 드러나기보다는 암시적이기는 하지만 「노래 부르
는 학교」 도처에서 눈에 두드러지게 나타난다. 여전히 기억나는 사건은 그가 아직
어린 소년이었을 때, 경찰관이 모스본에 있는 히니의 집을 방문한 사건이다. 그 경찰
관은 히니네 집의 농작물의 유형과 농작규모를 기록하기 위한 일상적인 순찰의 한
부분으로서 그의 집을 방문한 것이다. 그러나 그 시는 경찰관의 권위에 대한 두려움
이 분명하게 눈에 띤다. 특히 히니는 그의 아버지가 과세신고하지 않은 순무장사에
대해 그 경찰관을 속이고 있음을 알고 있기 때문에 더욱 그랬다. 이런 사소한 경범
죄에 대한 기억은 공포와 죄의식이 히니에게 그리고 북아일랜드에 있는 다른 사람
들에게 가한 성장에 미치는 영향을 암시해 주는 것이다. 그것은 벨파스트에 거주하
는 평범한 사람들의 생활을 규제하는 경찰력을 계속해서 환기시키지만, 그것은 모두
소년의 마음속에 자리 잡고 있는 것이다. 히니에게 있어, 그 장면은 의심과 징계에
대한 공포로 가득 차 있다. 이 시 전체에 걸쳐 우발적인 폭력의 이미지들이 있다.
예를 들어, 두 번째 연에서 발전기는 연발 권총처럼 뒤로 젖혀진 상태에 있고, 다음
에는 "매달려 있는"(hanging) 그리고 "군화"(boot)와 같은 단어들이 암암리 전달하
는 위협이 뒤따른다. 그 시는 『북부』에 처음 나오는 시 「햇빛」과 첨예한 대조를 이
루는 위치에 서 있는데, 이 시는 이러한 대조를 두 번째 연이 시작되는 부분에서 언
급한다. 「햇빛」은 사랑과 평정, 열기와 빛에 대한 어린 시절의 이미지들을 만들어냈
다. 이 시가 끝나는 부분에서, 그 경찰관이 물건을 실어가기 위해 가져온 금속 자전
거의 스프링 걸쇠가 덫처럼 닫히고 그의 자전거 사슬은 폭탄처럼 재깍거린다. 이것
은 물론 「햇빛」의 끝부분에 나오는 시계 두 개가 째깍거리는 소리와 아주 다르다.

마지막 시 「노래 부르는 학교」는 (시에서) 세 가지 유형의 「노출」("Exposure") 인 미디어 노출, 자연에 대한 노출, 그리고 자기노출에 대해 생각한다. 그것은 혜성을 맞이하여 히니가 북아일랜드로부터 벗어나 국경의 남쪽에 위치한 곳으로 퇴각, 즉 "대학살로부터 탈출한"(Escaped from the massacre) 것에 대한 깊은 성찰이다. 그는 자기 자신을 전투가 끝나는 신호를 기다리며, 숨어서 동면하는 사람으로 본다. 그러나 『북부』에 나오는 지배적인 폭력의 양상, 펭귄 시 선집에는 확실하게 수록되지 않은 시들, 예를 들어, 「아일랜드에 대한 대양의 사랑」("Ocean's Love to Ireland")과 「연합의 조치」("Act of Union")와 같은 시들에 나오는 그것은 영국이 아일랜드로 습격해 들어오는 것이다. 「노출」이 다시 북/남 분리에 초점을 맞추고 있는 반면, 『북부』에 나오는 북아일랜드의 갈등을 위한 상황들은 헤라클레스 (Hercules)와 앤티어스(Antaeus)의 그리스 신화, 철기 시대 유틀랜드 반도의 부족의 제물, 바이킹족의 정착, 그리고 탐욕적이고 강탈적인 영국의 제국주의에 이르는 광범위한 것들이다. 히니는 『북부』를 저술할 당시에 "나는 항상 정치적인 문제에 대해 생각했다. . . 북아일랜드의 내분으로. 나는 분파적인 글도 함께 생각해 냈다. 이제 나는 진짜로 정치적인 맞대결은 아일랜드와 영국간의 대립이라고 생각한다" (Longley 1986: 168)고 말했다. 그러므로 『북부』에서 비난받고 우화화 된 폭력은 분파와 아일랜드만큼이나 식민주의적이고 영국적인 것이라는 것을 깨닫는 것이 중요하다. 이러한 변화는 『북부』에서 가장 유명한 시, 「처벌」에서 아주 분명하게 드러나는데, 이 시는 간음을 한 철기시대의 여자를 늪지에 넣어 제물로 바치는 것을 영국병사와 사귄 일 때문에 비난을 받은 북아일랜드 여자들에게 석탄 칠을 하고 깃털을 매달아 주는 것에 비유한다. 그러한 처벌에 대한 히니의 강한 혐오감이 부족에 대한, 아니면 국가에 대한 반역을 위법행위로 이해하는 그의 생각에 의해 뚜렷하게 드러나지는 않는다.

자의식과 거대담론에 반대하는 포스트모더니즘을 구체화시키기 때문에 『북부』

에서의 히니의 신화적 접근에 반대한다고 생각되었던 시인이 바로 폴 멀둔이다 (Matthews 1997: 187). 멀둔은 1951년 아마(Armagh) 카운티에서 태어났고 히니처럼 퀸즈 대학에서 교육을 받은 북아일랜드 구교도이다. 그의 시는 아주 가끔 "잡종의" 그리고 "신비한"이라는 레이블(label)을 끌어내기도 한다. 그의 시 세계는 다양하면서도 동시에 자기폐쇄적인 것처럼 보인다. 그는 에둘러서 그러나 상상력이 풍부한 방식으로 북아일랜드의 식민주의적 상태에 접근한다. 프로테우스같은(Protean) 테러리스트 모험가 겔로글리(Gallogly)에 관한 공상적인 이야기인「사람은 많이 가질수록 더 많은 것을 원한다」("The More a Man Has the More a Man Wants")를 멀둔은 "위네바고 인디언들(Winnebago Indians)의 트릭스터 사이클(Trickster cycle)90)을 그 근간으로 한" 것이라고 말한다. 또 다른 작품인, 「영국인과의 대면」 ("Meeting the British")은 캐나다에서 일어난 폰티악의 반란(Pontiac's Rebellion)의 결말에 관한 짤막한 시다. 그것은 18세기 중엽, 영국인들이 오타와(Ottawa) 인디언에게 천연두를 소개한 것에 주목함으로써 끝이 나는데, 멀둔은 그것에 대해 영국인에 의한 아일랜드의 문화의 유실과 비슷한 점이 있는 것이라고 말했다. 다시, 「선을 넘기」("Crossing the line")에서, 배반과 폭력을 만들어낸 멀둔은 귀디온(Gwydion)과 프라이데리(Pryderi)간에 이루어진 거래를 다룬『마비노젼』(*Mabinogion*)이야기를 참고로 하여 오로지 간접적으로만 1985년 영국-아일랜드 협정에 접근한다 (Kendall 1996: 145). 그러므로 그의 시들은 히니가 신화와 어원이라고 하는 더 방대한 틀 구조를 통해서 접근하는 똑같은 상황이해에 필요한 유사점들과 일화들을 제공하기 위해 역사와 문학에 의존한다. 그러나 멀둔 역시도 북아일랜드 작가가 쓴 시라면 그것이 어떤 시이건 간에 그것에서 의미를 쥐어 짜내려고 하는 비평가들의 공통된 시도들에 대해 회의적이다. 패러디 적인 「개구리」("The Frog")라는 시를 참

---

90 원시 민족의 신화에 나와 주술, 장난 등으로 질서를 문란시키는 신화적 형상을 트릭스터라고
    한다.

조하라.

클래어 윌즈(Clair Wills)는 "멀둔의 「쿼우프」("Quoof")는 무엇보다도 시로 사적이고, 자동사적인 단어를 만들어 내고 싶은 강한 열망을 알리면서 그의 트레이드 마크가 되었다"고 말한다. "쿼우프는 뜨거운 물을 담는 병을 지칭하는 멀둔 가족들만이 사용하는 단어다. 그녀는 그것을 다음과 같이 보고 있다.

> 낙원, 즉 '현실'의 타락으로 더렵혀지지 않은 에덴동산으로서의 시 세계를 경험하고자 하는 시도로 본다. 그리고 이런 인지된 욕망에 대한 응답으로 그의 시는 시와 북아일랜드 정치와의 연관성을 짓고 싶지 않은 것 때문에 옹호되고 동시에 무책임한 신비주의 때문에 비난을 받았다. . . [그러나] 이런 두 가지 이해는 멀둔 자신이 의식적으로 시적인 담론에서 사적인 것 그리고 정치적인 것에 대해 제기되는 의문점들을 문제화하는 그런 방식들을 모른 체 한다.
>
> (Wills 1992: 123)

예를 들어, 몇 몇 비평가들은 「노새」("Mules")에서의 "왜 우리는 양쪽 세계들의 가장 좋은 점만을 가져서는 안될까?"(Why should we not have the best of both worlds)라는 시구, 또는 「파리」("Paris")에 나오는 다양한 정체성을 지니는 인물들과, 표면상으로는 책 읽는 것을 좋아한 어머니와 농사짓는 기술이 대단했던 아버지로부터 물려받은 타고난 재능에 관한 시 「이민족간의 결혼」("A Mixed Marriage")에서의 이종 간의 혼교처럼 잡종성 그리고 혼합된 정체성에 매력을 느끼는 멀둔의 태도로 얼스터에서 벌어지고 있는 상황에 대한 참조사항들을 얻어낸다. 게일어로는 "이리저리 노를 젓는 것"이라는 뜻의 제목으로 된 시 「임람」("Immram")은 모리슨과 모션의 시집에 수록된 가장 긴 멀둔의 시다. 그것은 아일랜드 항해 문학의 고전적인 전통으로 만들어졌으나 미국 탐정이야기 스타일로 쓴 탐색 시이며 아버지를 찾는 아들에 관한 시다. 조상들과 친족관계에 대한 수색으로서의 그 시는 멀둔의 일반적인 관심사들을 그대로 보여주는 것이며, 북아일랜드 정체성에 대한 탐색인 그의 서사시를 읽는 방법을 설명해 준다. 개인적이고 정치적인 차원에서 연구된 멀둔의 상호텍스트적인 스타일은 블레이크 모리슨이 말했듯이, "복수 혈통과 많은 연관성을 지니는 것이다. . . 그것은 혼합되거나 변하고 있는 정체성들에 매력을 느끼는 것"이다(Morrison 1987: 197).

가장 일반적으로, 멀둔의 복잡하게 얽힌 이야기들은 「변덕」("Whim")에서처럼 미결정성의 여러 가지 잡다한 의미들을 만들어 낸다. 그리고 그 시에 나오는 두 명의 이방인들은 성교를 할 때 몹시 열중하게 되고 그리고 나서는 위험에 처한 종의 최후처럼 목숨을 빼앗기는데, 모리슨이 생각하기에 시란 아일랜드와 잉글랜드의 연합에 대한 알레고리일지도 모른다는 것이다. 유희적이면서도 아이러니하게 제목이 붙여진 「역사」("History")에서, 멀둔은 겉으로는 역사와 별 관련이 없어 보이는 그의 파트너에게 그들이 어디서 제일 처음 성관계를 가졌었는지 장황하게 그리고 설득력 없이 물어보며 성의 기원들을 찾으려하는 것에 관한 개인적인 시를 쓴다. 그러나 시에 대해 멀둔이 제기하는 의문점들은 또한 가끔씩 「아일랜드」("Ireland")에서처럼 시에 대한 언급에서 공공연하게 뚜렷이 나타난다. 그 시에서 화자는 "덜컥거리는"(ticking) 주차된 차는 연인들 혹은 테러리스트들이 근처에 있다는 표시인지 아닌지에 대해 궁금해 한다. 그러나 여전히 상당한 이중성이 그대로 남아있다. 멀둔은 "자신의 이론을 주장하는" 태도를 좋아하지 않고 또 단식투쟁 참여자들, 정치범들, 석탄 칠을 당한 사람들, 그리고 깃털이 꽂힌 사람들에 대한 언급이 종종 있기는 하지만, 어떤 특정한 정치적 입장도 그의 작품 속에는 나와 있지 않다. 에드나 롱리(Edna Longley)는 "멀둔의 방식들이 충성을 선언함으로써 아일랜드 시에서 언어가 정치적으로 작용될 수 있다"고 결론을 내린다(Longley 1986: 207). 어중간한 상태들, 잡종들에 대한 관심은, 「메인마스트」("The Main-mast"), 「불완전한 개」("Halfdog”), 「불완전한 늑대」(“Half-wolf”)의 에스키모 종의 개들처럼, 북아일랜드의 혼합된 종교적·민족적 충절에 대한 일반적인 멀둔의 강조를 지시해 주는 것처럼 보인다. 톰 폴린이 주장하듯이, 멀둔의 시는, 『율리시즈』(*Ulysess*)의 시클롭스(Cyclops) 일화에 나오는 시티즌(Citizen)에 대한 레오폴드 블룸(Leopold Bloom)의 반대처럼, 단일 국가와 같은 “그런 가공적 통합을 해체”하는 것이 목표인 것처럼 보인다(Paulin 1992: 17). 그것은 고정된 통일성들 또는 정체성들을 반대하고 이렇게 하여 본질주의자와 분리주의자의 주장들에 대한 선택권을 제공하려고 애를 쓴다.

이런 말들과 함께, 호미 바배(Homi Bhabha)의 작품에서 가장 많이 특별하게 언급되는 잡종성에 대한 현재 탈식민주의의 강조는 ‘혼합’(adulteration)에 의해 아일랜드의 맥락 속에서 이해되었다(Bhabha 1993). 데이빗 로이드(David Lloyd)는 성적이고 ‘인종적’인 ‘혼합’은 그 두 가지로 인한 혼탁을 두려워하고 또 그런 나라를 비난하는 아일랜드 민족주의에 대한 구조적인 불안감이라고 주장한다. 이와 대조적으로, 거리의 민요에서부터 조이스에 이르는 아일랜드의 글은 이질적이고 잡다한, 패러디되고, 융화적인, 그리고 로이드가 주장하기를 “식민지화된 문화처럼 식민지화된 중요제재의 혼종의 상태를 일정하게 양식화”하는 이런 ‘혼합’의 특성을 지니고 있다(Lloyd 1993: 110). 그런 전략들은 민족주의적 구조들과 상반되는 것이기는 하지만 또한 제국주의와 같은 것임을 증명해주는 것들에 반대된다. 그리고 그것들은 반식민주의적 저항의 요소가 되는 것들이다. 로이드가 인용하는 다른 텍스트들처럼, 그것은 제국주의와 멀둔의 시를, 의미에 대한 끊임없이 정치적인 분쟁을 벌이게 만드는 경쟁도구로 여기는 제국주의와 탈식민주의성향의 민족주의 사이의 이종적인 입장이기도 하다. 로이드에게 있어 제국주의자 또는 민족주의자 목소리들로 선포되었건 아니건 간에, 그러한 글들을 의견이 아주 분분하게 만들면서도 또한 그것들을 혼합된 정체성들로 분열되게 하는 것이 바로 그것들이 가진 이중성이다.

모리슨과 모션의 시 선집에서 특별히 다루어진 북아일랜드 출신의 다른 시인들은 멧브 맥거키안, 데릭 마혼, 톰 폴린, 그리고 마이클 롱리다. 맥궈키안은 바로 앞장에서 논의되었고 또 그는 민족주의자보다는 페미니스트 시의 관점에서 더 자주 고려되는 시인이다. 하지만 나는 여기에 나온 다른 세 명의 시인들에 대해 조금 이야기해 볼까 한다. 1939년 벨파스트의 신교도 가문에서 태어난 롱리는 히니와 동시대인이며 벨파스트의 대학시절 친구이기도 하였다. 그는 자신이 형식, 즉 그것을 통제하는 강경수단과 분해지점에 사로잡혀 있다고 말한다. 『가시금작화의 시련』(*Gorse Fires*)(1991)은 높은 평가를 받는 작품이며 그에게 히니가 받았던 것에 필적할 만한 인정을 가져다 준 작품이기도 하다. 롱리 작품의 상당수가 전원과 사랑시라고 하는 장르에 속하기는 하지만, (종종 가정, 망명, 그리고 친족의 주제들로 다루어진) 몇 편의 시에서, 예를 들어서 「상처」("Wound")와 같은 작품에서 그도 정치적인 상황에 관여하였다. 이 작품의 "정신이 몽롱하여 헛소리를 하며 몸을 떨고 있는 소년 옆에서/ 그들이 텔레비전 소리를 줄일 수 있기 전에"(By a shivering boy who wandered in/ Before they could turn the television down)라는 시구에서 보면 한 남자가 우연히 머리에 총상을 입는다. 1949년 리즈에서 태어난 톰 폴린은 4살 때부터 18살까지 벨파스트(그의 어머니는 아일랜드인이다)에서 성장했으며, 18살이 되던 때 영어를 공부하기 위해 헐(Hull)로 갔다. 폴린의 시는 애매하고 알쏭달쏭하다고 하지만, 또한 분명하게 정치적이라고 묘사된다. 시와 드라마를 썼을 뿐만 아니라, 논쟁을 일으키는 『페이버 정치 시』(*Faber Book of Political Verse*)(1986)의 편집인이었으며, 또 『아일랜드 그리고 영국의 위기』(*Ireland and the English Crisis*)의 저자이기도 하다. 그는 아일랜드에서 완전한 언어의 분리 독립성을 갖기 위해서는 아일랜드어 영어사전이 필요하다고 주장한다. 폴린의 가장 유명한 시 중 한 편인 「아나스타샤 맥러플린」("Anastasia Mclaughlin")은 아일랜드의 역사와 러시아 역사를 연관시켜 가면서 아일랜드 역사를 러시아 역사의 관점에서 설명한다. 더 확실하게 사회·정치적인 시가 바로 「정착민들」("Settlers")인데, 그것은 당시 분열의 원인들 중 하나인 스코틀랜드에서 아일랜드로 이주해 들어오는 신교도 이주를 다루고 있다. 위에 나온 히니가 한 논의의 견지에서 보면, 「바로 눈앞에서」("Under the Eyes")라는 폴린의 살해/징벌의 시에서 "엄격한 응징"(exact revenge)이라는 말을 통해 그가 「처벌」("Punishment")의 결말에 대해 넌지시 언급한다는 것을 눈여겨보는 것도 가치가 있을 듯하다. 그 시들은 직접적으로 비교 가능하다.

데릭 마혼은 1941년 벨파스트의 프로테스탄트 가정에서 태어났지만, 성인기의 상당기간을 영국에서 보냈다. 그는 『펭귄 현대 아일랜드 시집』(*The Penguin Book of Contemporary Irish Poetry*)의 공동 편집인이며, 그리고 그의 글에는 예이츠, 맥니스, 와일드, 그리고 다른 작가들에 대한 문학적인 언급들이 가득하다. 마혼은 가끔 「내세」("Afterlives")와 같은 시의 "언덕들은 여전히 그대로다/ 벨파스트 너머 회색빛이 도는 푸른색으로/ 아마 내가 만약 뒤에 처져 그대로 남아있었다면/ 그리고 그곳에서 계속해서 투하되는 폭탄세례를 받으며 살았더라면/ 그래도 나는 끝까지 살아 성장했을 것이다,/ 그리고 고향집이 무엇을 의미하는 지에 대해서도 배웠을 것이다"(the hills are the same Grey-blue above Belfast./ Perhaps if I'd stayed behind/ And lived it bomb by bomb/ I might have grown up at last,/ And learnt what is meant by home)와 같은 시구를 통해, 망명하고 있는 입장에서 북아일랜드와 그와의 관계에 접근한다. 몇몇 비평가들은 마혼이 자신의 과거를 거부했다라고 말한다. 그러나 그를 두 가지 문화 사이에 갇혀 있는 혼합주의적 시인으로 보는 것이 더 바람직하다. "'폭탄'과 '집'의 리듬은 일반적으로 집이라고 하는 단어가 의미하는 것과 그가 더 이상 안락함을 느끼지 못하는 [마혼의] 실제 고향마을 간에 아이러니한 먼 간격을 드러내면서 일종의 야만스러운 공명을 만들어 낸다"(Haughton 1992: 100). 마혼은 현재의 역사를 언어와 땅으로 탐색하는 또 다른 한 사람이다. 그의 '삶'은 셰이머스 히니에게 오롯이 바쳐지고, 히니의 늪지 시(Bog Poems)에 관한, 현재 (켈트, 그리스, 테베와 아프리카를 포함하여) 얼스터의 이전에 있었던 아주 많은 여러 가지의 고고학적인 그리고 문화적인 전례들을 만들어 낸다. 시 선집에 수록된 그의 가장 유명한 시가 「웩스포드 사의 사용되지 않는 격납고」("A Disused Shed in Co. Wexford")인데, 그것은 "전소된" 호텔 지하에 있는 잊혀진 격납고에 관한 일화를 바탕으로 아일랜드인의 태만함에 대해서 생각하는 시다. 그 시는 또한 내전 시기에 대한 예이츠적인 깊은 성찰이기도 하다. 덫에 걸린 버섯들은 영국-아일랜드 분쟁, 투옥, 그리고 기억상실증으로 피해를 입은 희생자들을 상징하는 것이다. 그런 시는 내용을 언급하는 것에서 지나치게 기교적이고 간접적으로 에두르는 경향이 있다. 내가 지금껏 논의해 왔던 상당수의 북아일랜드 시처럼, 그것 역시 적어도 두 가지 일을 동시에 하는 것을 목표로 한다. 그리고 그 시의 주제는 당시의 역사와 동떨어진 것처럼 보이지만 그것이 만들어 내는 공명과 상징주의는 어떻게 '분쟁'이 북아일랜드에서 지금까지 존재하고 있는지, 하지만 어떻게 그것이 대부분 사람들의 매일 매일의 삶 속에서는 크게 부각되고 있지 않은지에 대한 이해로 독자를 이끌고 간다. 망명과 배타라고 하는 마혼의 주제들은 『북부』에 수록된 히니의 폭력적이고 종족적인 시들 만큼이나 계속해서 남아 있는 영국 식민주의의 유산에 대한 논평이라고 볼 수 있다.

새로운 흑인 민족성

최초로 엄청난 숫자의 사람들이 1948년 6월, 엠파이어 윈드러쉬(S.S. Empire Windrush)호를 타고 영국으로 넘어왔다. 처음부터, 도시와 항구들에서 행해진 실질적인 적대행위들과 더불어, 영국의 정치가들은 (영국철도와 같은 회사들에 의해) 영국에서 일하라는 부추김을 받고 영국에 온 서인도제도 사람들을 반대하는 말을 했다. 1953년, 베레스포드 크래독(Beresford Craddock) 하원의원은 영국하원에서 다음과 같이 말했다.

> 그들 중 95퍼센트가 원시인이라는 사실을 기억해야 할 것입니다. 그들이 일
> 반적으로 호텔로 들어갈 수 없는 여러 이유들 중의 하나는 바로 그들의 위생
> 습관이 그곳에 들어갈 정도로 좋지 않기 때문입니다. . . [그들의] 견해들 그
> 리고 관습들은 태고 적부터 그들이 지니고 있는 그런 원시인들의 심리적인
> 기질에 기인하는 것들입니다.
>
> (Dabydeen and Wilsom-Tagoe 1988: 81)

1967년, 1960년에서 1964년까지 영연방과 영국식민지를 대표하는 내무부 장관을 지냈던 던컨 샌디즈(Duncan Sandys)는 영국에 대해서 다음과 같은 결정적인 말을 했다. "수백만 명에 이르는 혼혈아들의 양육은 한 세대의 환경에 적응하지 못하는 자들을 양산해 낼 것이고 국민들 간의 긴장을 만들어 낼 것이다"(Kureishi 1986: 11). 그 다음 해, 에녹 파월(Enoch Powell)은 자신의 수치스러운 "피의 강"(rivers of blood) 연설을 했는데, 그 연설은 만약 이민이 금지되지 않는다면 집단 폭동이 일어날 것이라고 예언했다. 그리고 바로 그 다음 달에는 영국인의 74퍼센트가 파월의 의견을 지지한다는 갤럽(Gallup)여론조사 결과가 나왔다.[91] 3년 뒤인, 1971년, 대량 본국송환계획을 요구하는 파월의 계속된 요청은 이민 법안으로 끝이 났다. 파월의 수사적 기교는 제국주의 역사에 대한 향수 어린 호소에 있었고 백인 앵글로색슨이라고 하는 순수 영국 정체성을 주장하는 편협한 민족적 정형을 그 전제조건으로 삼았다. 파월의 영향이 대단했던 그 시기가 최악의 인종주의의 실례들이 부각되었던 때로 생각되었지만, 흑인들의 이주에 대한 백인 영국인의 두려움은 계속해서 남아있었다. 비자를 신청하는 사람들에 대한 새로운 제한 조치가 이루어지기 바로 직전인, 1986년 한 대중신문의 머리글에 "3000명의 아시아인들이 영국으로 몰려든

---

91 *Chronicle of the 20th Century*, D. Merced (ed.), Essex: Longman, 1988: 979.

다”고 쓰여져 있었다. 마가렛 대처는 1978년 텔레비전 연설에서 영국이 다른 문화에 의해 “휩쓸리지” 않도록 하겠다고 약속하면서 영국인들의 이러한 두려움에 호소를 했다.92) 그런 수사학적 기교는 1990년대에서도 여전히 뚜렷하게 나타났는데, 많은 평론가들은 “영국의 생활방식”이 “이주민들”에 의해 완전히 전복되고 있다고 주장하는 1993년 보수당 하원의원 윈스턴 처칠(Winston Churchill)의 연설을 파월의 “피의 강” 논쟁에 비유했다.93)

그런 공격들에 대한 반응은 한편으로는 별다른 소동이 없는 평화로운 태도로 나타났으며 또 다른 한편으로는 폭력적이었다. 1981년 3월, 흑인 봉기의 날(Black People's Day of Action) 모임이 열렸는데, 이것은 영국에서 지금껏 일어났던 그 어떤 시위들 중에서 가장 대규모의 항의 시위운동이었다. 이 시위운동에 뒤 이어 1981년과 1985년에는 도시에서 “인종폭동”이 일어났는데, 특히 오래 전부터 있었던 노예 항구들, 런던, 브리스톨(Bristol), 그리고 리버풀(Liverpool)에서 더 심하게 일어났다[예로서 벤저민 제파니아(Benjamin Zephaniah)의 「유턴」(“U-Turn”)을 참조하라]. 인종차별에 반대하는 저항이 시위운동, 항의, 그리고 폭동의 형태를 취했던 반면에, 흑인들은 그들의 고충들을 표면적으로 드러내고, 결속을 표현하며, 그리고 표현의 정치에 이의를 제기하기 위해 문화적인 형식에 일반적으로 더 의존하였다. 또 다른 목적은 스튜엇 홀(Stuart Hall)이 “새로운 민족성”(new ethnicities)이라고 명명했던 것을 옹호하는 일인데, 예를 들자면, 이는 “검은”이라는 용어가 어느 특정 나라나 민족을 말하는 것이 아니라 지배적인 백인, 영국의 문화권내에서 인종차별과 인종주의를 겪은 공통된 경험들을 말한다는 것을 인정하는 것이다(Hall 1988; Fortier

---

92　대처의 연설은 데버딘의 책에서 발췌했고(Dabydeen and Wilson-Tagoe 1988: 82), 응답은 린튼 퀘시 존슨의 시 「이나 잉글란을 두렵게 했네」(“It Dread inna Inglan”)의 시행에 나타나 있다. “매기 대처는 계속해서 활동하네/ 인종차별쇼와 함께”(Maggi Tatcha on di go/ wid a racist show).

93　1993년 5월 29일 자 『더 타임스』의 일면.

1994: 218). 그런 "새로운 민족성"은 "국가"와 같은 개념에 의해 비준되는 것들에서 나온 각기 다른 여러 종류의 충절과 공동체를 허용하며, 그 국가는 맹목적 애국주의와 식민주의의 역사들과 관련을 갖는다(Fryer 1988과 1984를 참조하라). 이런 "새로운 민족성"을 생각할 때, 흑인 영국시를 논하기 위한 두 가지 정황인 언어와 민족분산(diaspora)을 나는 제시하고 싶다.

토니 크로울리(Tony Crowley)는 19세기 초반의 정치가 표준 영어(Standard English)의 창설을 촉진시켰다고 주장했다. 이는 20세기가 넘어서도 계속되었던 사회운동이었다(Crowley 1989). 정치적인 의견 차이를 겪는 가운데, 언어는 내재되어 있는 문화적인 연계성의 상징, 즉 분열된 당파들을 함께 묶어 주는 끈으로 사용되었다. 통일을 위한 이런 노력들이 『영어 발음사전』(*English Pronouncing Dictionary*)(1917)을 통해서 그저 표준에서 벗어난 것이 아닌 투박하고 거칠며, 이해하기 어렵고, 교육적으로 표준이하라고 판단되는 다른 형식들과는 대조되는 남부 도시들의 교육을 받은 사람들의 발음을 표준 영어로 삼자고 옹호하는 다니엘 존스(Daniel Jones)와 같은 언어학자들 사이에게서 절정에 달했음을 크로울리는 주목하고 있다. 그런 언어학적인 지시들은 계층에 의해서 사람들을 권력과 영향력에서 배제시킬 뿐만 아니라 각 민족마다 다른 방언과 어휘 및 발음의 차이들에 의해서도 그런 역할을 한다. 아일랜드의 정황에서 볼 때, 이것은 오래 전부터 인지되었던 것이다. 존스의 사전이 출판되기 바로 전해에, 제임스 조이스는 『젊은 예술가의 초상』(*A Portrait of the Artist As A Young Man*)에 등장하는 스티븐 디덜러스(Stephen Dedalus)로 하여금 영어 선생님에 대해서 "우리가 사용하고 있는 영어는 우리 것이 되기 이전에 그의 것이다"(The language in which we are speaking is his before it is mine)라고 주장하게끔 만들었다. 더 최근에는, 셰이머스 히니가 그의 두 번째 에세이집인 『언어의 통제』(*The Government of the Tongue*)에서 표준영어를 사용한다는 것은 언어적인 위증죄를 저지르는 것이라는 점을 강조했다. 지방 사투리인 스코틀랜드 "패트와"(patois)로 된 리즈 록헤드(Liz Lochhead)와 탐 레너드(Tom Leonard)의 시에 의해 아주 명백해진다. 카리브지역작가들과 그 뒤를 이어 흑인 영국작가들에게 있어, 이점은 똑같이 중요한데, 이것은 언어를 문화적인 저항과 주장을 할 수 있는 자리로 만들어 주기 때문이다. 1970년대의 영국흑인시인들은 1960년대의 리버플 시인들과 저항가수들이 관여했던 것과 유사한 사회적이고 정치적인 중요논쟁점들에 관여케 되었다.

『되받아 쓰는 제국주의』(*The Empire Writes Back*)를 쓴 작가들은 "힘으로서의 언어가 지닌 가장 중요한 기능은 탈식민주의적인 글이 중추적인 언어를 빼앗아 그것을 식민지화된 곳에 맞게 완전히 순응된 담론 속에 둠으로써 그 자체를 정의하기를 요구하고 있다"고 주장한다(Ashcroft *et al.* 1989: 38). 많은 탈식민주의 이론가들은 언어가 전용할 수 있는 것이지만, 동시에 지역화 될 필요가 있는 것이라는 이러한 견해를 따른다. 제임스(C.L.R. James)는 서인도제도의 의식은 유럽의 철학, 언어, 그리고 문학적 모델들에 의해서 만들어졌다고 주장했는데, 이러한 모델들은 크레올(creole) 만큼이나 서인도제도의 한 부분이 되는 것이다. 이와 유사하게, 바베이도스(Barbadian) 출신의 시인이자 비평가인 에드워드 카마우 브라스웨잇(Edward Kamau Brathwaite)은 ("패트와," "방언," 또는 "크레올"이라는 용어대신에) 카리브해의 "민족 언어"에 대한 글을 쓴다. "그것은 영어로 쓰일 수도 있다. 그러나 가끔은 짐승의 울음소리 같은 것, 또는 외치는 소리 아니면 기관총이나 아니면 바람이나 파도소리와 같은 것이 영어다. 그것은 또한 블루스(blues)와 같은 것이다. 그리고 때로는 그것은 영어와 아프리카어 두 가지 다이다"(Ashcroft *et al.* 1995: 311). 브라스웨잇은 이를 구전, 칼립소(calypso)[94], 그리고 영문학 정전의 것과는 다른 여러 음과 리듬 양식(예를 들어 북소리의 음과 리듬양식들)을 사용하는 "물속에 잠긴/ 물 밖으로 나온 문화"(submerged/emerging culture)라고 부른다(Brathwaite 1984 참조). 브

94　트리니다드(Trinidad)섬 원주민이 노래하는 민요풍의 재즈, 또는 그 춤.

라스웨잇에게 있어, 영어를 사용하는 카리브해 출신의 작가들은 유럽의 날씨보다는 카리브해의 허리케인(hurricane)에 더 적합한 시를 쓰면서, 구술의, 대중적인, 그리고 구어체적인 형식들뿐만이 아니라 음악을 사용함으로써 그들 나라 고유의 언어를 새롭게 만들어 내는 사람들이다. 흑인 시인들에 의해 영국에서 새롭게 탄생된 이 언어는 린튼 퀘시 존슨의「레게 음」("Reggae Sounds")에서처럼 자메이카 레게리듬들에 대해, 그리고 영국의 인종주의를 겪은 경험에 대해, 선구적인 3부작『도착한 자들』(*The Arrivants*)을 1973년에 출판한 브라스웨잇의 의식들에 의존하면서 "열대의 전기 같은 폭풍의 리듬/ (싸움의 속도를 진정시켜주는)"(Rhythm of a tropical electrical storm/ (cooled-down to the pace of the struggle)과 같은 새로운 표현형식으로 다시 잡종화된다. 전통적인 영국시에 의하자면, 이런 새로운 언어는 표준영어를 지역적인 용어와 강세, 미국특유의 어법과, 도시에서 많이 쓰이는 영어, 그리고 가장 중요하게는, 학교에서 학습되는 "모든 섬들"의 크레올을 한데 섞어 놓는다(D'Aguiar 1993: 59). 따라서 영국의 흑인들이 사용하는 영어를 만들어 냈다는 것은 언어 사용자들의 공동체를 형성하는데 사회적으로 도움을 주며, 그리고 정치적으로는 지배문화가 사용하는 언어를 교묘하게 잘 다룸으로써 지배적인 문화에 대한 저항을 표현할 수 있도록 도와준다(Sutcliffe 1982 참조).

「밀턴이 아닌 것에 대하여: 오늘날 영국의 흑인 말」("On Not Being Milton: Nigger Talk in England Today")에서 데이빗 대버딘(David Dabydeen)은 강조한다. 온당치 못하게, "밀턴의 문체가 화려하고, 아주 구성이 잘 된, 라틴어적인 표현들은... 여전히 흑인들이 사용하는 바베이도스 말들과는 완전히 반대되는 영국 문화의 본보기들이다"(Dabydeen 1990: 8). 그가 주장하기를, 크레올은 흑인의 경험을 표준영어가 할 수 없는 방식으로 그리고 "젊은 영국 흑인들이 그들의 부모님들이 사용했던 서인도제도의 언어에서 발전되어진 '패트와'를 만들어내서 백인 지배에 저항했던" 방식으로 흑인들의 경험을 표현하는 것이다. 데버딘이 말하기를, 그 언어는 "사용하기에 불편할 정도로 다듬어지지 않는 원래 그대로의 언어"라는 것이다. 몇몇 특징들은 카리브 지역의 어느 한 섬이나 그 이상의 섬들에서 사용하는 지방어들이 서로 섞여 있다는 것, 존 아가드(John Agard)의 「이봐요, 옥스퍼드 돈씨」("Listen Mr Oxford Don")에서 "현재시제와 함께 미래를 고집하는 나"(I bashing future with present tense)와 같은 시구에서처럼 무조건 현재시제를 사용하여 과거와 현재 시제들을 무시하는 것, 그리고 발음 나는 대로 철자를 쓰는 것("me"를 "mi"로 그리고 "for"는 "fi"가 되며 반면에 "into"는 "inna"이며, "can't"는 "caan," 그리고 "England"는 "Inglan")이다. 표준영어와 대조적으로, 그 언어는 간결하고, 때로는 조잡하지만, 또 한편으로는 표현들이 간단명료하고, 힘차고, 단정적이며 그리고 자메이카인(Jamaican) 미키 스미스(Mikey Smith)의 「흑인담화」("Nigger Talk")에서처럼 정치적으로 아주 날카롭기도 하다. 데버딘은 영어에 대한 크레올의 공격은 알바레즈가 무브먼트 시인들의 "점잖은 태도"에 가한 공격을 기억나게 한다고 기술한다.

그러나 언어는 경험의 부산물이면서 동시에 경험을 만들어 내는 것이다. 모든 문화들은 그 문화권내에서 사용하는 언어 또는 방언으로부터 발전하고 또 발전하는 것이다. 폴 길로이(Paul Gilroy)는 카리브해 출신의 시인이 쓴 시와 흑인 영국 시와의 관계를 고려해 볼 때 특히 쓸모가 있는 특색 있고 공통된 대서양부근의 흑인 문화에 관한 글을 쓴다. 길로이는 유럽, 아프리카, 그리고 남·북·중앙아메리카라고 하는 노예삼각무역구도에서 불가피하게 만들어진 문화, 즉 아프리카 유산을 이어받은 사람들 모두가 공유하는 문화를 설명한다. 상품과 사람들의 교역구도인 삼각형태의 움직임은 그레이스 니콜라스(Grace Nicolas)의 「아프리카를 벗어나」("Out of Africa")에서 명확하게 드러나며 공식적으로 지도화되어 있기도 하다. 길로이는 1950년대의 아프리카와 노예들을 연구하는 역사가들이 사용한 용어인 민족분산은 당시의 문화적 정체성을 이해할 수 있는 방법을 제공한다고 주장한다.95) 그는 흑인

---

95 이 문제에 관한 논의는 이 책(Childs and Williams 1997)을 참조할 것.

작가들의 작품이 다음과 같아서는 안된다고 주장한다.

민족적으로 독특한 또는 민족주의자의 문화적 정전을 세우는 계획에 절대로
동화되지 않아야 한다. 왜냐하면 이러한 텍스트들이 서있는 그리고 그것들이
헌신하고 있는 거대한 정치적 움직임의 논리가 민족적 경계들에 의해 표시되
는 것과는 다른 수준에서 작용하기 때문이다.

(Gilroy 1993: 218)

현대 세계사의 견지에서 볼 때, 스튜엇 홀(Stuart Hall) 역시도 인간의 정체성이
항상 움직이고, 결코 어느 한 지점에 도달하지 않으며, 따라서 어떤 면에 있어 범
아프리카주의(Pan-Africanism)나 앵글로색슨 영국주의(Anglo-Saxon Englishness)
같이 본에 대한 담론이나 뿌리를 내려 살고 있는 곳에 대한 담론보다는 민족분산에
대한 담론과 더 관계있는 것이기 때문에 이러한 인간 정체성을 보기 위한 새로운
모범을 추천하고 있다. 홀은 자아에 대한 이해를 이동하는 것으로 보는 견해와 차이
의 기능보다는 오히려 통일성, 즉 자명하고 자기 확정적이며 동종적인 것으로 정체
성을 보는 서구의 전통적 견해를 비교한다. 민족 분산적 경험에 대한 개념들로 옮겨
가고 있는, 홀은 신성시되는 본국과 순수 민족성으로 다시 눈을 돌림으로써 고정될
수 있는 공동의 정체성에 대한 생각을 거부한다. 그는 "민족분산 정체성들은 끊임없
이 만들어지고 있으며 변형과 차이를 통해 다시 그것 자체를 새롭게 재생하고 있는
것들"이라는 결론을 내린다(Hall 1993: 402). 크레올화에 대해 브라스웨잇이 고른
모델에서 발전되어 나온 이런 정체성에 대한 재정의가 그에게 주어졌을 때, 홀은 민
족 분산적 문화는 전치(轉置), 잡종성, 식민주의적 역사, 또는 크레올화된 언어에
대한 인식이 있는 곳이라면 어떤 곳에서든 탈식민주의적 구조들에게 도움이 된다고
주장한다. 그래서 길로이는 다음과 같이 주장할 수 있다.

흑인 영국인은 그 자신을 민족분산의 한 부분이라고 혹독하게 정의한다. 그
들의 독특한 문화들은 영국이 아닌 다른 모든 곳에 거주하는 흑인들에 의해
발전된 것으로부터 영감을 이끌어 낸다. 특히, 미국의 흑인과 카리브해 흑인
의 문화와 정치는 검다는 것이 무엇을 의미하는지를 다시 정의하는, 그리고
그것을 특색 있는 영국의 경험들과 의미들에 적응시키는 독창적인 과정들에
게는 가공하지 않는 천연 원료가 되었다.

(Gilroy 1987: 154)

현재의 문화적 정체성들을 새롭게 뜯어고치기 위해 흑인역사를 교정하고 있는,
가이아나(Guyanese) 태생의 데이빗 데버딘의 시는 좋은 보기를 제공해 준다. 그의
3권의 저서들인 『노예의 노래』(*Slave Song*)(1984), 『쿨리 오디세이』(*Coolie
Odyssey*)(1988), 『터너』(*Turner*)(1994) 각각은 대규모 농장생활에서의 지배와 선천
적인 가학 피학성 변태성욕을 기록으로 남긴 것들이다. 1834년 이후로 노예를 대신
하기 위해 고용되어 기한제 도제살이를 위해 카리브해로 떠난 인디언들의 여행을
더 최근에 춥고 아무도 반기지 않는 영국으로 일자리를 찾아 길을 떠난 그의 어머니
에 대한 이야기로 재가공한다. 그리고 영국 미술, 특히 터너(Turner)의 1840년 회화
작품인 「죽은 사람들과 죽어 가는 이들을 배 밖으로 집어던지는 노예들」("Slavers
Throwing Overboard the Dead and Dying")에 나타난 흑인경험이 담당하고 있는
역할을 깊이 조사한다. 카리브해 크레올로 쓰여졌지만, 가끔은 그것에 대한 해석들
도 함께 들어있는 첫 번째 작품에 대해서 데버딘은 말한다.

그 중심제재는 서정적인 것과 정신을 좀먹는 성욕 둘 다를 묘사할 수 있는
언어를 요구한다. 크레올어는 험악하고, 조잡하며, 그리고 힘에 넘친다. 속에
서 터져 나오는 자연스러운 감정처럼 사탕수수밭에서 사탕수수를 칼로 쪼개
던 사람이 아주 많은 외설적인 말들을 뿜어낸다.

(Dabydeen 1990: 3)

가이아나 패트와를 재구성하고 있는 데버딘은 영어를 원래 사용하던 사람들의 불완전함과 괴로움을 생각하면서, 크레올을 바라보는 유럽인들의 생각을 "엉터리 영어"라는 말을 사용하여 표현하였지만, 그는 카리브해 시의 구술적 발단들을 거듭 주장하면서 그것들이 "노래"라고 강조하기도 한다. 이러한 언어로, 데버딘은 노예 경험에 대한 표현이 있을 뿐만 아니라, 「사랑노래」("Love Song")의 "그대의 가슴에 우유를 품고 그대여 오라"(Let yuh come wid milk in yuh breast)에서와같이 대규모 농장의 여주인을 탐내는 노예의 욕구에서처럼, "언어적이고, 행동적이며 성적인" 저항에 대한 표현도 있다고 제시한다(Lawson Welsh 1996: 419). 데버딘의 세 권의 책들은 모두 아프리카와, 인도에서, 그리고 카리브 지역으로부터의 이주와 관계가 있다. 그 각각의 책들은 문화와 사람들의 대치를 통해, 민족분산과 언어의 재배치를 통해 만들어진 정체성을 새롭게 세운다.

흑인 영국시

'영국'시는 탄탄한, 비록 늘 그런 것은 아니지만 대영제국 속에서 눈에 띌 정도로 두드러진 역사를 가지고 있다. 연구를 위한 주제로서의 영문학은 19세기 인도에서 처음으로 시도되었고, 그 다음에 이것이 다시 영국으로 수입된 것이다. 영국문학을 연구하는 목적은 "영국적인 가치관들"을 식민지화된 주제들에다가 서서히 주입시키는 것이며, 또 영국문화에서 가장 멋지고 가장 바람직한 모든 것들의 모습을 그대로 투사해 내기 위해서이다. 인종적이고 계급적인 상하구조들을 말해주는 문화적인 지표로서 그것은 탈식민주의 세계에도 여전히 논쟁의 여지를 그대로 두고 있다. 에즈라 파운드는 20세기가 시작한 즈음 현재의 시가 약강 5보격으로부터 탈피하기 위해서는 모더니스트 시가 필요하다는 글을 썼고, 1984년, 『목소리의 역사』(*The*

History of the Voice)에서, 에드워드 브라스웨잇은 서인도 제도 시인들을 옹호하는 꼭 같은 주장을 내세웠다. 브라스웨잇의 요지는 언어란 경험에 의해 만들어져야한다는 것이며, "허리케인은 5보격으로 울부짖지 않는다"(The hurricane does not howl in pentameters)는 표현에서도 알 수 있듯이, 문학의 형식 역시도 그렇게 주조되어야 한다는 것이었다(Brathwaite 1990: 33). 카리브 지역 출신의 다른 시인들의 생각과 함께 브라스웨잇의 생각들은 1970년대 이후로 겪은 흑인 영국인의 경험에 대한 논의를 만들어냈던 동시대의 영국 시인들에게 영향을 끼쳤으며, 또 그들에게 영감을 주었다. 예를 들자면, 린튼 퀘시 존슨, 제임스 베리(James Berry), 그레이스 니콜스 (Grace Nichols), 프레드 다기아(Fred D'Aguiar)가 있다.

1970년대 이후로 대영제국의 발전의 관점에서 볼 때, 가장 핵심이 되는 중요 목소리가 린튼 퀘시 존슨인데, 그는 자메이카에서 그가 11살 되던 해인 1963년에 영국으로 이주해 왔으며, 1975년에는 그 첫 시집『무서운 구타와 피』(*Dread Beat and Blood*)를 출판하였다. 지적으로는 프란츠 파농(Frantz Fanon), 에이메 세자르(Aimé Césaire), 그리고 에드워드 브라스웨잇의 영향을 받고, 음악적으로는 래스타페어리안(Rastafarian)[96] 악단과 마지막 시인들(The Last Poets)및 디제이 빅 유스(DJ Big Youth)의 영향을 받은 존슨은 다커스 하우(Darcus Howe)와 함께 오늘의 인종집단 (Race Today Collective)의 일원이 되었고 다른 곳으로 여행을 가지 않을 때는 항상 런던 조직을 위해 일했다. 존슨은 지속적으로 자기 자신을 위하기보다는 그와 동시대를 살고 있는 영국 흑인들을 위한 목소리가 되도록 그 자신의 위치를 정해놓았으며, 그는 이러한 그의 영향력에도 불구하고 반복해서 "시는 절대로 구체적인 정치적 행위의 대리인이 아니다"(poetry is never a substitute for concrete political action) 라고 주장하였다(Johnson 1996: 77). 존슨의 영향력을 강조하기 위해, 프레드 다기

---

96 전 에티오피아 황제 셀라시에(Haile Selassie)를 신(神)으로 섬기고, 아프리카 대륙을 약속의 땅으로 신봉하는 자메이카 흑인 운동의 신봉자들

아는 지난 25년간에 걸쳐 영어로 써서 그 모습을 드러냈던 것들 중에서 가장 새롭고 독창적인 시 형식을 만들어 냈다고 말했다.[97] 다기아는 "덥"(dub)[98]이라고 알려진 것을 말하고 있는데, 이것은 존슨이 1970년대에 옹호했던 (때로는 래스타페어리안 정신과 함께) 레게와 시의 결합을 말한다(Morris 1997을 참조하라). 존슨은 다음과 같이 말한다.

> 나는 미국인들이 하고 있던 것을 자메이카 말을 가지고 하기를 원하지만 나는 그것을 래스타(Rasta)의 무서운 말과 길거리의 속어를 하나로 합쳐서 레게리듬과 섞어 용해시켰다. 음악은 그곳 말의 구조 속에 있다. 나는 글을 쓸 때 내 마음 뒤편에는 항상 저음의 시구를 가지고 있다.[99]

존슨의 시는 잠깐 잠깐의 휴지로 분리되는 계속된 이중의 박자들과 함께 잘 조화되는 레게음악과 유사한 리듬을 가지고 있다. 제임스 베리는 적고 있다.

> 린튼 퀘시의 작품은 '민족 언어'의 음들을 통해 그 자체를 표현하는 마음을 선명하게 그대로 보여주는 정확성을 보여준다. 그것은 전달되기 쉬운 그리고 쉽게 따라할 수 있는, 음악적인 (덥) 반주가 있는 것 그리고 반주가 없는 것 두 가지를 다 수용하는 리듬 구조를 가지고 있고 그것은 칼립소의 모든 즉시성을 가지고 있다.
>
> (Berry 1986: 90)

존슨의 시들을 가끔 제도적인 그리고 문화적인 차별을 요약해 주는 사건들에 그 근원을 두고 있다. 「소니의 편지」("Sonny's Lettah")는 혐의가 있는 사람을 체포할

---

97 1996년 9월 24일자 『가디언』(*The Guardian*)지에서 마야 재기(Maya Jaggi)가 인용했음.

98 락(rock)이나 펑크(punk)에서 쓰이는 사운드의 일종.

99 앞의 일자 『가디언』지의 마야 재기 인용.

수 있는 권한을 경찰에게 부여한 에스유에스 법률(SUS laws)[100])에 관해 다루고 있고, 「위대한 반란」("Di Great Insohreckshan")은 1981년 "인종폭동"에 관해서, 그리고 「처음 보는 심한 대학살」("New Crass Massakhah")은 1981년 14명의 사상자를 냈던 소이탄 공격에 관해 다루고 있다. 그리고 이 뒤를 이어 2만 명의 항의 행진이 있었다. 1970년대 후반과 1980년대 초, 영국에서의 대중음악은 그전보다 더 정치적인 것에 연루되었고, 영국 인민전선(British National Front)의 발흥에 맞섰다. 그리고 존슨 역시도 "인종차별주의에 반대하는 락"과 "붉은 쐐기" 및 벤저민 제파니아(Benjamin Zephaniah)의 시 「네가 좋을 대로 그것을 불러라」("Call it What yu like")[101])와 비교해 보면 알 수 있듯이 그 밖의 다른 운동을 통해 젊은이들의 새로운 협의사항을 확립시키고 있었던 펑크와 레게 행위들의 거대한 조합의 일원이었다. 1970년대의 구술적인 시와 음악적인 장면의 병합이 덥(dub)을 하는 데는 가장 기본이 된다. 존슨은 1970년대에 있었던 공연에서 밴드와 음향시스템을 가지고 순회하면서, 그의 드럼과 저음의 시들을 연마했다. 당연히 그의 작품은 항상 인쇄된 형태뿐만이 아니라, 섬에서 녹음하여 그에게 국제적인 명성을 가져다주었던 『승리의 힘』(*Forces of Victory*)(1979)처럼 녹음된 형태로 쉽게 구할 수 있다.

존슨은 리바이 타파리(Levi Tafari)와 벤저민 제파니아와 같은 공연시인들에게 상당히 많은 영향을 주었는데, 벤저민은 옥스퍼드 대학의 시 교수 선발후보자 명단에 올랐을 당시 주요한 학술논쟁의 중심 대상이었다. 제파니아는 영국에서 흑인이 겪는 경험에 대해서 정치적이고 풍자적인 시를 쓴대[예를 들자면 「현대판 노예의

100　혐의를 둔 사건에 대해 경찰관의 수사 활동을 허용하는 영국의 법안으로 "stop-and-search law"를 줄여서 비공식적으로 "SUS"라고 한다.

101　제파니아는 「도시 시가」("City Psalms")에서 시가 "일군의 영국인민전선 회원들이 웨스트 런던(West London)의 래드브록 그로브(Ladbroke Grove)에 있는 애컴 홀(Ackham Hall)에 광분하여 침입했던 6월 29일 격렬하게 싸웠던 반 나치 운동가들과 펑크족(Punks)에 대한 헌시"라고 말했다.

노래」("A modern slave song"), 「오늘날의 흑인 정치학」("Black Politics of Today"), 그리고 「그건 어때」("How's dat")]. 하지만 「이런 시」("Dis Poetry")의 "이 시는 배우가 대사를 외듯이 큰소리로 말하도록 만들어졌기 때문이다/ 무도회장 스타일로, 입을 크게 벌리고 노래를 하듯이"(Dis poetry is designed fe rantin/ Dance hall style, Big mouth chanting)에서와 같이 그는 중심 주제를 낯설게 만드는 덥(dub) 시로 「태양」("The SUN")이나 「왕족들도 그것을 한다」("Royals do it too")처럼 전통적인 영국제도들과 정형들에 관해서도 "큰 소리로 말하고 있다"(rants). 그의 작품은 공연의 힘, 즉 특정한 시기와 장소에서 시인에 의해 특정한 작품이 전달되는 것과 관계가 있으며, 또 제파니아는 "오늘날의 시는 죽었다. 나는 시를 좋아하지 않는다"(today's poetry is dead. I don't like poetry)고 글로 쓰여진 다양성에 대해 말할 정도로 이미 정도가 지나치다(Habekost 1986: 37). 그러나 이와 반대로 자메이카 출신의 영국인 공연가, 진 '빈타' 브리즈(Jean 'Binta' Breeze)는 만약 더 이상의 실험이 이루어지지 않는다면 덥 시의 형식마저도 아마 약강 5보격만큼이나 강압적인 것이 될 지도 모른다는 우려에 대해 말했다. 그녀는 또한 왜 덥 시가 이미 그 이전에 남자들과 연관되었는가에 대한 이유를 물으면서 자기의 시 「나, 시인」("I, Poet")에서 되풀이되어진 배제의식처럼 성에 관한 가설에 도전한다(Breeze 1996: 498).

만약 제파니아가 존슨의 도움을 많이 받았다면, 그는 아마도 그의 서간체 형식의 시집인 『루시의 편지』(*Lucy's Letters*)(1975)와 식민주의와 노예제에 관한 책, 『이어진 나날들』(*Chain of Days*)(1985)로 가장 잘 알려진 더 가볍고 유희적인 작가인 제임스 베리로 부터도 많은 것을 이용한 작가다. 1924년 자메이카에서 태어난 제임스 베리는 영국에서 첫 이주반대 인종폭동들이 일어났던 해인 1948년에 영국 땅을 밟은 첫 서인도제도 사람들과 함께 그곳에 도착했다. 시를 썼을 뿐만 아니라 그는 카리브지역 시들을 모아서 『푸른 발의 여행객』(*Bluefoot Traveller*)(1976)과

『바빌론에게 전해줄 소식』(*News for Babylon*)(1984)이라는 두 권의 중요한 시 선집을 출판하였다. 그는 영어철자를 적을 때, 자메이카 크레올의 발음대로 적는 방식을 사용하고 자메이카 속담들을 그의 시 끝 결말부분에서 소개한다. 그러나 그의 작품은, 특히『루시의 편지』에서, 종종 영국과 카리브인의 경험 간의 차이에 관한 내용을 다룬다. 1950년대 런던에 온 카리브지역 출신의 젊은 여자인 루시는 자메이카 마을에 사는 그녀의 친구에게 편지를 쓰고 표준영어와 크레올이 아닌 도시와 섬, 부유함과 빈곤, 의도적인 이야기와 「라브리쉬」("Labrish")와 같은 잡담, 그리고 비개인적인 삶들과 다정한 집단들을 비교한다. 베리는 시를 위해 쓸 수 있는 양립 가능한 언어로 크레올을 이해하는데 있어 2가지 중요한 점들을 인정한다. 그 두 가지 중요한 것들은 브라스웨잇이 "방언"의 지하 감옥에서부터 "민족 언어"의 고지에 이르기까지 크레올어를 널리 전파한 것과 카리브지역의 독립인데, 독립 그 자체는 그에게 있어 정치학의 관점에서 만큼이나 정체성과 언어의 관점에서도 중요하다 (Berry 1989: 175-7).『루시의 편지』에서 끌어낸 자메이카와 잉글랜드 간의 대립들과는 현저하게 다르게, 베리는『이어진 나날들』에서 식민경험과 탈식민경험 간의 밀접한 관계를 비관적으로 보고 있다. 다른 곳에서 이렇게 그는 설명한다.

> 서인도제도인은 스스로 자기 자신이 옛 삶의 방식들의 연장과 다름없는 상황에 있다고 생각한다. 주변에 있는 백인들은 여전히 지배적이고, 여전히 모든 것을 장악한다. . . 그는 독립이라고 하는 실제경험, 그 자신이 주인이 되는 실제경험을 놓쳐 버렸다.
>
> (Berry 1996: 359)

『이어진 나날들』은 노예제도에서부터 「이상적인 제 3세계의 새로운 인간에 대한 실험」("The Testing of the Ideal Third World New Man")에 이르기까지 서인도제도의 역사 전반에 걸치고 있다. 그러나 그것은 현재에 관한 것을 더 많이 강조하고 있는데, 「나는 인종차별주의」("I am Racism")와 같은 시에서는, 여섯 연들 이상에 걸쳐 "민족적 차이는 특별하지 않은 사람들의/ 표시다"(an ethnic difference is the sign/ of nonspecial people)라는 방법들의 다양성을 모으고 있는 반면, 「고백」("Confession")에서, 그는 어떻게 영국의 어린 흑인 여자아이가 교화의 일생에 반대하여 "흑인은 저주받지 않았다" 하지만 그런 대신에 끊임없는 "투쟁"속에 있었음을 깨닫게 되는지를 묘사하고 있다. 그 시는 또한 흑인 문학의 출현과 나이지리아인 (Nigerian) 아모스 투투올라(Amos Tutuola)의 『팜와인을 마시는 술주정꾼』 (*Palmwine Drunkard*)에서부터 토니 모리슨(Toni Morrison)의 『솔로몬의 노래』 (*Song of Solomon*)에 이르는 점차적으로 성장하고 있는 일단의 대서양부근 흑인들의 고전적인 텍스트들을 찬양하고 있는데, 그 실례는 "우리는 새로운 시, 우리는 장미를 전해주지 않는다/ 눈이나 수사학적 유희의 율격들도"(We the new poems, we carry no roses,/ no snow or rhymes of rhetoric play)와 같은 부분이다.

더 젊은 영국시인들 중에서 단연코 앞서가는 사람이 프레드 다기아다. 그의 첫 시집인 『마마 닷』(*Mama Dot*)(1985)은 가이아나에서 보낸 그의 어린 시절을 토대로 만들어진 것이며, 또 영웅시체를 모방하여 시골마을에 살았던 그의 가족들에게 미친 그의 할머니의 영향을 기리는 것이다. 그것은 "그녀는 몸짓으로 말을 하는데 그것은 우리가 살고 있는 세상 위를 덮는 얇은 번개다./ 우리들의 귀는 그녀의 격양된 목소리를 계속해서 들어야 한다"(She gesticulates and it's sheet lightning on our world./ Our ears cannot be stopped against her raised voice)로 표현한 「성난 마마 닷」("Angry Mama Dot")에서와 같이, 인생의 풍성함과 마마 닷을 카리브지역, 심지어는 노기에 차 있는 그 지역을 함께 묶어주는 온기와 지혜에 대한 생각을 묘사한다. 런던에서 태어난 다기아는 "흑인 영국" 문학이라는 용어를 좋아하지 않았는데, 이것은 그런 용어가 그의 동료 백인 시인들과 그를 분리시키기 때문이다. 그러나 그는 말한다.

영국은 복수개념의 사회다. 당신은 외과적인 수술로 영국적이라는 것이 의미하는 것에서 흑인 영국인의 기여를 제거할 수 없다. 비록 내가 열정과 흥미를 가지고 그것을 여전히 하고 있는 많은 영국인들이 있다는 것을 알고 있다하더라도. . . 나는 이 문화가 어디로 가고 있는지를 정의하는 지적인 싸움 속으로 들어가고 싶다. 서인도제도사람이라는 것은 당신이 그러한 것 바깥에 있다는 것을 의미하지 않는다. 영국인 호킨스(Hawkins)가 그의 첫 노예 수하물을 가지러 왔을 그때부터, 그것은 약속에 의한 행위였다. 그 이후로, 나는 소유물이 되었다.[102]

가장 최근에 나온 그의 시집이 『영국인들』(*British Subjects*)인데, 그것은 홀의 민족 분산적 미학과 보조를 맞추면서, 다기아가 가이아나, 영국, 그리고 미국 사이를 여행하는 것처럼 "집"(Home)은 "항상 다른 곳"이라는 생각으로 그 전제를 삼고 있다. 그 시들 중 몇 편들은 "집"을 의미하지만, 또한 브리스톨의 노예항구, 그린위치(Greenwich)에 있는 테임스(Thames)강, 히스로우(Heathrow)에 있는 세관 출입소, "노팅힐"(Notting Hill) 카니발에서 찾아볼 수 있는 영국 내의 카리브지역적인 것에 대한 기념의식을 만들어내는 식민역사에 푹 젖어 있는 영국의 경계표지(landmarks)들을 폭넓게 다루고 있다. 그 책은 또한 다음과 같은 것을 묘사하고 있다고, 다기아는 말한다.

영국의 문화적 정체성의 한 부분으로서 카리브지역의 경험을 묘사하는 것이다. 오늘날 영국 내에서의 카리브 문화는 더 이상 이국적이거나, 주변적인 것이거나, 단순하게 기억되는, 또는 주인나라에 소개되고 있는 그런 과정에 있지 않다. 영국의 주인 정체성은 실제로 그 자체가 카리브적인 요소들로 이루어져 있다.

(Birbalsingh 1993: 142)

---

102 1993년 8월 4일자 『가디언』지에 실은 마야 재기의 글 "On Being Here"를 참조.

이런 사실에도 불구하고, 다기아의 시들은 「장미의 선물」("A Gift of a Rose")에서 보듯이 경찰의 잔혹성과 「색깔」("Colors")에서와 같이 인종적 편견, 그리고 「중추 도시」("Inner City")에서처럼 폭력을 다루고 있다. 전반적으로, 대도시의 정통적 관행들이 「마마 닷에게서 온 편지」("Letter from Mama Dot")에 "프라이데이, 톤토 또는 펑카왈라/ 그 나라에 염치없이 붙어살고 있는"(Friday, Tonto or Punkawallah / Sponging off the state)이란 표현을 집어넣듯이, 배재하려고 노력하는 새로운 영국적 가치를 탐색하고 있는 다기아는, 샐먼 루시디(Salman Rushidie)의 "잡종화"(mongrelization)와 홀의 "교잡"(hybridization) 및 호미 바바(Homi Bhabha)의 차이와 복수성의 이론들을 고려하고 있는 중이라고 말한다(Birbalsingh 1993: 143). 가장 중요하게는, 1997년 그의 소설 『노예선』(*The Slave Ship*)에서처럼 그는 존슨이나 데버딘과 유사한 이유로 대서양 부근의 흑인과 흑인 영국인의 목소리들을 되찾거나 아니면 입을 열게 하는 일을 착수한다. 『영국인들』에 수록되어 있는 「두려움」("Dread")이란 시에서는 "당신의 역사를 점검하라 그러면 보게 될 것이다/ 그것을 통해 우리를 대신해서 말하고 있는 어떤 다른 형상을"(Check your history and you will see/ throughout it some other body speaking for we)이라고 외친다.

현재 영국에서 가장 유명한 카리브지역 출신의 여성시인은 그레이스 니콜스다. 니콜스는 「형상들」("Configuration")의 "넓게 벌린 그녀의 다리를 천천히 모은다/ 그의 머리를 지배하는 황금 의자로 만들면서"(her wide legs close in slowly/ Making a golden stool of the empire of his head)라는 시구에서처럼 신체를 찬양하고 성욕과 식민화의 은유를 사용하여 서로를 침식시킨다. 그녀는 또한 그녀의 시 중 몇 편 또는 그 시들의 제목들을 떠오르게 하거나 아니면 그것들에 대해 언급한다. 예를 들자면, 오비마법에 쓰이는 부적(obeah)이 저항의 표상으로서 동시에 아프리카의 안락의 근본원인으로 사용된다는 것을 암시하는 「과다한 백인남성의 권력에 주문을 걸기」("Spelling Against Too Much Male White Power")에서 그렇게 한다. 그녀의 시에 쓰이는 또 다른 기법은 식민주의적이거나 정형적인 정체성들이 있었던 1950년대를 부정하면서 다양성들을 강조하는 것이다.103) 니콜스는 브라스웨잇의 『도착한 사람들』을 모델로 삼아 만들어졌지만 여성노예의 시각에서 벗어난 중간 통로를 새롭게 상상하고 있는 일련의 시들로 이루어진,『난 추억이 많은 키 큰 여자』(*I is a Long Memoried Woman*)를 가지고 1983년에 폭넓은 인식으로 처음 다가갔다. 「아프리카의 여왕」("African Queen") 공상의 정형을 바로잡는 교정책으로서 그녀가 가장 자주 사용하는 창작품이 「뚱뚱한 흑인 여성」("Fat Black Woman")인데, 이것은 그녀가 익명으로 그녀자신에 붙여준 세 가지 특성들 그 각각과 관계있는 대부분의 이미지들에 대해 역작용 하는 주장을 펴는 또 다른 자아(alter ego)다. 「뚱뚱한 흑인 여성」 역시도 주문을 사용하고 또 가장 코믹한 니콜스의 시들 중 많은 시들은 일종의 그녀가 사귀는 백인애인에 대한 일종의 성적인 역식민지화로 작용하는 그녀의 권력에 굴복하려 하지 않는 남자들을 겨냥하여 쓴 것들이다. 니콜스는 1950년대의 영국으로 이민가기/ 이민오기에 대한 유명한 문학평론들 중의 하나인 「전도된 식민화」("Colonization in Reverse")를 쓴 루이스 베넷(Louise Bennett)의 전통에 따라 활동하고 있다고 여겨질 수 있다. 영국에서 10년을 보낸 베넷은 가장 최초의 그리고 가장 영향력이 큰 20세기 카리브지역 출신 시인들 중의 한사람이다. 그녀는 예를 들어, 「독립」("Independence")에서와 같이 노래, 이야기, 그리고 속담을 구전으로 전하는 전통을 유머, 비애감, 그리고 자기의식적인 비문학적 언어를 첨가하면서 문어적 형식과 함께 결부시켰다. 그녀는 크레올에 대한 그녀의 정치적 입장을 다음과 같이 상세히 설명한다.

대중들은 자메이카어를 영어의 타락이라고 말한다. 그러나 대중들은 영어를 노먼어(Norman), 그리스어, 라틴어, 불어 그리고 앵글로색슨어가 타락한 것

---

103 "Reinventing tradition: multiple identities in Grace Nichols' poems" in Montefiore 1994.

이라고 절대로 말하지 않는다. 아니다: 영어는 그것들로부터 파생되어 나온 것이다. 당신은 그 말이 들리나요?! "어디에서 파생되었다는 것"(Derived from) 그리고 영어는 자메이카어의 타락에서 파생되었다. 아니에요! 자메이카어도 파생되었어요.

(Habekost 1986: 21)

그녀가 일반적으로 사용하는 형식이 자메이카 방언인데, 그녀는 그것이 그녀가 중심적으로 다루고 있는 문제가 가지고 있는 즐거움, 아이러니, 그리고 코미디를 가장 잘 표현해 준다고 생각하며 동시에 공연으로 그녀가 자기-표현을 잘 할 수 있도록 해 주는 것이라고 생각한다. 제임스 베리와 같은 시인들의 영향을 받은 베넷은 그녀의 여러 편의 시들에서 웃음을 통해 사회가 안고 있는 심각성을 표현하기 위해 "미스 로우"(Miss Lou)라고 하는 퍼스나를 사용한다.104) 그러한 유희성은 형식의 차이를 주장하고 영국시의 정통성들의 권위와 중요성에 도전하면서 정치적인 목적에 도움을 준다. 그러나 그것은 또한 크레올에 대한 그녀의 의견에 없어서는 안될 요소다.

자메이카 방언의 특성은 코미디의 특성이라고 생각한다. 사람들이 자신의 감정을 표현하기 위해 그것을 사용하듯이, 방언도 아주 융통성이 있는 것이다. 그것을 비틀 수도 있고, 표준영어로 하는 것보다 더 강력하게 그리고 명확하게 자신을 표현할 수 있다.

(Scott 1989: 45)

바로 앞 장에서 논의되었던 여성들이 쓴 시들도 그렇듯이, 특색 있는 목소리와 언어사용을 통해 적당한 스타일과 함께 합쳐진 새로운 시형들이 생겨났다. 몇몇 비

---

104 카리브지역 시인들에 대한 개관을 보려면 폴라 버넷(Paula Burnett)의 『펭귄 카리브지역 시집』(*The Penguin Book of Caribbean Verse*) 서문을 참조할 것.

평가들에 의하자면, 혁신적인 시를 만들어내기에 가장 좋은 촉매제에 반응한 것은
바로 사회적이거나 정서적인 상황의 힘이라는 것이다. 그것은 주로 여성들이 쓴 작
품과 북아일랜드나 흑인 영국인 작가들이 쓴 작품들이 새로운 시의 기반을 개척하
고 있으며, 여전히 그것들은 에즈라 파운드가 전쟁 전에 썼던 교시인 "새롭게 하
라"(make it new)는 가르침을 잘 따르고 있다는 객관적인 생각에 역점을 둔 견해다.

결론

　　현재 영국에서 출판되고 있는 흑인 작가들의 시들은 아주 많다. 카리브지역의
유산을 이어받은 다른 유명한 시인들로는 존 아가드(John Agard), 존 라이온스(John
Lyons), 르로이 존스(Leroy Jones), 잭키 케이, 멀 콜린즈(Merle Collins), 그리고 발
레리 블룸(Valerie Bloom)이 있는데, 남아시아 출신의 유명한 시인들도 있다. 예를
들자면, 타릭 라팁(Tariq Latif), 입티카르 아립(Iftikhar Arif), 룩사나 아마드
(Rukhsana Ahmad), 모니자 알비(Moniza Alvi), 그리고 수와타 바트(Sujata Bhatt)
같은 사람들이다. 이런 사람들에는 힌두어(Hindi)와 우두어(Urdu)같은 비영어권 언
어들로 글을 쓰는 시인들이 더 추가된다. 그러나 지난 20여년에 걸쳐 출판된 주요
시 선집들은 흑인시인들을 종종 빠뜨렸다. 『펭귄 판 현대영국시집』은 한 명의 흑인
시인도 포함시키지 않았고, 에드워드 루시-스미스가 개정 출판한 『1945년 이후의
영국시』(*British Poetry Since 1945*)(1985)도 마찬가지다. 이러한 상황은 팰라딘
(Paladin)의 『새로운 영국시』(*New British Poetry*)(1988)와 블러댁스의 『새로운 시』
(*The New Poetry*)(1993)와 함께　변했는데, 이 두 권의 시집은 흑인시인들로부터
중요한 시들을 선별하여 수록하였다.

　　여러 면에서 흑인 영국시인들에 대한 인정은 시와 시가 쓰여진 역사적인 시기와

의 관계에 그 초점이 맞춰진다. 인정을 받기위해 그들이 기울인 노력은 '시'에 대한 정의를 비롯하여 구전문학과 글로 쓰여진 문학과의 관계 및 정치와 시의 (불)가분성, 그리고 '영국' 시의 지배권과 정체성, 시선집자들과 출판업계의 편견들 및 '영국'의 언어를 놓고 벌이는 고전분투의 필요성 등의 몇 가지 문제들을 포함하고 있다. 이런 주요 논쟁점들 모두 20세기 내내 있어왔던 문제들이며, 이 모든 것들은 단지 "지면에 쓰여진 글자들"에 의해서가 아닌 그것들을 둘러싸고 있는 역사적인 담론들에 의해 짜 맞춰진 텍스트로서, 그리고 그것들을 짜 맞추고 있는 텍스트들로서 문학을 한 번 생각해보는 것도 중요하다는 점을 강조하고 있다.

참고문헌 ● ● ●

Adcock, Fleur (ed.) (1989) *The Faber Book of Twentieth-Century Women's Poetry*. London: Faber.

Adorno. T.W. (1989) 'Lyric Poetry and Society' in S.E. Bronner and D.M. Kellner (eds), *Critical Theory and Society: A Reader*. London: Routledge.

Allnutt, G.,D'Aguiar, F, Mottram, E. and Edwards, K. (eds) (1988) The New British Poetry, London: Paladin.

Alvarez, A. (ed.)(1962) *The New Poetr*. Harmondsworth: Penguin.

__________. (1963) 'Sylvia Plath', *Review*, 9, October: 20-6.

Ashcroft, Bill, Griffths, Gareth and Tiffin, Helen(1989) *The Empire Writes Back*. London: Routledge.

__________. (eds) (1995) *The Post-colocial Studies Reader*. London: Routledge.

Astley, Neil (de.)(1991) *Bloodaxe Critical Anthologies*: I. Tony Harrison, Newcastle: Bloodaxe.

Auden, W. H. (1939) 'The Public v. the late Mr William Butler Yeats', from *Partisan Review*, VI:3, Spring, reprinted in Cullingford 1984.

Bantock, G. H. (1983) 'The social and intellectual background' in Boris Ford (ed.), *The New Pelican Guide to English Literature*. Volume 7. Harmondsworth: Pelican.

Barrell, John (1988) *Poetry, Language and Politics*. Manchster: Manchester University Press.

Barry, Peter and Hampson, Robert (eds) (1933) *New British Poetries: The Scope of the Possible*, Manchester: Manchester University Press.

Barthe, Roland (1972) *Mythologies*, trans. Annette Lavers, London: Collins.

Bell, Ian A. (1955) 'Hugh MacDiarmid: Lenin and the literary left in the 1930s' in Day and Docherty 1995.

Bell, John (ed.)(1985) *Wilfred Owen: Selected Letters*, Oxford: Oxford University Press.

Bell Michael(ed.) (1980) *1900-1930*. London: Methuen.

Belsey, Catherine (1980) *Critical Practice,* London: Methuaen.

Benjamin, Wlater (1973) 'The work of art in the age of mechanical reproduction' in

Illuminations, trans. Harry Zohn, London: Fontana: 219-54.

Bergonizi, Bernad (1973) *The Turn of a Century*, London: Macmillan.

Berry, James (1986) 'The Literature of the Black Experience' in David Sutcliffe and Ansel Wong (eds), *The Language of the Black Experience*, Oxford: Black-well.

___________ (1989) 'Signpost of the Bluefoot Man' in E.A. Markham (ed.), *Hinter-land: Caribbean poetry from the West Indies and Britain*, Newcastle: Bloodaxe, 175-7.

___________ (1996) Introduction to *Bluefoot Traveller*, reprinted in Alison Donnell and Sarah Lawton Welsh (eds), *The Routledge Reader in Caribbean Literature*, London: Routledge.

Bertram, Vicki (ed.) (1997) *Kicking Daffodils: Twentieth-Century Women's Poetry*, Edinburgh: Edinburgh University Press.

Bhabha, Homi (1993) *The Location of Culture*, London: Routledge.

Birbalsingh, Frank (1993) 'An interview with Fred D'Aguiar', *Ariel*, 24: 1, January.

Booker, Christopher (1992) *The Neophiliacs: The Revolution in English Life in the Fifties and Sixties*, 2nd edn, London: Pimlico.

Borges, Jorge Luis. (1970) *Labyrinths*, Harmondsworth: Penguin.

Brathwaite, Edward (1984) *The History of the Voice*, London: New Beacon Books.

_______________ (1990) 'History, the Caribbean writer and 'X/Self' in G. Davis and H.Maes-Jelinek (eds), *Crisis and Creativity*, Amsterdam: Rodopi.

Breeze, Jean Binta (1996) 'Can a dub poet be a woman?' in Alison Donnell and Sarah Lawson Welsh (eds), *The Routledge Reader in Caribbean Literature*, London: Routledge.

Buitenhuis, Peter (1989) *The Great War of Words: Literature as Propaganda 1914-18 and After*, London: Batsford.

Burnett, Paula (ed.) (1986) *The Penguin Book of Caribbean Verse in English*, Harmondsworth: Penguin.

Butler, Judith (1990) *Gender Trouble*, London: Routledge.

Caesar, Adrian (1991) *Dividing Lines: Poetry, Class and Ideology in the 1930s*, Manchester: Manchester University Press.

Cairns, David and Richards, Shaun (1988) *Writing Ireland: Colonialism, Nationalism, and Culture*, Manchester: Manchester University Press.

Childs, Peter and Williams, Patrick (1997) *An Introduction to Post-Colonial Theory*, Hemel Hempstead: Harvester.

Clark, Jon, Heinemann, Margot, Snee, Carline (eds) (1979) *Culture and Crisis in Britain in the 30s*, London: Lawrence and Wishart.

Cohen, Joseph (1975) *Journey to the Trenches: The Life of Isaac Rosenberg, 1890-1917*, London: Robson.

Connor, Steven (1995) 'British Surrealist poetry of the 1930s' in Day and Docherty 1995.

______________ (1996) *The English Novel in History 1950-95*, London: Routledge.

Conran, Tony (1997) *Frontiers in Anglo-Welsh Poetry*, Cardiff: University of Wales Press.

Corcoran, Neil (1986) *A Student's to Seamus Heaney*, London: Faber.

Couzyn, Jeni (ed.)(1985) *The Bloodaxe Book of Contemporary, Women Poets*, Newcastle: Bloodaxe.

Coyle, Martin (1995) 'Language, class, death and landscape in the poetry of the First World War,' *English*, 44: 179, Summer.

Crawford, Robert (1992) *Devolving English Literature*, Edinburgh: Edinburgh University Press.

Crowley, Tony (1989) *The Politics of Discourse: the Standard Language Question in British Cultural Debates*, London: Macmillan.

Crozier, Andrew (1983) 'Thrills and frills: poetry as figures of empirical Lyricism' in Alan Sinfield (ed.). *Society and Literature 1945-70*, London: Methuen.

Crozier, Andrew and Longville, Tim (eds) (1987), *A Various Art*, Manchester: Carcancet.

Cullingford, Elizabeth (ed.) (1984) Yeats: Poems, 1919-1935, London: Macmillan.

______________________ (1933) *Gender and History in Yeat's Love Poetry*, Cambridge: Cambridge University Press.

Cunningham, Valentine (1988) *British Writers of the Thirties*, Oxford: Oxford University Press.

Dabydeen, David and Nana Wilson-Tagoe (1988) *A Reader's Guide to West Indian and Black*

British Literature, London: Habsib.

Dabydeen, David (1990) 'On not being Milton: nigger talk in England today' in Christopher Ricks and Leonard Michaels (eds), *The State of the Language*, 2nd edn, London: Faber.

D'Auilar, Fred(1993) 'Have you been here long? Black poetry in Britain' in Robert Hampson and Peter Barry (eds), *New British Poetries: The scope of the possible*, Manchester: Manchester University Press.

Davie, Donald (1964) *New Statesman*, 28 August, extracted in Hibberd 1981: 110.

______________ (1973) *Thomas Hardy and British Poetry*, London: Routledge and Kegan Paul.

Davies, Alistair (1995) 'Deconstructing the high modernist lyric' in Day and Docherty 1995.

Davies, W. H. (1942) *Collected Poems*, London : Jonathan Cape.

Day, Gary (1993) 'The Poets: Georgians, Imagists and others' in Clive Bloom (ed.). *Literature and Culture in Modern Britain. Volume One: 1900-1929*, Essex: Longman, 33-41.

__________ (1955) 'Introduction: poetry, society and tradition' on Day and Docherty 1995.

Day, Gary and Docherty, Brian (eds) (1995) *British Poetry 1900-1950: Aspects: of Tradition*, London: St Martin's Press and Macmillan.

__________ (eds) (1997) *British Poetry from the 1950s to the 1900s: Politics and Art,* London: St Martin's Press and Macmillan.

Deane, Seamus (1984) 'Remembering the Irish Future', *The Crane Bag*, 8: 1.

______________ (1985) *Celtic Revivals*, London: Faber.

______________ (1990) 'Introduction' in Terry Eagleton, Fredric Jameson and Edward Said, *Nationalism, Colocialism and Literature,* Minneapolis: University of Minnesota Press.

______________ (1955) 'Imperialism/ Nationalism' in Frank Lentriccia and Thomas McLaughlin (eds), *Critical Terms for Literyy Study*, 2nd edn, Chicago: Chicago University Press.

De Beauvoir, Simone (1972) *The second sex,* trans. H.M. Parshley, Harmaondsworths:

Penguin.

Dentith, Simon (1997) 'Thirties poetry and the landscape of suburbia' in Williams and Matthews 1997.

De Selincourt, Basil (1921) *Times Literary Supplement*, 6 January, extracted in Hibberd 1981: 59.

Docherty, Thomas (1992) 'Initiations, tempers, seductions: postmodern McGuckian' in Neil Corcoran (ed.), *The Chosen Ground: Essays in the Contemporary Poetry of Nothern Ireland*, Glamorgan: seren.

Dowling, David (1991) *Mrs Dalloway: Mapping Streams of Consciousness*, Boston: Twayne.

Dowson, Jane (de.) (1996) *Women's Poetry of the 1930s: A Critical Anthology*, London: Routledge.

______ (1997) 'Anthologies of women's poetry: canon-breakers, canon-makers' in Day and Docherty 1997.

Doyle, Brian (1982) 'The hidden history of English studies' in P. Widdiwson (ed.), *Re-reading English*, London: Methuen.

Eagleton, Terry (1976a) *Criticism and Ideology*, London: Cew Left Books.

______ (1976b) *Marxism and Literary Criticism*, London: Methuen.

______ (1983b) *Literary Theory*, Oxford: Blackwell.

Easthope, Antony (1983) Poetry as Discourse, London: Methuen.

Eliot, T.S. (1932) *Selected Essays*, London: Faber.

______ (1972) [1919] 'Tradition and the individual talent' in David Lodge (ed.), *20th Century Literary Criticism*, Essex: Longman.

______ (1975) *Selected Prose of T.S. Eliot*, ed. Frank Kermode, Faber: London.

Ellemann, Maud (1987) *The Poetics of Impersonality*, Briton: Harvester.

Ellmann, Richard (1948) *Yeats: The Man and His Mask*, London: Macmillan.

______ (1954) *The Identity of Yeats*, London: Macmillan.

Emig, Rainer (1995) 'The symbolic approach and its limits: W.B. Yeats (1865-1939)' in *Modernism in Poetry*, Essex: Longman.

Fallon, Peter and Mahon, Derek (eds) (1990) *The Penguin Book of Contemporary Irish Poetry*,

Harmondsworth: Penguin.

Featherstone, Simon (1996) *War Poetry*, London: Routledge.

Fenton, Jamnes(1990) 'Arts Poetica' in *The Independent on Sunday Review*, 10 June: 18.

Field Day (1985) *Ireland's Field Day, Field Day Theatre Company*, London: Hutchinson.

Fitzgerald, Penelope (1984) *Charlotte Mew and Her Friends*, London: Collins.

Fortier, Anne-Marie (1994) 'Ethnicity', *Paragraph*, 17: 3, November.

France, Linda (ed.) (1993) *Sixty Women Poets*, Newcastle: Bloodaxe.

Freyer, Grattan (1981) *Yeats and the Anti-Democratic Tradition*, Dublin: Gill and Macmillan.

Friedman, Susan (1981) *Psyche Reborn*, Blooming: Indiana.

Fryer, Peter (1984) *Staying Power*, London: Pluto.

———— (1988) *Black People in the British Empire*, London: Pluto.

Fussell, Paul (1975) *The Great War and Modern Memory*, London: Oxford University Press.

Garfitt, Roger (1972) 'The group' in Michael Schmidt and Grevel Lindop (eds), *British Poetry Since 1960*, Oxford: Carcanet, 13-69.

Gervais, David (1988) '"Something Gone": "England" in Modern English Writing,' *English*, 37: 158, Summer: 103-26.

Gibbons, Luke(1991) 'Challenging the canon: revisionism and cultural criticism' in *The Field Day Anthology of Irish Writing*, volume 3, Field Day Publications: Derry.

Giddings, Robert (1997) 'Radio in Peace and War' in Gary Day (ed.), *Literature and Culture in Modern Britain, Volume Two: 1930-1955*, Essex: Longman.

Gilbert, Sandra and Gubar, Susan (1989) 'Soldier's heart: literary men, literary women and the Great War' in *Sexchanges*, volume 2 of *No Man's Land: The Place of the Woman Writer in the Twentieth Century*, New Haven: Yale University Press.

Gilory, Paul (1987) *There Ain't No Black in the Union Jack*, London: Unwin.

———————— (1993) *The Black Atlantic*, London: Verso.

Greeting, John (1994/5) 'The quest for the seven virtues', *Poetry Review*, 84: 4, Winter.

Gregson, Ian (1996) *Contemporary Poetry and Postmodernism: Dialogue and Estrangement*, London: Macmillan.

Habekost, Christian (1986) *Dub Poetry: 19 poets from England and Jamaica*, Neustradt,

Germany: Michael Schwinn.

Haberstoh, Paticia Boyle (1996) *Women Creating Women: Contemporary Irish Women Poets*, New York: Syracuse University Press.

Hall, Stuart (1988) 'New ethnicities' in L. Appignanesi (ed.), *Black Film, British Cinema*, ICA Documents, 7, London: ICA.

__________ (1993) 'Cultural identity and diaspora' in Patrick Williams and Laura Chrisman (eds) *Colonial Discourse and Post-colonial Theory*, Hemel Hempstead: Harvester Wheatsheaf.

Hall, Stuart and Schwarz, Bill (1985) 'State and society, 1880-1930' in Mary Lagan and Bill Schwarz (eds), *Cries in the British State 1880-1930*, London: Hutchinson.

Hampson, Robert and Barry, Peter (eds) (1993) *New British Poetries: The Scope of the Possible*, Manchester: Manchester University Press.

Hassall, Christopher (1972) *Rupert Brooke: A Biography*, London: Faber.

Haughton, Hugh (1992) '"Even Now There are Places Where a Thought might Crow": place and displacement in the poetry of Derek Mahon' in Neil Corcoran (ed.), *The Chosen Ground: Essays in Contemporary Poetry of Northern Ireland*, Glamorgan: Seren.

Heaney, Seamus (1980) *Preoccupations: Selected Prose 1968-78*, London: Faber.

Henn, T.R. (1984) *The Lonely Tower*, excerpted in Cullingford 1984.

Hibberd, Dominic (1973) 'Introduction' in *Wilfred Owen: War Poems and Others*, London: Chatto and Windus

______________ (ed.) (1981) *Poetry of the First World War*, London: Macmillan.

Hobsbaum, Philip (1961) 'The road not taken', *The Listener*, 23 November, Reprinted in Martin and Furbank, 1975.

______________ (1970) [1965] 'The Growth of English Modernism,' reprinted in Lucie-Smith 1970.

Hobsbawm, Eric (1987) *The Age of Empire*, London: Weidenfeld and Nicholson.

Hoggart, Richard (1991) 'In conversation with Tony Harrison' in Astley 1991.

Holdsworth, Alison (1988) *Out of the Dolls House: The Story of Women in the Twentieth Century*, London: Butler and Tanner.

Holloway, John (1956/7) 'New Lines in English poetry', *Hudson Review*, 9: 592-7.

Hulse, Michael, Kennedy, David and Morley, David (eds) (1993) *The New Poetry*, Newcastle: Bloodaxe.

Humm, Maggie (1994) *A Reader's Guide to Contemporary Feminist Literary Criticism*, Hemel Hempstead: Harvester Wheatsheaf.

Hynes, Samuel (1972) *Edwardian Occasions*, London: Routledge and Kegan Paul.

___________ (1976) *The Auden Generation: Literature and Politics in the 1930s*, London: Faber.

Isherwood, Christopher (1964) 'Some notes on Auden's early poetry' in Monroe K. Sears (ed.), *Auden: A Collection of Critical Essays*, Englewood Cliffs: Prentice Hall.

Jameson, Fredric (1971) *Marxism and Form*, New Jersey: Princeton.

Jeffrey-Poulter, S. (1991) *Peers, Wueers and Commons: The Struggle for Gay Law Reform 1950 to the Present*, London: Routledge.

Jenkins, Keith (1991) *Re-thinking History*, London: Routledge.

Jennings, Humphrey and Madge, Charles (eds) (1987) *Mass-Observation Day- Survey*, London: Faber.

Johnson, Linton Kwesi (1996) 'Interview: Linton Kwesi Johnson talks to Burt Caesar,' *Critical Quarterly*, 38: 4, Winter.

Kendall, Tim (1996) *Paul Muldoon*, Bridgend: Seren.

Kennedy, David (1996) *New Relations: The Refashioning of British Poetry 1980-94*, Glamorgan: Seren.

Kenner, Hugh (1956) 'The sacred book of the arts', *Sewanee Review*, LXIV,4, reprinted in Cullingford 1984: 136-45.

Kermode, Frank (1988) *History and Value*, Oxford: Clarendon.

Kettle, Arnord (1979) 'W.H. Auden: poetry and politics in the Thirties' in Clark *et al.* 1979.

Khan, Nosheen(1988) *Women's Poetry of the First World War*, Hemel Hempstead: Harvester.

Kiberd, Declan(1985) 'Anglo-Irish attitudes' in Field Day 1985.

Kidd, Helen (1993) 'The paper city: women, writing, and experience' in Hampson and

Barry 1993.

Kirkham, Michael(1983) 'Philip Larkin and Charles Tomlinson: realism and art' in Boris Ford (ed.), *The New Pelican Guide to English Literature,* volume 8, Harmondsworth: Pelican.

Kirkland, Richard (1996) *Literature and Culture in Northern Ireland Since 1965: Moments of Danger,* Essex: Longman.

Knight, G. Wilson (1971) *Neglected Powers: Essay on Nineteenth and Twentieth Century Literature,* London: Routledge.

Kureishi, Hanif(1986) 'The Rainbow Sign' in *My Beautiful Laundrette and The Rainbow Sign,* London, Faber.

Larkin, Philip (1983) *Required Writing: Miscelaneous Pieces, 1955-1982,* London: Faber.

_____________ (1992) *Selected Letters of Philip Larkin 1940-1985,* ed. Anthony Thwaite, London: Faber.

Larrissy, Edward (1994) *Yeats the Poet: The Measures of Difference,* Hemel Hempstead: Harvester.

Lawrence, D.H. (1971) [1923] *Fantasia of the Unconscious/ Psychoanalysis and the Unconscious,* Harmondsworth: Penguin.

Lawson Welsh, Sarah (1996) 'Experiments in brokenness: the creative use of Creole in David Dabydeen's Slave Song' in Alison Donnell and Sarah Lawson Welsh (eds), *The Routledge in Caribbean Literature,* London: Routledge.

Leavis, F.R. (19720 [1932] *New Bearings in English Poetry,* Harmondsworth: Penguin.

Lindop, Grevel (1980) 'Being different from yourself: Philip Larkin in the 1970s' in Peter Jones and Michael Schmidt (eds), *British Poetry Since 1970: A Critical Survey,* Manchester: Carcanet.

Lloyd, Dvid (1993) *Anomalous States: Irish Writing and the Post-Colonial Moment,* Dublin: Lilliput.

Lloyd, T.O. (1986) Empire to Welfare State: English History 1906-1985, 3rd edn, Oxford: Oxford University Press.

Lodge, David (ed.) (1972) 20th Century Literary Criticism, Essex: Longman.

___________ (1977) *The Modes of Modern Writing*, London: Edward Arnorld.

___________ (1989) *After Bakhtin*, London: Routledge.

Logan, William (1991) 'A letter from Britain', *Poetry*, 1 and 2.

Long, Declan (1997) '"From Room to Homesick Room":women and poetry in northern Ireland' in Bertram 1997.

Longley, Edna (1986) *Poetry in the Wars*, Newcastle: Bloodaxe.

___________ (1988) *Louis MacNeice: A Study*, London: Faber.

___________ (1996) 'Signposting the century,' *Poetry Review*, 86: 1, Spring, 8-12.

Lucas, John (1986) *Modern English Poetry from Hardy to Hughes*, London: Batsford.

___________ (1996) 'Poetry and Politics in the 1920s' in Kate Flint (ed.), *Poetry and Politics,* Essays and Studies 1996, No. 49, Cambridge: The English Association.

Lucie-Smith, Edward (ed.) (1970) *British Poetry Since 1945*, Harmondsworth: Penguin.

Lukacs, Georg (1972) [1957] 'The ideology of Modernism' in David Lodge (ed.), *20th Century Literary Criticism*, Essex: Longman: 474-87.

McGuinn, Nicholas (1986) *Seamus Heaney: A Student's Guide to the Poems 1965-75*, Leeds: Edward Arnold.

Macherey, Pierre (1978) [1966] *A Theory of Literary Production*, trans. G. Wall, London: Routledge.

Macrae, Alasdair D.F. (1995) *W.B. Yeats: A Literary Life.* London: Macmillan.

Malcom, E.A. (ed.) (1989) *Hinterland*, Newcastle: Bloodaxe.

Marsh, Edward (1942) 'Memoir' in *Rupert Brooke: The Collected Poems*, 3rd edn, London: Sidgwick and Jackson.

Martin, Graham and Furbank, P.N. (eds) (1975) *Twentieth Century Poetry: Critical Essays and Documents*, Milton Keynes: Open University Press.

Marwick, Arthur (1982) *British Society Since 1945*, Harmondsworth: Pelican.

Massingham, H.W. (1917) Nation, 16 June, extracted in Hibberd 1981: 43-4.

Matthews, Steven (1997) *Irish Poetry: Politics, History, Negotiation*, London: Virago.

Millard, Kenneth (1991) *Edwardian Poetry*, Oxford: Clarendon Press.

Moi, Toril (1985) *Sexual/Textual Politics,* London: Methuen.

Montefiore, Janet (1991) 'How to avoid being canonized: Laura Riding,' *Textual Practice*, 5: 2, Summer.

______________ (1993) '"Shining Pins and Wailing Shells": Women Poets and the Great War' in Dorothy Goldman (ed.), *Women and World War One: The Written Response*, London: Macmillan.

______________ (1994) *Feminism and Poetry*, 2nd edn, London: Pandora.

______________ (1996) *Men and Women Writers of the 1930s,* London: Routledge.

Moretti, Franco (1988) *Signs Taken for Wonders*, revised edn, London: Verso.

Morris, Mervyn (1997) 'A note on "dub poetry," *Wasafiri,* 26, Autumn, 66-9.

Morrison, Blake (1980a) *The Movement: English Poetry and Fiction of the 1950s*, Oxford: Oxford University Press.

______________ (1980b) 'Speech and reticence: Seamus Heaney's *North*' in Peter Jones and Michael Schmidt (eds), *British Poetry Since 1970: A Critical Survey,* Manchester: Carcanet.

______________ (1982) *Seamus Heaney*, London: Methuen.

______________ (1987) 'The filial art: a reading of contemporary British poetry' in C.J. Rawson (ed.), *The Yearbook of English Studies,* volume 17, London: MHRA.

Morrison, Blake and Motion, Andrew (eds) (1982) *The Penguin Book of Contemporary British Poetry,* Harmondsworth: Penguin.

Morton, Brian (1993) 'The world of popular music' in Clive Bloom (ed.), *Literature and Culture in Modern Britain. Volume One: 1900-1929,* Essex: Longman.

Motion, Andrew (1980) *The Poetry of Edward Thomas*, London: Routledge.

______________ (1993) *Philip Larkin: A Writer's Life*, London: Faber.

Mottram, Eric (1993) 'The British poetry revival, 1960-75' in Hampson and Barry 1933: 15-50.

Murry, John Middleton (1918) 'Mr Sassoon's war verses', *Nation*, 13 July, extracted in Hibberd 1981: 43-4.

Newbolt, Henry (1898) *The Island Race*, London: Elkin Mathews.

______________ (1932) *My World as in My Time: Memoirs,* London: Faber and Faber.

__________ (1995) [1922] *The Teaching of English in England*, extracted in Judy Giles and Tim Middleton (eds), *Writing Englishness 1900-1950*, London: Tourledge, 152-60.

Newton, K.M. (1990) *Interpreting the Text*, Hemel Hempstead: Harvester.

Orwell, George (1943) Review of V.K. Menon's *The Development of William Butler Yeats*, *Horizon*, VV, 37, reprinted in Cullingford 1984.

__________ (1962) *Inside the Whale and Other Essays*, Harmondsworth: Penguin.

__________ (1965) 'Rudyard Kipling' in *Decline of the English Murder and Other Essays*, Harmondsworth: Penguin.

Parfitt, George (1990) *English Poetry of the First World War: Contexts and Themes*, Hernel Hempstead: Harvester.

Parkinson, Thomas (1970) 'W.B Yeats' in Bernard Bergonzi (ed.), *The Twentieth Century*, Sphere History of Literature in the English Language, volume 7, London: Sphere.

Paulin, Tom (1976) '*Letters from Iceland*: Going North' in *Renaissance and Modern Studies*, Special Number: The 1930s, vol. 20.

__________ (1992) *Minotaur: Poetry and the Nation State*, London: Faber.

Perkins, David (1976) *A History of Modern Poetry. Volume 2: Modernism and After*, Cambridge, MA: Harvard, Belknap Press.

Poster, Jem (1993) *The Thirties Poets*, Buckingham: Open University Press.

Press, John (ed.) (1969) *A Map of Modern English Verse*, Oxford: Oxford University Press.

Pykett, Lyn (1997) 'Women poets and "women's poetry"' in Day and Docherty 1997.

Reeves, Janes (ed.) (1962) *Georgian Poetry*, Harmondsworth: Penguin.

Reilly, Catherin (ed.) (1981) *Scars Upon My heart: Women's Poetry and Verse of the First World War*, London: Virago.

Robinson, Alan (1988) *Instabilities in Contemporary British Poetry*, London: Macmillan.

Rogers, Timothy (ed.) (1972) *Georgian Poetry 1911-22: The Critical Heritage*, London: Routledge.

Rose, Jacqueline (1991) *The Haunting of Sylvia Plath*, London: Virago.

Rosenberg, Isaac (1937) *The Collected Works of Isaac Rosenberg*, ed. Gordon Bottomley and

Denys Harding, London: Chatto and Windus.

_____________ (1979) *The Collected Works of Isaac Rosenberg,* ed. Ian Parsons, London: Chatto and Windus.

Ross, R.H. (1967) *The Georgian Revolt: Rise and Fall of a Poetic Ideal 1910-22,* London: Faber.

Rumens, Carol (ed.) (1985) *Making for the Open,* London: Chatto & Windus.

Said, Edward (1990) 'Teats and decolonization' in Terry Eagleton, Fredric Jameson and Edward Said, *Nationalism, Colonialism, and Literature,* Minneapolis: University of Minnesota Press.

_____________ (1993) *Culture and Imperialism,* London: Chatto and Windus.

Schmidt, Micheal (1979) *An Introduction to Fifty Modern British Poets,* London: Pan.

Scott, Bonnie Kime (ed.) (1990) *The Gender of Modernism,* Bloomington: Indiana University Press.

Scott, Dennis (1989) 'Interview with Louise Bennett' in E.A. Markham (ed.) *Hinterland: Caribbean Poetry from the West Indies and Britain,* Newcastle: Bloodaxe.

Seeley, J.R. (1883) *The Expansion of England,* London: Macmillan.

Shklovsky, Victor (1972) [1917] 'Art as technique', reprinted in David Lodge (ed.), *20th Century Literacy Criticism,* Essex: Longman.

Silkin, Kon (1987) *Out of Battle: The Poetry of the Great War,* London: ARK, Routledge.

Sisson, C.H. (1981) *English Poetry 1900-1950: An Assessment,* Manchester: Carcanet.

Skelton, Robin (1964) *Poetry of the Thirties,* Harmondsworth: Penguin.

_____________ (1968) *Poetry of the Forties,* Harmonsworth: Penguin.

Smith, Stan (1982) *Inviolable Voice: History and Twentieth-Century Poetry,* Dublin: Gil and Macmillan.

_____________ (1983) *20th Century Poetry,* London: Macmillan.

_____________ (1986) *Edward Thomas,* London: Faber.

_____________ (1990) *W.B. Yeats: A Critical Introduction,* London: Macmillan.

Spencer, Luke (1994) *The Poetry of Tony Harrison,* Hemel Hempstead: Harvester.

Spender, Stephen (1977) [1951] *World Within World,* London: Faber.

Spiers, Logan (1996) 'The New Poetry', *English Studies*, 77-2, March.

Stevenson, Anne (1979) 'Writing as a women' in Mary Jacobus (ed.), *Women Writing and Writing about Women*, London: Croom Helm.

Stevenson, Jon (1984) *British Society 1914-1945*, Harmondsworth: Penguin.

Stevenson, Randall (1993) *Modernist Fiction*, Hemel Hempstead: Harvester.

Storry, Michael and Childs, Peter (eds) (1997) *British Cultural Identities,* London: Routledge.

Sutcliffe, David (1982) *British Black English,* Oxford: Blackwell.

Symons, J.A. (1899) *The Symbolist Movement in Literature,* London: Heinemann.

Tamplin, Ronald (1989) *Seamus Heaney,* Milton Keynes: Open University Press.

Tarn, Nathaniel (1968) 'World wide open', *International Times*, 28 June 11 July, extracted in Lucie-Smith, 1970.

Tate, Alison (1988) 'The master-narrative of Modernism: discourses of gender and class in *The Waste Land,' Literature and History*, 14: 2, Autumn: 160-71.

Thomas, Edward (1914) 'War poetry', *Poetry and Drama*, Ⅱ: 8, December, extracted in Hibberd 1981.

___________ (1928) 'This England', in *The Last Sheaf,* London: Jonathan Cape.

Thwaite, Anthony (1996) *Poetry Today: A Critical Guide to British Poetry 1960-1995*, Essex: Longman.

Tolley, A.T. (1975) *The Poetry of the Thirties*, London: Victor Gollancz.

___________ (1985) *The Poetry of the Forties*, Manchester: Manchester University Press.

___________ (1991) *My Proper Ground: A Study of the Work of Philip Larkin and its Development,* Edinburgh: Edinburgh University Press.

Trivedi, Harish (1995) '"Ganga was sunken...": T.S. Eliot's use of India' in *Colonial Transactions: English Literature and India*, Manchester: Manchester University Press.

Trodd, Anthea (1991) *A Reader's Guide to Edwardian Literature,* Hemel Hempstead: Harvester Wheatsheaf.

Trotter, David (1988) 'Modernism and empire: reading *The Waste Land*' in Colin MacCabe (ed), *Futures for English,* Manchester: Manchester University Press.

Walter, George (1995) 'The rise and fall of Georgian poetry' in Day and Docherty 1995.

Waugh, Patricia (1995) *Harvest of the Sixties: English Literature and its Background 1960 to 1990*, Oxford: Opus.

Weeks, Jeffrey (1985) *Sexuality and its Discontents*, London: Routledge.

Widdowson, Peter (1997) *Thomas Hardy: Selected Poetry and Non-Fictional Prose*, London: Macmillan.

Williams, John (1987) *Twentieth-Century Poetry: A Critical Introduction*, London: Edward Arnold.

Williams, Keith and Matthews, Steven (eds) (1997) *Rewriting the Thirties: Modernism and After*, Essex: Longman.

Williams, Linda R. Williams (ed.), *The Twentieth Century*, London: Bloomsbury.

Williams, Raymond (1973) *The Country and the City*, London: Chatto and Windus.

_______________ (1979) *Politics and Letters*, London: New Left Books.

Wills, Clair (1992) 'The lie of the land: language, imperialism and trade in Paul Muldoon's Meeting the British' in Neil Corcoran (ed.), *The Chosen Groudnd: Essays in Contemporary Poetry of Nothern Ireland*, Glamorgan: Seren.

Winterbottom, Derek (1986) *Henry Newbolt and the Spirit of Clifton*, Bristol: Redcliffe.

Winters, Yvor (1984) 'Yeats's silly ideas', reprinted in Cullingford 1984.

Woolf, Virginia (1952) *Three Guineas*, London: Hogarth Press.

Yeats, W.B.(1925) *A Vision*, Excerpted in Hibberd 1981: 80.

_________ (1936a) *Letter to Dorothy Wellesley*, 21 December, extracted in Hivverd 1981:80.

_________ (ed.) (1936b) *The Oxford Book of Modern Verse*, Oxford: Oxford University Press.

_________ (1964) *Yeats: Selected Criticism*, ed. A. Norman Jeffares, London: Macmillan

_________ (1972) [1900] 'The Symbolism in poetry', reprinted in David Lodge (ed.), *20th Century Literary Criticism*, Essex: Longman.

A

B

C

Dooley, Maura 298

Douglas, Keith 223

Dover Beach (Arnold) 23

Dowling, David 104

Dowson, Ernest 41

Dowson, Jane 203, 221, 223, 298

Doyle, Brian 131

Drafts (Bomford) 110

Drake's Drum (Newbolt) 55

Drake, Francis 55, 93

Duchamp, Marcel 42, 128

Duffy, Carol Ann 293

Duffy, Maureen 271

Dulce et Decorum Est (Owen) 102

Dunmore, Helen 313

Dunn, Douglas 229, 230, 264, 265, 274

Durrell, Lawrence 260

Dymock Poets 73

Eagleton, Terry 17, 18, 33, 135, 143

Earle, Jean 313

Easter 1916 (Yeats) 168, 171, 173

Easter Monday (Farjeon) 73

Easthope, Anthony 33

Education (Barrington) 111

Edwards, Ken 280

Egoist 83

El Heroe (S.T. Warner) 209

Eliot, George 47

Ellis, Havelock 128

Ellmann, Maud 330

Ellmann, Richard 161

Elvis Presley (Gunn) 231

Emig, Rainer 164

English Association 7, 47

Enright, D.J. 26, 231

Epstein, Jacob 42

ethnicity 27

Ewart, Gavin 215, 293

Ex-Queen Among the Astronomers (Adcock) 317, 322

Exposure (Heaney) 344, 347

Exposure (Owen) 102

Express (Spender) 206

Faber Book of English History in Verse 18

Faber Book of Modern Verse 24

Faber Book of Twentieth Century Women's Poetry 28, 304

Fallon, Peter 337, 338

Farjeon, Eleanor 73

Farmer's Bride (Mew) 62, 306

Feinstein, Elaine 309

Female of the Species (Kipling) 9, 47

Fenton, Jame 234, 270, 333

Finlay, Ian Hamilton 263

Fisher, Roy 263

Fitzgerald, Edward 161

Flitting (McGuckian) 323

Fortier, Anne-Marie 356

France, Linda 300, 308

Frazer, Sir James 150

Freeman, John 64, 90

Freud, Sigmund 104

Freyer, Grattan 173

Friedman, Sasan 134

Friel, Brian 336

McMillan, Ian 271, 288
Meditations in Time of Civil War (Yeats) 174, 180
Meehan, Paula 309
Mental Cases (Owen) 102
Mersey Poets 243
Metaphysical poets 139, 156
Mew, Charlotte 61, 306
Michael Rabartes and the Dancer (Yeats) 160, 170, 172
Mid-Century: English Poetry 1940-1960 26
Middleton, Christopher 257
Middleton, Thomas 147
Millard, Kenneth 59, 70
Mitchell, Elma 309
Mitchison, Naomi 221
Model Village (Duffy) 328
modernism 30
Moi, Troil 23
Monroe, Harold 25
Montague, John 244
Montefiore, Janet 113, 220, 221
Monthly Review 53
Moore, Brian 338
Moore, Nicholas 25, 239
Moretti, Franco 153
Morgan, Edwin 293
Morley, David 27, 268
Morrell, Lady Ottoline 99
Morris, William 166
Morrison, Blake 267
Morrison, Toni 269, 369
Motion, Andrew 26, 267
Mottram, Eric 280
Mr. Bleaney 254, 329
Mr. Strugnell 329
Muir, Edwin 225, 262

Muldoon, Paul 338
Mulford, Wendy 262
Murry, John Middleton 95
Mussolini, Enrico 161, 196

National Trust 9, 50
New British Poetry 27, 280, 374
New Country 24, 193
New Freewoman 83
New Lines 25, 240, 241, 244, 245, 246, 256
New Poetry (ed. Alvarez) 25, 241, 245, 246, 275
New Poetry (ed. Hulse et al) 268, 290
New Signatures 24, 193
New Song to an Old Tune (Henley) 51
Newbolt, Henry 47, 56
Newsreel (Day Lewis) 201, 234
Newton 129, 133
Nietzsche, Friedrich 126
Nineteen Hundred and Nineteen (Yeats) 86, 182
No One Cares Less than I (E.Thomas) 74
Non-Combatant (Newbolt) 54
Noyes, Alfred 61

O'Brien, Sean 290
O'Duffy, Eoin 161
O'Leary, John 166
Old Man (E.Thomas) 78
Old Vicarage, Grantchester (Brooke) 70
On Returning to England (Austin) 40
Orators (Auden) 197

W

Wagner, Richard 149

Wain, John 241

Walter, George 64

Warner, Rex 207, 210

Warner, Sylvia Townsend 192, 209

Waste Land (Eliot) 8, 125

Watkins, Vernon 25, 225

Watson, William 37, 61

Waugh, Evelyn 125, 227

Waugh, Patricia 232

Weaver, Harriet Shaw 83

Wells, H. G. 36

West, A. G. 91

White, Hayden 20

Whitehouse, Mary 235

Whitsun Weddings (Larkin) 250, 254

Whitworth, John 293

Who would not die for England! (Austin) 39

Why England is Conservative (Austin) 40

Wilde, Oscar 117

Williams, John 77, 130

Williams, Hugo 276

Williams, John Hartley 289

Williams, Linda 59

Williams, Raymond 43

Williams, William Carlos 83

Wills, Clair 349

Winterbottom, Nigel 54, 56

Winters, Yvor 186

Winterson, Jeanette 271

Women He Liked (E. Thomas) 79

Woolf, Virginia 48, 49, 307

Words 79

Wordsworth, William 30

Wright brothers 44

Wright, David 26, 225

Wright, Kit 293

Y

Yeats, Anne 171

Yeats, W. B. 8

Z

Zephaniah, Benjamin 10, 356, 366

[역자약력]

최영승   동아대 영문과/부산대 대학원 졸업(문학박사)
부산대, 동의대 대학원 강사
미국 포덤(Fordham) 대학교 초빙교수
현재 동아대학교 영어영문학과 교수

- 역서   『영문학의 가치와 전통』/학문사, 『16세기 이후의 영국시』/한신문화사
  『전후 미국시 개설』/동인, 『페미니즘과 영미시』/동인
- 저서   『영미수필문학의 개관과 이해』/학사원, 『영미시의 이해』/한신문화사
  『영미문화의 이해』/동아대 출판부, 『영미 에세이의 이해』/학사원
  『영미문화와 지역이해』/동아대 출판부, 『영미문학비평』/동아대 출판부
  『영미시의 감상과 이해』/우용 출판사, 『영미문화의 키워드』/동아대 출판부
  『영미지역과 문화』/동아대 출판부, 『영미시 즐기기』/동인
- 논문   현대 영미시와 소설에 관한 연구논문 30여 편

현대시에 비친 20세기 비평적 개관

초판1쇄 발행일 • 2009년 2월 26일
저　자 • 피터 차일즈 / 역　자 • 최영승
발행인 • 이성모 / 발행처 • 도서출판 동인
서울시 종로구 명륜동 2가 237 아남주상복합빌딩 118호 / 등록 • 제1-1599호
TEL • (02)765-7145, 55 / FAX • (02)765-7165
E-mail • dongin60@chol.com / HomePage • www.donginbook.co.kr
ISBN　978-89-5506-391-2

정가　15,000원

* 잘못 만들어진 책은 교환해드립니다.